青岛地铁岗位技能培训系列教材

U0668928

城市轨道交通通信检修工
场景培训研究及实践

—————————— 青岛地铁集团有限公司运营分公司◎编

中南大学出版社
www.csupress.com.cn
·长沙·

编委会名单

主　编　张　君

副主编　李世伟　刘国平　刘纪俭　赵宏宇

编　委　张　耀　魏　松　陈亚周　李志强

　　　　白　瑞　王　龙　种传新　刘　克

　　　　孙希栋　刘松贺　于　壮　张慧平

策　划　常　淼　王　刚　王　莉　吴千慧

　　　　迟风姣　曲腾姣

编　者　李凯仁　陈国丰　陈光涛　钟俊文

　　　　李　志　闫耀斌　孟繁华　丁　凯

　　　　陈翠梅　杨　娱　武东海　张永健

　　　　郑海连　刘振超　孙晓慧　徐　鹏

　　　　闫威威　迟风姣　刘慧珠　张　斌

　　　　张　鹏

  根据《青岛市城市轨道交通线网规划(2015 年)》,青岛地铁远景年线网由 18 条线路(含两条支线)、400 余个站组成,城市轨道交通发展规划中心城区 800 m 半径站点覆盖率达到 80%,发展速度在全国处于领先地位。截至 2021 年,国家共批复青岛市城市轨道交通 9 条线路,首条线路于 2015 年 12 月 16 日开通试运营,截至 2021 年 8 月,共有 6 条线路开通运营,线路长度达 246 km,1 号线南段、2 号线西延、4 号线、6 号线以及 8 号线南段同时在建,至 2021 年底,可实现地铁通车 284 km。

  现阶段,青岛地铁已迈入改革发展新阶段,面对新的发展形势和历史机遇,运营分公司紧跟集团"建设、运营、开发、经营、资本运作"五大赛道发展战略,努力奋战"11447"工作目标,按照"人才三级目标体系"工作要求,全面推进高质量人才技能培养工作。目前运营分公司生产岗设置五大序列共 37 个工种,为使生产岗员工实现从"初级工—中级工—高级工—技师—高级技师"的晋升,公司通过开发生产岗育人手册、开展技能鉴定、技能竞赛岗位工种全覆盖等措施,建立健全人才培养长效机制,打通生产岗员工晋升通道,取得了显著效果。同时,基于对不同层级员工培训方式的研究,公司开发了岗位技能培训系列教材,为员工职业发展和个人学习提供系统性强、实践性强、贴合现场运作的专业培训教材。

  城市轨道交通行业通信专业技术日新月异,设备品牌、型号种类繁多,不同子系统功能及操作差异性较大,为满足日益增长的系统性、实践性培训需求,特编写了《城市轨道交通通信检修工场景培训研究及实践》一书。本书以青岛地铁范围内在用的通信设备为例,引用大量生产运作中的实际案例,涵盖轨道交通通信检修工应具备的岗位能力要求以及理论知识、实际操作要求。本书共分 13 章,分别介绍了传输、无线、公务与专用电话、电源、闭路电视监视、广播、时钟、乘客信息、集中监测告警、办公自动化等子系统的系统功能和系统基础知识,同时介绍了各子系统设备、应知应会、典型故障案例等方面知识,还阐述了通信检修工岗位职责、通信系统新线参建注意事项、安全生产知识。

　　本书可作为城市轨道交通行业通信检修工技能培训用书，也可作为对地铁通信系统感兴趣、希望了解地铁通信系统维护基本知识和基本技能的读者参考读物。

　　随着科技发展，轨道交通行业不断衍生出数字化、智能化的新技术，加之编写人员技术水平和实践经验的局限性，书中难免有纰漏和不妥之处，敬请读者批评指正，提出宝贵意见。

编者

2021 年 9 月

目 录

第1章 绪 论

学习目标

1. 了解城市轨道交通专用通信系统基本功能、结构和原理。

2. 掌握城市轨道交通通信检修工岗位职责、工作要求、安全生产等方面的工作。

3. 学习运用 PDCA 模式，规划成长成才过程。成为一名合格检修工的四个阶段目标，分别是规划个人愿景、掌握技术本领、持续自我革新、不断反思提升。

1.1 城市轨道交通通信系统概述

城市轨道交通通信系统是地铁运营指挥、企业管理、服务乘客和传递各种信息的重要网络平台，是一个传递语音、数据、图像等各种信息的综合业务数字通信网。通信系统在正常情况下可以保证列车安全高效运营，为乘客提供高质量的出行服务；在异常情况下能迅速转变为供防灾救援和事故处理的指挥通信系统，是保证列车安全、快速、高效运行的一种不可缺少的信息化、自动化、智能化的综合系统。它一般由传输系统、无线系统、公务电话系统、专用电话系统、电源及接地系统、闭路电视监控系统、广播系统、时钟系统、乘客信息系统、集中告警系统组成，构成传送语音、数据和图像等各种信息的综合业务通信网。

1.1.1 传输系统

传输系统主要由设置在各车站、车辆段、停车场、控制中心的传输节点设备以及各节点设备之间的传输线路构成，传输系统的基本功能是为通信系统中各子系统及相关专业提供相应传输通道，用于传输各类语音、数据及图像信息，满足地铁其他各系统的业务传送要求。

1.1.2 无线系统

无线系统可分为正线无线调度通信子系统和车辆段/停车场无线调度通信子系统，其中正线无线调度通信子系统包含行车调度、环控（防灾）调度、信息调度等。无线系统主要由控制中心交换及控制设备、车站基站设备、列车车载电台、移动人员手持电台及天馈设备构成。

1.1.3　公务电话系统

公务电话系统采用程控交换+软交换设备组网，在控制中心配置软交换设备，在各车站/车辆段配置程控交换设备，其基本功能是为地铁的管理部门、运营部门、维修部门提供公务联络工具，实现内部呼叫、市内呼叫、国内及国际长途呼叫，并可实现其他增值业务。

1.1.4　专用电话系统

专用电话系统由调度电话、车站/车辆段/停车场直通电话、站间行车电话等组成，主要实现调度电话功能、站间行车电话功能、站内直通电话功能。

1.1.5　电源及接地系统

1. 电源系统

通信电源在外供交流电源正常的情况下，能为通信系统设备提供高质量电源；在外供交流电源中断或发生超限波动的情况下，能提供后备工作电源，保证通信系统在规定的时间内正常工作。

2. 接地系统

接地系统保证通信设备不受强电影响和电磁干扰，保证通信系统及人身安全，提高通信系统的服务质量，设备接地电阻小于 $1\ \Omega$。

1.1.6　闭路电视监视系统

闭路电视监视系统是地铁运营、现代化管理的配套系统，是供运营、管理人员实时监视车站客流、列车出入站、乘客上下车等情况，加强运行组织管理，提高效率，确保安全正点地运送旅客的重要手段。发生灾害时，由兼管防灾的调度员或值班员使用本系统随时监视灾害和乘客疏散情况。闭路电视监视系统设置为中心、车站、司机三级监视和中心、车站两级控制方式，由图像摄取、图像显示及录制、车站控制处理、中心控制处理及显示、视频信号传输、网管等设备组成。其中，车站网络平台及前端设备应与公安图像监控系统共用。

1.1.7　广播系统

广播系统分为正线广播系统和车辆段/停车场广播系统，车辆段/停车场广播系统独立于正线广播系统，只满足车辆段/停车场行车值班员和停车/列检库值班员以及防灾值班员对段内重要库场的广播，其设备纳入正线广播系统网管。当车站/车辆段库内发生火灾等灾难时，广播系统可以兼作消防广播。

1.1.8　时钟系统

时钟系统为工作人员、乘客及全线行车系统提供统一的标准时间，使全线各系统的定时设备与时钟系统同步，从而实现地铁全线统一的时间标准。时钟系统主要实现同步校对、为其他系统提供标准时间信号功能。

1.1.9　乘客信息系统

乘客信息系统是一个综合计算机网络技术和电子媒体技术的综合服务性系统，是一个多媒体资讯发布、播放控制与管理的平台。本系统能发布乘客导乘信息、列车到站信息、票务政策信息、乘车指引信息、换乘信息、运营安全信息等运营服务信息，同时可为乘客提供丰富的资讯与娱乐信息，包括天气预报、时事新闻、电视节目等。

乘客信息系统由中心子系统、车站子系统、网络子系统、车载子系统组成，是地铁运营、资源开发兼顾的系统。在正常情况下，双方共同协调使用；在紧急情况下，运营信息优先使用。

1.1.10　集中告警系统

集中告警系统利用计算机网络技术和计算机本身的数据处理能力，对通信系统中的各子系统进行集中管理，将各子系统的运行状态集中反映到某一管理终端设备上，使通信维护人员能及时、准确了解整个通信系统设备的运行状况和故障信息，以便处理。本系统能够对各子系统的主要状态信息(包括告警)进行汇总、显示、确认及报告，能进行故障定位，达到集中监视、管理的目的。

1.1.11　办公自动化系统

办公自动化系统(OA)是面向地铁组织的日常运作和管理，员工及管理者使用频率很高的系统，是整个地铁信息交流的重要平台。地铁办公自动化系统着眼于地铁运营工作人员间的协同工作，基本功能能满足工作人员的日常办公需要。

1.2　城市轨道交通通信检修工工作职责

城市轨道交通通信检修工是使用工具和设备进行轨道交通通信工程施工和设备维护的人员。其主要工作职责如下所述。

①遵守和掌握《施工管理细则》《行车组织通则》等有关行车、安全生产规章制度和安全操作规程，确保不违章作业、盲目蛮干。

②熟练掌握通信设备的检修作业程序、技术标准及质量要求，定期对通信设备进行养护维修，精益求精地完成各项设备检修工作，确保设备正常使用。

③检修作业必须工具齐全，仪表完好，材料齐备，安全措施及安全预想到位。

④认真执行上级和公司制定的各项规章制度，服从工班长的工作安排，坚持原则、工作主动、认真负责、顾全大局。

⑤认真参加每日的班前/班后会、每月的安全生产月度会议。严格执行生产作业安排，确保人身设备安全，夯实班组安全基础。

⑥组织检修作业人员进行开工前的危险源分析交底会，确保工作人员安全、可靠地进行检修工作，并随时检查、落实、完善检修过程中各项措施的执行情况。

⑦认真完成管辖设备的日巡视、月检、季检、半年检、年检等定期工作，完成各种安全专项检查的整改工作。

⑧对设备的日常工作问题进行整改和维护，保证及时消除设备的隐患。

⑨严格遵守安全操作规程和安全规章制度，自觉杜绝"三违"现象的发生。

⑩上班期间应穿着公司配发的工作服，符合劳动要求，作业期间劳保用品穿戴整齐。

⑪对设备的健康运行、稳定运行负责，对设备检修后的检修质量负责。

⑫对检修过程中的人身安全、设备安全负责。委外检修项目，监督检查承担检修项目作业人员的精神状况和各项安全技术措施的落实执行情况。

⑬认真实施好部门、班组控制异常和未完成的安全目标，按设备系统(检修程序)进行安全技术分析预测，做到及时发现问题和异常，并进行安全控制。

⑭认真执行安全规章制度，及时制止违章、违纪行为，及时学习事故通报，吸取教训，采取措施，防止同类事故重复发生。

⑮负责做好工作过程中(检修、试验等)的检修技术交底和安全措施交底工作，并做好记录，对现场的违章行为进行检查监督。

⑯做到文明检修，负责检修的工作场所的工作环境、安全设施、设备工器具的安全状况。检修场地应做到"工完料尽场地清"。

⑰负责通信设备的日常维护、检修、保养工作，参与设备缺陷整改、整治，及时处理设备故障、配合设备抢修，参与设备升级、改造等工作。

⑱配合班组长定期抽查设备的检修质量，重点开展设备故障调查分析，提交各类生产报单、报表工作，并完成值班工作任务。

⑲配合班组收集、建立各类台账，执行班组各项规章制度及设备检修流程等工作。

⑳定期参加班组生产例会、故障分析会、安全及业务技能培训。

1.3 如何成为一名合格的通信检修工

从学校到工作岗位，从学生到企业员工，从理论知识到实操技能，是每一名入职新员工必须面对的三大转变。要想成为一名合格的通信检修工，必须对岗位有明确的定位，对工作内容有详细的认识，确保应知应会，故障处理得当，对自身价值定位准确，目标明确，这样才能离成功更进一步。

下文从规划个人愿景、掌握技术本领、持续自我革新、不断反思提升等方面简要阐述了如何成为一名合格的通信检修工。

1.3.1 规划个人愿景

个人愿景是人们心中或脑海中所持有的意象或景象。它根植于个人的价值取向和目标定位，得到个体的深度关切，具有感召人心的力量。

个人愿景是发自个人内心的、真正最关心的、一生最渴望达成的事情，它是一个特定的结果、一种期望的未来或意象。当你为一个自己认为至高无上的目标献上无限心力的时候，它就是一种自然的、发自内心的强大力量。例如，物质上的欲望，工作上的成功，个人的健康、自由，对自己诚实以及家人的幸福，对社会的贡献，对某领域的贡献，等等，都是人们心中真正愿望的一部分。

学会把焦点放在全过程追求的目标上，而非仅放在次要的目标上，这样的能力是"自我超越"的动力。人在做真正想做的事情时，会神采奕奕，充满热忱；当遭受挫折的时候，会坚韧不拔，意愿强大，效率较高。

每个人都有自己的愿景，但很多情况下，人们对自己的愿景往往是模糊的，或者是误解的，这样就会造成盲目行动。

建立符合自身实际的个人愿景，并为之付出努力，是成为一名合格通信检修工的第一步。

1.3.2 掌握技术本领

作为一名通信检修工，技术必须过硬，在工作中遇到困难时，迎难而上是需要过硬的技术作为基础的，否则一切都是徒劳的。这就需要检修工不断地积累，把工作中遇到的问题记录、分类、细化并分析其中的原因、规律以及改进的方式方法，做到心中有数，这样既可以降低该问题的故障率，又可以大大地减少以后对此类问题的处理时间，从而提高生产效率。

检修工的技术水平是保证生产的关键，应充分利用平时的培训时间，对生产中的高危、重点设备进行现场培训；日常巡视中，提升员工发现问题的能力，并利用各种途径了解问题，解决问题；加强对设备图纸的学习，原理图是必备的检修资料，检修工应掌握其中的原理和各种技术参数要求，对照图纸解决问题；还要提升实操技能，定期组织人员对损坏的或有故障的设备进行整理、维修、组装。这样既可以帮助检修工了解设备情况，增强自身技术水平，又可以降低生产消耗，节约成本。

1.3.3 持续自我革新

首先，检修工要拥有一种对工作认真负责的态度，一份对工作严谨性的责任，一条正确的科学思路，一项勇于实践创新的发展观。在工作中，团结合作，沟通理解，真诚互信，目标统一是持续发展的根本。检修工应依靠基本知识与实践来充分满足技术上的需求，超出期望，创造卓越成就，并由此获得成功。

其次，检修工要做到积极进取，勤奋学习，不断优化知识结构，提高知识技能；保持良好积极的心态，乐于与他人合作，经常与他人交心沟通，学习他人的知识、技能和经验，不自以为是；对本职工作全面负责，不揽功诿过，不怨天尤人，不随意推卸自身的责任；相互尊重、聆听他人意见；经常进行自我反思，找出工作中的差距，及时改进，不断提高；工作意识强，不怕累，不怕苦；不断创新，探索新思路和新方法，创造性地开展工作；积极学习理论知识、专业知识和科学文化知识，不断提升思想水平、文化素质和工作能力；勇于实践，提高理论与实践相结合的能力；严格遵守各项工作制度、章程、规范和标准。

再次，工作要做到有计划、有目标；把实现目标当作一种追求，一种享受；要拥有一种良好的心态，工作要不断创新、不断改进、不断优化，做到精细工作；不断提高自身素质和技能，不断提高个人的工作能力；要每天都有进展，都有进步；认识到停滞不前就是倒退，进步慢也是一种倒退，只有超越过去，超越他人，才能永不言败；营造一种尊重、和谐、奋进的工作氛围，激发工作的主动性、创造性，实现快乐工作、安全生产；在安全问题有所保障的前提下，不断地提高工作效率，快速发展，勇于创新。

最后，在工作中，检修工一定要严格要求自己尽职尽责，积极参与工作，不怕苦，不怕累；以正确的、科学的思想观念，结合实际，求实创新；要拥有强硬的专业知识和丰富的实际经验，才是做好工作的根本；有较高的思想政治觉悟和吃苦耐劳的精神，才是做好工作的原动力。

1.3.4　不断反思提升

通信检修工是一个技术含量相对较高的岗位，作为一名通信检修工，首先应该保持一颗积极向上的进取心。技术在不断地更新换代，通信检修工的技术含量也必须跟上技术的发展，所以在生产工作岗位上，需要不断地学习，才能保持较高的专业技能水平、业务素质。要想跟上技术发展的脚步，提高业务技能水平，不断反思提升，需要从以下两个方面来展开。

①学习上，必须做到"三勤"，即勤学、勤思、勤问。

勤学，就是勤奋学习知识。面对日新月异的科技，知识技术每天都在更新，"逆水行舟，不进则退"，这要求我们不断地学习新知识，日常工作时也要经常拿出图纸、图书看一看，"温故而知新"；打开电脑查一查最新的行业技术，了解行业技术发展动态。勤思，就是开动脑筋。"学而不思则罔，思而不学则殆"，即光学习不思考，终究不会把知识转化为自己的能力，只有勤于思考才能把知识变成自己的能力。勤问，就是不耻下问。一个人的经验技术和擅长的方面有一定的局限性，"三人行必有我师"，随时随地都需要虚心学习；"术业有专攻"，不懂就要去问，要有一种打破砂锅问到底的精神，持之以恒方能成功。做好这几点，自己的业务技术水平一定能够有所提升。

②在工作上，必须做到"三心"，即细心、专心、诚心。

细心，就是工作要心细。通信检修工是与电气设备、精密仪器打交道的岗位，需要在工作中仔细巡检，细心处理问题，遇到问题多汇报、勤沟通，按章作业。专心，就是工作要认真。凡事就怕认真二字，只要自己认真对待工作，认真检查设备运行状态、各种指示灯是否正常，按要求认真做好记录，才能更好地完成工作。诚心，就是对待设备要真诚。设备是不会骗人的，对设备进行全面检查后，设备也会诚心对待你。

"路漫漫其修远兮，吾将上下而求索。"祝各位在成长过程中不断提升自我，不断超越自我，早日实现愿景规划的美好前程。

第2章　传输系统

1. 了解地铁专用传输系统基本功能、结构和原理。

2. 掌握光纤和光缆的组成、结构及分类，熟悉了解 SDH 传输网、OTN 传输网通信的基本原理。

3. 掌握传输系统基本架构、组网图、主要设备及其设备功能。

4. 掌握更换板卡、光纤接续、OTDR 使用、光功率计使用。

5. 掌握光缆中断、跳纤中断、2M 业务中断、电源故障等常见故障的处理方法。

2.1　传输系统功能

传输系统作为专用通信系统的基础网络，是通信系统的重要子系统，主要由设置在各车站、车辆段、控制中心的传输节点设备以及各节点设备之间的传输线路构成，用于传递控制中心与各车站、车辆段间的各种信息。提供业务的接口类型主要有 E1、FE 百兆以太网、GE 千兆以太网，为通信各子系统及相关业务提供相应传输通道，用于传输各类语音、数据及图像信息，满足地铁其他各系统的业务传送要求。传输系统主要实现：

①满足各系统的信息内容及其传输容量的要求，提供所需的业务接口。

②从逻辑上提供保护通道，并利用两条隧道(高架桥)中的光缆构成自愈环，确保可靠性。

③为通信网中的各节点提供点对点直通式、一点对多点共用式及总线式等信道形式。

④具有自诊断功能，可进行系统故障管理、性能监视、系统管理、配置管理，并具有集中告警维护、统一管理的网络管理功能。

⑤系统具有扩展性，并能平滑升级。

地铁传输系统能迅速、准确、可靠地传送地铁运营管理所需要的各种信息。该系统采用技术先进、安全可靠、经济实用、便于维护的光纤数字传输设备组网，构成具有承载语音、数据及图像的多业务传输平台，并具有自愈环保护功能。目前地铁传输系统普遍采用 MSTP 设备，部分采用 OTN 传输设备。

传输系统的光纤环路具有双环路功能，当主用环路出现故障时，能够自动切换到备用环路上，保证系统不中断，且切换时不影响正常使用。当主、备用光纤环路的线路在某一点同时出现故障时，两端的网络设备自动形成一条链状的网络；当某个网络节点设备出现故障时，除受故障影响的节点设备外，其他网络节点设备能保持正常工作。

▶ 2.2　传输系统基础知识

2.2.1　光纤通信

1. 光纤通信的特点

光纤，即光导纤维的简称。光纤通信是以光波作为信息载体，以光纤作为传输媒介的一种通信方式。从原理上看，构成光纤通信的基本物质要素是光纤、光源和光检测器。光纤除按制造工艺、材料组成以及光学特性进行分类外，在应用中，光纤还常按用途进行分类，可分为通信用光纤和传感用光纤。其中，通信用光纤分为通用与专用两种，而传感用光纤则指用于完成光波的放大、整形、分频、倍频、调制以及光振荡等功能的光纤，并常以某种功能器件的形式出现。

光纤通信是利用光波作为载波，以光纤作为传输媒介将信息从一处传至另一处的通信方式，被称为有线光通信。目前，光纤以其传输频带宽、抗干扰性强和信号衰减小等特性而远优于电缆、微波通信传输，已成为世界通信中主要的传输方式。光纤通信系统的主要性能指标有误码特性、抖动特性、可靠性和可用性。

2. 光纤的结构

光纤是一根比人的头发略粗的玻璃丝，是一种利用光在玻璃或塑料制成的纤维中的全反射原理而达成光传导的工具。光纤通信是以光波作为载波、以光纤作为传输介质的通信方式。光纤分为多模光纤和单模光纤。常见的光纤连接器有 FC、SC、LC、ST，常用的光电测量仪器有光源、光功率计、光时域反射仪（OTDR）和误码分析仪。

光纤的基本结构如图 2-1 所示。

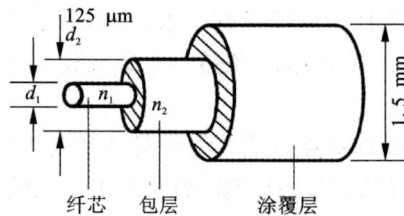

图 2-1　光纤的基本结构

3. 光纤的特性

通信用光纤主要特性有传输特性（衰减特性、带宽特性）、光学特性、机械特性、温度特性、几何特性（芯径、外径、偏心度、椭圆度）。

1) 衰减特性

光波在光纤中传输，随着传输距离的增加，其强度逐渐减弱，光纤对光波产生衰减作用，常称为光纤的衰减。

损耗是影响系统传输距离的重要因素之一，主要包括自身损耗和非自身损耗。

(1) 自身损耗。

主要有吸收损耗和散射损耗。吸收损耗是因为光波在传输中有部分光能转化为热能。散射损耗是因为材料的折射率不均匀或有缺陷、光纤表面畸变或粗糙造成的，主要包含瑞利散射损耗、非线性散射损耗和波导效应散射损耗。

(2) 非自身损耗。

主要包括接续损耗、弯曲损耗和微弯损耗等。接续损耗是因为两光纤的芯径失配、同心度不良、单模光纤模场直径失配、多模光纤数值孔径失配以及两种光纤介质折射率不同。弯曲损耗是因为光纤余长盘留时，光纤弯曲会引起基模的漏泄。光纤弯曲半径越小，附加衰减越大。常见规格光纤弯曲半径不得小于 30 mm。微弯损耗是因为光纤受到挤压时产生微小的弯曲而造成的损耗。

这些损耗的大小将直接影响光纤传输距离的长短和中继距离的选择。

2) 带宽特性

光纤的带宽可以用光纤对传输脉冲的展宽来表示。当光脉冲在光纤中传输时，脉冲的宽度逐渐展宽，并将限制光纤通信系统的传输码速。

引起脉冲展宽的原因很多，主要有多模光纤中的模式畸变、材料色散和结构色散。在多模光纤中，脉冲展宽主要由模式畸变决定；在单模光纤中，脉冲展宽主要受材料色散的影响。在一般的情况下，模式畸变对光脉冲的影响比材料色散大得多，因此，单模光纤的带宽比多模光纤大得多。

光纤色散：在光纤中传输的光信号(脉冲)的不同频率成分或不同的模式分量以不同的速度传播，到达一定的距离后必然产生信号的失真，这种现象称为光纤色散或光纤弥散。

光纤色散是由于光纤的特性引起的光信号畸变，包括模式色散、材料色散、波导色散和偏振色散等，其中模式色散是多模光纤所特有的。

4. 光纤的分类

光纤的种类繁多，可以从不同的角度进行分类，下面介绍两种有代表性的分类。

1) 按光纤中传输模式数量划分

按照光纤中传输模式数量的不同，可以将光纤分为多模光纤和单模光纤。

多模光纤是可以传输多个模式的光纤。优点：芯径大，容易注入光功率。缺点：存在模间色散，只能用于短距离传输。

单模光纤是只能传输一种模式的光纤。优点：单模光纤不存在模间时延差，因此其带宽大，适用于大容量、长距离传输。

常用的单模光纤芯径为 8~12 μm，而多模光纤芯径大于 50 μm。

2) 按 ITU-T 建议划分

按照 ITU-T(国际电信联盟电信标准局)关于光纤的建议，可将光纤分为 G.652 光纤、G.653 光纤、G.654 光纤和 G.655 光纤。

（1）G.652 光纤。

G.652 光纤，即常规单模光纤，也称非色散位移单模光纤。G.652 光纤在 1310 nm 波长处具有零色散，在 1550 nm 处具有最低损耗，但有较大色散，大约为 18 ps/（km·nm²）。G.652 光纤的工作波长既可选用 1310 nm，又可选用 1550 nm。这种光纤是目前使用最广泛的光纤，我国已敷设的光纤绝大多数是这类光纤。

（2）G.653 光纤。

G.653 光纤又称色散位移单模光纤（DSF）。色散位移单模光纤将零色散点从 1310 nm 位移到 1550 nm，实现 1550 nm 处最低损耗和零色散波长相一致。这种光纤非常适合于长距离、单信道、高速光纤通信系统。

（3）G.654 光纤。

G.654 光纤称为 1550 nm 性能最佳单模光纤，该光纤在 1550 nm 波长处具有极小的损耗（0.18 dB/km）。这种光纤主要应用在传输距离很长，且不能插入有源器件的无中继海底光纤通信系统中。

（4）G.655 光纤。

G.655 光纤称为非零色散位移光纤（NDSF），该光纤在波长为 1530~1565 nm 对应的色散值为 0.1~6.0 ps/（km·nm²）。这种光纤利用较低的色散抑制了四波混频等非线性效应，使其能用于高速率（10 Gbit/s 以上）、大容量、密集波分复用的长距离光纤通信系统中。

2.2.2 光缆基础知识

1. 通信光缆产生背景

通信光缆（communication optical fiber cable）由若干根（芯）光纤（一般从几芯到几千芯）构成的缆芯和护层组成。光纤与传统的对称铜回路及同轴铜回路相比较，其传输容量要大得多、衰耗少、传输距离长、体积小、重量轻、无电磁干扰、成本低，是当前最具有前景的通信传输媒体。它正广泛地用于电信、电力、广播等各部门的信号传输上，将逐步成为未来通信网络的主体。光缆在结构上与电缆主要的区别是光缆必须设有加强构件去承受外界的机械负荷，以保护光纤免受各种外机械力的影响。

2. 通信光缆的定义

通信光缆是一定数量的光纤按照一定方式组成缆芯，外层包覆有护套，有的还包覆外护层，用以实现光信号传输的一种通信线路。

3. 光缆的组成

光缆由缆芯和护层组成。其中缆芯位于光缆的中心，是光缆的主体。

光缆的作用是妥善安置光纤，使光纤在一定的外力作用下仍然能够保持优良传输性能。光缆和电缆在结构上又有什么不同呢？光缆不像电缆，本身导电的金属就有一定的强度，光缆必须设有加强构件，以承受机械拉伸负荷。光缆有两种放置加强构件的方式：

①放置在缆芯中部的中心加强芯方式，常用于层绞式和骨架式。这种加强方式多被欧洲国家和日本采用。

②加强构件放置在护层外周的方式。这种方式多用于美国。

护层位于缆芯的外围，由内护套和外护层组成：

①护套。光缆常用的护套属于半密封性的黏结护套。它由双面涂塑的铝带（PAP）或钢带

（PSP）在缆芯外纵包黏结构成。护套除为缆芯提供机械保护外，主要是阻止潮气或水进入缆芯。PAP 护套的光缆可以直接敷设于管道或架空安装，而 PSP 护套的光缆可用于直埋敷设。当然，还有更好的全密封金属护套，但制作成本较高。

②外护层。外护层（外护套）为光缆护套提供进一步的保护，就好像给光缆穿上"铠甲"一样，我们称它为铠装。通常在直埋、爬坡、水底、防鼠啮咬等场合下需要对光缆铠装。铠装的种类包括涂塑钢带、不锈钢带、单层钢丝、双层钢丝等，有时还使用尼龙铠装。在铠装层外还需要加上外被层以避免金属铠装受到腐蚀。

4. 光缆的种类

光缆的种类较多，分类方法也多种多样。光缆按结构分类可分为层绞式光缆、中心束管式光缆和骨架式光缆；按敷设方式分类可分为架空光缆、管道光缆、直埋光缆、隧道光缆和水底光缆；按光纤的套塑方法分类可分紧套光缆、松套光缆、束管式光缆和带状多芯单元光缆；按使用环境分类可分为室外光缆、室内光缆和特种光缆[如海底光缆、全介质自承式光缆（ADSS）、光纤复合地线光缆（OPGW）、缠绕光缆、防鼠光缆等]；按网络层次分类可分为长途光缆、市话光缆和接入光缆；按加强件配置方法分类可分为中心加强构件光缆（如层绞式光缆、骨架式光缆等）、分散加强构件光缆（如束管两侧加强光缆、扁平光缆等）、护层加强构件光缆（如束管钢丝铠装光缆和 PE 细钢丝综合外护层光缆）和钢管结构的微缆；按光纤种类分类可分为多模光纤光缆和单模光纤光缆；按光纤芯数多少分类可分为单芯光缆和多芯光缆；按护层材料性质分类可分为普通光缆、阻燃光缆和尼龙防蚁、防鼠光缆等。

目前工程中常用的光缆有：室（野）外光缆——用于室外直埋、管道、架空及水底敷设的光缆；室（局）内光缆——用于室内布放的光缆；软光缆——具有优良的曲绕性能的可移动光缆；设备内光缆——用于设备类布放的光缆；海底光缆——用于跨海洋敷设的光缆。

光缆常用的结构主要有层绞式结构光缆、束管式结构光缆、骨架式结构光缆和接入网蝶形引入光缆。

5. 光缆的型号

光缆型号由 5 个部分构成，各部分均用代号表示，其中结构特征指缆芯结构和光缆派生结构，如图 2-2 所示。

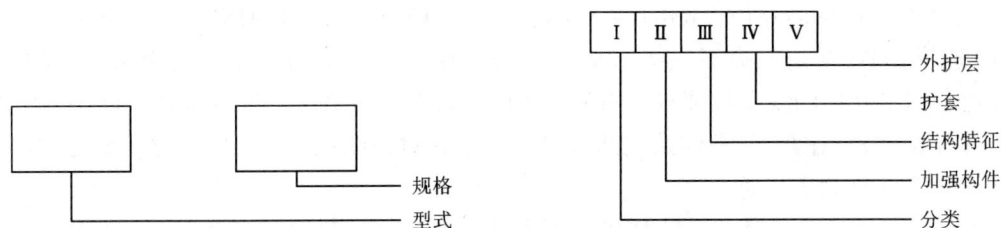

图 2-2　光缆型号、型式组成格式

当有外护层时，它可包括垫层、铠装层和外被层的某些部分和全部，其代号用两组数字表示（垫层不需要表示），铠装层可以是一位或两位数字，如表 2-1 所示。

表 2-1　光缆形式代号

分类	加强构件	结构特征	护套
GY——通信用室(野)外光缆 GM——通信用移动式光缆 GJ——通信用室(局)内光缆 GS——通信用设备内光缆 GH——通信用海底光缆 GT——通信用特殊光缆	(无符号)——金属加强构件 F——非金属加强构件	D——光纤带结构 (无符号)——光纤松套被覆结构 J——光纤紧套被覆结构 (无符号)——层绞结构 G——骨架结构 X——缆中心管(被覆)结构 T——油膏填充式结构 (无符号)——干式阻水结构 R——充气式结构 C——自承式结构 B——扁平形状 E——椭圆形状 Z——阻燃	Y——聚乙烯护套 V——聚氯乙烯护套 U——聚氨酯护套 A——铝-聚乙烯黏接护套(简称 A 护套) S——钢-聚乙烯黏接护套(简称 S 护套) W——夹带平行钢丝的钢-聚乙烯黏接护套(简称 W 护套) L——铝护套 G——钢护套 Q——铅护套

2.2.3　SDH 传输网

1. SDH 概念

同步数字体系(synchronous digital hierarchy, SDH),根据 ITU-T 的建议定义,是不同速率的数字信号的传输提供相应等级的信息结构,包括复用方法、映射方法以及相关的同步方法组成的一个技术体制。

2. SDH 网络特点

SDH 的内容包括传输速率、接口参数、复用方式和高速 SDH 传送网的 OAM。其主要内容借鉴了 1985 年 Bellcore(telcordia technologies)向 ANSI 提交的 SONET(synchronous optical network)建议,ITU-T 对其做了一些修改,大部分的修改内容是在较低的复用层,以适应各个国家和地区网络互连的复杂性要求,相关的建议包含在 G. 707、G. 708 和 G. 709 中。SDH 设备只能部分兼容 SONET,两种体系之间可以相互承载对方的业务流,但两种体系之间的告警和性能管理信息等无法互通。

为了支持各种业务的传输,SDH 确定了由低速速率复用获得高速速率,再由高速速率复用获得更高速率的方式来获得各种通信速率。SDH 以基本同步传送模块 STM-1 为基本单元进行传输,其他更高的速率通过多个 STM-1 进行复用得到。SDH 确定的同步传送信号第一级速率为 STS-1(space transportation system),STS-1 的速率为 51.840 Mbit/s,而 STS-1 是由多个低速的 T1、T2、T3 的信号复用后得到的基本速率信号 STM-1。其中：T1 = 1.544 Mbit/s,T2 = 6.312 Mbit/s,T3 = 44.736 Mbit/s。三路 STS-1 再复用后送到基本同步传送模块 STM-1 线路传输,因此 STM-1 速率为 3×51.840 = 155.520 Mbit/s。

SDH 传输网相较于准同步数字系统(plesiochronous digital hierarchy, PDH)有以下优点:

①SDH 传输系统在国际上有统一的帧结构数字传输标准速率和标准的光路接口,使网管系统互通,因此有很好的横向兼容性,它能与现有的 PDH 完全兼容,并容纳各种新的业务信号,形成了全球统一的数字传输体制标准,提高了网络的可靠性。

②SDH 接入系统的不同等级的码流在帧结构净负荷区内的排列非常有规律,而净负荷与网络是同步的,它利用软件能将高速信号一次直接分插出低速支路信号,实现了一次复用的特性,克服了 PDH 准同步复用方式对全部高速信号进行逐级分解然后再生复用的过程。由于其大大简化了 DXC,减少了背靠背的接口复用设备,改善了网络的业务传送透明性。

③由于采用了较先进的分插复用器(ADM)、数字交叉连接(DXC),网络的自愈功能和重组功能就显得非常强大,具有较强的生存率。因为 SDH 帧结构中安排了信号的 5%开销比特,所以它的网管功能显得特别强大,并能统一形成网络管理系统,为网络的自动化、智能化、信道的利用率以及降低网络的维管费和提高生存能力起到了积极作用。

④由于 SDH 多种网络拓扑结构,它所组成的网络非常灵活,它具有增强网监、运行管理和自动配置功能,优化了网络性能,同时也使网络运行灵活、安全、可靠,使网络的功能非常齐全和多样化。

⑤SDH 有传输和交换的性能,它的系列设备的构成能通过功能块的自由组合,实现不同层次和各种拓扑结构的网络,十分灵活。

⑥SDH 并不专属于某种传输介质,它可用于双绞线、同轴电缆,但 SDH 用于高数据传输速率则需用光纤。这一特点表明,SDH 既适合用作干线通道,也适合用作支线通道。例如,我国的国家级与省级有线电视干线网就是采用 SDH,而且它也便于与光纤电缆混合网(HFC)相兼容。

⑦从 OSI 模型的观点来看,SDH 属于其最底层的物理层,并未对其高层有严格的限制,便于在 SDH 上采用各种网络技术,支持 ATM 或 IP 传输。

⑧SDH 是严格同步的,从而保证了整个网络稳定可靠,误码少,且便于复用和调整。

⑨标准的开放型光接口可以在基本光缆段上实现横向兼容,降低了联网成本。

3. SDH 传输基本原理

SDH 采用的信息结构等级称为同步传送模块 STM-N(synchronous transport mode, $N=1$, 4, 16, 64),最基本的模块为 STM-1, 4 个 STM-1 同步复用构成 STM-4, 16 个 STM-1 或 4 个 STM-4 同步复用构成 STM-16, 4 个 STM-16 同步复用构成 STM-64, 4 个 STM-64 同步复用构成 STM-256。SDH 采用块状的帧结构来承载信息,每帧由纵向 9 行和横向 270×N 列字节组成,每个字节含 8 bit,整个帧结构分成段开销(section overhead, SOH)区、STM-N 净负荷区和管理单元指针(AU PTR)区 3 个区域。其中:段开销区主要用于网络的运行、管理、维护及指配,以保证信息能够正常灵活地传送,它又分为再生段开销(regenerator section overhead, RSOH)和复用段开销(multiplex section overhead, MSOH);STM-N 净负荷区用于存放真正用于信息业务的比特和少量用于通道维护管理的通道开销字节;管理单元指针区用来指示净负荷区内的信息首字节在 STM-N 帧内的准确位置,以便接收时能正确分离净负荷。SDH 的帧传输时按由左到右、由上到下的顺序排成串型码流依次传输,每帧传输时间为 125 μs,每秒传输 1/125×1000000 帧,对于 STM-1 而言,每帧比特数为 8×(9×270×1) = 19440 bit,则STM-1 的传输速率为 19440×8000 = 155.520 Mbit/s;而 STM-4 的传输速率为 4×155.520 =

622.080 Mbit/s；STM-16 的传输速率为 16×155.520（或 4×622.080）= 2488.320 Mbit/s。因此 SDH 的传输速率有：155 M、622 M、2.5 G、10 G。

SDH 传输业务信号时，各种业务信号要进入 SDH 的帧都要经过映射、定位和复用 3 个步骤，具体如下：

①映射是将各种速率的信号先经过码速调整装入相应的标准容器（C），再加入通道开销（POH）形成虚容器（VC）的过程，帧相位发生偏差称为帧偏移。

②定位是将帧偏移信息收进支路单元（TU）或管理单元（AU）的过程，它通过支路单元指针（TU PTR）或管理单元指针（AU PTR）的功能来实现。

③复用的概念比较简单，复用是一种使多个低阶通道层的信号适配进高阶通道层，或把多个高阶通道层信号适配进复用层的过程，即通过字节交错间插方式把 TU 组织进高阶 VC 或把 AU 组织进 STM-N 的过程。由于经过 TU 和 AU 指针处理后的各 VC 支路信号已相位同步，因此该复用过程与同步复用原理和数据的串并变换相类似。

4.常见的网络拓扑

网络拓扑结构主要有线形、星形、树形、环形和网孔形。

线形网络拓扑是将网中的所有节点一一串联，而首尾两端开放，如图 2-3 所示。这种拓扑的特点是较经济，在 SDH 网的早期用得较多，主要用于专网（如铁路网）中。

图 2-3　线形网络

星形网络拓扑是将其中一网元作为特殊节点与其他各网元节点相连，其他各网元节点互不相连，网元节点的业务都要经过特殊节点转接，如图 2-4 所示。这种网络拓扑的特点是可通过特殊节点来统一管理其他网络节点，利于分配带宽，节约成本，但存在特殊节点的安全保障和处理能力的潜在瓶颈问题；特殊节点的作用类似交换网的汇接局。这种网络拓扑多用于本地网。

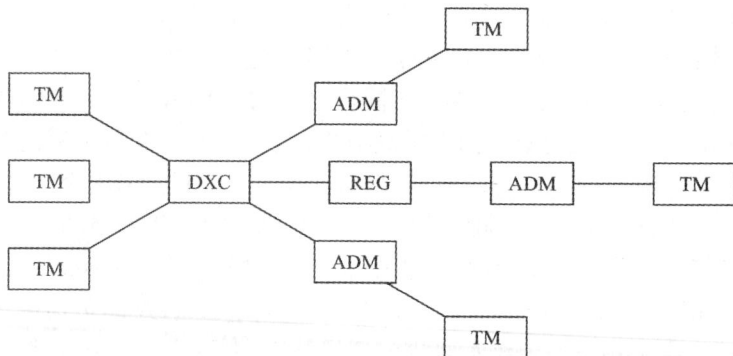

图 2-4　星形网络

树形网络拓扑可看成是线形拓扑和星形拓扑的结合，也存在特殊节点的安全保障和处理能力的潜在瓶颈，如图 2-5 所示。

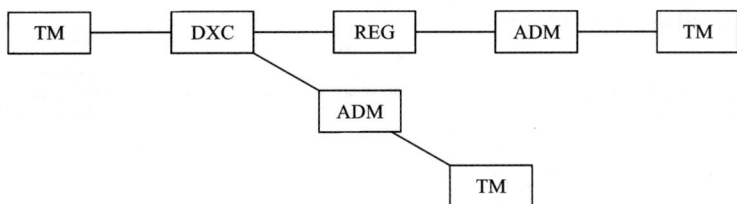

图 2-5　树形网络

　　环形网络拓扑是各个网络节点通过环接口连在一条首尾相接的闭合环形通信线路中，如图 2-6 所示。每个节点设备只能与它相邻的一个或两个节点设备直接通信，如果要与网络中的其他节点通信，数据需要依次经过两个通信节点之间的每个设备。环形网络既可以是单向的，也可以是双向的。单向环形网络的数据绕着环的一个方向发送，数据所到达的环中的每个设备都将数据接收经再生放大后将其转发出去，直到数据到达目标节点为止。双向环形网络中的数据能在两个方向上进行传输，因此设备可以和两个邻近节点直接通信，如果一个方向的环中断了，数据还可以在相反的方向进行环中传输，最后到达目标节点。

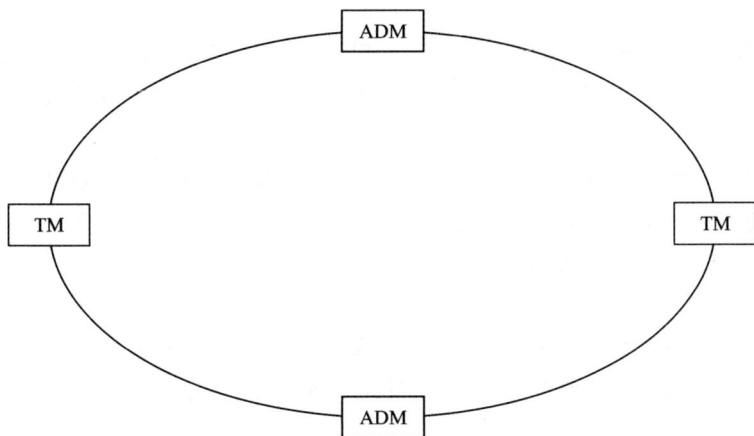

图 2-6　环形网络

　　环形网络拓扑有两种类型，即单环结构和双环结构。令牌环(token ring)是单环结构的典型代表，光纤分布式数据接口(FDDI)是双环结构的典型代表。当前用得最多的网络拓扑是线形和环形，通过它们的灵活组合，可构成更加复杂的网络。

　　环形网络拓扑具有如下特点：

　　在环形网络中，各工作站间无主从关系，结构简单；信息流在网络中沿环单向传递，延迟固定，实时性较好。

　　两个节点之间仅有唯一的路径，简化了路径选择，但可扩充性差，可靠性差，任何线路或节点的故障，都有可能引起全网故障，且故障检测困难。

　　将所有网元节点两两相连，就形成了网孔形网络拓扑，如图 2-7 所示。这种网络拓扑为两个网元节点间提供多个传输路径，使网络的可靠性强，不存在瓶颈问题和失效问题。但是由于系统的冗余度高，必会使系统有效性降低，成本高且结构复杂。网孔形网络拓扑主要用于长途网中，以保证网络的高可靠性。

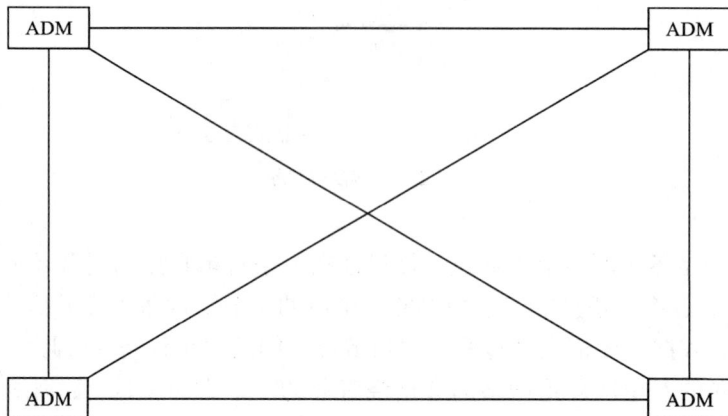

图 2-7　网孔形网络

2.2.4　OTN 传输网

1. OTN 概念

开放式传输网络(open transport network，OTN)是专为满足工业环境的需求而设计的一种基于最新光纤技术的传输系统。所谓"开放"，即可以通过其多种接口卡板处理几乎所有的物理接口。

OTN 系统拥有 6 种不同的网络数据速率版本，分别为 150 Mbit/s（OTN-150）、155 Mbit/s（OTN-155）、600 Mbit/s（OTN-600）、622 Mbit/s（OTN-X3M-622）、2.5 Gbit/s（OTN-X3M-2500）和 10 Gbit/s（OTN-X3M-10G）。

2. 系统架构

OTN 系统架构主要有 5 个系统组件：光缆基础架构；OTN 节点；公共逻辑卡；用户接口卡，为业务提供系统接入；网络管理系统，亦称 OMS(OTN 管理系统)。OTN 架构如图 2-8 所示。

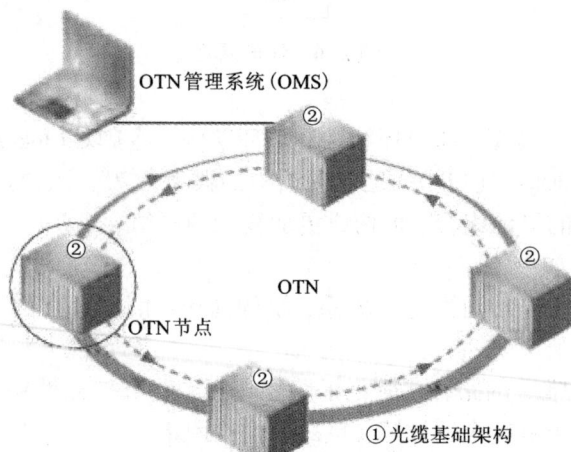

图 2-8　OTN 架构

1）光缆基础架构

地铁 OTN 传输系统的光纤环路均采用双光纤双向通道保护方式，网络中的节点以点到点双光纤链路互连，从而形成两个互为反向的循环环路。正常运行状态下，网络连接设备的所有数据都在主环上传送；而副环为备份状态，与主环保持同步，紧急情况时可替代主环的数据传输任务。双环组网可以在网络配置变化或故障时自动恢复工作，从而保证系统的可靠性。OTN 的双环组网结构如图 2-9 所示。

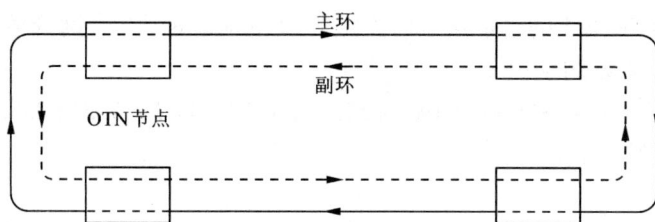

图 2-9　OTN 的双环组网结构

2）OTN 节点

OTN 节点设备将用户接口数据复用并进行一系列的处理后通过光纤链路发送出去；同样，从光纤链路上接收的信息，经节点处理后发送到对应的用户接口模块上，即所有的接口模块和光收发器都在节点设备中完成信息交换和传输。每个节点由一张网卡、两个收发模块 TRM 和不同种类的用户接口卡（最多 8 个用户接口卡槽）组成。

3）公共逻辑卡

公共逻辑卡，也称为宽带光环适配器，将接收到的网络信息发送到相应的接口卡，或将接口卡的数据发送到光收发器模块。公共逻辑卡还执行许多系统功能算法，比如系统重新配置和同步等。

4）用户接口卡

OTN 具有多种类型业务接口。下列业务可以与接口卡直接连接：

①数据传输：RS232；RS422；RS485 等。

②局域网：10Base 以太网（10 Mbit/s）；快速以太网（100Base-T）（100 Mbit/s）；千兆以太网（1000Base-T）（1000 Mbit/s）。

③模拟和数字电话：E1 或 T1 中继；2/4 线 E&M 模拟语音（如模拟无线广播）；S0 数字（ISDN）电话；广播，高质量音乐（包括立体声）或语音信息等。

④视频应用（视频监控和视频分配）：PAL（B/G）；NTSC（M，CVBS）等。

5）网络管理系统

网络管理系统（OTN management system，OMS）允许用户管理 OTN 环路或网络，管理范围包括系统宽带、故障、性能及各个应用端口等，其图形化界面有利于操作者理解和操作。

3. OTN 系统特点

系统特点主要如下所述。

①传输利用率高：OTN 系统带宽粒度细，按需分配。它的开销比特只提供总线状态、输入信息故障、检测模块开关、远端告警及误码率等基本信息，带宽利用率达到 98% 以上。

②可靠性高：不同的信号种类一步复用到 OTN 帧中，可最大限度地减小延迟，具有很高

的可靠性,且利用光纤传输,抗干扰能力强,传输误码率低。

③标准接口丰富:OTN 提供了丰富的行业标准接口,如各种标准的音频接口、E1/T1/D3 数字接口、宽带音频接口、RS232、RS422、RS485 以及 10Base-T/l00Base-TX 等。

④设备简单,组网灵活:OTN 系统采用分布式网络结构,设备简单,组网灵活,各种应用可直接接入 OTN,无须接入设备且升级扩容方便。

⑤快速错误检测:OTN 提供丰富的硬件状态显示和网络报警功能,可迅速找到故障点,维护方便。

⑥网络管理:OTN 集成的管理系统可直接管理到独立的端口,网管独立于设备运行。

4.OTN 系统组成及功能

OTN 版本以 OTN-X3M-2500-ETX 为例,光环带宽为 2326.528 M。OTN-X3M-2500-ETX 主要由下列 4 部分组成。

1)节点机

节点机是 OTN-X3M-2500-ETX 系统完成接入和传输的基本设备,所有的接口模块和光收发器都在节点机中完成信息交换和传输工作。

OTN-X3M-2500-ETX 系统按照实际使用需求,节点箱使用 N42 类型。N42 节点箱配有 8 个接口插槽,每个节点箱都含有双电源(交/直流)冗余可选模块,并且都可以根据节点之间的距离选用相应的光收发器模块以及接口模块。根据系统接口以及通道需求,本系统的配置为每车站 OTN-N42 节点 1 台,车辆段 OTN-N42 节点 1 台,控制中心 OTN-N42 节点 3 台。

2)宽带光环适配器(BORA)

节点机箱中的主要部件,是 OTN-X3M-2500-ETX 系统传输的关键连接枢纽。BORA 通过总线和用户接口卡连接,将各种业务模块的信息发送到光收发器,并将从网络上取得的信息送到各个接口模块。BORA 上集成了多种光收发器模块,这些收发器符合各种传输距离的需要,以便于备件的储存和更换。

3)接口模块

接口模块是各种应用子系统接入 OTN-X3M-2500-ETX 系统以及实现应用系统之间相互联系的重要设备。作为一个专用网络的光纤传输接入系统,OTN-X3M-2500-ETX 的接口几乎涵盖了目前所有的物理接口,如语音、数据、局域网和视频。众多的接口使各种子系统的接入只需要简单地通过电缆连接,系统的升级也无须更换接口模块,只要更换光收发器。

4)网络管理系统

基于 Windows 2000/XP 或 NT 等操作系统的网络管理系统(OMS),通过图形化的界面使操作者易于理解,易于操作。网络管理系统的管理范围极广,可以从系统的性能管理、带宽管理、故障管理到每个应用端口的使用管理。因为 OMS 基于 PC 和 Windows 的平台,所以具有移动性,可以在网络任意一个节点上连接 OTN-X3M-2500-ETX 系统并进行管理。

OTN 系统实现的功能主要包括以下 4 个:

(1)环路自愈保护功能。

并行光纤形成的双环结构为环内每一节点的控制计算方法提供了唯一的"热备份"或自愈能力。在出现故障时,由于光纤传输路径自动重新配置,OTN-X3M-2500-ETX 系统仍然工作;而输入光信号或同步丢失造成的所有故障可由节点立刻检测出来。

所有节点均可在故障(光纤断裂、节点机退出服务等)发生后决定将信号传输倒换到另一环上。此机制保证了所有节点的业务倒换到另一环上，或是它们中的 2 个同时环回。每个节点基于其本身的状态和从其他节点(仅从这些节点)接收的信息来判断，以独立地重新进行配置。

(2)同步功能。

①环同步：在启动时或在帧结构发生错误之后，节点将进行位时钟同步和帧时钟同步。

②帧同步：在此过程中，环上所有的节点将等到一个公共的帧结构的解释。一旦给节点供电，或同步丢失，节点将产生并传输同步帧。所有的节点接收到同步帧后，通过优先组机制，系统会判定某个节点是过来的帧的从节点，还是属于网络的主节点。所有的环上节点将同步于主节点。一旦建立同步，主节点将开始产生数据帧。一个收到数据帧的节点就可以开始传输和接收数据，即可以正常工作了。

③位同步：主节点从内部时钟或同步于外部时钟源产生帧和位时钟到环上。通过解析过来的时钟信息，所有的节点同步于它们的时钟，用于传输和接收主时钟。

(3)单元保护功能。

OTN 系统提供的单元保护包括：自愈环保护倒换；BORA 内部电路保护；BORA 光接口主备保护；每个节点的冗余电源单元。

在本次工程中，OTN-X3M-2500-ETX 设备中的每个节点均配置双电源模块。

(4)勤务电话功能。

OTN 的主控板上均含有一个 EOW(工程指令)接口，用于系统光路开通时的通信联络，即具有 OTN 的勤务电话功能。在环开销中为 EOW 功能保留了一个固定带宽，因此 EOW 功能无须通过 OMS 实现。

2.3　青岛地铁传输系统设备介绍

2.3.1　传输系统架构

1. 基于中兴系列设备专用传输系统整体介绍

以青岛地铁 2、11 号线为例。专用传输系统采用基于 SDH 的多业务传送平台(内嵌 RPR 的 MSTP)，选用中兴通讯 ZXMP S385 光传输设备构建青岛地铁 2、11 号线专用传输系统。

在 2 号线的 1 个控制中心、22 个车站、1 个车辆段，11 号线公安分局和 3 号线控制中心各设置 1 套 ZXMP S385 设备，具体组网如下。

在 2 号线的 1 个控制中心、22 个车站、1 个车辆段分别设置 1 套 ZXMP S385 传输设备，利用本工程上下行敷设的 96 芯主干光缆中的光纤，组成两个带宽为 10 Gbit/s 的 2 纤双向复用段保护环，两个环在控制中心相切。其中：环一由控制中心、泰山路站至海游路站的站点组成，共 12 个节点；环二由控制中心、车辆段、海川路站到李村公园站的站点组成，共 13 个节点。

在 3 号线公安分局通信设备室设置 1 套 ZXMP S385 传输设备，在 2 号线控制中心传输网元配置 1 块 STM-4 板卡，满足公安及消防无线通信系统中 E1 业务通过专用传输系统由本线控制中心传至地铁公安分局。其互联所需的光纤利用本工程上下行敷设的 96 芯主干联络光缆及 3 号线敷设的五四广场站至地铁公安分局的公安主干光缆实现。

在 3 号线控制中心通信设备室设置 1 套 ZXMP S385 传输设备，在本线控制中心传输网元配置两块 STM-16 板卡，满足 2 号线控制中心与 3 号线控制中心的业务互联需求。其互联所需的光纤利用本工程敷设的 96 芯联络光缆实现。

在控制中心内配置 2 套 ZXMP S385 传输设备、1 套 Net Numen U31 光传输网管设备、1 套 BITS 设备和 1 部勤务电话机，全线配置便携式维护终端 1 套，每站配置 1 套勤务电话。

专用通信系统在控制中心、各车站、车辆段提供-48 V 直流电源，在地铁公安分局和 3 号线控制中心设备机房，只能提供交流 220 V 电流。传输设备需要-48 V 直流电，因此在地铁公安分局和 3 号线控制中心配有嵌入式的开关电源，实现 220 V 交流电到-48 V 直流电的转换。

11 号线在 1 个控制中心、22 个车站、1 个大田路车辆段、1 个海洋大学停车场设置 ZXMP S385 节点设备，具体如下：

全线各车站配置的 10 G 传输设备，利用沿线路两侧隧道敷设的专用通信光缆线路，组建两个带宽为 10 Gbit/s 的 4 纤自愈保护环，两个环在控制中心相切。在控制中心传输设备配置 1 块 STM-4 板卡，在地铁专用分局设置 1 套 STM-4 传输设备，专用及消防无线通信系统中 E1 业务通过专用传输系统由本线控制中心传至地铁专用分局。互联线缆通过 3 号线敷设的光缆实现。

控制中心所配置的 ZXMP S385 设备，配有高阶交叉板 CSF 和低阶交叉模块 TCS256，可以提供高阶交叉容量为 1536×1536 VC-4，即等效 240 G；低阶交叉容量为 16128×16128 VC-12，即等效 40 G。控制中心配置 1 套 ZXMP S385 10 G 速率传输节点设备、1 套网管设备。在各车站各配置 1 套 ZXMP S385 10 G 传输节点设备。车站及停车场所配置的 ZXMP S385 设备配有高阶交叉板 CSF 和低阶交叉模块 TCS128，可以提供高阶交叉容量为 1536×1536 VC-4，即等效 240 G；低阶交叉容量为 8064×8064 VC-12，即等效 20 G。在公安分局配置 1 套 ZXMP S385 622 M 传输节点设备。公安分局配有 CSA，可以提供高阶交叉容量为 256×256 VC-4，即等效 40 G；低阶交叉容量为 2016×2016 VC-12。

2. 基于中兴系列设备专用传输系统组网图

以青岛地铁 2、11 号线为例，组网结构如图 2-10、图 2-11 所示。

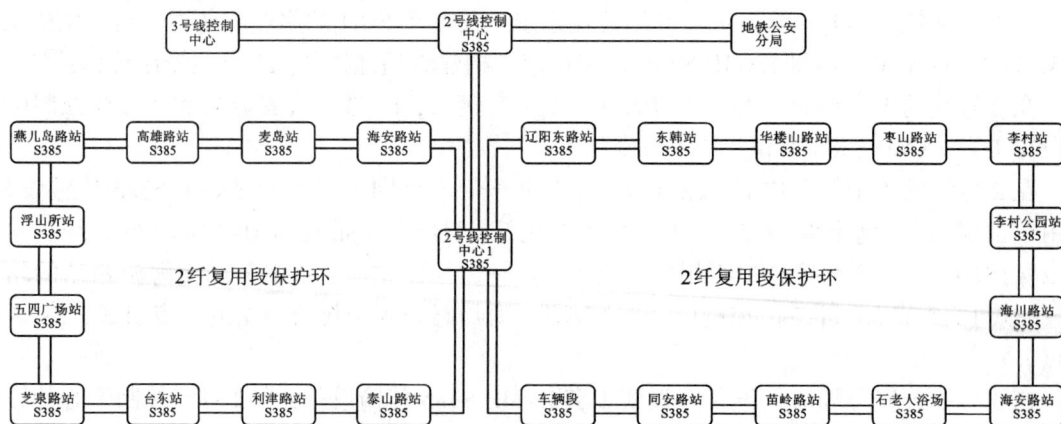

图 2-10　2 号线专用传输系统组网图

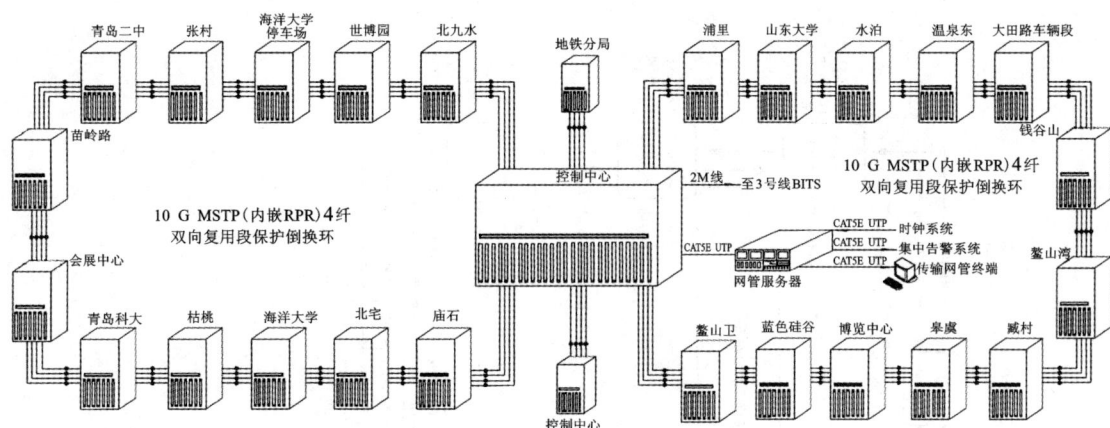

图 2-11　11 号线专用传输系统组网图

3. 基于华为系列设备专用传输系统整体介绍

以青岛地铁 3 号线为例。3 号线专用传输系统采用 2 纤双向复用段环形自愈网，在全线 1 个控制中心、22 个车站、1 个车辆段采用华为 OSN3500 及 OSN7500 SDH 传输设备，组成两个带宽为 10 Gbit/s 的 2 纤双向复用段保护环，两个环在控制中心、车辆段相交并互为保护。环一由控制中心、车辆段及错埠岭站（不含）以南的站点组成，共 13 个节点；环二由控制中心、车辆段及错埠岭站（含）以北的站点组成，共 13 个节点。共 24 个节点设置传输设备，各节点配置 10 Gbit/s 传输节点设备，环内节点采用首尾相连的方式连接。

SDH 环网的复用段自愈保护符合 ITU-T G.841 建议要求，并且保护倒换时间小于 50 ms。倒换准则为出现下列情况之一则立即倒换：信号丢失（LOS）、帧丢失（LOF）、告警指示信号（AIS）、超过门限的误码缺陷。

4. 基于华为系列设备专用传输系统组网图

以青岛地铁 3 号线为例，组网结构如图 2-12 所示。

5. 专用传输系统系统业务接口

传输系统具备通信系统所需的视音频、数据等业务接入功能，为以下各系统提供传输通道：公务电话系统、专用电话系统、无线通信系统、广播系统、时钟系统、CCTV 系统、PIS 系统、通信各子系统网管及控制信号、自动售检票系统、UPS 电源系统、办公自动化系统。

其中 CCTV 系统、办公自动化系统为 1000 M 标准以太网接口，接口类型视实际情况一般为单模光口、LC/PC 或 RJ-45，接口介质为光纤或 UTP 双绞线。

公务电话系统、专用电话系统、无线通信系统为标准 E1 接口，接口类型为 L9-75ohm-直式插头，接口介质为 75 Ω 射频同轴。

广播系统、时钟系统、PIS 系统、通信各子系统网管及控制信号、自动售检票系统、UPS 电源系统等为 10/100 M 标准以太网接口，接口类型为 RJ-45，接口介质为 UTP 双绞线。

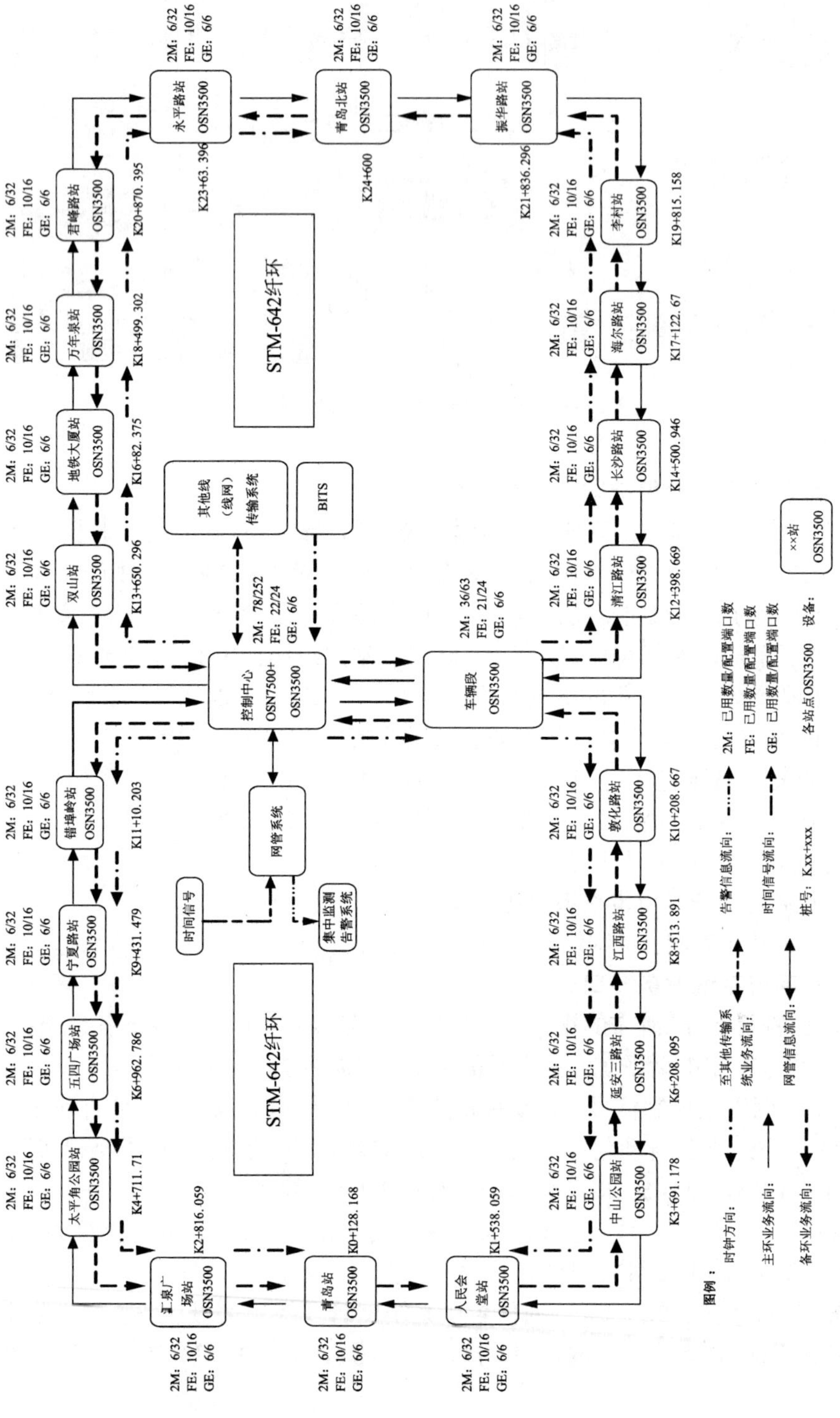

图2-12　3号线专用传输系统组网图

2.3.2　线网传输系统设备介绍

1. 中兴传输系统设备构成框图

以青岛地铁 2 号线、11 号线为例。控制中心：在控制中心配置 1 套 ZXMP S385 设备和 1 套 NetNumen U31 光传输网管系统、1 套 BITS 设备、1 部勤务电话机等，如图 2-13 所示。

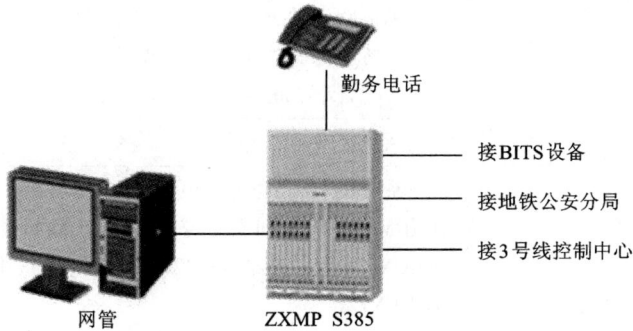

图 2-13　控制中心设备构成图

车站：每站各配置 1 套 ZXMP S385 设备、1 部勤务电话，如图 2-14 所示。
车辆段：配置 1 套 ZXMP S385 设备、1 部勤务电话。

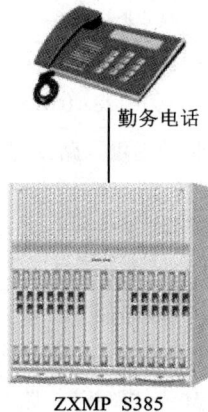

图 2-14　22 个车站设备构成图

2. 中兴传输设备主要功能

以青岛地铁 2 号线、11 号线为例。2 号线、11 号线均采用中兴 385 设备，此处以 2 号线设备为例对传输设备进行介绍，如表 2-2 所示。

表 2-2　设备常用单板介绍

单板代号	单板名称	主要功能说明
ENCP	网元控制板	支持 1+1 冗余配置，提供网元管理功能，具体功能说明如下： 完成网元的初始配置 接收网管命令并加以分析 通过通信口对各个单板发布指令，执行相应操作 支持单板软件的远程升级，将各个单板的上报消息转发网管 控制设备的告警输出和监测外部告警输入 在网管配合下，硬复位和软复位各单板
OW	公务板	实现系统公务电话功能
QxI	Qx 接口板	实现系统的接口功能：电源接口 POWER、告警指示单元接口 ALARM_SHOW、列头柜告警接口 ALARM_OUT、辅助用户数据接口 AUX(可提供 5 路 RS232/RS422 接口)、网管 Qx 接口、扩展框接口 EXT 等 实现-48 V 输入电源的滤波、过流保护、防反接保护、电压告警监测等 与 SCI 板实现电源保护
CSF	F 型交叉时钟板	实现多方向之间的业务互通，完成业务的交叉和开销的交叉 F 型交叉板最大交叉能力为 240 G，即 1536×1536 VC4 交叉时钟板
TCS128	时分交叉模块	配合 CSF，提供低阶时分交叉功能，交叉能力 20 G，即 128×128 VC-4 或 8064×8064 VC-12
TCS256	时分交叉模块	配合 CSF，提供低阶时分交叉功能，交叉能力 40 G，即 256×256 VC-4 或 16128×16128 VC-12
SCIB	B 型时钟接口板 (2 Mbit/s)	SCI 板板提供 4 路外部参考时钟输出接口和 4 路外部参考时钟输入接口 SCIB 同时提供两路 75 Ω 接口以及 120 Ω 接口，输入/输出 2.048 Mbit/s 时钟信号
OL64	1 路 STM-64 光线路板	10 G 光线路板，1 路 OL64 提供 1 个 STM-64 标准光接口供业务上、下
OL4	1 路 STM-4 光线路板	622 M 光线路板，1 路 OL4 板提供 1 个 STM-4 标准光接口以及总线供业务上、下
EPE1 x63(75)	63 路 E1 电处理板 (接口为 75 Ω)	E1 电处理板(75 Ω)，配合接口倒换板、接口桥接板完成系统 1∶N 之路保护功能。
ESE1 x63	63 路 E1 电接口倒换板(接口 75 Ω)	E1 电接口板(75 Ω)，支持 1∶N 保护倒换
BIE1	E1/T1 接口桥接板	在 E1/T1 信号 1∶N 支路保护时使用，完成工作板 E1/T1 信号到保护板的分配和转接，并为接口倒换板供电

续表2-2

单板代号	单板名称	主要功能说明
ESFEx8	以太网电接口倒换板	以太网电接口倒换板，提供 8 路 FE 接口 与数据单板 RSEB、SEE 配合使用，位于接口区
RSEB	内嵌 RPR 交换处理板	实现以太网业务到 RPR 的映射，完成 RPR 特有的功能，提供 RPR 所需的双环拓扑结构，完成 RPR 节点的环形互连；本身带 2 个 GE 接口（需另配 SFP）

3. 华为传输系统设备构成框图

以青岛地铁 3 号线为例。控制中心：在控制中心配置 1 套 OSN7500 设备和 1 套 OSN3500 设备，并有 1 套 U2000 传输网管系统、1 套 BITS 设备、1 部勤务电话机等，如图 2-15 所示。

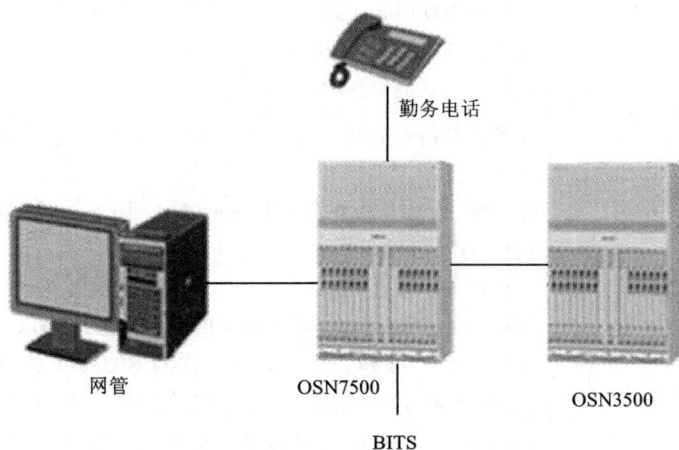

图 2-15　控制中心设备构成图

车站：每站、车辆段各配置 1 套 OSN3500 设备、1 部勤务电话，如图 2-16 所示。

图 2-16　22 个车站及车辆段设备构成图

4. 华为传输系统设备主要功能

以青岛地铁 3 号线为例。3 号线传输系统均采用华为 OSN3500 设备,主要设备性能见表 2-3 所示。

表 2-3　设备常用单板介绍

单板代号	单板名称	主要功能说明
EGR2	2 路千兆以太网处理板	①发送方向:将交叉连接单元送来的信号通过内部模块单元进行解封装、解映射,最后通过接口转换模块以以太网接口送出 ②接收方向:接收外部以太网设备送来的信号,通过内部处理模块进行映射和封装,最后通过接口转换模块到达交叉处理单元
SXCSA	超级交叉时钟板	①在 OptiX OSN 系统中提供业务调度、时钟输入输出等功能。交叉时钟板向系统中其他单板提供定时信息,实现各种业务的汇聚和调度,完成同系统内其他单板的通信和对其他单板的配置管理等功能 ②完成 200 Gbit/s 的 VC-4 高阶交叉,20 Gbit/s 的 VC-3/VC-12 低阶交叉,155 Gbit/s 的接入能力 ③提供与其他单板的通信功能
GSCC	系统控制与通信板	①实现设备业务的配置和调度功能,监测业务性能,收集性能事件和告警信息 ②提供 10 M/100 M 的 Ethernet 接口,用于与网管通信。Ethernet 接口通过 AUX 板引出 ③提供用于管理 COA 的 F&f 接口,通过 AUX 板引出 ④提供 1 路 64 kbit/s 同步数据接口 F1,通过 AUX 板引出 ⑤提供用于与 PC 或工作站连接的 RS232 方式接口 OAM(operation administration and maintenance)口,支持使用 RS232 DCE(data circuit-terminal equipment)接口的 Modem 进行远程维护。OAM 接口通过 AUX 板引出
ETF8	8 路 FE 电接口板	①PETF8 单板主要用于分组数据包的接入、带宽管理和数据包交换等分组数据传送领域 ②主要完成 8 路 FE 电信号的接入,与 PEG8/PEG16 配合完成业务处理功能
SL16	1 路 STM-16 光接口板	SL16A 光接口板属于线路单板,可用在 OptiX OSN 系列设备上实现 STM-16 光信号的接收和发送。通过本单板,SL16A 将接收到的光信号经 O/E 转换后送往交叉侧,同时交叉侧的电信号经 E/O 转换后发送出去
SL64	1 路 STM-64 光接口板	SL64 光接口板属于线路单板,可用在 OptiX OSN 系列设备上实现 STM-64 光信号的接收和发送。通过本单板,SL64 将接收到的光信号经 O/E 转换后送往交叉侧,同时交叉侧的电信号经 E/O 转换后发送出去
PQ1	63 路 E1 业务处理板	PQ1 单板属于 PDH 处理板,可用在 OptiX OSN 系列设备上实现 PDH 信号的上/下处理,PQ1 单板必须与接口板配套使用,完成 63 路 E1 信号的接入和处理

续表2-3

单板代号	单板名称	主要功能说明
EMR0	12 路 FE+1 路 GE 以太环网处理板	①处理 12 路 FE 和 1 路 GE 业务；支持 RPR 特性处理 ②EMR0 单板主要用于解决以太业务接入、带宽管理和以太业务二层交换等电信应用领域 ③RPR 单板实现以太网的接入、汇聚，以太网数据的二层交换、端口的隔离、流分类、数据流量控制、VLAN 的管理、优先级配置等数据特性，以及数据的封装/解封装、虚级联、SDH 的映射/解映射等功能。同时可以与宽带接入设备及数通设备对接，提供全网的解决方案
D75S	75 Ω E1 电接口出线板	75 Ω E1 电缆用于输入输出 E1 信号
PIUB	电源接口板	主要为 OptiX OSN3500 设备提供电源输入接口

2.4　岗位技能应知应会

传输系统透明程度高，组网简单，对故障掩盖性较低，具备丰富的标准接口。因此，针对此系统一方面必须对接口及协议、传输机能熟悉了解；另一方面应熟练掌握接口的测试、各种板卡的更换及传输介质的接续等。同时，熟练掌握 OTDR、光功率计等测量设备，便于传输系统中故障的快速判断和定位。

2.4.1　更换板卡

1. 技能要求

传输系统故障处理中常对损坏的接口卡进行更换处理，因此通信检修工要熟悉支持热插拔板卡的通用更换方法。

2. 主要工器具、材料

螺丝刀、防静电手环、防静电保护袋、网管终端等。

3. 操作方法

更换板卡前，检查业务影响范围，根据实际情况做好准备。

戴上防静电手环，手环接地良好。

关闭板卡的开关。

将用户连接线拔下后，取出板卡。

将拔下的板卡放置于防静电袋内并做好标记。

将新的板卡设置参数后，插入对应槽位。

接上用户线。

打开板卡开关。

检查板卡工作是否正常。

登录网管终端查看更换板卡的状态是否正常。

4. 注意事项

更换板卡时，必须戴上防静电手环。

换下的板卡，放置于防静电袋内。

5. 衡量标准

按正确步骤插拔电路板。

严格遵守注意事项。

2.4.2　光纤接续

1. 技能要求

光纤在传输网络中大量应用，因此对维护人员来说，光纤接续是必须掌握的一项技能。在光缆或光纤中断时，维修人员要能对光纤进行接续，并达到工艺要求。

2. 主要工器具、材料

光纤熔接机、全套熔接主要工器具、光缆接头盒。

3. 操作方法

光纤接续是一项细致的工作，特别在端面制备、熔接、盘纤等环节，要求操作者仔细观察、周密考虑、操作规范、降低接续损耗，以达到接续标准。

步骤如下：

第一，开剥光缆，并将光缆固定到接续盒内。事先计划光缆接头的摆放和光缆的盘放，2根光纤接头处安设在地势平坦、地质稳固的地点。

第二，将不同束管、不同颜色的光纤分开，按照接续的顺序进行分纤，将待接续光纤穿上热缩管，热缩套管应在剥覆前穿入，严禁在端面制备后穿入。

第三，将熔接机平稳放置，打开熔接机电源，选择合适的熔接程序，在使用中和使用后及时去除熔接机中的灰尘，特别是夹具、各镜面和 V 形槽内的粉尘和光纤碎末。

第四，端面的制备。光纤端面的制备包括剥覆、清洁和切割这 3 个环节。合格的光纤端面是熔接的必要条件，端面质量直接影响到熔接质量。

（1）剥覆。

光纤涂面层的剥除，要掌握平、稳、快三字剥纤法。"平"，即持纤要平。左手拇指和食指捏紧光纤，使之成水平状，所露长度以 5 cm 为准，余纤在无名指、小拇指之间自然打弯，以增加力度，防止打滑。"稳"，即剥纤钳要握得稳。"快"，即剥纤要快。剥纤钳应与光纤垂直，上方向内倾斜一定角度，然后用钳口轻轻卡住光纤右手，随之用力，顺光纤轴向平推出去，整个过程要自然流畅，一气呵成。

（2）裸纤的清洁。

裸纤的清洁，应按下面的步骤操作：

①观察光纤剥除部分的涂覆层是否全部剥除，若有残留，应重新剥除。如有极少量不易剥除的涂覆层，可用棉球蘸适量酒精，一边浸渍，一边逐步擦除。

②将棉花撕成层面平整的扇形小块，沾少许酒精（以两指相捏无溢出为宜），折成 V 形，夹住已剥覆的光纤，顺光纤轴向擦拭，力争一次成功。一块棉花使用 2~3 次后要及时更换，每次要使用棉花的不同部位和层面，这样既可提高棉花利用率，又防止了探纤的二次污染。

（3）裸纤的切割。

以 FC-P3 型切割刀为例：

①打开外压板与内压板，划刀停放在内侧（靠身侧）。

②把光纤放进切割刀 0.25 mm 的 V 形槽内。

③将光纤被覆层切口对准标尺 16 mm 的位置，然后轻轻放下内压板。

④将外压板盖下，用右手扶住切割刀不能晃动，用右手拇指向前推动划刀。

⑤用右手拇指按下张力键，此时，外压板弹起，切割完毕。

⑥翻开外压板，清除光纤断头，左手拿好光纤，右手打开内压板，取出光纤，切割刀复位。

裸纤切割注意事项：

①光纤放入 V 形槽内，应全部入槽，以保证切割光纤端面垂直精度。

②推动划刀，应用力适当，靠刀架的磁性，推动划刀切割光纤。

③按下张力键时，不要用力过猛，应一次按到底。

④从切割刀内取出光纤时，端面不能碰触任何物体，防止损伤端面。

第五，光纤熔接。在施工中采用的是高精度全自动熔接机，它具有 X、Y、Z 三维图像处理技术和自动调整功能，可对欲熔接光纤进行端面检测、位置设定和光纤对准（多模以包层对准，单模以纤芯对准），具体过程如下：

①首先将两根同色标、端面制备完毕的光纤放入熔接机的 V 形槽中，保持 15~20 μm 的距离，盖好防护盖；启动熔接机的自动熔接开关进行熔接。

②预热推近。用电弧对光纤端部加热 0.2~0.5 s，使毛刺、凸面除去或软化；同时将 2 根光纤相对推近，使端面直接接触且受到一定的挤压力。

③熔接。光纤停止移动后，用电弧使接头熔化连接在一起。放电时间为：多模 2~4 s，单模 1 s。

光纤熔接注意事项：

熔接过程中应及时清洁熔接机 V 形槽、电极、物镜、熔接室等，随时观察熔接中有无气泡、过细、过粗、虚熔、分离等不良现象，注意 OTDR 跟踪监测结果，及时分析产生上述不良现象的原因，采取相应的改进措施。如果多次出现虚熔现象，应检查熔接的两根光纤的材料、型号是否匹配，切刀和熔接机是否被灰尘污染，并检查电极氧化状况，若均无问题，则应适当提高熔接电流。

第六，光缆接头盒施工。

（1）光纤盘留。

每完成 1 根光纤接续后，应把光纤余长留在盘留板槽道内，要求光纤有不少于 10 cm 的活动伸缩量。另外，盘留的光纤在盘留槽内应活动自由、不受扯挂，盘留槽内的大小圈长度差应不小于 150 mm，不应有微弯或拉成紧绷状态。

（2）盘纤规则。

①沿松套管或光缆分歧方向为单元进行盘纤，前者适用于所有的接续工程，后者仅适用于主干光缆末端且为一进多出，分支多为小对数光缆。该规则是每熔接和热缩完 1 个或几个松套管内的光纤或 1 个分支方向光缆内的光纤后，盘纤一次。其优点是避免了光纤松套管间或不同分支光缆间光纤的混乱，使之布局合理、易盘、易拆，便于日后维护。

②以预留盘中热缩管安放单元为单位盘纤。此规则是根据接续盒内预留盘中某一小安放区域内能够安放的热缩管数目进行盘纤，避免了由于安放位置不同而造成的同一束光纤参差不齐、难以盘纤和固定，甚至出现急弯、小圈等现象。

③特殊情况，如在接续中出现光分路器、上/下路尾纤、尾缆等特殊器件时要先熔接、热缩、盘绕普通光纤，在依次处理上述情况时，为了安全常另盘操作，以防挤压引起附加损耗的增加。

（3）盘纤的方法。

①先中间后两边，即先将热缩后的套管逐个放置于固定槽中，然后再处理两侧余纤。优点：有利于保护光纤接点，避免盘纤可能造成的损害。在光纤预留盘空间小、光纤不易盘绕和固定时，常用此种方法。

②从一侧开始盘纤，固定热缩管，然后再处理另一侧余纤。优点：可根据一侧余纤长度灵活选择铜管安放位置，方便、快捷，可避免出现急弯、小圈现象。

③特殊情况的处理，如个别光纤过长或过短时，可将其放在最后，单独盘绕；带有特殊光器件时，可将其另一盘处理，若与普通光纤共盘时，应将其轻置于普通光纤之上，两者之间加缓冲衬垫，以防挤压造成断纤，且特殊光器件尾纤不可太长。

④根据实际情况采用多种图形盘纤。按余纤的长度和预留空间大小，顺势自然盘绕，切勿生拉硬拽，应灵活地采用圆、椭圆、"CC" "～"多种图形盘纤(注意 $R \geqslant 4$ cm)，尽可能最大限度利用预留空间和有效降低因盘纤带来的附加损耗。

（4）接头盒密封。

接头盒的密封，主要是光缆与接头盒、接头盒上下盖板之间这两部分的密封。在进行光缆与接头盒的密封时，要先进行密封处的光缆护套的打磨工作，用纱布在外护套上垂直光缆轴向打磨，以使光缆和密封胶带结合得更紧密，密封得更好。接头盒上下盖板之间的密封，主要是注意密封胶带要均匀地放置在接头盒的密封槽内，将螺丝拧紧，不留缝隙。注意：在拧紧各部位螺栓时应交替对角均匀地进行，不得集中在一个部位；密封条、带的嵌置和缠绕应严格按照规定尺寸操作；盒体安装时各片橡胶挡圈必须全部入槽道内；密封部位应做好和保持清洁，以免影响密封效果。

盘纤注意事项：

①引入光缆前，先用棉纱清洁光缆外护套(距端头 2 m)，用钢锯锯去两侧端头(约 100 mm)，检查光缆外部是否完好，如有损坏现象应切除。

②护套开剥：在两侧光缆上各套入一只橡胶挡圈待用，距光缆端头 1300 mm，用专用切割刀环切外或纵切刀去除外护套。

（5）连接支架和加强芯。

①调整好固定支架和光缆，使两侧光缆基本平直对齐。

②距 CS 护套切口处保留加强芯 100 mm，裸露前端 35 mm(如果加强芯是有护套的结构)。

③将光缆连接支架上的夹箍紧固在光缆上时，夹箍距外护套切口 5 mm，如缆身小于夹箍内孔直径，应在该部位缠绕若干层橡胶自黏带。

2.4.3　OTDR 的使用

1. 技能要求

能熟练使用 OTDR 对光缆的相关数据进行读取、测量及分析。

2. 主要工器具、材料

OTDR。

3. 操作方法

广义上，OTDR 的使用可以定义为两个步骤：

①读取：OTDR 能够以数值或者图形的方式读取数据与显示结果。

②测试：基于结果分析数据，决定存贮、打印，或者进入下一个光纤读取。

现在大部分推出的 OTDR 都能够在一个被称为自动配置的过程中通过发送测试脉冲来为特定光纤自动选择可选的读取参数，采用自动配置特性，选择所要测试的波长（可选多个波长）、读取（或平均）时间，以及光纤参数（例如，如果还没有输入折射指数，则选择折射指数）。

主要有 3 种方式 OTDR 配置：

①OTDR 执行自动配置功能并接受由 OTDR 所选择的读取参数。

②OTDR 执行自动配置功能，简要地分析结果，并更改一个或多个读取参数以便优化特定测试要求的配置。

③不设置自动配置，基于经验根据有关被测链路输入参数。

典型的，当测试多光纤光缆时，一旦选择了合适的读取参数，则这些参数被锁定。然后，相同的参数被用于光缆中的每条光纤。这将大大加快读取过程，并提供数据的一致性，这一点对分析或比较光纤非常有用。下面来看一下各种读取参数以及其对所产生的 OTDR 迹线的影响。

1）入射电平

入射电平被定义为 OTDR 入射到被测光纤内的功率电平。入射电平越高，动态范围越高。如果入射电平低，则 OTDR 迹线将会包含噪声，测量精度将会被降低。发射条件不好，造成入射电平低，这是精度降低的主要原因。

连接器端面出现灰尘以及光纤尾纤被损坏或者质量低是入射电平低的主要原因。非常重要的一点是一个光系统内的所有物理连接点都要无灰尘。单模光纤系统中，芯径小于 10 μm 时，即使是 4 μm 的灰尘点（大约是香烟烟雾中的特定物质的尺寸）都会引起严重的入射电平的劣化。

有些 OTDR，例如 T-BERD/MTS 系列，能够在实时读取过程中或者在平均之前显示所测量的入射电平。结果采用相对坐标被显示在一个柱状图上，将入射电平由好到坏进行分级。

因此，坐标在任何脉冲宽度下都是有意义的，增加脉冲宽度不会将坏的入射电平改变为好的入射电平。

2）OTDR 波长

一个光系统的性能与其传输波长直接相关。在不同的波长上，光纤会显示不同的损耗特性。此外，在不同的波长上，熔接损耗值也不同。一般地，应该采用与用于传输的波长相同的波长对光纤进行测试。因此，850 nm 与/或 1300 nm 波长被用于多模系统，并且 1310 nm

与/或 1550 nm 波长被用于单模光纤。

如果仅在一个波长上进行测试，则必须考虑下列参数：

①对于给定的动态范围，在同一条光纤上，采用 1550 nm 波长比采用 1310 nm 波长能够检测更长的距离。1310 nm 波长处的 0.35 dB/km 意味着每 3 km 信号大约损失 1 dB。1550 nm 波长处的 0.2 dB/km 意味着每 5 km 信号大约损失 1 dB。

②单模光纤在 1550 nm 波长处比 1310 nm 波长处具有更大的模场直径，在 1625 nm 波长处比 1550 nm 波长处具有更大的模场直径。更大的模场直径在熔接过程中对横向偏移更加不敏感，但是，它们对在安装过程中或者在布线过程中由于弯曲所引起的损耗更加敏感。1550 nm 波长对弯曲比对 1310 nm 波长更加敏感。这被称为宏弯曲。1310 nm 通常测量比 1550 nm 更高的熔接与连接器损耗。这些结果是康宁对超过 250 个熔接点的研究得出的，研究显示，对于色散偏移光纤，1310 nm 波长处的数值通常比 1550 nm 波长处的数值高 0.02 dB。

3) 脉冲宽度

OTDR 脉冲宽度的持续时间控制入射到光纤中的光的数量。脉冲宽度越长，入射的光能量越大。入射的光能量越大，光的数量越大，这些光由光纤被后向散射或者反射回 OTDR。

长脉冲宽度被用于检测光缆上的长距离。长脉冲宽度还在 OTDR 迹线波形上生成更长的区域，在这些区域，测试是不可能的，这被称为 OTDR 的盲区。另外，短脉冲宽度入射低光电平，但是，它们也生成 OTDR 的盲区。如图 2-17 所示为采用不同脉冲宽度的光纤测试。

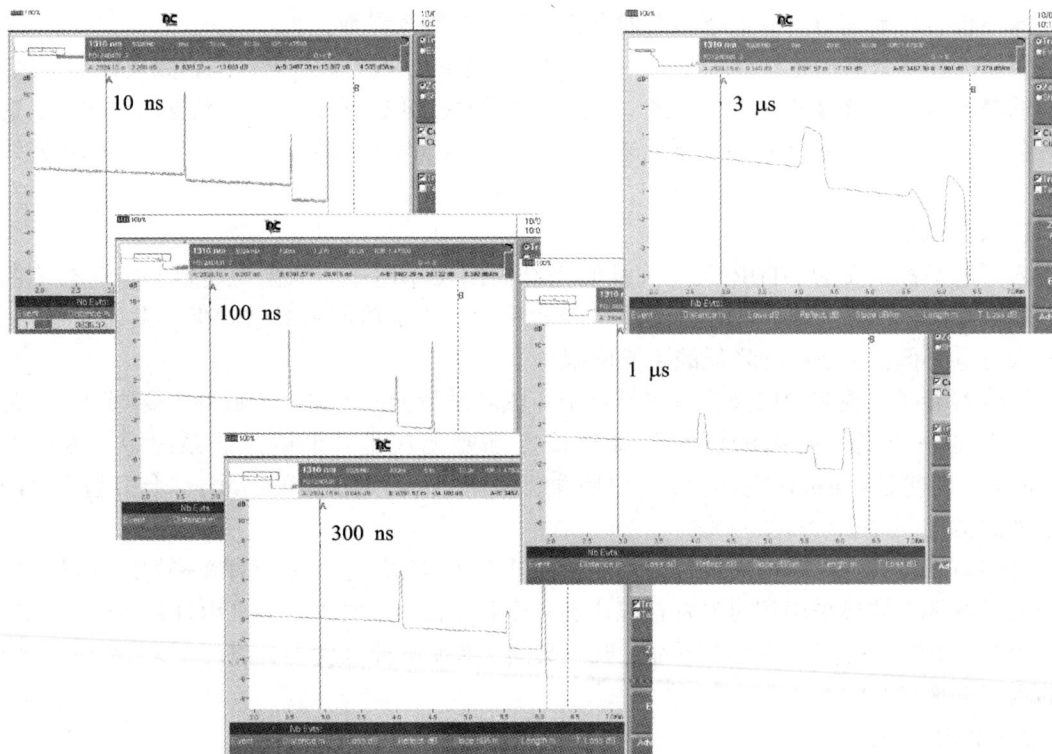

图 2-17　采用不同脉冲宽度的光纤测试

一个 100 ns 的脉冲可以被解释为一个 10 m 脉冲，如表 2-4 所示。

表 2-4 比较脉冲宽度与光纤长度的关系

时间或脉冲	5 ns	10 ns	100 ns	1 μs	10 μs	20 μs
距离或光纤长度	0.5 m	1 m	10 m	100 m	1 km	2 km

4）范围

OTDR 的范围是 OTDR 能够获得数据采样的最大距离。范围越大，OTDR 能够将脉冲沿着光纤发送的距离越长。范围通常被设置为其与光纤端面之间距离的 2 倍。如果范围设置不正确，则迹线波形可能会包含测试的人工影响，例如鬼影。

4. 测量

当前的 OTDR 能够执行全自动的测量，仅需非常少的技术人员的输入。

1）事件解释

通常，有两种类型的事件：反射事件与非反射事件。

（1）反射事件。

反射事件出现于光纤中存在不连续、引起折射指数的突然改变时。反射事件可以出现在断点、连接器连接处、机械接头或者光纤的不确定端点。对于反射事件，连接器损耗通常在 0.5 dB 左右。但是，对于机械接头，损耗通常为 0.1~0.2 dB。如图 2-18 所示为连接器接头处的反射事件。

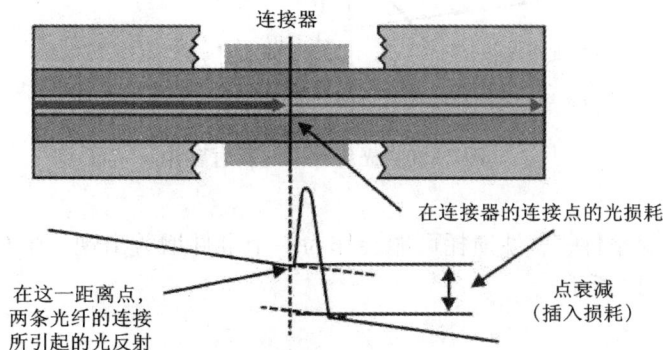

图 2-18 连接器接头处的反射事件

如果两个反射时间非常接近，OTDR 可能在测量每个事件的损耗时有问题。在这种情况下，显示组合事件的损耗。它典型地发生在测量短距离光纤，例如光纤跳接线时。如图 2-19 所示为两个连接器接头处的反射事件，位置非常接近。

在光纤端面处，反射事件将淹没在噪声中，不执行衰减测试，如图 2-20 所示。

光纤端面还可能引起非反射事件。在这种情况下，则没有检测到反射。

（2）非反射事件。

非反射事件出现于光纤中没有不连续点的位置上，且非反射事件通常是由于熔接损耗或者弯曲损耗，例如宏弯曲所生成的。典型的损耗值范围为 0.02~0.1 dB，取决于熔接设备与

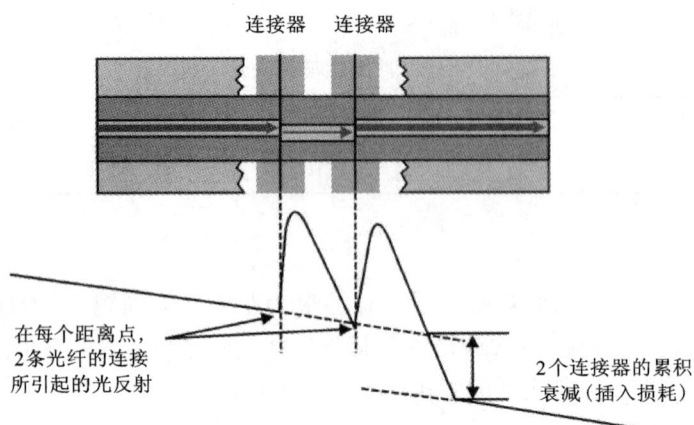

图 2-19 两个连接器接头处的反射事件，位置非常接近

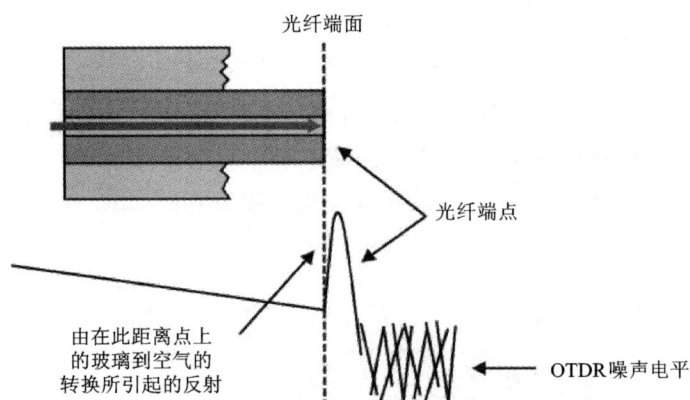

图 2-20 光纤端面的反射事件

操作者。对于非反射事件，事件损耗可能会作为一个事件增益出现，在 OTDR 迹线上显示为一个阶跃。如图 2-21 所示。

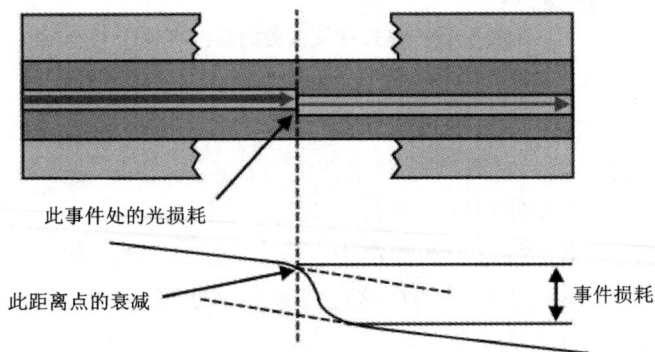

图 2-21 一个非反射事件

2）OTDR 测量

可以采用 OTDR 执行下列测试：

对于每个事件：距离位置、损耗以及反射。

对于每个光纤段：段长度、段损耗（以 dB 表示）、段损耗率（以 dB/km 表示），以及段的光回损（ORL）。

对于整个端接系统：链路长度、全部链路损耗（以 dB 表示），以及链路的 ORL。

3）测量方法

OTDR 使得维修人员能够以 3 种不同的方式对光纤执行测试：全自动测量功能、半自动测量功能以及手动测量功能。技术人员还可以采用这些方法的组合。

（1）全自动测量功能。

采用全自动测量功能时，OTDR 采用一个内部检测算法自动检测与测量所有事件、段与光纤端面（图 2-22）。

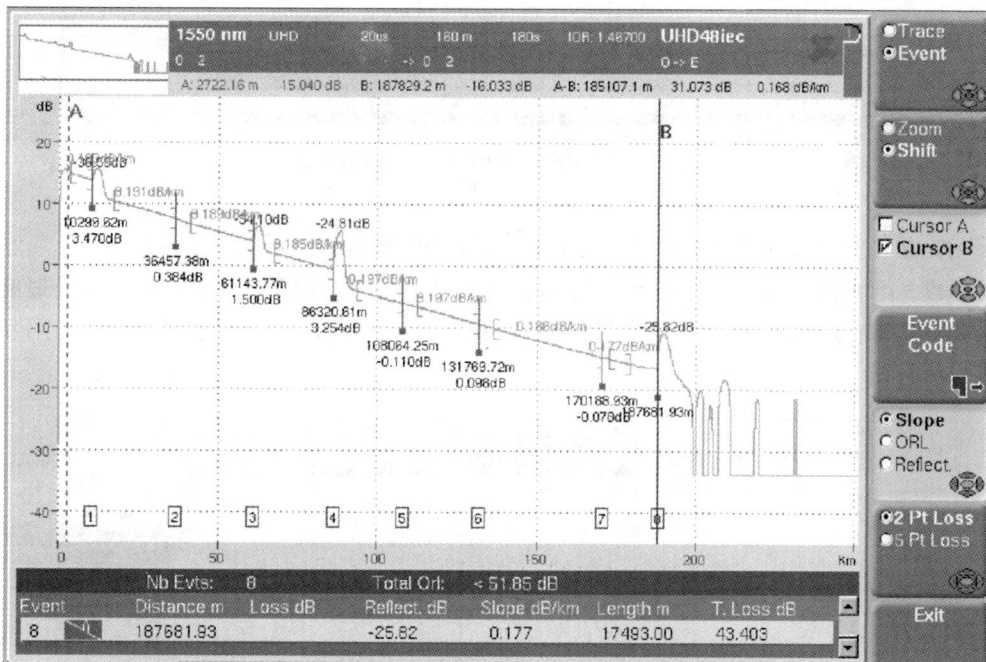

图 2-22　采用 JDSU T-BERD/MTS 平台进行自动事件检测

（2）半自动测量功能。

当选择半自动测量功能时，OTDR 测量并报告已经放置了游标的每个位置（距离）上的事件。这些游标可以自动或者手动放置。在整个光路验收（接续之后）中，当技术人员完全确定了沿着整个光路的所有事件的特性以便为数据建立基准时，半自动测量功能受到技术人员的高度重视。由于自动检测不检测与报告具有零损耗的非反射事件，因此，在此位置上放置一个游标，以便半自动分析功能报告这一零损耗（图 2-23）。

（3）手动测量功能。

全手动控制测量功能可获得更详细地分析或者为了获得对空间状态地分析，在这种情况

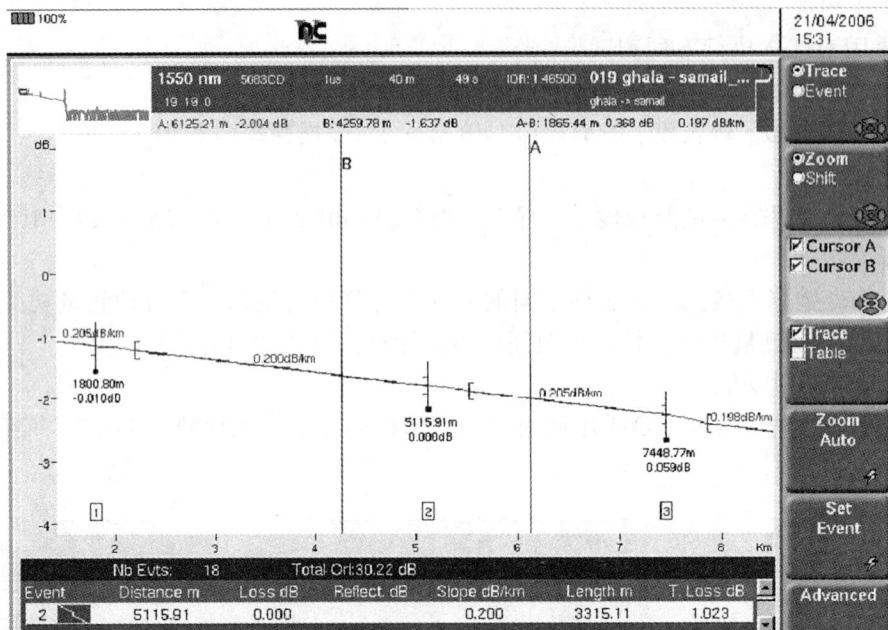

图 2-23　0 dB 接头损耗的半自动测量

下，将两个或多个光标放置在光纤上，以便控制 OTDR 测量时间的方式，如图 2-24 所示。根据被测参数，可能需要放置至多 5 个光标以便执行 1 个手动测量。尽管这是最难且最麻烦的测量方法，但具有这一功能对有些光纤段非常重要，这些光纤段非同寻常，很难采用自动算法进行精确分析。

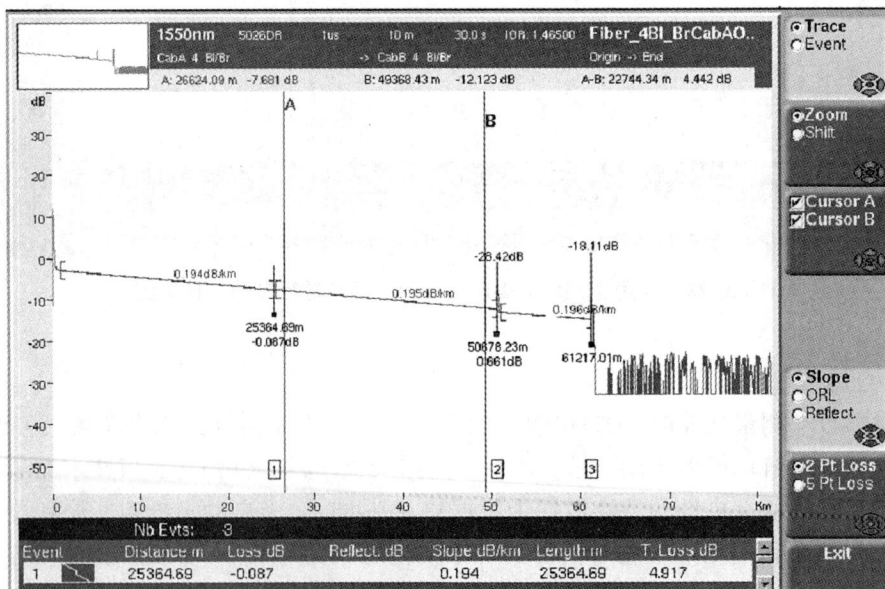

图 2-24　放置 2 个光标手动测量

2.4.4 光功率计使用

光功率计是指用于测量绝对光功率或通过一段光纤的光功率相对损耗的仪器。在光纤系统中，测量光功率是最基本的，非常像电子学中的万用表；在光纤测量中，光功率计是重负荷常用表。通过测量发射端机或光网络的绝对功率，一台光功率计就能够评价光端设备的性能。将光功率计与稳定光源组合使用，能够测量连接损耗、检验连续性，并帮助评估光纤链路传输质量。

1. 技能要求

能熟练使用光功率计，并进行数据读取、测量及分析。

2. 仪表面板各部分功能

仪表面板各部分功能如表 2-5 所示。

表 2-5　仪表面板各部分功能

名称	功　能
探头盖	向前推，可打开此盖，露出探测器。测量完毕，应关上此盖
液晶显示屏	显示测量结果，测量状态
ON/OFF	电源开关键，按此键可接通或断开仪表电源。接通电源后，仪表先被初始化，随后进入测量状态
CLAR	自动清零键，自动测量清零完毕，则进入测量状态。在清零过程中，应关好探测器盖，防止光信号输入，否则会引起测量结果的错误
WATT	按此键使仪表以 WATT 为单位显示测量结果，此时分辨率为 0.1%~1%
dbm	按此键使仪表以 dbm 为单位显示测量结果，此时分辨率为 0.01 dbm
dBrel	按此键使仪表进入相对测量状态。按下此键后，当前测量值显示在液晶屏左下方，相对值显示在液晶屏中间，小字符 REL 作为相对测量的状态标志显示在液晶屏下方。在相对测量状态下，按 WATT/dbm 键可使测量结果分别以 WATT 或 dbm 方式显示。第二次按此键，则退出相对测量状态
λ	此键用于选择仪表的测量波长。在测量状态下，被测波长显示在液晶屏下方。按此键，显示波长和测量结果随之改变，如仪表内装长波长探头，则可选择四种波长：1300 nm，1310 nm，1480 nm，1550 nm。如仪表内装短波长探头，则可选择五种波长：660 nm，670 nm，780 nm，820 nm，850 nm。如仪表配置长短波长探头，则可选择五种波长：850 nm，1300 nm，1310 nm，1480 nm，1550 nm
充电插孔	充电器插头自此插入，对电池充电

3. 测量说明

1）开机

按面板 ON/OFF 键后，仪表首先将液晶屏上全部字符、小标志显示出来，此过程持续约 1 s。仪表随后进入测量状态，此时对 PMS-1、PMS-1A、PMS-1B、PMS-12 测量波长为 1310 nm，对 PMS-2 测量波长为 850 nm，WATT 显示模式，直接测量方式。

2）清零键

在正式测量前，应先清零，否则测量微弱光信号时有误差。在按 CLAR 键之前应用探头盖盖住探头，避免光进入，否则会使测量结果错误。相应液晶显示如图 2-25 所示。

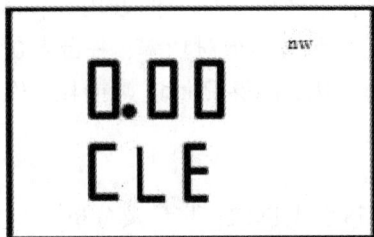

图 2-25

3）WATT 键

使显示以 WATT 为单位，相应液晶显示如图 2-26 所示。

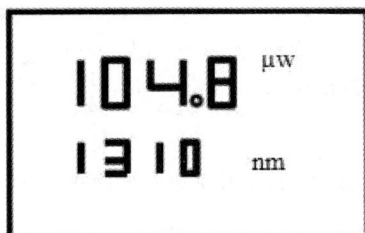

图 2-26

4）dbm 键

使显示以 dbm 为单位，相应液晶显示如图 2-27 所示。

图 2-27

5）dBrel 键

使仪表进入相对测量状态，相应液晶显示如下，按动面板键 dbm，显示 db 单位，如图 2-28 所示。

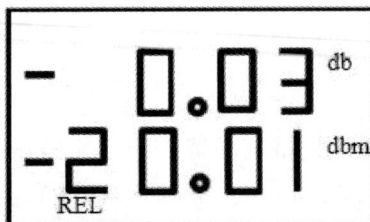

图 2-28

按动面板 WATT 键，使显示以 W 为单位，如图 2-29 所示。

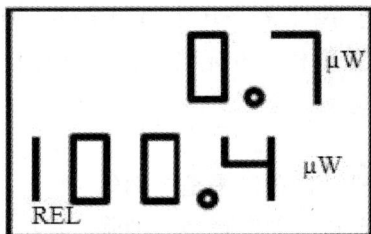

图 2-29

4.使用注意事项

经常保持传感器端面清洁，做到无脂、无污染，不使用不清洁、非标准适配器接头，不要插入抛光面差的端面，否则会损坏传感器端面，使整个系统的表现大打折扣。

手持式光功率计要尽可能坚持使用同一种适配器。

一旦光功率计不用时，立即盖上防尘帽，保护端面清洁，防止长期暴露在空气中附着灰尘而产生测量误差。

小心插拔光适配器接头，避免端口造成刮痕。

定期清洁传感器表面。清洁传感器表面时，请使用镜头纸，加清洗液后沿圆周方向轻轻擦拭。长期不用请取出电池，防止电池受潮而影响测量。

2.5　典型故障场景处置

2.5.1　光缆中断、跳纤中断、光模块故障

1.场景描述

车站间传输系统出现 R-LOS/R-LOF 告警，传输系统倒换至备用环。

2.处置流程

步骤一：查看网管告警。

查看网管告警，初步判断故障范围，并查看是否正常倒换，业务有无中断。

[问题分析] 通过网管告警查看光缆中断有无实际影响通信业务，备用环有无正常倒换。

[处理方案] 通过网管锁定出现 R-LOS/R-LOF 告警的车站及对端站，带好光功率计、OTDR、光纤熔接机、跳纤、光模块到达出现 R-LOS/R-LOF 告警的车站，建议安排人员分两队进行。

步骤二：现场分段测试光功率

[问题分析] 若光功率为-60 db，则确认为光纤中断或对端光模块故障。

[处理方案] 到达车站(出现 R-LOS/R-LOF 告警)后先使用光功率计测试本端光配及对端光功率，若光功率为-60 db，则确认为光纤中断。检查从光纤配线架至节点机跳纤是否正常，用光功率计测试本站告警的光端口收光口到光配的光功率，更换跳纤进行测试。若测试

光功率正常，则原跳纤故障；若更换跳纤测试光功率仍为-60 db，替换光模块继续进行测试；若排除后仍正常，则进行下一步操作。

对端站测试发光口至光配光功率，若光功率为-60 db，则分别进行更换跳纤和光模块测试。如正常则两站之间配合测试，互相收发光信号；如测试不正常，则使用 OTDR 进行分析，确认断点并进行熔纤。

步骤三：业务恢复。

[问题分析] 故障修复后，现场查看告警是否消失。

[处理方案] 故障修复后，查看网管告警是否消除，光功率是否在正常范围。

2.5.2　单板故障

1.场景描述

传输网管系统故障板卡车站告警提示，故障板卡各业务中断。

2.处置流程

[问题分析] 通过网管告警锁定板卡所在位置。

[处理方案] 查看网管告警信息，并根据告警信息找到板卡所在位置。重新插拔故障板卡看是否能恢复正常，若不能恢复正常，则更换板卡。

2.5.3　传输 2 Mbit/s 线故障引起业务中断

1.场景描述

传输系统网管告警信息显示为 T-LOS，无线、公务电话或专用电话业务中断。

2.处置流程

步骤一：确认网管告警信息，2M 业务中断告警信息为 T-LOS。

[问题分析] 先确认 2M 业务是否为近端(本)系统内部故障。

[处理方案] 到达现场后先以环回方式进行故障点判断，在 DDF 上做近端环回。

若车站 2M 系统告警仍然存在，检查或更换 2M 接头及查找系统本身故障点。若车站 2M 系统告警消失，则继续做远端环回，进入步骤二。

步骤二：进行远端环回。

[问题分析] 近端环回告警消失说明故障不在本系统，需要进行远端环回。

[处理方案] 在 DDF 架上做远端环回，若传输节点仍有告警，则可判断故障点在 DDF 架至本站传输环路之间。

2.5.4　电源故障

1.场景描述

电源失效，电源电压范围异常，单站业务中断。

2.处置流程

步骤一：在设备处于运行状态时，在交流电源模块的电源接线端子处，测量电压，检查电压是否在允许的范围内。

[问题分析] 设备的供电电压范围是直流-72 V～-38.4 V；单个子架的负载电流是 15 A。

[处理方案] 如果电源异常，则业务中断故障可能是由于电源故障引起的，此时须进一

步定位故障点。

步骤二：断开 PIU 电源板上的电源开关，测量交流电源模块输入输出电压。

[问题分析] 正常为-48 V，检查电压是否在允许的范围内。如果电压异常，则可判断为外部供电设备或线缆有问题；如果电压正常，则可能是 PIU 电源板的故障。

[处理方案] 如果故障定位到 PIU 电源板，可更换电源板。

思考题

1. 说明 2、3、11 号线传输系统以太网处理板卡的名称和主要功能。

2. OTN 环网的复用段自愈保护倒换准则有哪些？

3. 简述更换板卡的注意事项。

4. 请判断图 2-30 所示的 OTDR 测试中 ABCDEFH 位置。

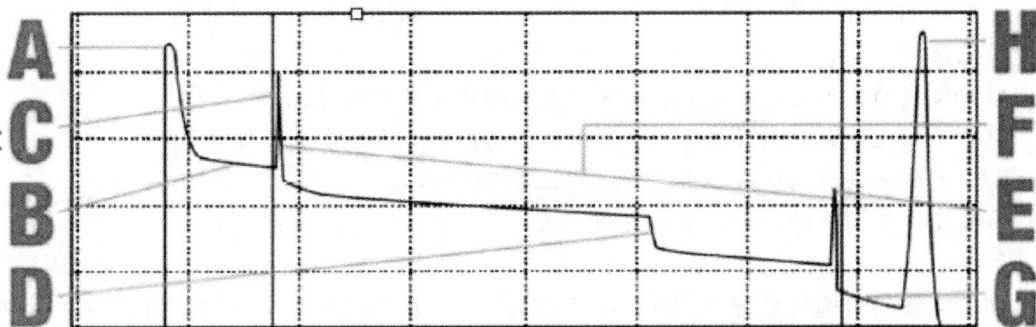

图 2-30　OTDR 测试

提示：起点、光纤测试延长线、近端连接处、熔接处、远端连接处、链路测试、接收处。

5. 光纤通信的基本原理是什么？

6. 说出光纤的分类和结构。

7. 什么是单模光纤？并列举单模光纤的优点。

8. 2M 业务中断告警信息是什么？

9. 电源出现故障时，处理过程是怎样的？

第3章　无线系统

1. 无线系统主要功能。
2. TETRA 技术的工作方式；TETRA 数字集群调度系统在地铁中的作用；什么是单站集群。
3. 漏缆的技术原理及优点；地铁中天线的类型及安装地点。
4. 专用无线系统的设备分布；各设备的功能；与其他系统的接口。
5. 无线系统常用仪表；漏缆成端；基站调试内容。
6. 无线系统故障判断方法及处理思路。

地铁的无线集群通信系统为控制中心调度员、车辆段调度员、车站值班员等固定用户与列车司机、防灾、维修、公安等移动用户之间提供通信手段。该系统必须满足行车安全、应急抢险的需要，并考虑互联互通的需要。目前，地铁的无线集群通信系统均采用 TETRA 数字集群通信系统组网，该系统在保证行车安全及处理紧急突发事故方面有着不可替代的作用，同时还能为各个部门提供便捷的通信手段。

3.1　无线系统功能

3.1.1　通话功能

数字集群系统具备全双工、半双工、单工等各种通话方式。在地铁专用无线通信系统中有多种不同种类的用户，根据用户的性质、功能，系统可组成多个相互独立的通话组，实现固定用户(调度员、车站值班员等)与移动用户(司机、检修人员等)，以及移动用户之间的通话呼叫功能。

行车调度员与列车司机之间的通信是最高级别的，为保持通信连续，应尽可能避免产生任何通信中断，具有高可靠性。

3.1.2　呼叫功能

1. 组呼(半双工)

在事先编组的情况下,允许一个用户与一组用户建立一个对多个的通话。

用户台之间的组呼可以通过用户组的选择旋钮选择相应的组,同时用户台发出语音提示组的变化,适合用户在紧急情况下选组。另外,用户台还可以通过操作面板的按键选择需要进行通话的工作组。通话组的设立可以使多个 TETRA 个人用户通过某个通话组以组呼的方式进行通信和交流。通话组呼叫是集群调度系统的主要通信方式,具有占用无线资源少、通信效率高、一呼百应的特点。通话组工作范围可以是整个网络或一个基站列表所对应的地理范围。

2. 通播组呼叫

一点对多点的呼叫,调度员向所管辖的全体成员(多组组员)发起呼叫,被呼叫的成员无须手动转组即可自动纳入通播组的通话中。此呼叫为双向通信。

3. 紧急呼叫

紧急呼叫是无线用户处在紧急状态时的单呼或组呼。紧急呼叫对接入无线资源具有最高的优先级,当移动用户对相应的调度台发起紧急呼叫而系统资源全部占用时,系统将中断权限为最低级的用户通话,并向发起紧急呼叫的用户立刻分配信道资源,被呼叫的调度台将给出相应提示,并伴有特殊音响。移动台允许对相应的调度台发起紧急呼叫,也允许对通话组发起紧急呼叫,呼叫目的地号码能在系统侧设置。

4. 单呼

单呼是主叫用户和被叫用户之间的一对一通话,可以在两个无线用户、两个调度台、调度台和无线用户、调度台和公网用户以及无线用户和公网用户之间进行单呼。

5. 电话互联呼叫(全双工)

公务电话用户向被授权的移动用户或者被授权移动用户向公务电话用户发起呼叫。公务电话用户和移动用户之间的通话可通过中继转接和调度台转接两种方式实现,在进行电话互联呼叫时,移动台可以发送双音多频(DTMF)信号。

6. 车组号呼叫

控制中心调度员、车站值班员在调度台上能利用列车车组号呼叫运行列车(列车车组号固定)。

3.1.3　数据传送功能

无线系统可以提供丰富的数据业务,包括状态信息、IP 分组数据业务、短数据信息业务;支持调度台与移动用户之间、移动用户与移动用户之间双向的收发中文状态信息和短数据信息(SDS);支持数话同传;支持 IP 数据断点续传功能。

系统通过二次开发还可提供下列特殊服务:

①用户的状态信息服务:无线终端可以通过向系统发送状态指示信息,通知调度台其所处的状态,把用户最新的状态指示信息和接收时间储存在系统数据库中,并将其发送到相应的调度台,在调度台可以查看到该用户的状态信息。

②紧急告警服务：在出现紧急情况时，移动用户可以通过短数据传送功能向调度台和无线通信管理员发送紧急告警。

3.1.4 故障弱化功能

1. 单站集群

1）单站集群工作模式

当基站和中心设备之间的线路连接出现故障时，基站自动进入单站集群工作模式。一旦连接恢复正常，基站自动返回系统正常集群模式。

当 TETRA 基站和控制交换机之间的通信中断持续了一段时间后（时间长度可设定），基站自动进入单站模式，并把单站模式的信息广播给基站下的所有电台。收到本站进入故障弱化模式的广播信息后，基站下的电台会自动搜寻按广域集群工作且信号强度足够的相邻小区进行登记。如果无线终端找不到按广域集群工作且信号强度足够的小区，则它停留在原基站上。

正常工作模式的恢复由 TETRA 交换机控制，当交换机发现交换机和基站之间的传输链路恢复后，交换机发送一个无线设置信息给基站，基站回到正常集群模式。当基站恢复到正常集群模式后，无线终端进行重新登记，基站自动向交换机更新登记信息。

2）单站集群功能

在单站集群工作模式下，基站能为其服务区内的用户提供登记和组呼功能，在组呼功能下，支持紧急呼叫、迟后进入、呼叫方显示等功能。在单站集群下，无线终端能自动切换到单站集群工作模式下，无须手动干预即可满足应急情况下对应急通信快速反应的要求。单站集群时不需要事先在用户机上做任何预编程，便可满足突发事件情况下对通信的要求。

基站在单站集群模式下支持短数据业务和单呼功能。

2. 脱网直通功能（DMO）

便携电台可脱离集群系统网络，构成便携电台之间的脱网直通功能。直接模式（DMO）是 TETRA 便携电台的一种工作模式，便携电台在脱离无线基站信号覆盖的情况下仍能直接发生通信。这种模式需要便携电台预先定义好直接模式信道，其直接模式信道是同频单工信道。同时，DMO 支持组呼功能。

3.1.5 录音功能

录音功能主要用于对专用无线通信网内的通话进行录音，主要包括如下功能：

①无线全网通话都将通过录音接口输出到录音设备存储，可通过录音终端进行调取（无全网录音功能的线路通过专用电话系统或录音服务器进行重要组录音，可通过专用电话系统或录音服务器进行录音调取）。

②列车司机可对行车调度员的语音通话进行本地录音，由车载台实现此功能。车载台录音使用循环录音方式。

③车站固定台可对行车调度员的语音通话进行本地录音，由固定台实现此功能。固定台录音使用循环录音方式。

3.2　无线系统基础知识

3.2.1　移动通信的分类和工作方式

1. 移动通信的分类

移动通信可按不同的要求、内容、特点、服务对象、性质和使用场合等来进行分类。

①按无线电频道工作方式可分为同频单工、异频单工、异频双工(双工)和半双工。

②按使用区域可分为陆上移动通信、海上移动通信和空中移动通信;也可分为线状、块状和混合结构。

③按使用性质分为公用移动通信、专用移动通信和特种移动通信系统;也可分为民用移动通信和军用移动通信。

④按服务区域分为大区制、小区制、微小区(微微小区)制和混合制。

⑤按用户容量分为大容量、中容量和小容量;结合服务区域则有大区小容量和小区大容量。

⑥按业务种类和性质分为移动无线电话系统和指挥调度系统。

⑦按控制方式分为集中式控制和分散式控制。

⑧按多址连接方式分为频分多址、时分多址和码分多址。

2. 工作方式

无线电传输方式有单向传输和双向传输。单向传输只用于无线电寻呼系统。双向传输可分为单工、半双工、双工。

1) 单工通信

单工通信指通信双方电台交替地进行收信和收信。根据收发频率的异同又可分为同频单工和异频单工。

同频单工是指通信双方使用相同的频率 f1 工作,发送时不接收,接收时不发送。平常各接收机均处于守候状态,即把天线接至接收机等候被呼。当电台甲要发话时,按下其送话器的按讲开关 PTT,一方面关掉接收机,另一方面将天线接至发射机的输出端,接通发射机开始工作。当确认电台乙接收到载频为 f1 的信号时,即可进行信息传输。同样,电台乙向电台甲传输信息时也用载频 f1。同频单工工作方式的收发信机是轮流工作的,收发天线可以共用,收发信机中的某些电路也可共用,因而电台设备简单、省电,且只用一个频点。但是,这样的工作方式只允许一方发送时另一方接收。例如甲方发送期间,乙方只能接收而无法应答,这时即使乙方启动其发射机也无法通知甲方使其停止发送。此外,当任何一方发话完毕时,必须立即松开其按讲开关,否则将接收不到对方发来的信号。

异频单工通信方式,收发信机使用两个不同的频率分别进行发送和接收。例如电台甲的发射频率及电台乙的接收频率为 f1,电台乙的发射频率及电台甲的接收频率为 f2。不过,同一部电台的发射机与接收机还是轮流工作的,这一点与同频单工相同,仅仅是收发频率不同而已。

2）双工通信

双工通信是指通信双方可同时进行消息传输的工作方式，有时亦称全双工通信。基站的发射机和接收分别使用一副天线，而移动台通过双工器共用一副天线。双工通信必须使用一对频率，以实施频分双工（FDD）工作方式。这种工作方式使用方便，与普通有线电话相似，接收和发射可同时进行。但是，在电台的运行过程中，不管是否发话，发射机总是工作的。

3）半双工通信

半双工通信移动台采用单工的"按讲"方式，即按下按讲开关，发射机才工作，而接收机总是工作的。其基站工作情况与双工方式完全相同。

3.2.2　集群通信

1. 什么是集群通信系统

无线通信发展迅猛，移动通信的频段已从低处向高处发展，从原来的甚高频段中的低频率（几十兆赫）发展到 100 MHz 频段，再到 250 MHz、450 MHz 频段，目前已到 800 MHz、900 MHz 和 1800 MHz 频段，2110～2200 MHz 为下行频段，其中卫星通信频段为 1980～2110 MHz 和 2170～2200 MHz。在 2000 年 5 月的世界无线电大会上又确认第三代移动通信可增加 1710～1885 MHz、2500～2690 MHz 和 806～960 MHz 频段。据了解，第四代移动通信频段还要更高，可能达 40000～60000 MHz。实际上，现在微波通信已发展到毫米波频段，即第一窗口为 38 GH，而第二窗口达 95 GH。但是一味向高频段发展也不是办法，频率资源总是有限的，而且越向上发展，技术越困难。于是除开辟新频段外，还要从缩小信道间隔、减少覆盖区域（如缩小蜂窝半径）等方面想办法。例如，模拟通信从 100 kH/s 间隔缩小到 50 kH/s 间隔，后来又缩小到 25 kH/s，甚至想缩小到 12.5 kH/s；数字通信从 30 kH/s 缩小到 25 kH/s 或更低；而移动覆盖小区则从宏小区缩为小区、微小区和微微小区等，从几十千米、十几千米、几十千米缩小到几百米、几十米甚至几米。另外，还有一条措施是从频率利用率上想办法，即提高频率使用效率。因此，人们考虑将各个专用网改为统一规划、统一管理、共用频率、共用覆盖区域的网。因为各个专用移动通信网都是为各部门自身业务服务的，他们建立自己的基地台、控制中心和移动台，使用分配给各自的少数几对频率（信道），容量也不可能很大，而统一规划后，可将各个专用网的基地台、无线交换机集中建网和管理，各个部门只要建立自己使用的调度指挥台（指令台）和移动用户台，用户即可入网。这样不仅可以共用频率和覆盖区域，还可共享时间和通信业务，使频谱可以得到最大限度的利用。

集群通信系统是专用调度通信系统。专用指挥、调度通信是很早出现的一种通信方式，它是从一对一对讲机的形式、同频单工组网形式、异频单（双）工组网形式到单信道一呼百应以及进一步带选呼的系统，发展到多信道自动拨号系统。专用调度系统目前又向更高层次发展，成为多信道用户共享的调度系统，这种系统称为集群通信系统。TETRA 数字集群系统的工作频段上行为 806～821 MHz（移动台发送，基站接收）；下行为 851～866 MHz（移动台接收，基站发送）。

2. 集群系统的用途和特点

集群系统主要是无线用户，即以调度台与移动台之间及移动台相互之间的通话为主。集群系统与蜂窝式在技术上有很多相似之处，但在主要用途、网络组成和工作方式上有很多差异。

①集群通信系统属于专用移动通信网，适用于在各个行业中间进行调度和指挥，对通信网中的不同用户常常赋予不同的优先等级；蜂窝通信系统属于公众移动通信网，适用于各阶层和各行业中个人之间的通信，一般不分优先等级。

②集群通信系统根据调度业务的特征，通常具有一定的限时功能；蜂窝系统则没有限时功能。

③集群通信系统的主要服务业务是无线用户和无线用户之间的通信；蜂窝系统却有大量的无线用户和有线用户之间的通话业务，而集群系统的这种业务一般只允许占总话务量的5%~10%。

④集群通信系统一般采用半双工工作方式，因而一对移动用户间通信只需占用一对频道；蜂窝系统采用全双工方式，一对移动用户之间通信必须占用两对频道。

⑤蜂窝通信中，主要采用频道再用技术来提高频率利用率；在集群系统中，主要是以改进频道共用技术来提高系统的频率利用率。

⑥集群通信系统正在向多个区域构成的大区覆盖通信网发展；蜂窝通信系统正在向微小区和微微小区的通信网发展。

3. 集群系统的组成及类型

1）集群系统的组成

集群系统的基本设备如下：

①转发器。由收、发信机和电源组成。每个频道均配一个转发器，对于分布式控制的集群系统，每个转发器均有一个逻辑控制单元。

②天线馈线系统。包括天线、馈线和共用器（如收发天线共用器、基站的发射合路器和接收耦合器）。

③系统控制中心（系统控制器）。分布式控制系统虽无集中控制器，但联网时，需要用网络控制终端。

④调度台。分无线调度台和有线调度台。无线调度台由收发信机、控制单元、操作台、天线和电源组成；有线调度台可以是简单的电话机或带显示的操作台。

⑤移动台。有车载台和手机。它们均由收发信机、控制单元、天线和电源组成。

除上述基本设备外，还可根据系统设计要求，增设系统中心操作台、系统监控设备、中继转发器以及计费和打印设备等。

2）集群方式

按通信占用频道的方式，集群系统可分为消息集群、传输集群和准传输集群等三种方式。

①消息集群（message trunking）。在消息集群系统中，每一次呼叫通话期间，一次性地分配一对无线频道，而且在通话完毕后（即松开 PTT 开关），转发器继续在该频道上工作 6 s 左右（即脱离时间约 6 s），才算完成此次接续过程。

②传输集群（transmission trunking）。传输集群的通话中，并非始终占用某一频道，当发话一方松开 PTT，对这一频道的占用即结束，对方回答或本方再发话时，都要重新分配并占用新的空闲频道，即在通话中，每按一次 PTT 开关就重新占用频道一次。因此，传输集群可以充分利用频道的空闲时间，因而其频道利用率可明显提高。不过，要实现这种传输集群，用户所用的 PTT 必须保证用户讲话时立即接通，讲话停顿时立即松开。但这样做会带来一个

问题，即用户的话音略有间隙时，PTT 就可能松开，使所用频道也立即放弃而被其他用户所占用，其后讲话时又要重新占用新的空闲频道，从而导致消息传输不连续或形成通话中断现象。

③准传输集群(quasi transmission trunking)。准传输集群是为了克服传输集群的缺点而提出的一种改进型集群方式，也可以看作是传输集群和消息集群的折中方案。其做法是一方面(和消息集群相比)把脱离的时间缩短为 0.5~2 s，另一方面(和传输集群相比)在每次 PTT 松开之后增加 0.5 s 的保持时间，然后释放频道。

3)数字集群通信

近十几年来，"数字化"这个名词已经深入人心。数字化最早的电信产品是无线电寻呼通信系统，它虽然简单，但总是属于数字通信的范畴，后来蜂窝通信时分多址的 GSM、DAMPS 问世了，这是典型的数字移动通信系统。

集群通信数字化不仅使通信质量提高，信道数也大大增加，容量也增大了，而且数字集群系统也容易满足多区联网需求。数字化的优点有抗干扰能力强，可实现高质量的远距离通信，容易实现高保密度的加密，数字电路集成化使设备可靠性提高，因其具有适应各种业务(特别是 ISDN)需要的高灵活性以及容易与计算机连接等优点而早已为人们熟悉和了解。

真正的数字集群通信系统是在各个环节上都是数字处理的，除数字信令外，其中最重要的是多址方式、话音编码技术、调制技术等。当然，实现数字通信后，还需要采用一些新技术来配合，如同步技术、检错纠错技术以及分集技术等。

4)集群通信的特点

根据集群通信的基本情况，集群通信的主要特点可归纳为以下几点。

①共用频率：将原分配给各部门的少量专用频率集中管理，供各部门一起使用。

②共用设施：由于频率共用，就有可能将各家分建的控制中心和基地台等设施集中管理。

③共享覆盖区：可将各家邻接覆盖的网络互联起来，从而形成更大的覆盖区域。

④共享通信业务：除可进行正常的通信业务外，还可有组织地发布共同关心的一些信息，如天气预报等。

⑤改善服务：共同建网，信道利用可调剂余缺，共同建网时总信道数所能支持的总用户数要比分散建网时分散到各网的信道所能支持的用户总和大得多，因此也能改善服务质量；集中建网还能加强管理和维护，从而可以提高服务等级，增强系统功能。

⑥共同分担费用：共同建网肯定比各自建网费用要低，机房、电源、天线塔和天馈线等都可共用，有线中继线的申请开设和统一处理也比较方便，管理、值勤人员也可相应减少。

总之，集群通信系统是一种高级移动指挥、调度系统，是一种共享资源、分担费用、向用户提供优良服务的多用途、高效能而又廉价的先进的无线电指挥、调度通信系统，是一种专用移动通信系统。

3.2.3　天线及漏缆知识介绍

1.泄漏电缆技术原理

基站与无线终端之间的通信，通常是依靠无线电传送。然而在某些特殊的建筑环境下，例如地下隧道中，因为移动通信用的电磁波传播效果不佳，隧道中利用天线传输通常也很困难,所以关于泄漏电缆的研究也应运而生。

泄漏同轴电缆(leaky coaxial cable)通常又称为泄漏电缆或漏泄电缆,其结构与普通的同轴电缆基本一致,由内导体、绝缘介质和开有周期性槽孔的外导体三部分组成。电磁波在泄漏电缆中纵向传输的同时通过槽孔向外界辐射电磁波;外界的电磁场也可通过槽孔感应到泄漏电缆内部并传送到接收端。可以说,泄漏同轴电缆兼有传输线和收、发天线的功能。

目前,泄漏电缆的频段覆盖在450 MHz~2 GHz上,适应现有的各种无线通信体制,应用场合包括无线传播受限的地铁、铁路隧道和公路隧道等。

2. 泄漏电缆的优点

与传统的天线系统相比,泄漏电缆系统具有以下优点:

①信号覆盖均匀,尤其适合隧道等狭小空间。

②漏缆本质上是宽频带系统,某些型号的漏缆可同时用于 CDMA800、GSM900、GSM1800、WCDMA、WLAN 等系统。

③漏缆价格虽然较贵,但当多系统同时引入隧道时可大大降低总体造价。

④漏缆绝缘采用高物理发泡的均匀细密封闭的微泡结构,较之传统的空气绝缘结构不仅在特性阻抗、驻波系数、衰减等传输参数方面更加均匀稳定,而且可抵御在潮湿环境中潮气对电缆的侵入导致传输性能的下降或丧失,免除了充气维护的烦恼,大大提高了产品的使用寿命和稳定可靠性。

⑤使用频率宽,场强辐射均匀稳定,高抗压,高抗张强度。

3. 泄漏电缆衰耗指标

①传输损耗:类似于普通的同轴射频电缆的传输损耗,即信号沿电缆横向随距离的增大而逐渐衰减的程度,单位为 dB/100 m 或 dB/km。

②耦合损耗:信号通过电缆的外导体槽口辐射,沿电缆纵向传播时衰减的程度(沿电缆纵向,垂直距离电缆 2 m 处的信号衰减值,一般以 95%概率下信号衰减的幅度作为链路预算时的计算依据),单位为 dB。

4. 泄漏电缆在地铁的应用方式

泄漏同轴电缆在区间隧道内采用双侧敷设方式沿地铁隧道壁挂设,安装于隧道内距轨面大概 3.5 m 高的位置,以隧道内行驶车辆的车顶为准,尽量使泄漏电缆安装位置与车顶天线处于平行状态,同时每隔 1 m 使用电缆吊夹/卡具固定。泄漏同轴电缆通过射频电缆与基站相连,射频电缆在站内沿通信电缆桥架及预留电缆孔、管线敷设。

行车区间采用集群基站加漏缆覆盖的方式,在通信设备室安置集群基站,并利用传输系统与控制中心集群交换设备连接。基站信号通过分合路设备将集群基站信号分配至地铁行车区间。通过在行车区间内敷设泄漏同轴电缆,在隧道出入口处加装定向天线,保证了列车在出入隧道口时能进行正常通信。如图 3-1 所示为基站覆盖的某地下站的设备连接示意图。

5. 天线介绍

无线电发射机输出的射频信号功率,通过馈线(电缆)输送到天线,由天线以电磁波形式辐射出去。电磁波到达接收地点后,由天线接收下来(仅仅接收很小一部分功率),并通过馈线送到无线电接收机。天线是发射和接收电磁波的一个重要的无线电设备,可以说没有天线就没有无线电通信。

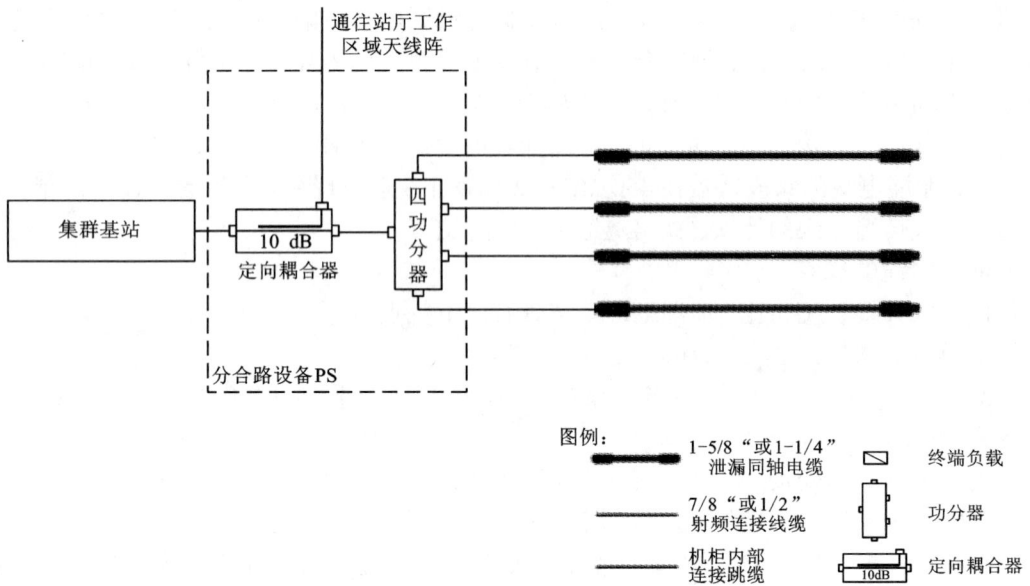

图 3-1　某地下站无线基站设备连接示意图

天线品种繁多，以供不同频率、不同用途、不同场合、不同要求等各种情况下使用。

对于众多品种的天线，进行适当的分类是必要的，具体如下：

按用途分类，可分为通信天线、电视天线、雷达天线等；按工作频段分类，可分为短波天线、超短波天线、微波天线等；按方向性分类，可分为全向天线、定向天线等；按外形分类，可分为线状天线、面状天线等。天线是一种变换器，它把传输线上传播的导行波，变换成在无界媒介(通常是自由空间)中传播的电磁波，或者进行相反的变换，是在无线电设备中用来发射或接收电磁波的部件。一般天线都具有可逆性，即同一副天线既可用作发射天线，也可用作接收天线，同一天线作为发射或接收的基本特性参数相同。

地铁工程中室外信号覆盖用的都是全向天线、板状天线，其功率大，信号强，覆盖远。相对来讲，室内覆盖，站厅站台、运用库等需要采用室内分布式系统来覆盖，如采用吸顶小天线，如图 3-2 所示，其外形比较美观，不影响室内观瞻，功率小，覆盖一层楼即可。图中白色

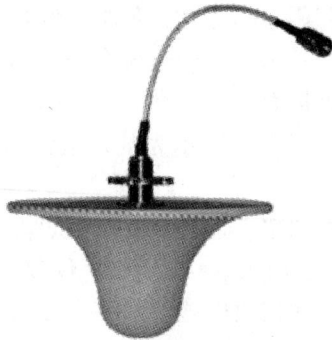

图 3-2　吸顶天线

向下的帽是天线体，往外辐射信号；那根向上弯曲的绳子是馈线，把信号从移动基站引入天线。

3.3　无线系统设备介绍

3.3.1　总体结构

青岛市地铁各线专用无线系统采用的 TETRA 数字集群通信系统是由多基站的集群系统形成一个有线与无线相结合的网络，每个基站覆盖区根据地铁运行特点进行划分，正常运行时各基站由设置在控制中心的中心控制器控制，当基站在与中心控制器通信中断时，以单基站集群方式支持单基站系统的正常运行。车辆段范围独立设置为一个基站覆盖区，组网方式如图 3-3 所示。

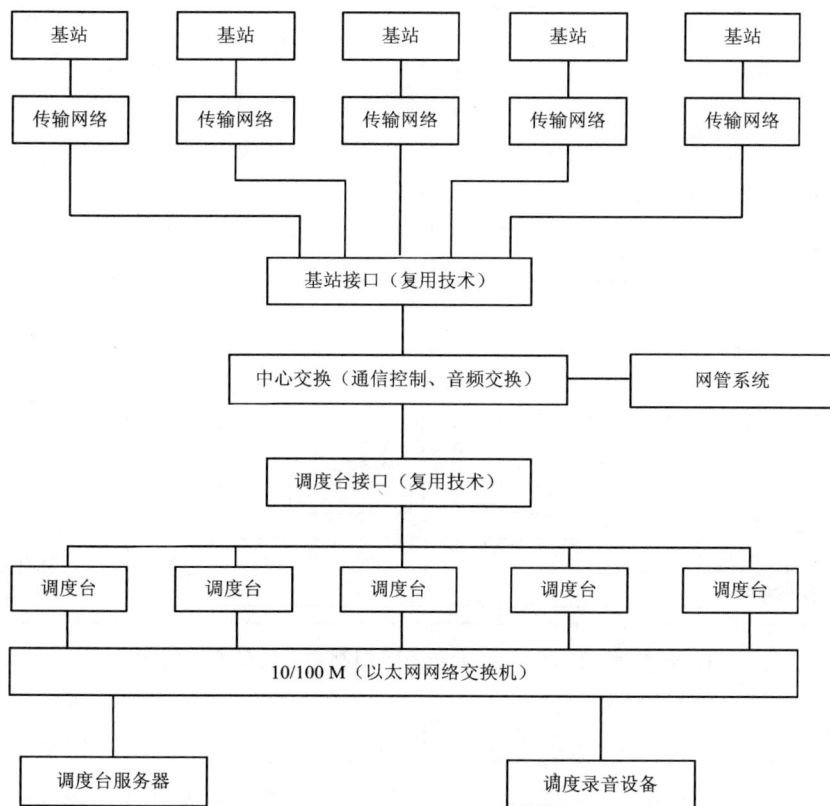

图 3-3　无线集群系统组网方式

3.3.2　设备分布

1. 远东基于空客设备进行二次开发的无线系统

远东基于空客设备进行二次开发的无线系统主要由中心交换控制设备、调度服务器、录音服务器、调度操作台、维护终端、基站、车站台、车载台、手持台、泄漏同轴电缆和天馈系统等组成，控制中心与各车站和车辆段之间的传输信道由传输网络提供。

1) 控制中心

系统在控制中心设 TETRA 数字 DXT 交换机，2 台二次开发调度服务器，2 台录音服务器，4 套调度终端设备(含二次开发部分、所有相关软件及许可)，另在控制中心配置 1 套集群网管设备(含二次开发及光纤直放站及所有软件)，1 套录音终端设备，设备通过有线通道接入集群交换机，交换机预留远期车站和其他轨道交通线路的接入能力，其具体配置如图 3-4 所示。

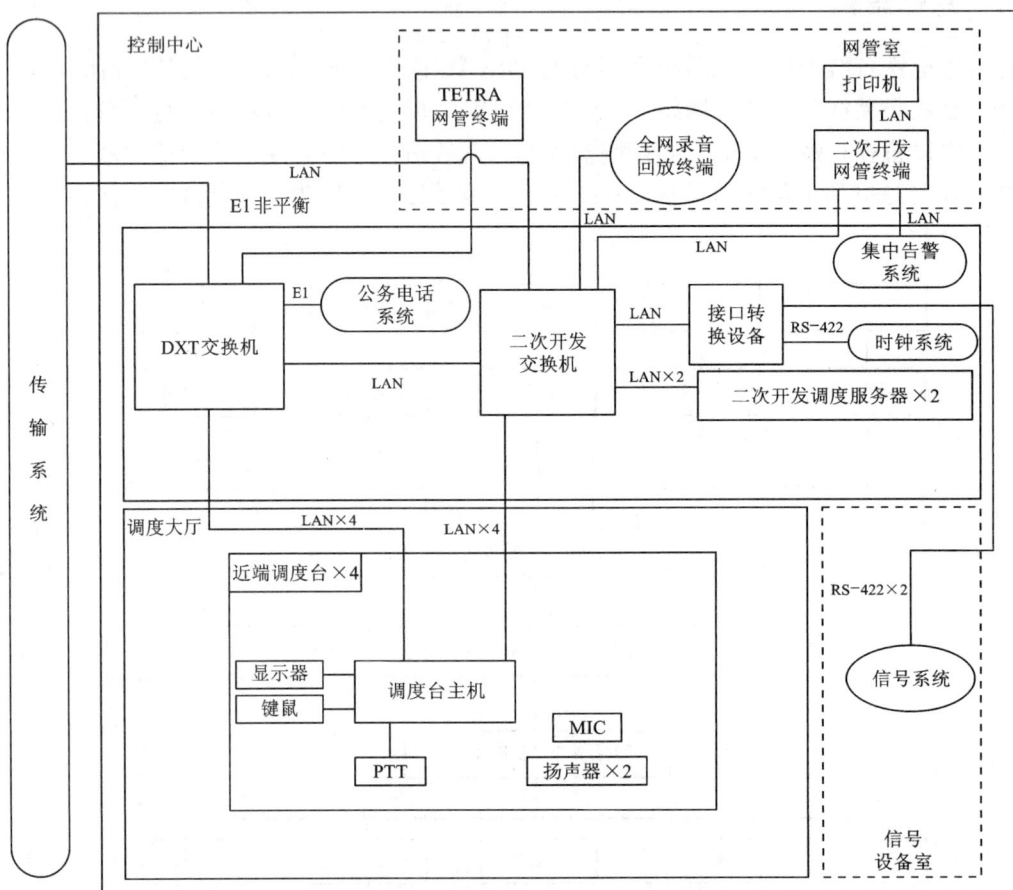

图 3-4 远东二次开发无线系统控制中心设备配置情况

2) 车辆段

系统在车辆段设置 1 套 TB3 无线集群基站以及 TB3 基站配套设备(包括配套射频分配单元、插座、插头、射频同轴电缆、数据音频电缆等)。TB3 基站通过有线传输通道与控制中心集群交换机相连，并在车辆段设置 2 台调度终端设备，满足车辆段的维修、调车等调度功能。系统在运转综合楼外墙设置 5 个靶向天线，在停车列检库等地下区域采用直放站加吸顶小天线方式进行覆盖，同时在出入段线采用直放站加漏缆覆盖，其设备配置如图 3-5 所示。

3) 车站

系统在 22 个车站各设置 1 套 TB3 无线集群基站，TB3 基站通过有线传输通道与控制中心集群交换机相连，在中心控制器的指挥下控制全线的运行，如图 3-6 所示；并在各车站配

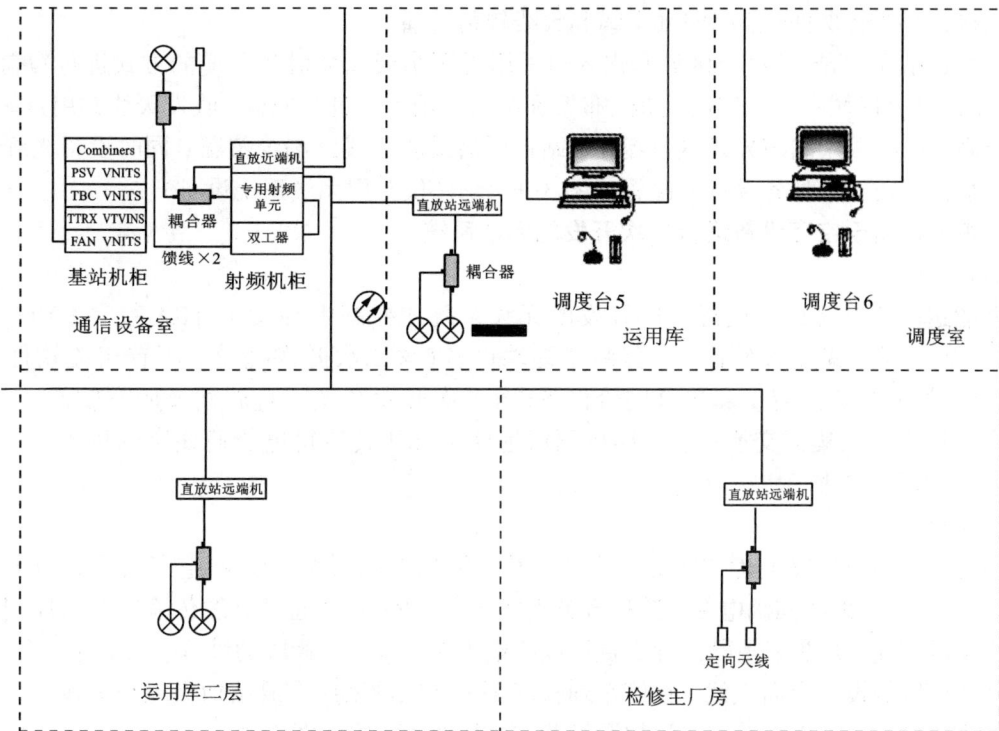

图 3-5 远东二次开发无线系统车辆段设备构成情况

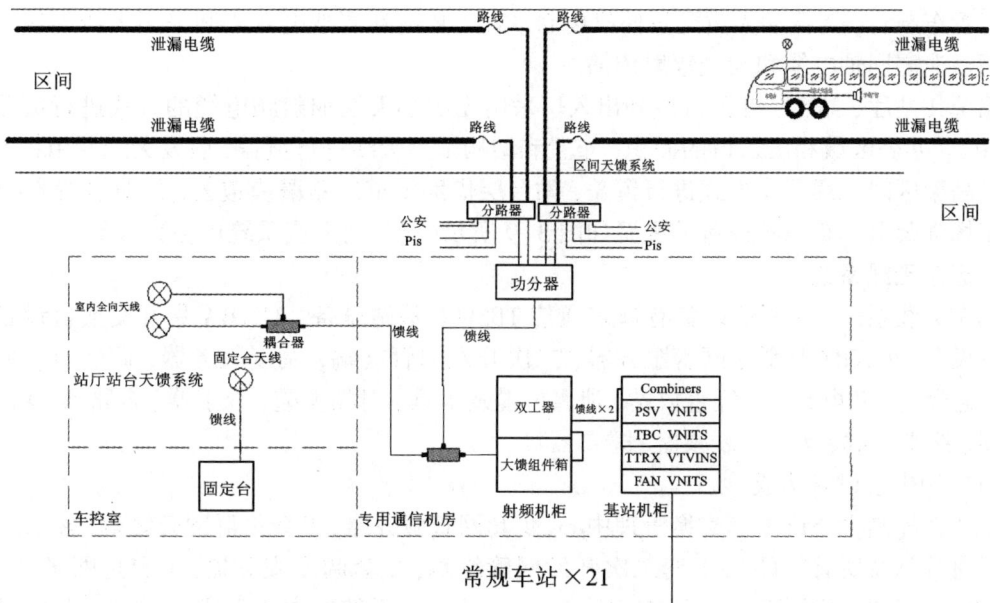

图 3-6 远东二次开发无线系统车站设备构成图

置固定电台，为列车配置车载台，为流动人员配置便携电台。TB3 基站到便携电台之间采用无线连接，无线电波通过泄漏同轴电缆和天线辐射传播。

系统在站厅、站台、办公区域和出入口采用无源小天线加射频电缆的方式进行覆盖，站厅、站台、办公区域和出入口的面积、布置和结构采用天线进行覆盖，收发天线共用；在隧道区间及高架区间采用漏缆方式进行覆盖，站台层借助轨道线路漏缆覆盖；同时设置光纤直放站用于场强覆盖。车站各设备的配置如图 3-6 所示(仅专用无线系统设备)。

2. 海能达基于空客设备进行二次开发的无线系统

1)控制中心

海能达基于空客设备进行二次开发的无线系统在控制中心设 TETRA 数字 DXT3 交换机，2 台二次开发调度服务器，5 套调度终端设备(含二次开发部分、所有相关软件及许可)，另在控制中心配置 1 套集群网管设备(含二次开发及光纤直放站及所有软件)，设备通过有线通道接入集群交换机，交换机预留远期车站和其他轨道交通线路的接入能力，其具体配置如图 3-7 所示。

2)车辆段

系统在车辆段设置 1 套 TB3 无线集群基站以及 TB3 基站配套设备(包括配套射频分配单元、插座、插头、射频同轴电缆、数据音频电缆等)。TB3 基站通过有线传输通道与控制中心集群交换机相连，并在车辆段设置 2 台调度终端设备，满足车辆段的维修、调车等调度功能。系统在地面区域设置全向天线，在停车列检库等地下区域采用直放站加吸顶小天线方式进行覆盖，同时在出入段线采用直放站加漏缆覆盖，其设备配置如图 3-8 所示。

3)车站

系统在 22 个车站各设置 1 套 TB3 无线集群基站，TB3 基站通过有线传输通道与控制中心集群交换机相连，在中心控制器的指挥下控制全线的运行；并在各车站配置固定电台，为列车配置车载台，为流动人员配置便携电台。TB3 基站到便携电台之间采用无线连接，无线电波通过泄漏同轴电缆和天线辐射传播。

系统在站厅、站台、办公区域和出入口采用无源小天线加射频电缆的方式进行覆盖，站厅、站台、办公区域和出入口的面积、布置和结构采用天线进行覆盖，收发天线共用；在隧道区间及高架区间采用漏缆方式进行覆盖，站台层借助轨道线路漏缆覆盖；同时设置光纤直放站用于场强覆盖。车站各设备的配置如图 3-9 所示(仅专用无线系统设备)。

3. 远东无线系统

远东无线系统：主要的设备有远东通信 TBS800 基站设备、TETRA 集群交换机设备、二次开发设备、TETRA 网管、网管服务器、二次开发网管终端、调度服务器、调度台、便携电台、固定台、车载电台、光纤直放站、泄漏电缆及卡具、射频电缆、双工器、合路器、功分器、耦合器、终端负载、天线、衰减器、避雷器等。

1)控制中心设备构成

系统在控制中心设 1 套交换管理中心，1 套网管服务器，1 套集群网管终端(含二次开发及光纤直放站及所有软件)，1 套二次开发网管终端，2 套调度服务器，1 套全网录音设备，5 套调度台(含二次开发部分、所有相关软件及许可)。系统在中心无线覆盖方式上采用直放站远端机加吸顶天线的方式，交换机预留远期车站和其他轨道交通线路的接入能力，其具体配置如图 3-10 所示。

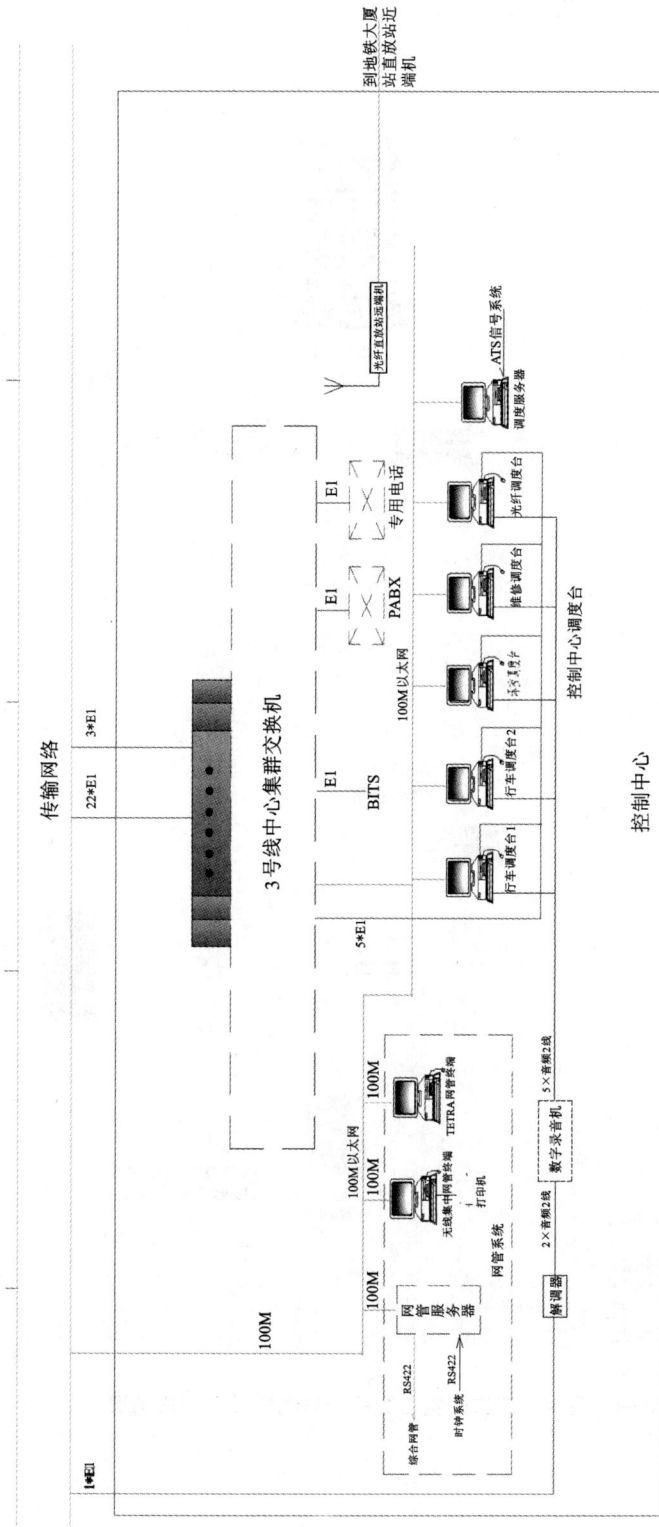

图 3-7 海能达二次开发无线系统控制中心设备配置情况

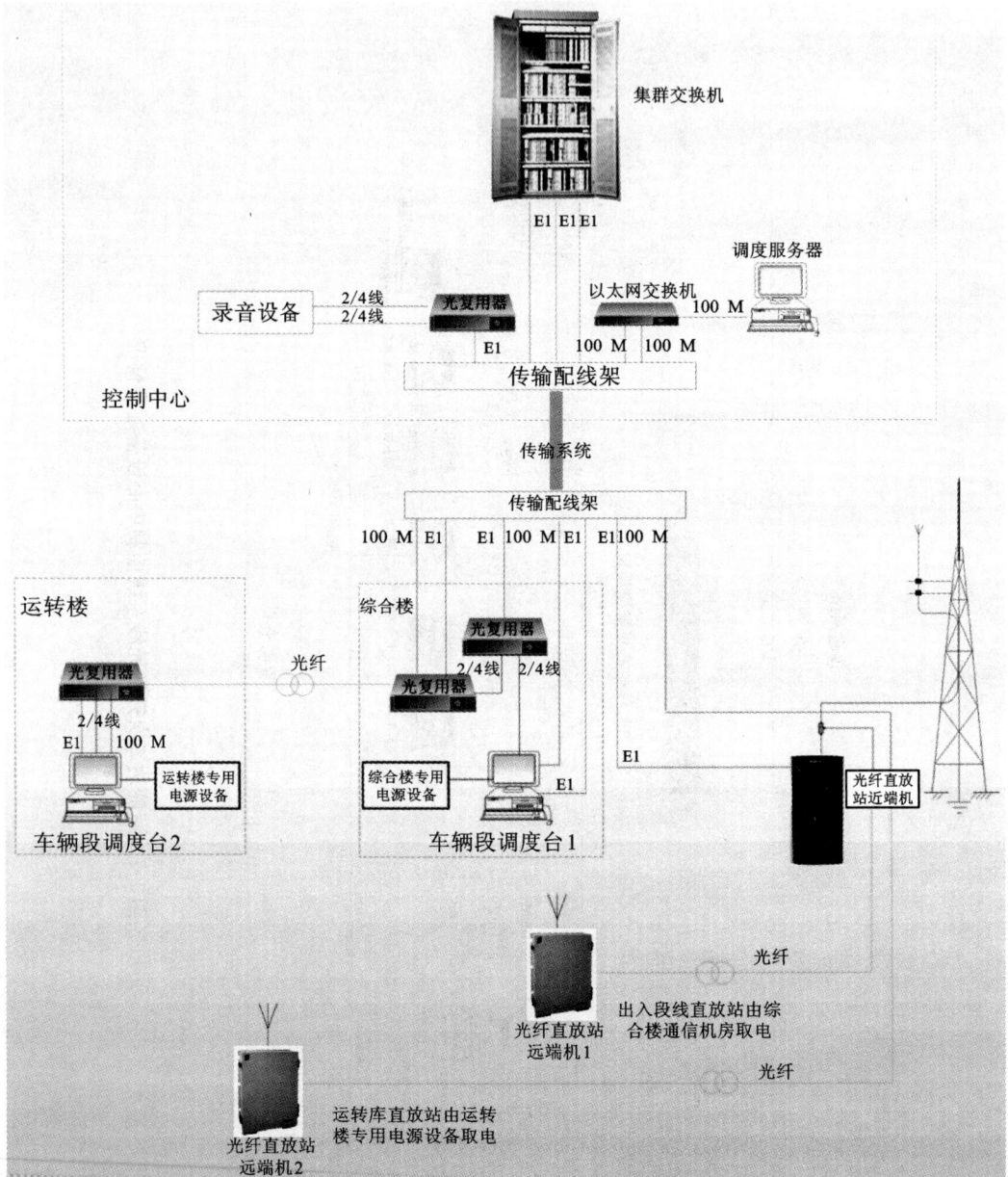

图 3-8　海能达二次开发无线系统车辆段设备构成情况

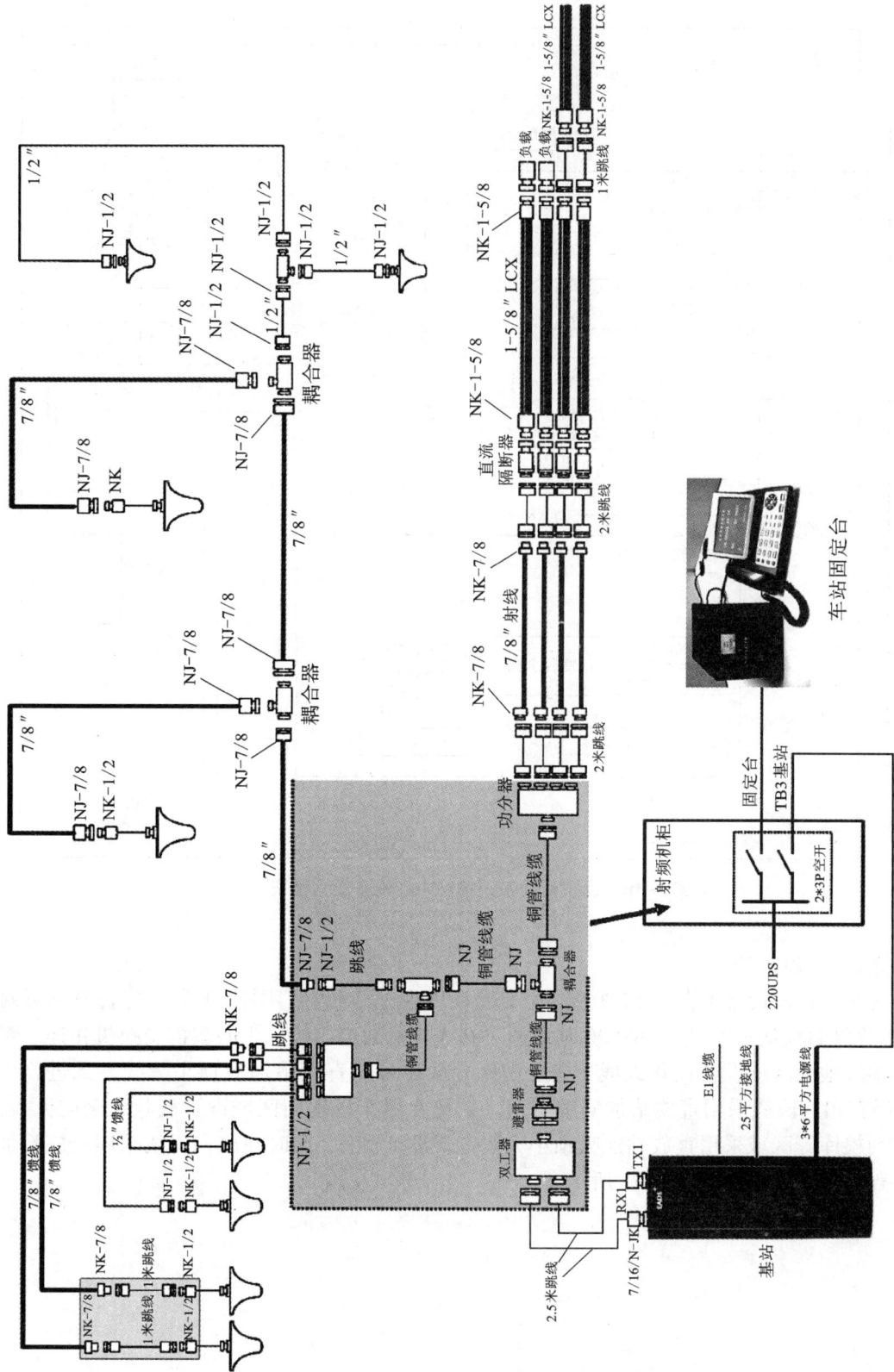

图3-9 海能达二次开发无线系统车站设备构成图

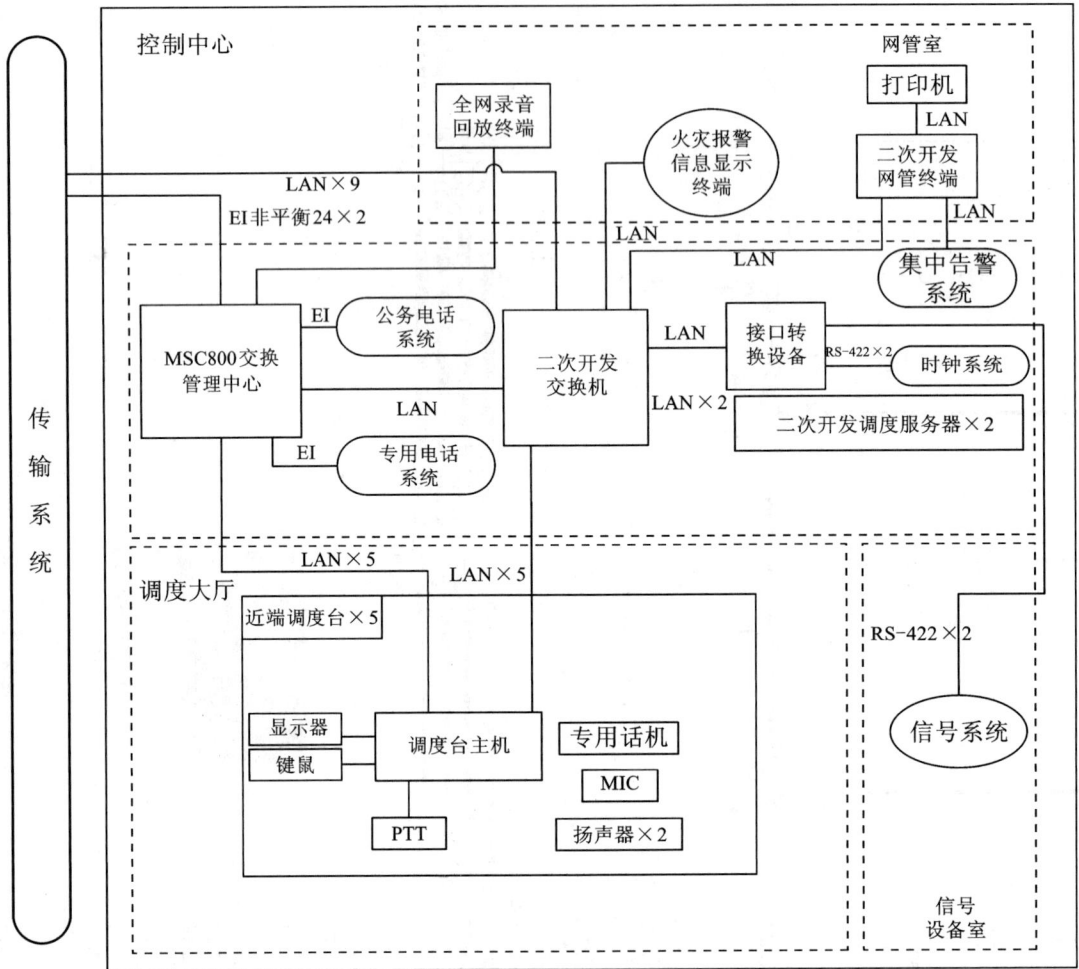

图 3-10　远东无线系统控制中心设备配置情况

2）车辆段/停车场

系统在车辆段设置 1 套 TBS800 基站，2 套调度台，2 对光复用器，1 套光纤直放站近端机，2 套光纤直放站远端机。TBS800 基站通过有线传输通道与控制中心集群交换机相连。系统在车辆段地面区域设置板状天线，在运用库等区域采用直放站加吸顶小天线方式进行覆盖，同时在出入段线采用直放站加漏缆覆盖。系统在停车场地面区域设置板状天全向天线，在停车列检库等区域采用直放站加吸顶小天线方式进行覆盖，同时在出入段线采用直放站加漏缆覆盖。其设备配置如图 3-11 所示。

车辆段/停车场

出入段线区间　　　　　　　　　运用库　　　　远端调度台
　　　　　　　　　　　　　　　　　　　　　　（配置同近
　　　　　　　室外天馈系统　　　　　　　　　端调度台）

试车线区域
　　　　　　　直放站　　　　　直放站　　　远端机
　　　　　　　远端机　　　　　远端机
室外天馈系统　　　　　　　　　　　　　　　　光纤

停车列检库　　　　　　　　光缆　　　　　　　通信设备室

　　　　　耦　　　跳线　　　光缆　　　　　　　光　LAN
　　　　　合　　　　　　　　　　　　　　　　　端
　　　　　器　　　　　　　　　　　　　　　　　机
　　　跳线

库内天馈系统　2载频　　E1　　直放站　　　　　光　LAN
　　　　　　　基站　　　　　　近端机　　　　　端
　　　　　　　　　　　　　　　　　　　　　　　机

　　　　　　　　　　　　　　　　　　　　　车辆段调度室

　　　远端调度台　LAN　光　　　　光纤
　　　（配置同近　　　端
　　　端调度台）　　　机

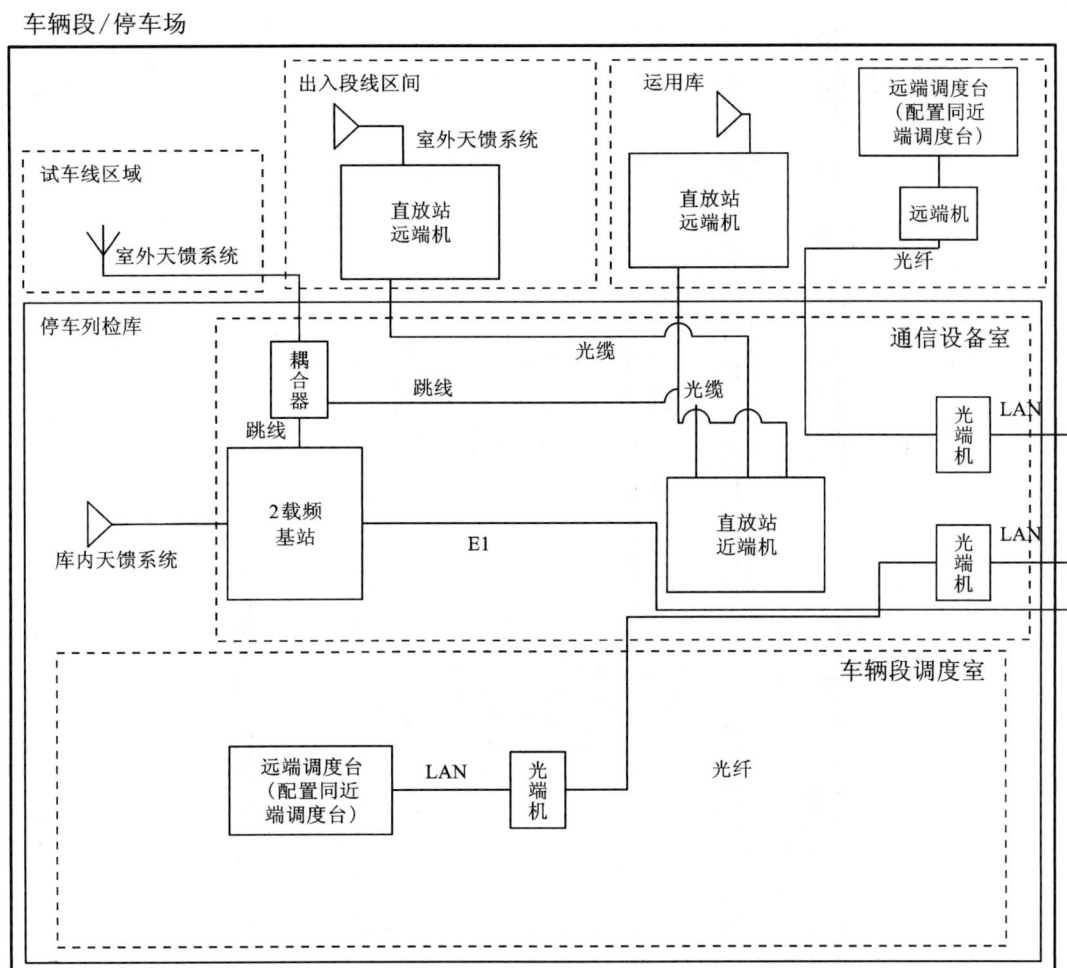

图 3-11　远东无线系统车辆段设备构成情况

3）车站

系统在 22 个车站各设置 1 套 TBS800 基站，1 套车站固定台，1 套光纤直放站（只在地上站有）。TBS800 基站通过以太网传输通道与控制中心集群交换机相连，在中心控制器的指挥下控制全线的运行，并在各车站配置固定电台，为列车配置车载台，为流动人员配置便携电台。TBS800 基站到便携电台之间采用无线连接，无线电波通过泄漏同轴电缆和天线辐射传播。

系统在站厅、站台、办公区域和出入口采用无源小天线加射频电缆的方式进行覆盖，站厅、站台、办公区域和出入口的面积、布置和结构采用天线进行覆盖，收发天线共用；在隧道区间及高架区间采用漏缆方式进行覆盖，站台层借助轨道线路漏缆覆盖；同时设置光纤直放站用于场强覆盖。车站各设备的配置如图 3-12 所示（仅专用无线系统设备）。

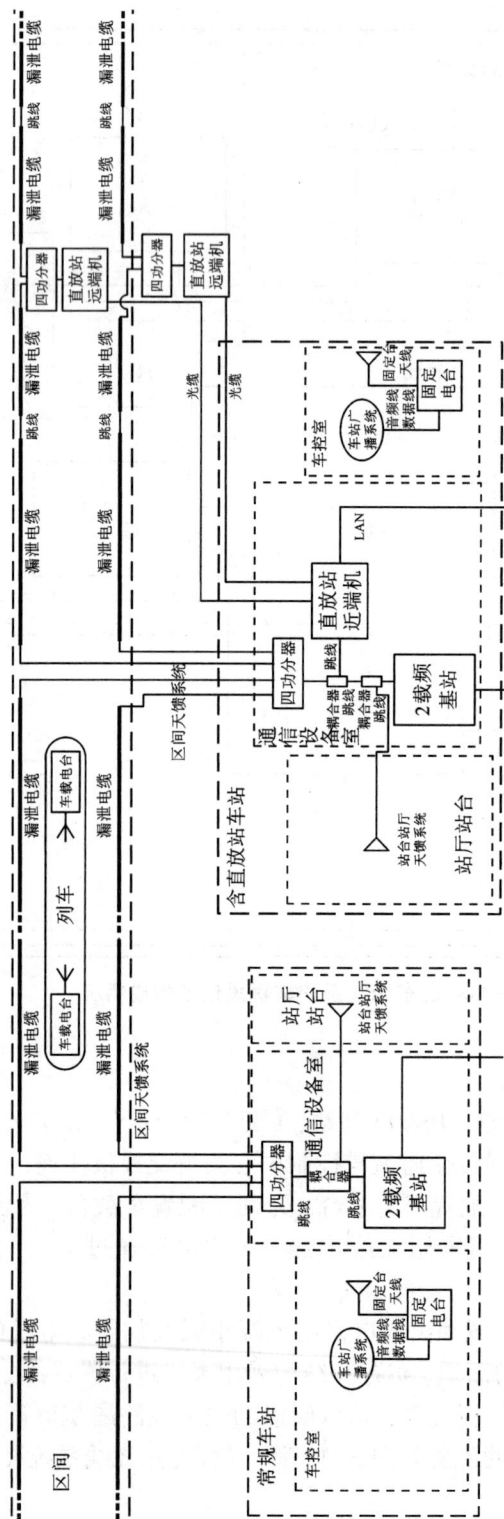

图3-12 远东无线系统车站设备构成图

3.3.3　无线系统各设备功能简介(含二次开发)

1. 中央交换机

中央交换机是 TETRA 网络的交换和控制中心,具有呼叫控制、信令交换、数据库处理、通信协议处理等功能,用于连接基站、TETRA 网管系统、TCS 互联服务器和外部网络。中央交换机所有的模块和板件都采用冗余结构和配置,确保系统具备高度容错的平台。

交换机的所有主要任务的功能模块(如参与呼叫处理)都是 $2n$ 冗余的。当使用两个功能模块进行一个任务时,任何给定时间内只需要一个模块就能够完成这个任务。使用 $2n$ 冗余(备份),一个功能模块一直处于激活状态,即工作状态,则另一个功能模块处于热备份状态或备用状态。如果模块中的激活模块发生故障,那么就立刻进行切换,在这种转换之后,备用模块承担激活模块的任务,并且交换机开始对故障模块进行自身诊断。

2. 网管系统

网管系统包括无线网管终端(二次开发)、集群网管终端(TETRA 原装网管)、录音网管终端(含全网录音功能的线路设置),主要设备包括网管工作站及相关软件。无线系统应配置一套完整的网络管理系统。

维护管理人员通过系统网管终端,可以对系统进行集中维护和管理。

在各车站通信设备室,维护人员通过维护管理便携终端能够对车站本地设备进行维护和管理。

1) 网管硬件

网管系统硬件设备主要包括网管工作站和便携式维护终端。

网管工作站:提供网管操作的人机界面。TETRA 网管负责 TETRA 集群网管参数、用户、功能配置;无线网管主要监控无线系统内部所有要监测的通信设备,如交换机及其功能模块、基站、光纤直放站近端机和远端机等的工作和故障告警状态,并负责向通信系统集中网管上传告警信息。用户参数的配置和故障及状态监测在同一网管终端的不同界面上实现。

便携式维护终端:用来供系统维护人员对车站本地设备进行参数设置、故障检修和处理、设备调试等,是系统设备维护的重要工具。便携式维护终端为手提电脑,主要提供网管操作的人机界面。

2) 网管软件

网管系统软件主要包括集群设备网管系统软件、二次开发无线系统网管软件、录音网管软件。

集群设备网管系统软件主要完成对集群交换设备(交换机、基站)以及无线用户的配置管理。

二次开发无线系统网管软件主要完成对系统设备如基站、直放站的参数配置管理、对交换机及其功能模块、基站和直放站设备的模块工作状态、告警信息集中监控;完成对无线系统所有设备的集中告警监控,传送无线电系统设备的故障报警信息给通信系统;完成无线系统所有设备的时间同步。

录音网管软件主用用于对无线用户录音的查询、调取、下载等工作。

3. 调度服务器

调度服务器，又称为 ATS 服务器，为了有机连接调度系统各终端/客户端以及信号系统 ATS 接口而提供调度服务功能。一般在系统中设置 2 套互为冗余备份的调度服务器。

调度服务器的功能包括：从 ATS 信号系统接收列车的位置、车次号等相关信息；从调度台接收调度员人工操作的列车换段、换站信息；从车载台接收司机人工操作的列车换段、换站信息；转发更新的列车位置信息、车次信息至相关的调度台、车载台；根据列车位置信息，发送列车换段、换站命令至车载台，由车载台更改列车车载台的调度组，完成列车司机通信的调度区域转换；负责调度台终端的接入和安全验证；负责收集调度台终端的工作状态，告警信息并上传到网管系统；调度服务器采用备份设计，在主服务器故障的情况下提供热备切换，切换时间小于 30 s，典型切换时间 2 s。

4. 调度台

调度台是用户进行调度运行指挥的主要操作平台，用户可以通过它对系统内的列车司机、车站值班员以及手持台移动用户发起各种呼叫，或者接收它们的呼叫，以建立与这些用户之间的语音和数据通信。

5. 基站

基站设备机柜包括集群基站机柜和射频接口机柜，它们靠紧安装，均在通信设备用房内。

基站的射频接入机柜由双工器、避雷器、定向耦合器和分路/耦合器组成（有光纤直放站的区段还包括光纤近端机）。该机柜的接头全部内置，且要求该机柜必须能够上、下走线（上走线，连接基站；下走线，整个基站对外连线由此机柜底部出线）。

各车站集群基站设备及射频接入机柜设于各车站及车辆段通信设备用房内，机架上配备有以下接口：

与控制中心设备的数据和语音接口。

与站厅天线及区间泄漏同轴电缆的射频接口。

在正常工作状态下，基站保持与 TRTRA 数字交换机相连。基站可以直接连接至交换机，也可以通过其他基站连接至交换机。

如果基站和交换机之间的连接中断，例如传输链路中断或者交换机故障，基站能够在故障弱化模式下独立地运行。当发生异常情况时，故障弱化模式可以保证提供本站范围内基本的无线业务。

6. 车站固定台

车站固定台设在沿线各车站控制室值班员的工作桌上。固定台天线采用吸顶或桌面吸盘的安装方式。

固定台的主要功能：

车站固定台提供车站值班员与控制中心的行车调度员、环控/维修调度员、经过本站的列车、站务其他人员的双向语音通信及预定义的短信通信。

主要通信功能包括向调度台发送呼叫请求、紧急直呼、呼叫站区内列车、呼叫站务人员、接收呼叫、发送/接收预定义的短信息等。

车站值班员可以利用安装在车站的固定台与其管辖范围内的列车司机进行相互呼叫通话，即车站值班员呼叫管辖范围内的司机，管辖范围内的司机呼叫车站值班员。

7. 车载台

车载台提供司机与控制中心的行车调度员、车辆段调度员、车站值班员的双向语音通信及预定义的短信通信功能。

车载台设备包括车载台主机、控制盒、天线、接口线缆，以及其他音频附件等。

车载电台的主要功能有向调度台发送呼叫请求、紧急直呼、呼叫车站、接收呼叫、接收调度台的无线广播、发送/接收预定义的短信息及车载台的录音等。

8. 手持台

手持台支持群组通信功能，而且可以根据服务区或种类及性质的不同，分类存放于不同的"文件夹"。旋转式通话组选择器，可以进行通话组的选择及更换。

9. 光纤直放站

光纤直放站设备分为近端机和远端机，远端机设于相应区间的隧道内或需要特别覆盖的地方。故障时，可在近端机和远端机之间自动切换并报警。

1) 光纤直放站近端机

光纤直放站近端机是通过光纤来控制收发信号和监控直放站远端机的中心单元，通常放在基站机房，是用来将接收到的基站信号转换成光信号并传输给远端机，同时将远端机的光信号转换成基站接收的电信号的设备。一个或多个远端机与近端机组合可以完成基站射频信号的光纤传输和中继放大。使用这种方式，可以实现地铁隧道中长区间或一些通信质量不好的弱场区的无线信号延伸覆盖。

2) 光纤直放站远端机

光纤直放站远端机主要由上行低噪放单元、下行放大器、下行功放单元、远端机光模块、波分复用器、双工器、主控制单元、整机电源、交流滤波器、交流停电检测单元等组成。

远端机是放置在覆盖盲区，将近端机传输的光信号转换为无线信号并经高倍功放放大后发射出去，同时把用户移动台无线信号转换为光信号后传输到近端机的设备。

3.3.4　专用无线系统的对外接口

与传输系统的接口：实现系统中央级设备与基站级设备信令、语音和数据等信息的通信。无线系统中央交换机与远端基站之间通过传输接口相连，传输系统要在每个车站提供接口。

与时钟系统的接口：实现无线系统与整个城市轨道交通时间同步。

与交换系统的接口：实现各个调度台能直接拨打和接收有线电话功能。

与集中网管终端的接口：该接口将经过整理的无线系统的重要告警信息上传给通信系统的集中网管终端。

与信号 ATS 系统的接口：无线子系统在控制中心与信号系统的 ATS 相连。ATS 与无线系统调度台服务器相连，由 ATS 提供的信息，无线系统可完成列车在行车调度台和车辆段调度台的自动切换，列车信息至少应包括车次号、司机号、车体号、线号、列车位置等。

控制中心网管与各车站的接口：通过此接口控制中心网管接收各车站设备信息，一般为RJ45 接头。

与车辆的接口：无线子系统在车辆上的车载设备为车载电台，与车辆专业有 110 V（DC）电源接口、广播接口。

3.4　岗位实操应知应会

3.4.1　天馈系统检查

1. 技能要求

对天馈系统进行驻波比、中心频点、覆盖场强等的测试。

2. 主要工器具、材料

驻波比测试仪、频谱分析仪和场强测试仪等。

3. 操作方法

使用驻波比测试仪测试时要对每一段射频电缆、漏缆及制作的接头进行测试，一般的测试值应小于1.5。根据仪表的不同，测试段长度一般不大于800 m，部分天馈系统连接好后也需要进行相应测试，以确保连接位置的可靠性。

使用场强测试仪对站场、区间需要覆盖的场所路测。测试前应根据现场环境和经验进行判断，尽量多测试覆盖死角。

4. 注意事项

①测试前应根据现场环境和经验进行判断，尽量多测试覆盖死角，确保在死角位置信号强度也能达到-90 dBm以上。

②在进行区间测试时还应模拟列车运动时信号变化情况，重点应关注信号切换的里程位置，并做好相应记录。

5. 衡量标准

①信号强度能达到-90 dBm以上。

②严格遵守注意事项。

3.4.2　漏缆接续、成端

1. 技能要求

专用无线系统泄漏同轴电缆接续施工。

2. 主要工器具、材料

专用工具、万用表、天馈测试仪、规定型号的漏缆、跳线材料、接头等。

3. 操作方法

①携带专用工具、仪表和接续材料。

②对照接续位置，用锯弓切割掉多余的电缆，用毛刷清理断面。切割时断面要与电缆垂直，不得出现马蹄形。用刮刀修整锯口毛边，并将电缆头向下用毛刷清除断面的金属屑及灰尘。

③用专用切割刀在端头环锯电缆一圈，用电缆刀纵向切割清除掉电缆外护层。

④用专用切割刀，按接头适配器的内外导体长度，环切漏缆并清理表面的毛屑。将连接器安装到漏缆端头上，清洁、打毛连接器和漏缆端头的热缩区域，用燃气喷灯或电子喷枪预热热缩区域50~60℃。

⑤将热缩管套在热缩区域上，均匀烘烤热缩管直至黏胶出现；将配套的连接器按相同的

方法连接到另一根漏缆上。将已冷却的连接器对应插入,并用扳手匀力旋转适配器,直至接头紧固。

⑥在端头制作完成后,将终端负载连接拧紧。

⑦所有接头及成端在制作完成后,均用黏胶带或热缩套管进行密封。

4. 注意事项

①漏缆开剥应小心谨慎,不得伤及外导体。

②漏缆切面应垂直并处理干净,内外导体不应出现毛刺,内导体内不应遗留碎屑。

③内外导体不应短路,连接牢靠。

④驻波比不应大于 1.5。

⑤接头密封应完整、可靠。

5. 衡量标准

①漏缆的接续应可靠、牢固,装配后接头外部应按设计要求进行防护。

②漏缆在接续过程中,严谨急剧弯曲,弯曲半径应符合要求。

③严格遵守注意事项。

3.4.3　无线基站设备单机调试

根据设备要求连接好电源盒配线完成后就可以进行单机调试。单机调试时首先应对输入电源进行检查,检查空开容量大小是否符合要求,输入电压是否是标准的 220 V,有无电压波动;加电后应观察有关面板和板卡的指示灯工作情况,确认主机和功放等完全启动后就可以进行下一步工作;加电成功后应录入相应的数据,确保设备工作正常;最后进行输入、输出指标测试。

测试内容主要是输出射频信号的强度是否满足要求。测试时应通过软件和硬件调节输出功率大小,测试相应的值并做好记录,对比软件显示和测试结果是否一致,是否满足要求。

3.4.4　无线联网测试

在传输系统满足要求后就可以进行多个基站与中心交换机的联网系统测试。此时可以通过中心网管对各个车站的基站设备进行统一的数据录入、监控信息的采集等,对各种功能进行试验后做好有关记录。

3.5　典型故障场景处置

3.5.1　车载台常见故障

1. 场景描述

按下车载台电源键无法开机。

2. 处置流程

1)检查主机"供电"状态

主机电源指示灯"亮",供电正常。主机电源指示灯"灭",供电异常。

［问题分析］检查电源模块的输入电压应为 95~125 V(DC)，否则输入"电压异常"。

［处理方案］属于电源保护，调整输入电压。

［问题分析］检查电源模块的输出电压在 10.8~14.8 V(DC)，否则输出电压异常。

［处理方案］替换主机电源模块。

2)检查主机工作状态

①在主机供电正常情况下，主机工作指示灯 2 s 闪烁 1 次或不闪烁。

［问题分析］确认主机控制板已正确下载程序、主机控制板程序运行正确且无损坏，否则主机控制板程序无法工作。

［处理方案］程序异常，重新给主机控制板下载程序。

②在主机供电正常情况下，主机工作指示灯无闪烁。

［问题分析］拔掉主机与控制盒通信电缆，主机工作指示灯仍无闪烁。

［处理方案］主机硬件异常，替换主机控制模块。

［问题分析］主机上电就进入工作状态。给主机"断电"，拔掉主机与控制盒通信电缆，重新给主机"供电"，主机工作指示灯 2 s 闪烁 1 次。

［处理方案］检查控制盒程序工作无误、检查控制盒"电源"按键、检查通信电缆接触。

［问题分析］主机上电就进入工作状态。给主机"断电"，拔掉主机与控制盒通信电缆，重新给主机"供电"，主机工作指示灯 1 s 闪烁 1 次，问题依旧。

［处理方案］硬件异常，替换主机"控制模块"。

3)检查控制盒工作状态

①主机工作在"待命"状态，按控制盒"电源"按键，控制盒工作指示灯"灭"、LCD 屏无显示，主机进入"工作"状态，主机工作指示灯 1 s 闪烁 1 次。

［问题分析］控制盒程序没有工作或控制盒没有下载程序。

［处理方案］软件问题，重新给控制盒下载程序。

主机工作在"待命"状态，按控制盒"电源"按键，控制盒工作指示灯"灭"、LCD 屏无显示，主机仍处在"待命"状态，主机工作指示灯 2 s 闪烁 1 次。

［问题分析］控制盒"电源"按键无反应。

［处理方案］硬件问题，检修或替换控制盒键盘"电源"组件。

②主机工作在"待命"状态，按控制盒"电源"按键，控制盒工作指示灯"亮"、LCD 屏无显示，主机进入"工作"状态，主机工作指示灯 1 s 闪烁 1 次。

［问题分析］控制盒"电源"按键有反应，LCD 屏工作异常。

［处理方案］硬件问题，检修 LCD 屏或屏驱动板。

3.5.2　固定台常见故障

常见故障一：

1)场景描述

无法开机。

2)处置流程

检查电源是否有 220 V(AC)：

是，转下一步；否，更换电源。

检查尾部的开关有没有闭合上：

是，转下一步；否，闭合开关。

检查市电线的 L、N 线有没有短路：

是，联系厂家；否，整理线路。

常见故障二：

1) 场景描述

开机画面不完整或无显示。

2) 处置流程

重新下载开机图片、公司 LOGO。

常见故障三：

1) 场景描述

字符显示不完整或全白色显示。

2) 处置流程

重新下载字库。

常见故障四：

1) 场景描述

功能按键显示不完整或无显示。

2) 处置流程

重新下载功能按键图片。

3.5.3　无线调度台故障

1. 场景描述

服务器无连接。

2. 处置流程

①检查网络连接，是否已插好网线，网络是否畅通。如果网线已插好，可用 Ping 命令检查网络是否畅通。

②检查调度台计算机 IP 地址设置，如果调度台计算机 IP 地址有误，更改 IP 地址，然后通过数据库管理软件修改系统数据库中本调度台 IP 地址设置。

③检查调度台配置文件设置：服务器 IP 地址和服务器端口号是否与当前服务器的实际设置一致，如果不一致，修改调度台配置文件中的参数设置。

思考题

1. 在哪些位置可以查询、下载车载台通话录音。

2. 列举专用无线系统中全双工、半双工、单工等各种通话方式。

3. 地铁中如何实现无线信号的覆盖。

4. 举例说出地铁中站台、站厅、车辆段等不同位置使用的天线类型及敷设地点。

5. 基站年检内容有哪些？需使用到哪些仪表、工具？

6. 检修作业中哪些项目需用到驻波比测试仪？

7. 车载台无法开机可能有哪些原因？

第4章 公务与专用电话系统

学习目标

1. 电路交换、报文交换与分组交换的定义。
2. 程控交换的定义，程控交换机的组成。
3. 电缆色谱，同轴电缆，T568B 网线线序。
4. 公务、专用电话的组网方式，软交换与程控交换的核心设备。
5. 系统应知应会，典型故障案例分析。

4.1 公务与专用电话系统功能

4.1.1 公务电话

公务电话系统主要用于地铁内部各部门之间的电话联系，基本功能是为地铁的管理部门、运营部门、维修部门提供公务联络工具，实现内部呼叫、市内呼叫、国内及国际长途呼叫，并可实现其他增值业务。在正常情况下，公务电话系统保证各部门工作人员语音通信正常；在紧急情况下，其能迅速转变为供防灾救援和事故处理的指挥通信系统。公务电话系统采用程控交换+软交换设备组网，在控制中心配置软交换设备，在各车站、车辆段配置程控交换设备。

4.1.2 专用电话

专用电话系统是控制中心调度员和车站、车辆段、停车场值班员指挥列车运行和下达调度命令的重要通信工具，是为列车运营、电力供应、日常维修、防灾救护、票务管理提供指挥手段的专用通信系统。该系统可为控制中心指挥人员提供，如行车调度、电力调度、防灾环控调度、信息调度、调度值班主任等专用直达通信，并且具有单呼、组呼、全呼、紧急呼叫和录音等功能，同时可为站内各有关部门提供与车站值班员之间的直达通话，以及车站值班员与邻站值班员之间的直达通话。因此，要求该系统设备高度安全可靠，操作方便快捷。专用电话系统包括调度电话，站间行车电话，车站、车辆段、停车场内直通电话等。

4.2　公务与专用电话的基础知识

4.2.1　交换的概念

"交换"的含义就是转接，把一条线路转接到另一条线路，使它们连通来。从通信资源的分配角度来看，"交换"就是按照某种方式动态地分配传输线路的资源。在计算机网络及通信系统中常谈到的交换方式有电路交换、报文交换与分组交换。

1. 电路交换

1）电路交换方式的概念

数据通信中的电路交换方式是指两台计算机或终端在相互通信之前，需预先建立起一条实际的物理链路，在通信中自始至终使用该链路进行数据信息传输，并且不允许其他计算机或终端同时共享该链路，通信结束后再拆除这条物理链路。

2）电路交换方式的原理

如图 4-1 所示为电路交换原理。

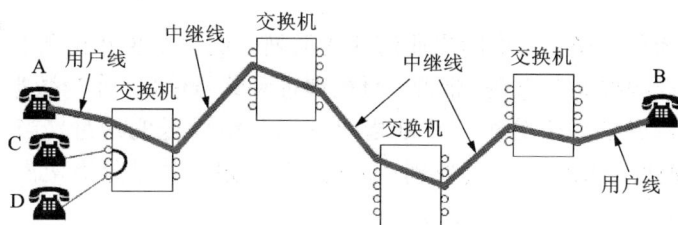

图 4-1　电路交换原理

采用电路交换方式，数据通信需经历 3 个阶段：呼叫建立（即建立一条实际的物理链路）、数据传输、呼叫拆除。

当用户要求发送数据时，向本地交换局呼叫，在得到应答信号后，主叫用户开始发送被叫用户号码或地址；本地交换局根据被叫用户号码确定被叫用户属于哪一个局的管辖范围，并随之确定传输路由；如果被叫用户属于其他交换局，则将有关号码经局间中继线传送给被叫用户所在局，并呼叫被叫用户，从而在主叫用户和被叫用户之间建立一条固定的通信链路。在数据通信结束时，当其中一个用户表示通信完毕需要拆除链路时，该链路上各交换机将本次通信所占用的设备和通路释放，以供后续呼叫使用。

2. 报文交换

1）报文交换的概念

报文交换属于存储—转发交换方式，当用户的报文到达交换机时，先将报文存储在交换机的存储器中，当所需要的输出电路有空闲时，再将该报文发向接收交换机或用户终端。

2）报文交换的原理

如图 4-2 所示为报文交换原理。

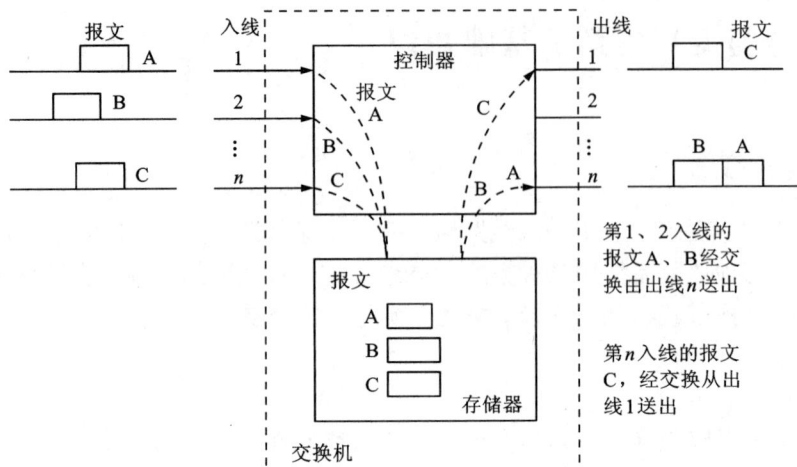

图 4-2　报文交换原理

　　报文交换可使不同类型的终端设备之间相互进行通信。在报文交换的过程中没有电路接续过程，且线路利用率高。

3.分组交换

　　分组交换也称为包交换，它将用户通信的数据划分成多个更小的等长数据段，在每个数据段的前面加上必要的控制信息(携带源、目的地址和编号信息)作为数据段的首部，每个带有首部的数据段就构成了一个分组。首部指明了该分组发送的地址，当交换机收到分组之后，根据首部中的地址信息将分组转发到目的地，这个过程就是分组交换，如图4-3所示。

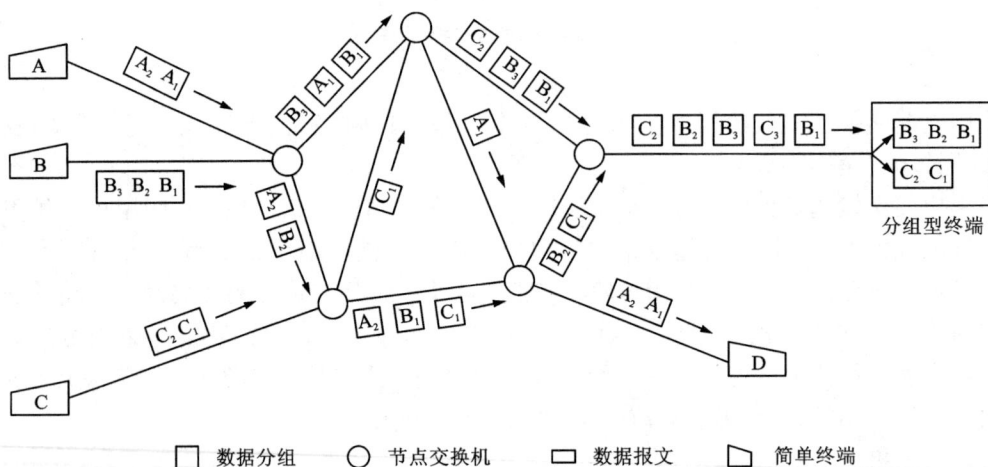

□ 数据分组　○ 节点交换机　□ 数据报文　⬡ 简单终端

图 4-3　分组交换实现方式

　　分组交换的本质就是存储转发，它将所接受的分组暂时存储下来，在目的方向路由上排队，当它可以发送信息时，再将信息发送到相应的路由上，完成转发。其存储转发的过程就是分组交换的过程。

4.2.2 通信电缆简介

通线电缆是传输电话、电报、传真文件、电视和广播节目、数据和其他电信号的电缆,由1对以上相互绝缘的导线绞合而成。通信电缆与架空明线相比,具有通信容量大、传输稳定性高、保密性好、少受自然条件和外部干扰影响等优点。

1.市话电缆

主要特点为对数多,最多可达数千对,一般为数百或数十对。市话电缆以对为单位,两根交叉对绞组成1对,这可以减少电磁干扰和提高串音防卫度,提高通话质量。如图4-4所示为电缆缆芯实物图。

图4-4 电缆缆芯

1)电缆的特性

(1)线芯材质:纯铜。

(2)标称对数:5~2400对。

(3)直径:铜线直径为0.32 mm、0.40 mm、0.50 mm、0.60 mm、0.70 mm、0.80 mm、0.90 mm。

(4)绝缘材料:高密度聚乙烯。

(5)护套:黑色低密度聚乙烯。

2)通信电缆色谱排列

线缆主色:白、红、黑、黄、紫。

线缆辅色:兰、橘、绿、棕、灰。

一组线缆为25对,以色带来分组,一共有25组,分别如下:

①白兰、白橘、白绿、白棕、白灰。

②红兰、红橘、红绿、红棕、红灰。

③黑兰、黑橘、黑绿、黑棕、黑灰。

④黄兰、黄橘、黄绿、黄棕、黄灰。

⑤紫兰、紫橘、紫绿、紫棕、紫灰。

2.同轴电缆

同轴电缆即2M线,是通信行业普遍使用的E1接口的连接电缆,1个2M即一个PCM系统分为0到31时隙(64 kbit/s)64×32=2048 kbit/s,所以俗称2M,可以承载语音、分组交换等多种业务。其结构如图 4-5 所示。

2M 线作用：适用于各类数字程控交换机、光电传输设备内部连接和配线架之间的信号传输，用于传输数据、音频、视频等通信设备。

1）同轴电缆的结构

同轴电缆中心轴线是一条铜导线，外加一层绝缘材料，在这层绝缘材料外边由一根空心的圆柱网状铜导体包裹，最外一层是绝缘层，如图 4-5 所示。

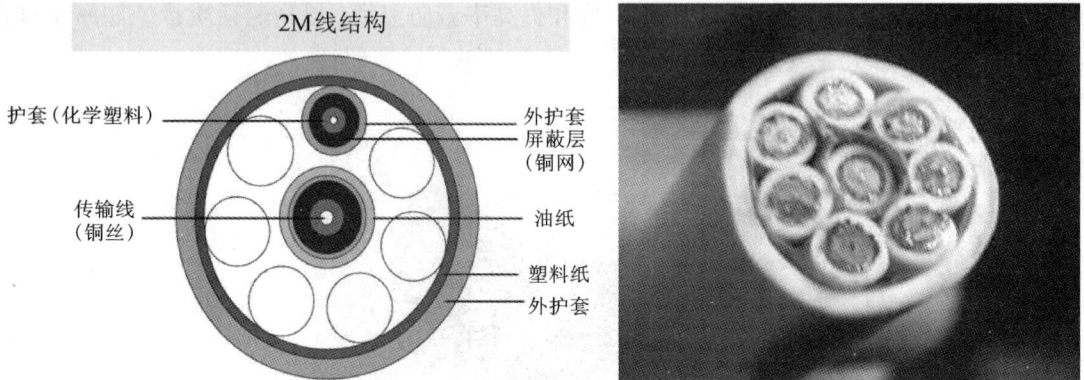

图 4-5 2M 线结构示意图

2）同轴电缆的特性（以 8 芯的为例）

例：规格型号 SYV 75-5-8。其中，S 代表射频，Y 代表聚乙烯绝缘，V 代表聚氯乙烯护套，75 代表阻抗为 75 Ω，5 代表线材的粗细，8 代表 8 芯。实物图如图 4-6 所示。

图 4-6 同轴线缆实物图

3. 网线

1）线序标准

T568A 的线序为：绿白、绿、橙白、蓝、蓝白、橙、棕白、棕。

T568B 的线序为：橙白、橙、绿白、蓝、蓝白、绿、棕白、棕。

如图 4-7 所示为网线线序。

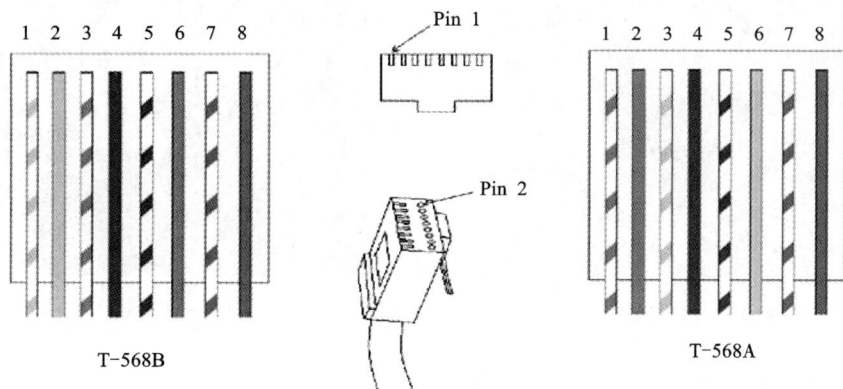

T-568B

Pin 1

Pin 2

T-568A

图 4-7　网线线序

2) 网线的分类

目前我们最常用的是五类线、超五类线、六类线、七类线。

五类线(如图 4-8 所示):传输带宽为 100 MHz,用于语音传输和最高传输速率为 100 Mbit/s 的数据传输,已被超五类线替代。五类非屏蔽双绞线采用 4 个绕对,但没有抗拉丝。

超五类线(如图 4-9 所示):衰减小,串扰少,超五类线的最大带宽为 100 MHz,主要用于千兆以太网,采用 4 个绕对和 1 条抗拉线。

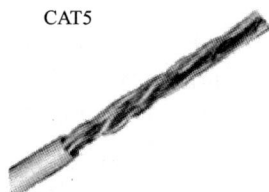

CAT5

图 4-8　五类线

CAT 5E

图 4-9　超五类线

六类线(如图 4-10 所示):该类电缆的传输带宽为 250 MHz,六类布线的传输性能远远高于超五类标准,最适用于传输速率为 1 Gbit/s 的应用。六类双绞线在外形上和结构上与五类或超五类双绞线都有一定的差别,不仅增加了绝缘的十字骨架,将双绞线的 4 对线分别置于十字骨架的 4 个凹槽内,而且电缆的直径也更粗。

超六类线(如图 4-11 所示):超六类线是六类线的改进版,主要应用于万兆位网络中。传输频率为 500 MHz,最大传输速度也可达到 10 Gbit/s。

七类线:它主要为了适应万兆以太网技术的应用和发展。但它不再是一种非屏蔽双绞线了,而是一种屏蔽双绞线,所以它的传输频率至少可达 600 MHz,传输速率可达 10 Gbit/s。

图 4-10　六类线

图 4-11　超六类线

4.电话线

电话线,适用于电信工程布线,室内电话通信电缆系统布线之间的连接,语音通信系统之间的主干线,程控交换机,电话,传真和数字电话。

常见规格有二芯和四芯,线径分别有 0.4 mm 和 0.5 mm(如图 4-12 所示)。

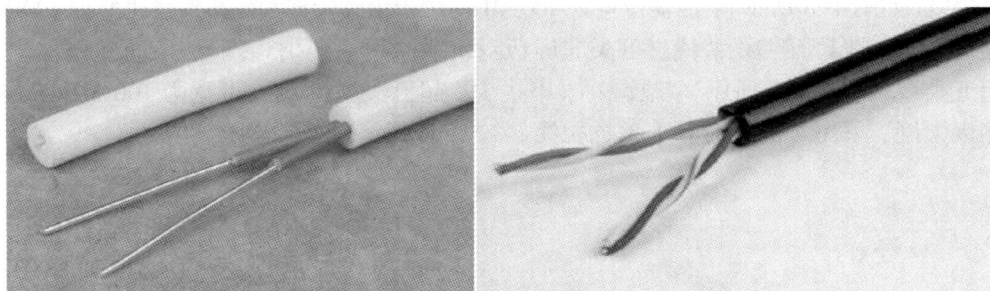

(a)二芯　　　　　　　　　　(b)四芯

图 4-12　电话线

接头类型为 RJ11(如图 4-13 所示)。

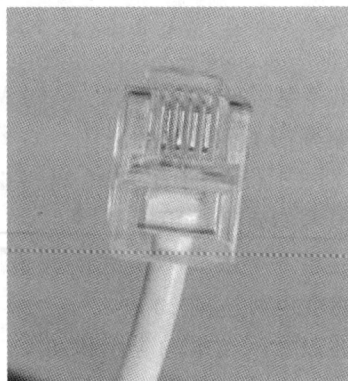

图 4-13　接头

4.2.3　程控交换的概念

程控交换系统是一种采用现代数字交换、计算机通信、信息电子、微电子等先进技术，进行综合集成的模块化结构的集散系统。程控是存储程序控制的简称，它指用电子计算机自动执行事先编好存放在存储器中的程序，用以控制交换机的动作，完成电话的接续任务，也就是用软件来控制交换机的动作。

4.2.4　话音信号的数字化基础

1. 多路复用

多路复用通常有 3 种基本方法：频分复用（FDMA）、码分复用（CDMA）和时分复用（TDMA）。

频分复用是模拟通信中广泛使用的传输方式，它的基本原理是利用调制手段和滤波技术使多路信号以频率分割分方法同时在同一条线路上互不干扰地传输。

码分复用是指在同一条信道上，多路信号以不同的编码形式互不干扰的传输。它目前已成为移动通信中使用的先进方法。

时分复用是现代数字通信中主要采用的传输方式。时分多路复用技术是在一条信道内，若干路离散信号的脉冲序列经过分组、压缩、循环排序，成为时间上互不重叠的多路信号一并传输的方式。

2. 30/32 路 PCM 基群帧结构

在数字交换机系统中始终走的是 PCM 数字信号，PCM 通信系统的模型如图 4-14 所示。

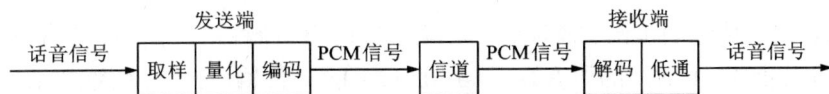

图 4-14　PCM 通信系统的模型

脉冲编码调制是数字通信的编码方式之一，主要过程是将话音、图像等模拟信号每隔一定时间进行取样，使其离散化，并将抽样值以分层单位四舍五入取整量化，并将抽样值以一组二进制码来表示抽样脉冲的幅值。

1）帧结构

帧结构的概念就是把多路语音数字码以及插入的各种标记按照一定的时间顺序排列的数字码流组合。我国采用的是 30/32 路 PCM 基群结构，即在传输数据时先传第 1 路信号，然后传第 2 路信号，第 3 路信号……直到传完第 32 路，再传第 1 路，第 2 路……如此循环下去。每一路信号占用不同的时间位置，称为时隙，用 TS0，TS1，TS2，…，TS31 来表示。如图 4-15 所示为 PCM E1 复帧结构图。

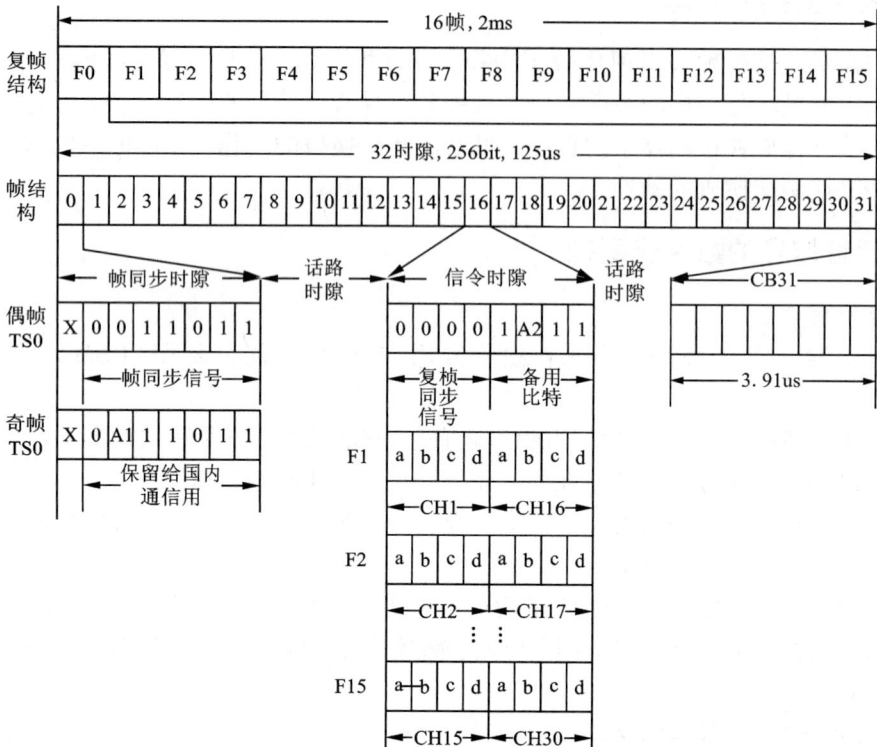

图 4-15　PCM E1 复帧结构图

　　其中：TS0 用于传输同步码、监视码、对端告警码组（简称对告码）；TS16 用于传输信令码；TS1～TS15 传前 15 个话路的语音数字码；TS17～TS31 传输后 15 个话路的话音数字码。显然，在 32 个时隙中只有 30 个时隙用于传话音数字码，故记作 PCM 30/32。PCM 30/32 基群帧结构如图 4-15 所示。

　　2）信令系统

　　信令系统是通信网的神经系统，它可以指挥终端、交换系统及传输系统协同运行，在指定的终端之间建立临时的通信信道，并维护网络本身正常运行，是通信网必不可少、非常重要的组成部分。

　　按照信令的工作区域，信令可以分为用户信令和局间信令。用户信令是用户和交换机之间的信令，在用户线上传送，主要包括用户向交换机发送的监视信令和选路信令，即用户状态（摘、挂机）信号及用户拨号（脉冲、DTMF）所产生的数字信号，以及交换机向用户终端发送的信号（铃流、信号音）。局间信令是交换机与交换机之间的信令，在局间中继线上传送，用来控制呼叫接续和拆线。如图 4-16 所示为接续流程中，信令控制交换机动作的过程。

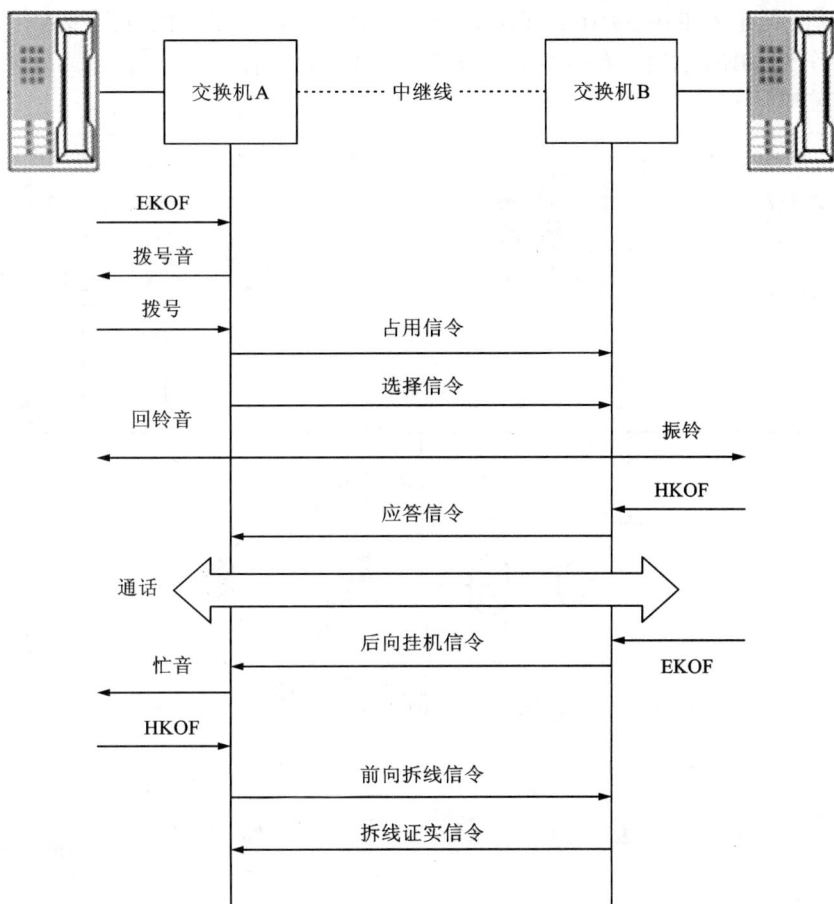

图 4-16　信令控制交换动作过程图

4.3　公务与专用电话系统构成

4.3.1　公务电话系统组成

1. 软交换系统

公务电话采用软交换技术组网，将控制中心作为本线区域汇接局，实现本地公务电话业务的接入和本线公务电话系统与市内公用电话网的互联互通；车辆段、各车站作为用户接入局，负责完成本段、站公务电话用户的接入。软交换系统采用"中心交换节点+接入节点"方案两级结构组网，中心交换节点作为 2 号线公务电话系统交换中心，部署核心软交换设备，控制中心部署一套 SS1B 负责全网通话控制、资源分配、业务接口、计费接口等功能；接入节点部署接入网关，通过内部 IP 承载网将网络延伸至沿线各车站的远端用户。

1) 控制中心设备

在控制中心配置 ZXR10 5950-36TM-H 汇聚交换机，4 台交换机分别接入传输的 2 个通道，2 台设备作为 VRRP，做设备的保护方案 (如图 4-17 所示)。

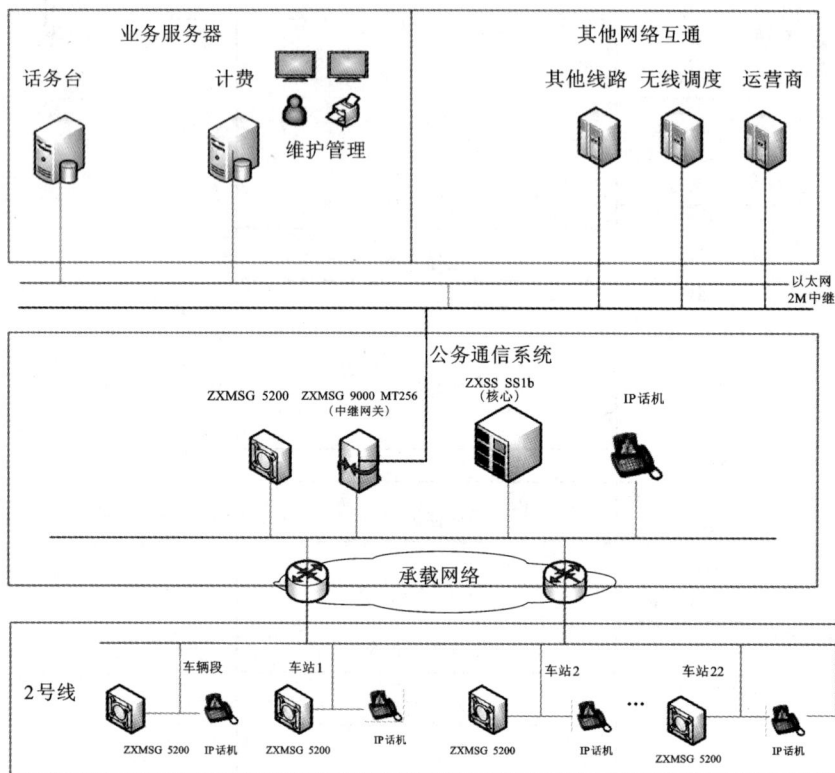

图 4-17　软交换公务电话系统组网

同时在控制中心设置 1 套软交换控制设备 ZXSS10 SS1B，用于全网公务电话系统管理控制；1 套计费系统，实现对整个现网公务电话用户的集中计费管理；1 套 NetNum U31 网管，对本线及后续线路设置的公务电话系统设备进行集中维护管理；1 套话务台，提供 IP 增值业务；1 套媒体网关 ZXMSG 9000 MT256(TG/SG)，用于与地铁既有的公务通信系统、市话网的互联互通、无线通信互通信令。

软交换核心控制设备 (SS1B) 面板图如图 4-18、图 4-19 所示。

ZXSS10 SS1B ATCA 系统，主要包括：功能刀片单板 (GSPC1，GPDU2，GPU1)，交换板 (MXES1)，以及它们的后插接口板。

1、2 板位，正面为交换板 (MXES1)，背面为后插板 (RMXES)；3、4、5、6 板位，正面为刀片单板 (GSPC1/GPDU2/GPU1)，背面为后插板 (RSB/A 或 RSB/C)。

2) 车辆段与车站

在车辆段、车站配置 ZXR10 5950-36TM-H 接入交换机。

接入网关面板图如图 4-20 所示。

主控板：GISB(主框)、GISE(从框)。电源板：PWRK。业务板：ALC，每板 32 路语音。

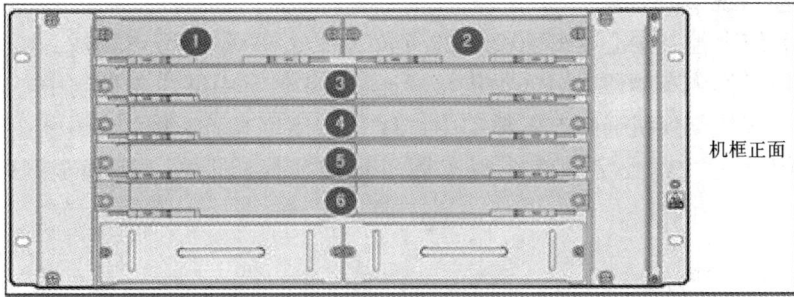

图 4-18 机框正面

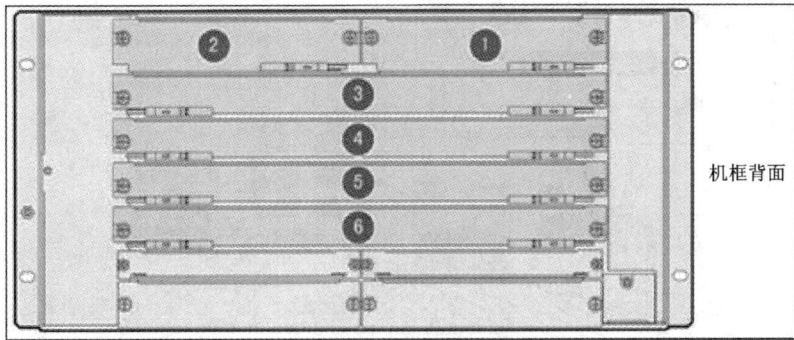

图 4-19 机框背面

图 4-20 面板图

2. 程控交换系统

公务电话系统由控制中心、车辆段及 22 个车站共 24 个独立节点构成，如图 4-21 所示。车辆段程控交换机作为车辆段及各车站汇接局通过 2M 数字中继线与控制中心及各站交换机相连。控制中心程控交换机通过 2M 数字中继线与市话网相连，由控制中心单点出入市话。22 个站内交换机通过 2M 数字中继线与车辆段程控交换机联网，实现全网公务电话互通互联。

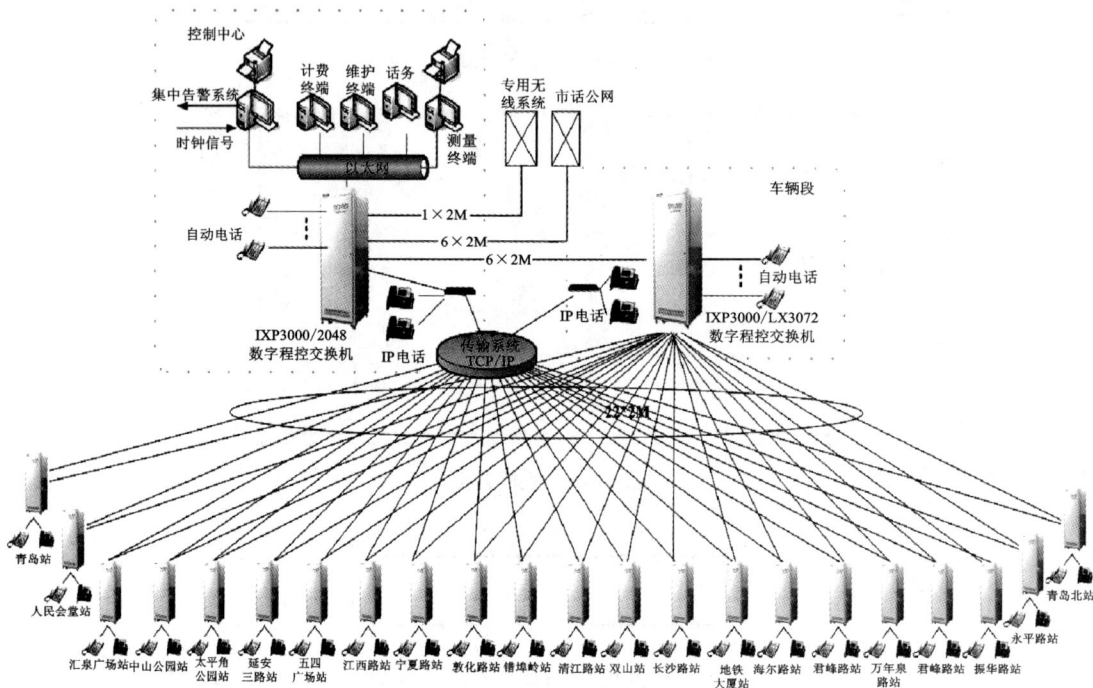

图 4-21 公务电话系统组网

1) 控制中心

控制中心配置 1 套远东通信 IXP3000+/2048 数字程控交换机，交换机容量为 2048 个端口，共 4 层机架，如图 4-22 所示。交换机配置 24 块 32 路模拟用户板，提供 768 路模拟用户端口；配置 3 块 8 路数字用户板，提供 24 路数字用户接口；配置 2 块 IPTU 网关卡，实现与软交换系统的互联互通，2 块网关卡同时工作实现负载均衡；配置 7 块 4E1 数字中继电路板，提供 28 路数字中继，其中 6E1 采用内部 Q.sig 信令与车辆段联网，4E1 采用 DSS1（30B+D）信令与青岛市市话网联网，1E1 采用 Q.sig 信令与无线系统连接，其余 16E1 为预留；配置 2 块多路音频板 MTU（16DTMF+8ASG+8MFC），提供双音多频、No.1 信令及来电显示功能。

2) 车辆段

在车辆段配置 1 套 IXP3000 LX 数字程控交换机，系统容量为 3072 个端口，如图 4-23 所示。同时配置 30 块 32 路模拟用户板，提供 960 个模拟用户端口；配置 3 块 8 路数字用户板，提供 24 路数字用户接口；配置 9 块 4E1 数字中继电路板，提供 36 路数字中继，6E1 采用内部 Q.sig 信令与控制中心联网，22E1 采用内部 Q.sig 信令与 22 个车站联网，其余 8E1 为预

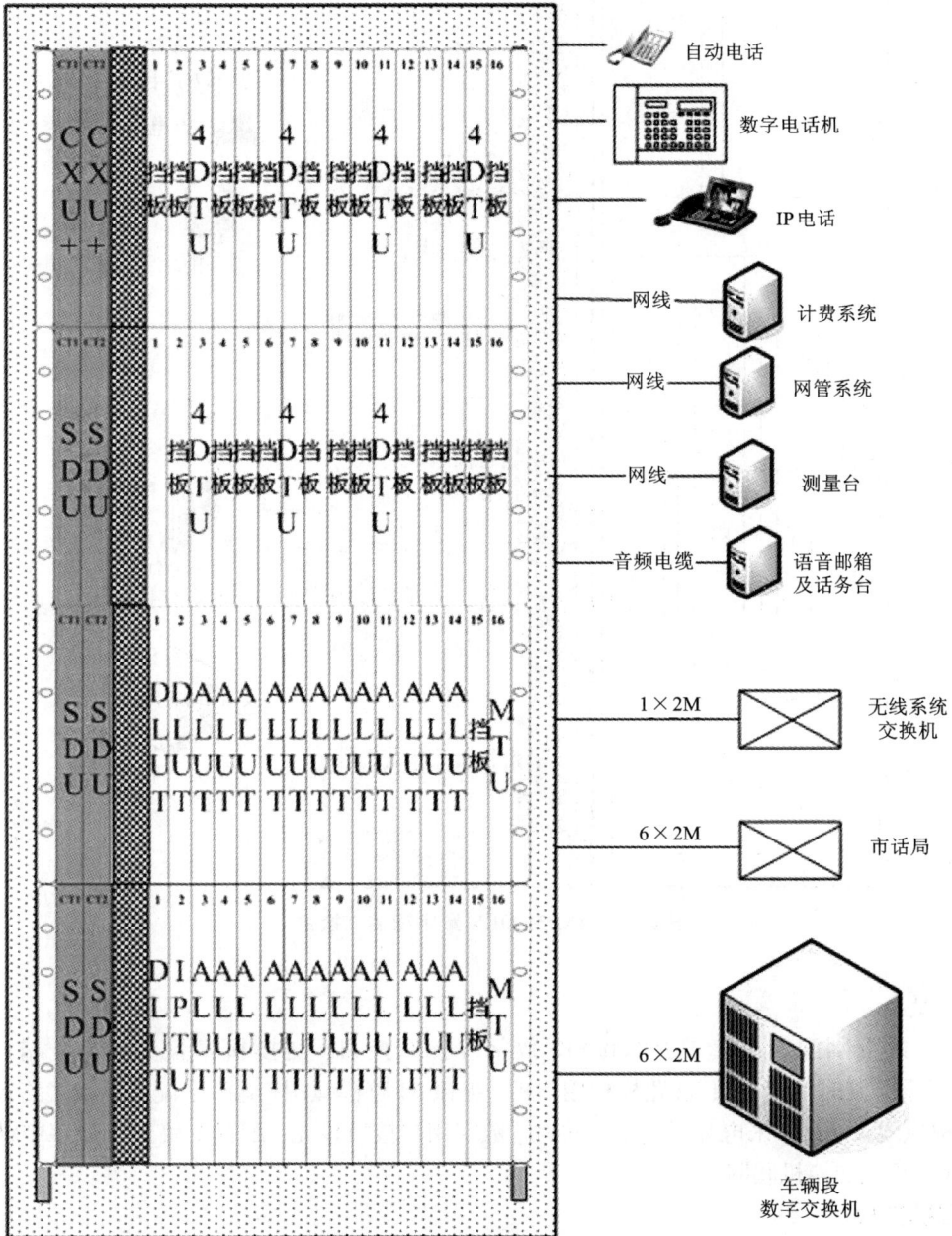

图 4-22 IXP3000+/2048 数字程控交换机

留；配置 2 块多路音频板 MTU（16DTMF+8ASG+8MFC）提供双音多频、No. 1 信令及来电显示功能。

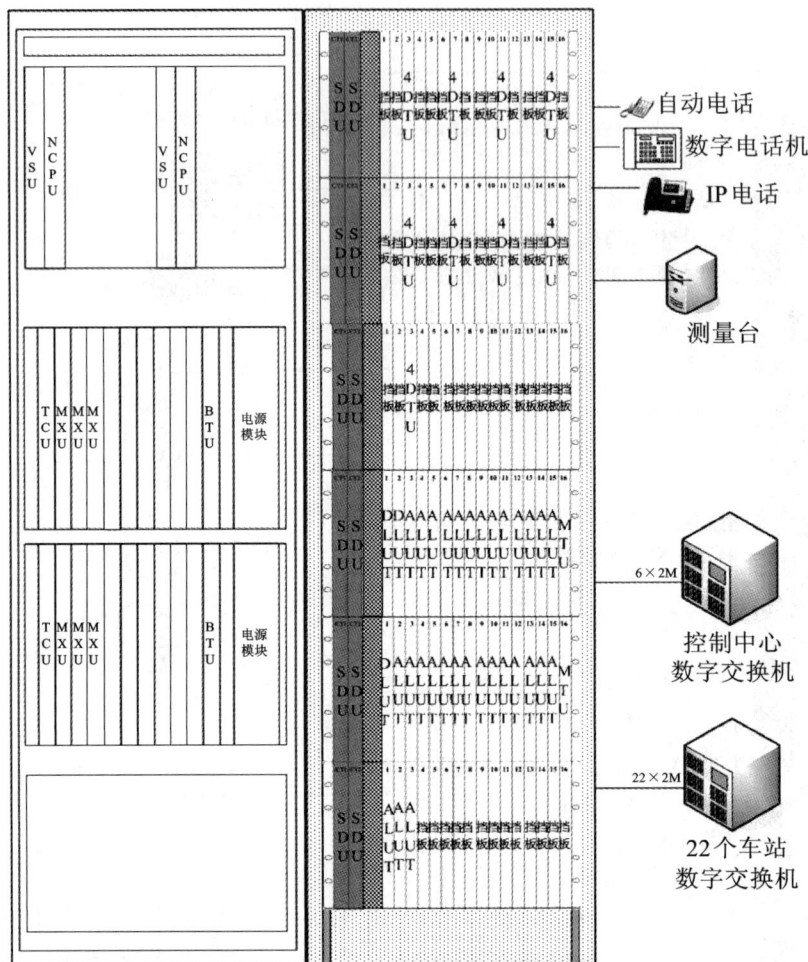

图 4-23　IXP3000LX 数字程控交换机

3）车站

各个车站分别配置 1 套 IXP3000/512 数字程控交换机，交换机容量为 512 个端口，如图 4-24 所示。同时配置 2 块 32 路模拟用户板，提供 64 路模拟用户端口；配置 1 块多路音频板 MTUC，提供双音多频、来电显示功能，并内置数字用户接口单元；配置 1 块 1E1 数字中继板与车辆段数字程控交换机联网。

3. 程控交换

公务电话系统采用程控交换机组网，将车辆段作为本线汇接局，实现车辆段及各车站公务电话业务的接入与汇接，实现本线公务电话系统与青岛市公用电话网的互联互通；各车站作为本站用户接入局，负责完成本站公务电话用户的接入。公务电话系统组网如图 4-25 所示。

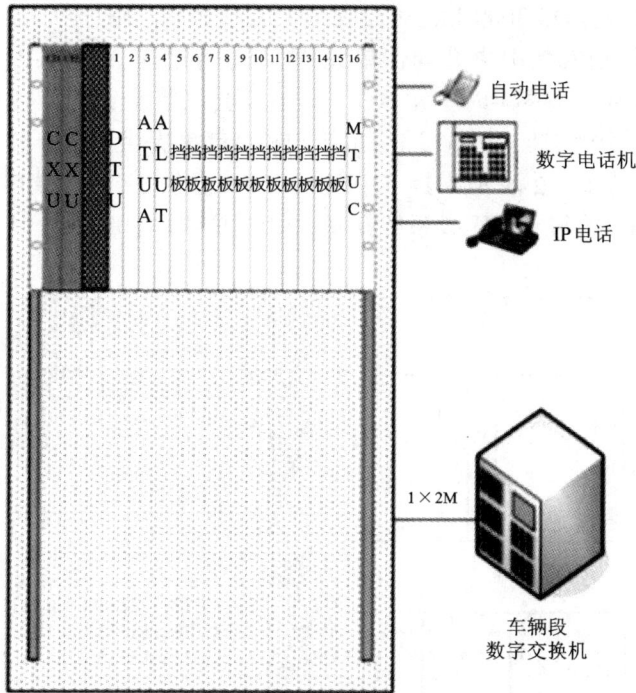

图 4-24　IXP3000/512 型数字程控交换机

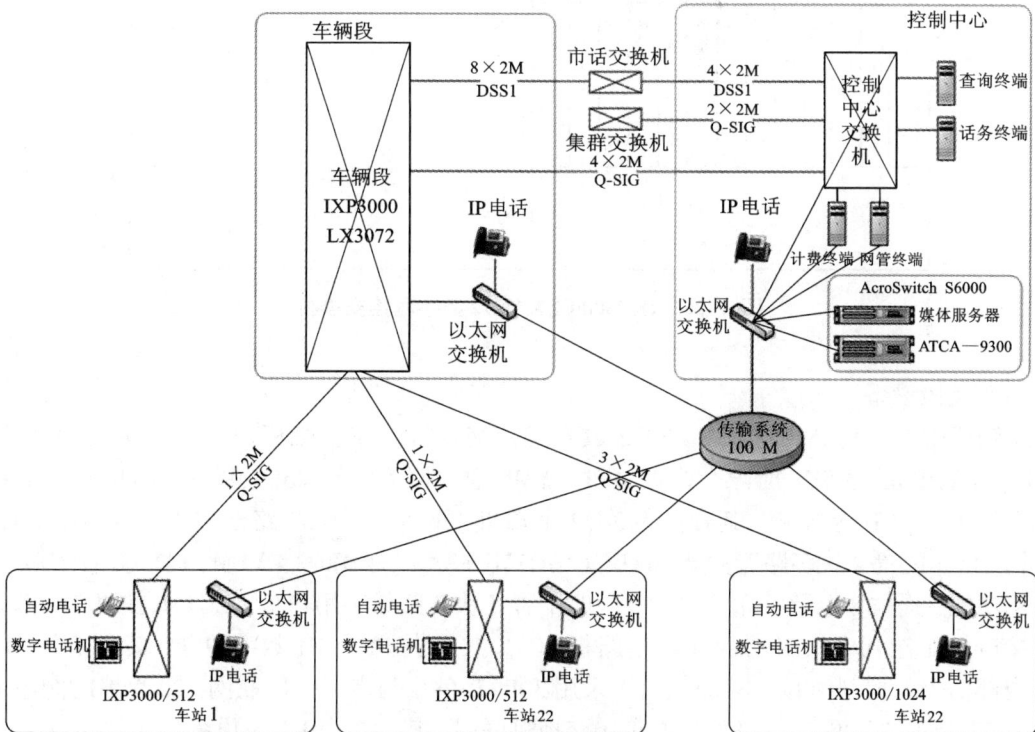

图 4-25　公务电话系统组网

1）控制中心设备

在控制中心配置 1 套 IXP3000 LX/3072 数字程控交换机，用户机架共 1024 个端口，如图 4-26 所示。在机头机柜安装中央处理器单元 NCPU、存储单元 NMSU、时隙交换板 MXU、VME 总线服务单元 VSU、基本定时单元 BTU、语音及会议单元 TCU 等主控板卡。

在公务电话机柜 2 中安装 4 块 32 路模拟用户板 ALUT 提供 128 个端口；2 块 8 路数字用户板 DLUT 提供 16 路端口；2 块 4E1 数字中继板 4DTU 提供 8 个 E1 端口，其中 4 个 E1 与车辆段交换机联网，2 个 E1 与专用无线系统互联；2 块中继网关 IPTU；2 块 MTUC 多功能板卡。

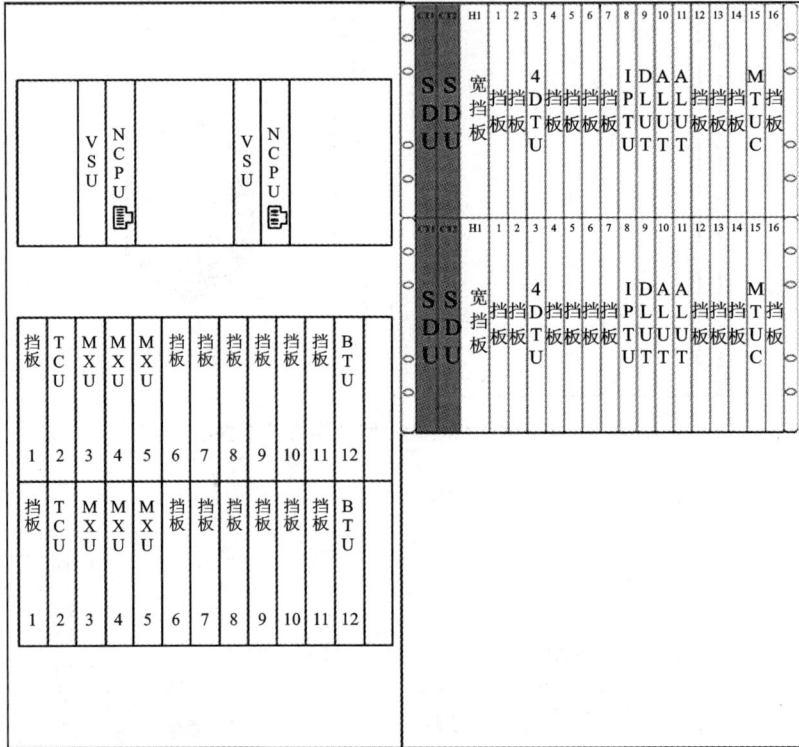

图 4-26　IXP3000 LX/3072 数字程控交换机

2）车辆段设备

车辆段配置 1 套 IXP3000 LX/3072 数字程控交换机。在主机柜内安装中央处理器单元 NCPU、存储单元 NMSU、时隙交换板 MXU、VME 总线服务单元 VSU、基本定时单元 BTU、语音及会议单元 TCU 等板卡。其容量为 3072 个端口，配置 25 块 32 路模拟用户板 ALUT 提供 800 个端口。配置 2 块多路音频板 MTUC（16DTMF+8ASG+4DLU+4WEM）提供双音多频、来电显示功能，提供 8 个数字用户接口，同时配置 2 块 8 路数字用户板 DLUT 共提供 24 路数字用户接口。配置 10 块 4E1 数字中继电路板 4DTU 共提供 40 个 E1 数字中继，其中 4 个 E1 块采用内部信令与控制中心联网，8 个 E1 采用 30B+D 信令与市话公网联网，22 个 E1 采用内部信令与 22 个车站联网，3 个 E1 与停车场交换机联网，其余 3 个 E1 为预留。

车辆段交换机具体配置图如图 4-27 所示。

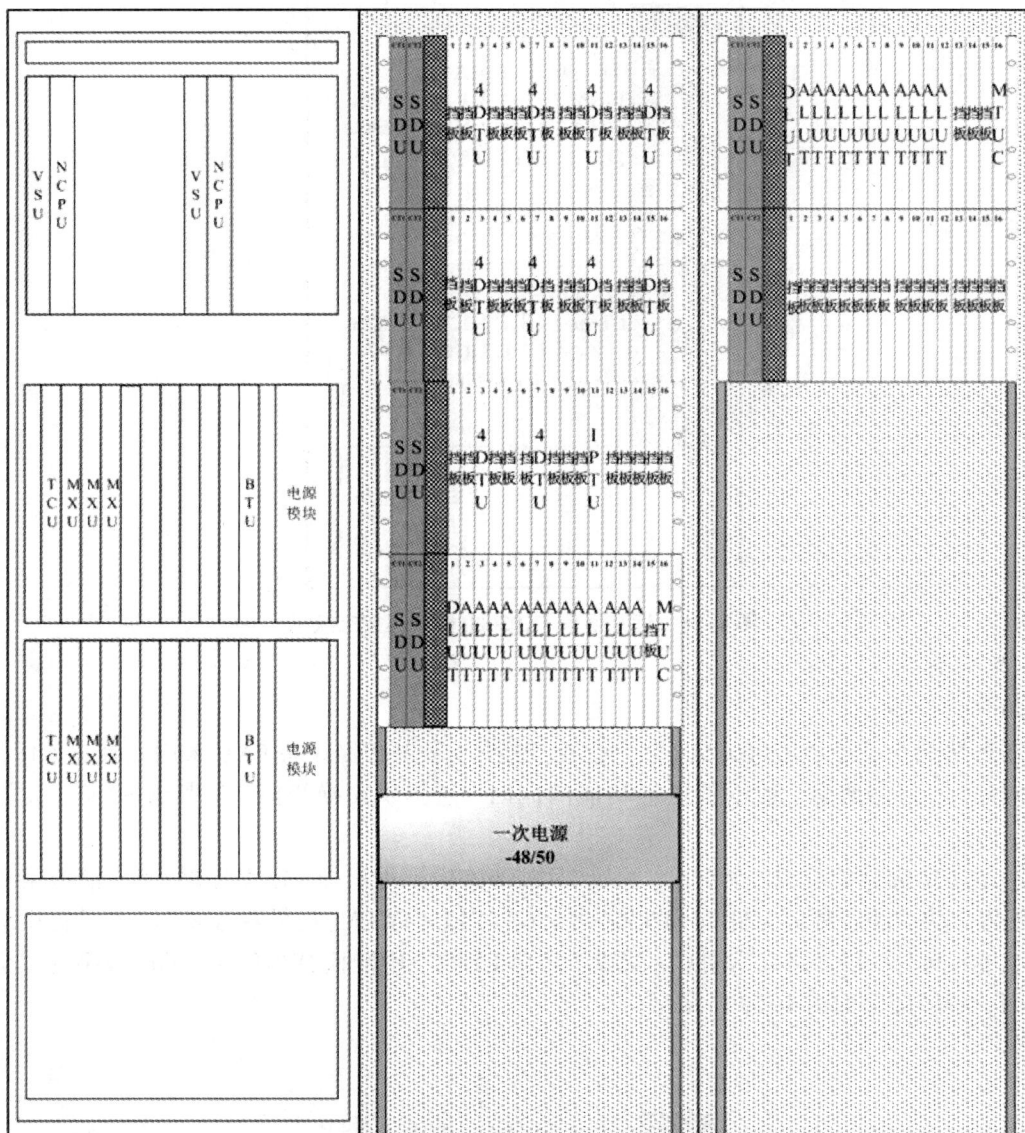

图 4-27　远东通信 IXP3000LX 数字程控交换机

3）停车场设备

交换机容量为 1024 个端口，配置 12 块 32 路模拟用户板 ALUT 提供 384 个端口，配置 2 块多路音频板 MTUC（8DTMF+8ASG+4DLU+4WEM）提供双音多频，提供 8 路数字用户，同时配置 2 块 8 路数字用户板 DLUT 共提供 24 路数字用户接口。配置 3 块单 E1 数字中继板 DTUT 与车辆段数字程控交换机联网。具体配置如图 4-28 所示。

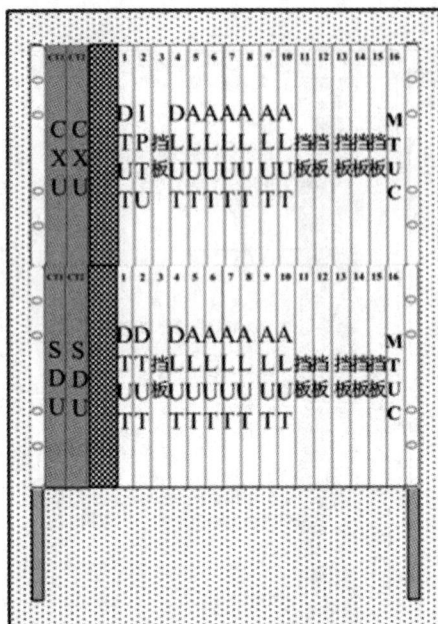

图 4-28　远东通信 IXP3000 数字程控交换机

4）车站设备

在车站配置 1 套 IXP3000/512 数字程控交换机，公共控制设备 CXU 采用冗余热备份，提供呼叫控制、呼叫跟踪、数据管理等功能的同时，还提供交换矩阵、信号音和多方会议等功能。

车站交换机容量为 512 个端口，配置 2 块 32 路模拟用户板 ALUT 提供 64 个模拟用户端口，配置 2 块多路音频板 MTUC（8DTMF+8ASG+4DLU+4WEM）提供双音多频，并且提供来电显示功能，同时提供 8 路数字用户，配置 1 块单 E1 数字中继板 DTUT 与车辆段数字程控交换机联网。具体配置如图 4-29 所示。

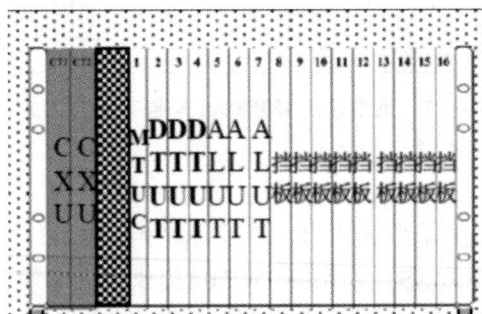

图 4-29　远东通信 IXP3000/512 型数字程控交换机

4.3.2 专用电话系统组成

专用电话系统由控制中心、车辆段和 22 个车站共 24 个独立交换节点组成（如图 4-30 所示）。车站及车辆段分系统分别以点对点 2M 数字中继方式接入控制中心主系统，同时分系统与分系统间配置 2M 数字环路中继作为专用电话的备用中继通道。站内电话、站间电话均通过车站分系统实现。另外，在相邻车站专用电话分系统之间设模拟中继，利用站间电缆相连，以确保在光传输通道中断情况下实现站间电话畅通。

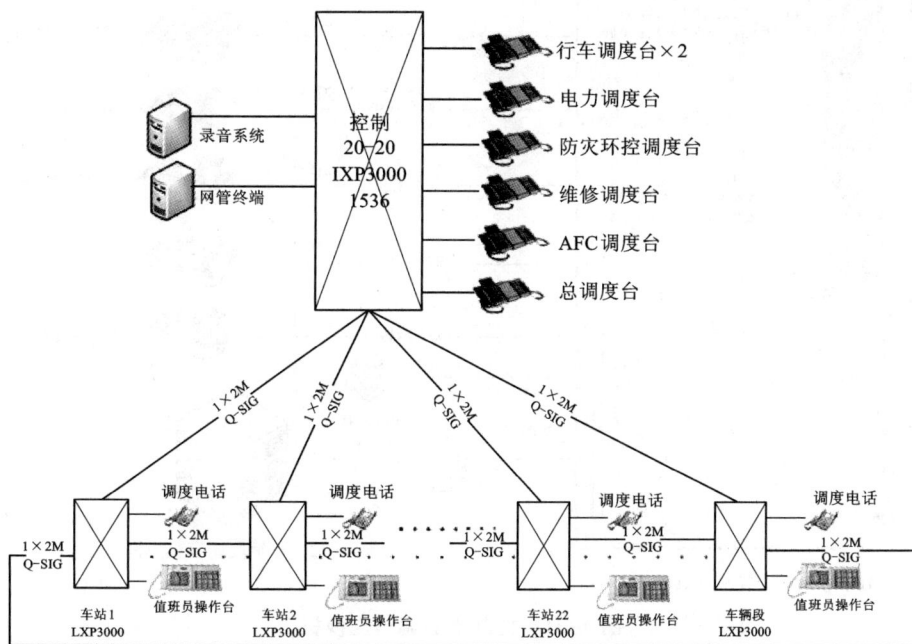

图 4-30 专用电话子系统结构和组网方案

1. 控制中心

在控制中心配置 1 台 IXP3000/1536 数字程控调度交换机，容量为 1536 个端口。交换机配置 2 块 32 路模拟用户板，提供 64 个模拟用户端口，可以连接各种调度分机和站内电话分机；配置 2 块 8 路 2B+D 数字用户板，用以连接调度台；配置 7 块 4E1 数字中继电路板，其中 23E1 与车辆段和 22 个车站采用内部信令联网，其余 5E1 为预留；配置 1 块多路音频板 MTUC（8DTMF+8ASG+4DLU+4WEM），提供双音多频、来电显示功能。具体配置如图 4-31 所示。

2. 车辆段

在车辆段配置 1 台远东通信 IXP3000/512 数字调度交换机，交换机容量为 512 个端口。该交换机配置 3 块 32 路模拟用户板，提供 96 个模拟用户端口，用于连接调度分机、直通电话；配置 3 块 1E1 数字中继电路板与控制中心和相邻车站采用内部信令联网；配置 1 块多路音频板 MTUC（8DTMF+8ASG+4DLU+4WEM），提供双音多频、来电显示功能，同时提供 4 路模拟中继，与相邻车站采用模拟中继联网；同时还设置有与广播系统接口，实现与广播系统的连接。车辆段交换机具体配置如图 4-32 所示。

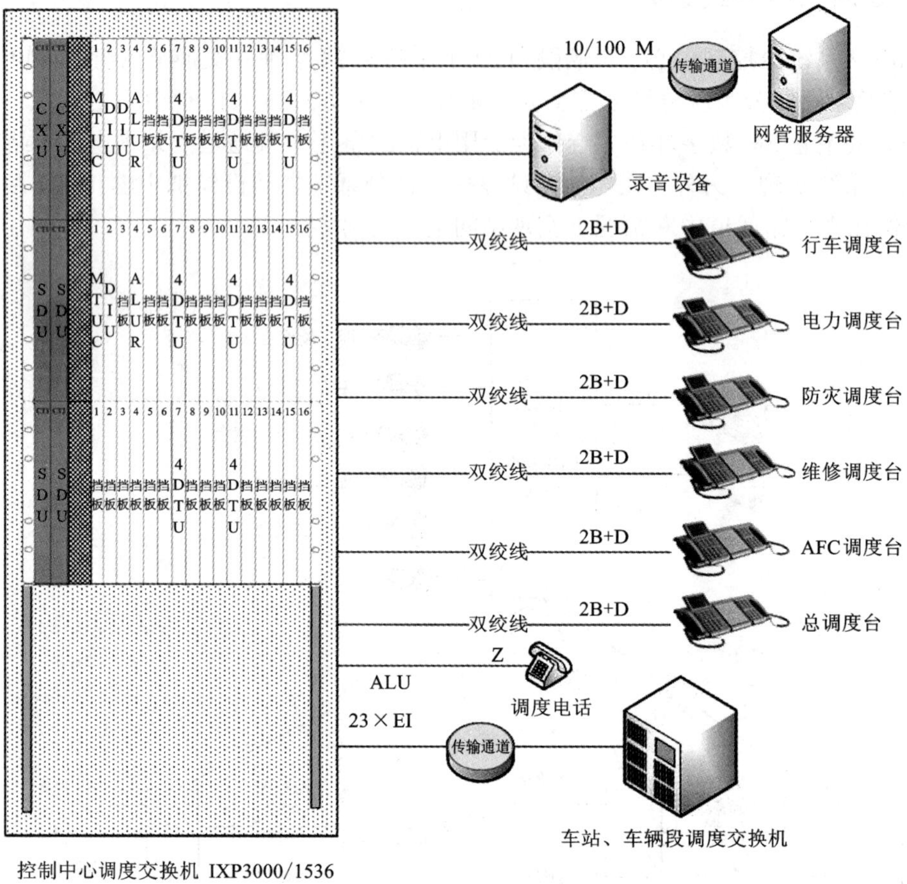

图 4-31　控制中心调度交换机

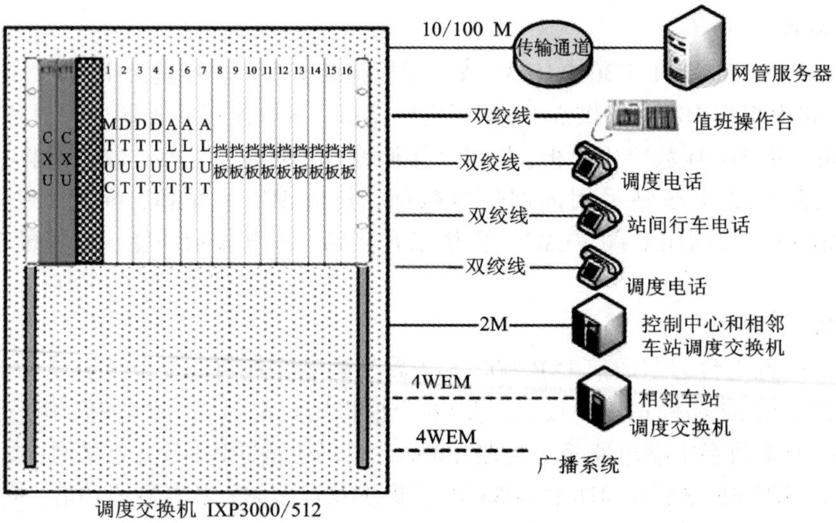

图 4-32　车辆段调度交换机

3. 车站

在各个车站各配置 1 台远东通信 IXP3000/512 数字程控调度交换机，交换机容量为 512 个端口。该交换机配置 2 块 32 路模拟用户板，提供 64 个模拟用户端口，用以连接各种调度分机；配置 3 块 1E1 数字中继电路板与控制中心、车辆段或相邻车站采用内部信令联网；配置 1 块多路音频板 MTUC（8DTMF+8ASG+4DLU+4WEM）提供双音多频、来电显示功能，同时提供 4 路模拟中继，与相邻车站采用模拟中继联网。具体配置如图 4-33 所示。

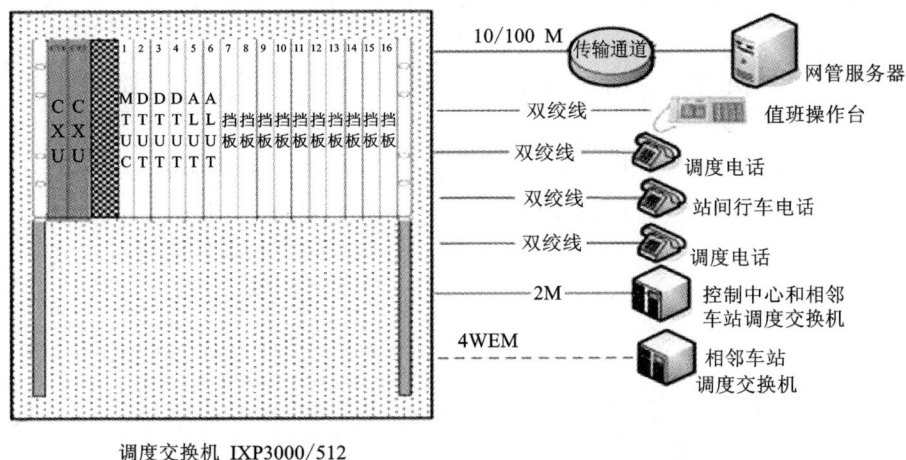

图 4-33　车站调度交换机

4. 板卡功能

如表 4-1 所示为板卡功能介绍。

表 4-1　板卡功能介绍

IXP3000 电路板介绍				
电路板名称	电路板标识	板功能	占用槽位	背板出线
模拟用户板	ALUT	32 路模拟用户端口	1 个	1 根 32 路（64 芯）用户电缆
模拟用户板	ALUR	32 路模拟用户端口，每路可以配置为录音接口	1 个	1 根 32 路（64 芯）用户电缆
数字用户板	DLUT	8 路数字用户端口	1 个	1 根 32 路（64 芯）用户电缆
多功能板	MTUC	8 路 DTMF（双音多频）、8 路 ASG（来电显示）、4 路 DLU（数字接口）、4 路 4WE/M（模拟中继）	1 个	1 根 32 路（64 芯）用户电缆

续表 4-1

IXP3000 电路板介绍				
电路板名称	电路板标识	板功能	占用槽位	背板出线
调度台接口板	BRIU	8 路 2B+D 接口（旧的型号，3 号线使用这个型号）	1 个	1 根 32 路（64 芯）用户电缆
调度台接口板	DIU	8 路 2B+D 接口（新的型号，2、11 号线新项目均使用这个型号）	1 个	1 根 32 路（64 芯）用户电缆
数字中继板	DTUT	1 路 2M 接口	1 个	同轴电缆
数字中继板	2DTU	2 路 2M 接口	2 个 只能插在奇数槽位中，后面紧跟的偶数槽要空置	同轴电缆
数字中继板	4DTU	4 路 2M 接口	4 个 交换机每 4 个槽位一组，只能插在每组槽位的第三个位置，即 3/7/11/15 槽位中。每组的其余位置空置	同轴电缆
网关板	IPTU	1 路 2M 转 IP 接口（30 路通话时隙），同时还支持一定的 IP 话机注册能力	1 个	网线
中央处理器板	CXU	仅有程控交换机处理器	必须插在 CT1、CT2 槽位	—
中央处理器板	CXU+	不仅还有程控交换机处理器，还有软交换处理器	必须插在 CT1、CT2 槽位	—
机架驱动板	SDU	最主要的作用是时隙的传递，每板 512 时隙	必须插在 CT1、CT2 槽位	—

5. 终端设备

1）控制中心设备

在控制中心调度大厅，行车调度 1、行车调度 2、电力调度 1、电力调度 2、环控调度、信息调度、值班主任各设置 1 台调度台（如图 4-34 所示）。

图 4-34 控制中心调度台(64 键)

2)车辆段/停车场设备

车辆段/停车场设备如图 4-35 所示。

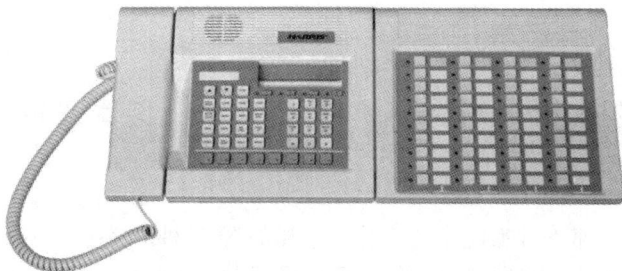

图 4-35 车辆段/停车场值班员操作台(40 键)

3)车站设备

调度分机如图 4-36 所示。各车站车控室设置行车、防灾、电力调度分机各 1 部、按键式值班操作台 1 部(兼站间电话),变电所控制室、跟随所和开关柜所各设置电力调度分机 1 部。

图 4-36 调度电话分机

▶ 4.4　岗位技能应知应会

4.4.1　检查设备板卡状况

1.应用范围

在日常维护和故障处理中，了解设备当前运行情况是必不可少的一步。在设备检修和故障处理中，参照各板卡指示灯状态信息，掌握设备检修前后状态，并定位故障设备。

2.主要工器具、材料

防静电手环、维护终端。

3.操作方法

①目测检查板卡的指示灯、发光二极管的状态，并与正常状态比较，观察是否一致。

②在维护终端上输入板卡状态查看指令或进入板卡状态查看菜单，检查板卡状态是否正常。

4.注意事项

①观察指示灯、发光二极管的状态时必须持续观察5 s以上，不能一眼扫过。

②在维护终端上查看完毕后必须退出登录。

5.衡量标准

板卡的工作状态通常有空闲、忙(工作中)和故障三种状态，状态表现形式一般有指示灯、发光二极管和维护终端信息输出等。通常指示灯绿色表示正常状态，红色表示故障状态，闪烁表示忙(工作中)。

4.4.2　配线架的配线

1.应用范围

当安装电话、更改号码或线路检测时需要用到配线的技能。

2.主要工器具、材料

端子排、卡线刀、跳线、保安单元、配线资料台账等。

3.操作方法

下面以科隆端子排为例介绍配线操作方法：

①把交换机一侧的用户线用卡线刀按电缆色谱顺序卡入端子排的上层。通常把交换机的用户线都卡接到几个邻近的端子排上，那么这几个端子排就统称为内线侧。

②把连接终端设备一侧的芯线按电缆色谱顺序卡入端子排的上层。通常把连接终端设备的芯线都卡接到几个邻近的端子排，那么这几个端子排就统称为外线侧。

③对照配线表把跳线分别卡入内线侧端子排的下层和外线侧端子排的下层，这样就可以把交换机的信号传输到对应的终端设备上。

4.注意事项

①连接有室外电缆的端子排都必须安装过流过压保护器，以防雷电损坏交换机。

②过流过压保护器必须定期进行功能检测。

5. 衡量标准

按步骤正确配线,配线色谱正确,配线卡接牢固无松动,配线走线整齐美观。

4.4.3　常见接头制作及工器具使用

1. RJ45 接头制作

1)应用范围

故障处理、网络连接、实操考试等。

2)主要工器具、材料

斜口钳、压线钳、网线测试仪、RJ45 水晶头、网线。

3)操作步骤

①剥线。剥掉网线外皮,预留适当的长度,按照电缆色谱和连接设备排好线路顺序。

②把排好顺序的网线比对水晶头压接长度压平剪齐。

③把网线送到水晶头 8 个压接槽内,并检查芯线是否都顶到槽内顶端。

④把水晶头放到压线钳压槽内,用力压紧压线钳 2 个手柄,使芯线及外皮在水晶头内压接良好。

⑤使用测试仪检查 RJ45 制作的良好性。

4)注意事项

①两端水晶头线序必须一致。

②剥线时切忌不能用力过大,以免切断内部线芯。

2. RJ11 接头制作

1)适用范围

电话安装、故障处理、实操考试等。

2)主要工器具、材料

斜口钳、压线钳、线缆测试仪、RJ11 水晶头、电话线。

3)操作步骤

①用压线钳的剪线刀口剪裁出计划需要使用到的电话线长度。

②把电话线的保护层剥掉,可以利用压线钳的剪线刀口将线头剪齐,再将线头放入剥线专用的刀口,稍微用力握紧压线钳慢慢旋转,让刀口划开电话线的保护胶皮。

③用压线钳的剪线刀口把电话线顶部裁剪整齐。

④把整理好的电话线插入 6P6C 或者 6P4C 电话水晶头中间的 2 个线槽。

⑤把水晶头插入压线钳的 6P 槽内压线,把水晶头插入后,用力握紧压线钳,若力气不够的话,可以使用双手一起压。这个压的过程使得水晶头凸出在外面的针脚全部压入水晶头内,受力之后听到轻微的"啪"一声即可。

⑥把电话线接入话机测试。

4)注意事项

剥线时切忌不能用力过大,以免切断内部线芯。

3. 2M 头的制作

1)适用范围

故障处理、线缆接续、实操考试等。

2）主要工器具、材料

75 Ω 同轴电缆一根，长度根据具体需要确定；同轴插头（2M 头）一对；压线钳；工具刀；斜口钳；电烙铁（焊锡）。

3）操作步骤

①剥开 2M 线外皮，将 2M 头的尾部外套拧开，并将尾部外套、压接套管依次套在 2M 线上。

②用工具刀将 2M 线外皮剥去 12 mm，剥时力量适当，注意不得伤及屏蔽层。

③将露出的屏蔽网从左至右分开，用斜口钳剪去 4 mm，使屏蔽网长度为 8 mm。

④用工具刀将内绝缘层剥去 12 mm，注意不要伤及 2M 芯线，将露出的屏蔽网从左至右分开，用斜口钳剪去 4 mm，使屏蔽网长度为 8 mm。将开剥开的 2M 线缆线芯穿入 2M 头压接套管内。

⑤将 2M 线缆线芯插入 2M 头同芯杆内，用电烙铁将 2M 线缆线芯和 2M 同芯杆内焊接在一起。焊接时间不得太长，以免破坏内绝缘，而且要求焊点光滑、整洁、不虚焊。

⑥将屏蔽网贴附在 2M 头接地管上，使屏蔽网尽可能大面积与接地管接触，将压接套管套在屏蔽网上，保证屏蔽网不超出压接套管。用压线钳将压接套管与接地管充分压接，用力适当，不得压裂接地管。

⑦将 2M 头尾部外套旋紧在同轴体上，完成 2M 线接头制作。

4）注意事项

①焊点大小适中，并且有光泽，焊点不能太大，防止 2M 线芯和屏蔽网短路。

②焊接时间不能太长，以免焊点过氧化。

③不能出现虚焊现象。

4. 卡线刀使用

由于 MDF 及模块的多样性，卡接工具同样不尽相同，卡接刀具有将双绞线卡入簧片的作用。卡接时，双绞线通过簧片的卡口和卡接刀的压力能同时完成绝缘位移、接续、切除多余线头的动作。卡接刀还具有钩线、拆线、导入簧片槽、定位、安装模块等的辅助功能。实物如图 4-37 所示。

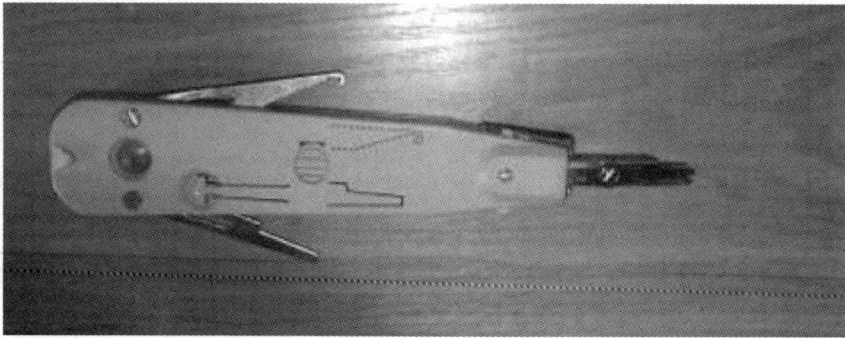

图 4-37　卡线刀

1）卡接线路

卡接线路时把线放在需要卡接的端子位置，一手扶稳线路，一手平抓卡线刀，对准线路把线压到端子的 V 形口处，感觉接触到簧片槽时，发力把线压到 V 形簧片槽深处。

2）勾线

更改配线时，需要把旧线路勾出。平抓卡线刀使用金属钩勾住芯线，水平往外钩松芯线。

3）拆卸端子模块

拆卸端子模块时需要使用卡线刀的金属平头。拆卸时，把金属平头插到 MDF 架与端子模块的连接处，把卡线刀稍稍转动一定角度，使得端子离开金属架，用另外一只手把端子排一侧水平扳离金属架。同理，在另外一侧用相同方法完成端子模块拆卸。

4.5　典型故障场景处置

4.5.1　网管显示某站离线告警

1. 场景描述

网管值班人员报：控制中心公务电话网管显示青岛科大站离线。

2. 处置流程

①班组人员现场到设备室查看程控交换机状态及板卡指示灯状态（此时 alarm 2 灯显红），如图 4-38 所示。

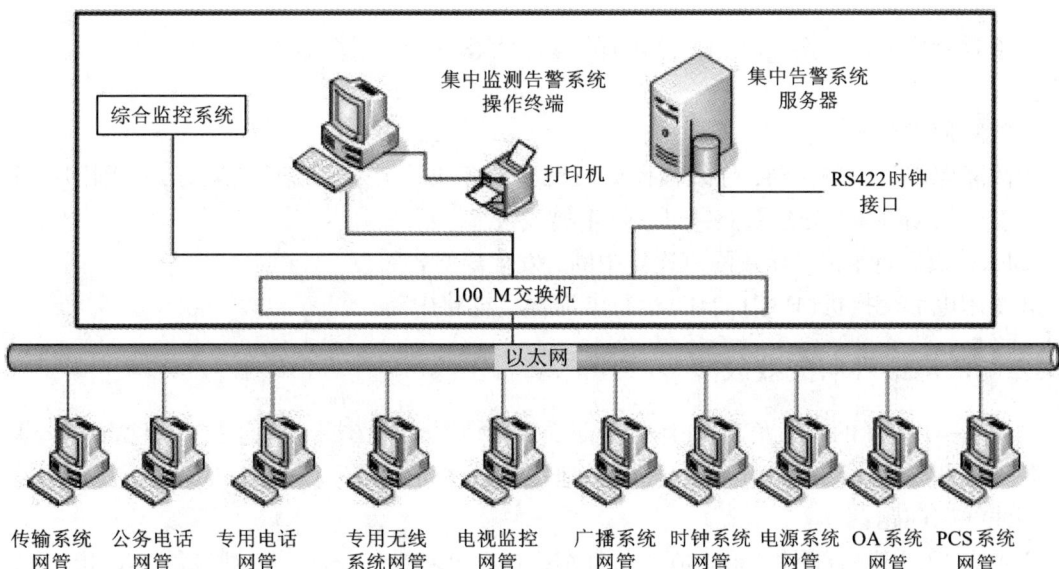

图 4-38　控制中心

②按照如图 4-39 所示的流程图，依次排查各个网口的线缆紧固情况。

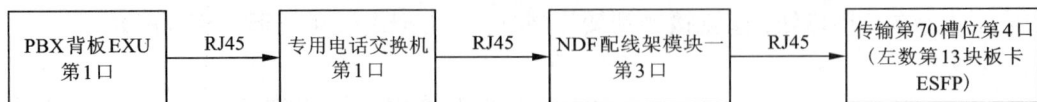

| PBX背板EXU
第1口 | → RJ45 → | 专用电话交换机
第1口 | → RJ45 → | NDF配线架模块一
第3口 | → RJ45 → | 传输第70槽位第4口
（左数第13块板卡
ESFP） |

图 4-39　流程图

③以上步骤完成后，告警未消除，再查看 EXU 板状态（如图 4-40 所示）。
正常状态指示灯慢闪，故障状态指示灯常亮。此时需重新插拔一下 EXU 板。

图 4-40　EXU 板状态

④查看专用电话交换机（H3C1324F）的运行状态，若指示灯显示异常，则需重启一下交换机。

3.故障原因分析

①故障原因为网口松动，导致程控交换机显示离线。由于设备长期运行，个别网口连接处可能发生松动迹象，导致链路断开，发生离线告警。

②EXU 板运行卡滞，导致网口连接中断，发生离线告警。

③专用电话交换机（H3C1324F）运行卡滞导致链路中断。

4.5.2　IP 电话呼叫失败故障

如图 4-41 所示的右上角 WiFi 图标显示，正常情况无此图标。此时需要将"WiFi"开关关掉，重启话机即可。WiFi 打开后会导致 IP 地址无法注册，话机无法使用。

网线线路问题：

①观察 IP 话机后部网线插口是否在"LAN"口，如果插在"PC"口，则显示"NO IP"，无法使用。

②在网管电脑 ping 一下此部话机的 IP 地址，若 ping 不通，则需要检查从 IP 话机到机房（NDF 模块第一个接口）以及公务电话交换机的连线。

图 4-41　WiFi 图标

4.5.3　控制中心 64 键调度电话故障

1. 场景描述

7:13 行调报 64 键调度电话呼叫厂调、信号楼、派班室、检调时，无法正常建立通话。64 键调度电话与车站能正常联系。

09:34 环调报电调 64 键调度电话故障，在接打电话的时候均没有声音。

08:22 行调报 64 键调度电话无法与皋虞站联系。

2. 处置流程

中心网管人员去调度大厅查看具体故障现象，同时安排人员查看中心设备室专用电话交换机的运行状态。

车站故障处理人员在车控室查看话机终端状态：

①若无供电显示，可能原因为跳线松动，按照配线架的台账找到对应端口重新将跳线卡紧。

②若有供电显示，则需要去设备室进行查看运行状态，参照指示灯状态说明进行故障判断。

③中心通过专用电话网管终端对故障时间段的告警记录进行查询分析，定位故障点及故障原因如图 4-42 所示。

```
## MAJOR   ACTV CC-1  GROUP    ALARM 025 count = 00004   1-APR-2019  9:11:31
THU
   One 2B+D Dispatcher out of service
```

图 4-42　定位故障点及故障原因

MAJOR：本条告警属于大告警。

ACTV CC-1：告警发生时 CC-1 机架为主用机架。

GROUP：告警类别。

ALARM 025：属于本类别下的第 25 条。

1-APR-2019 9：11：31 THU：故障发生的时间。

One 2B+D Dispatcher out of service：故障现象。

d. ALARM 程序中的命令：进入 ALM 程序后，输入 HELP 命令就可看到告警命令的列表。

如 ALM. . . ? HELP

如表 4-2 所示为警告说明。

表 4-2　警告说明

命　令	说　明
CATegories	列出已定义的告警类别和每一个告警类型中的告警数
DISAble	阻止指定的告警报告输出
ENAble	允许预先去能的告警报告输出
DISPlay	浏览告警历史文件
DXEnable	激活的程序诊断信息告警
LISt	从告警数据库中列出告警特征
MODify	修改告警数据库中的告警特征
SCHedule	建立、修改或清除目录报告时间
SET	赋能或去能告警打印
SHOW	显示配置参数

例如查询某一时间段的告警：19 年 4 月 1 日至 4 月 2 日

ALM. . . ? DISP ／ AFTER 4-1-19 ／BEFORE 4-2-19

3. 故障原因分析

①控制中心 4DTU 发生硬件故障，导致控制中心与车辆段 spt 收发消息出现异常，引发 64 键调度电话与车辆段无法建立通话。

②控制中心给车辆段的 Q 信令交互应答消息出现丢失和延迟，主控板数据传输卡滞，导致了通话异常。

③控制中心 4DTU 板信令下发模块故障，导致通话无法建立。

4.5.4　控制中心 64 键调度台同时故障

1. 场景描述

10：14，控制中心行调、电调与环调 64 键均无法拨打电话。10：33，故障恢复。

2. 处理流程

①10：15，通信 OCC 班组人员到达调度大厅，经查看行调、电调与环调的 64 键都无显示，无法接拨电话。

②10：28，故障处理人员对通信设备室内第一块 DIU 板卡重新复位后，10：33，64 键通话恢复，通话测试正常。

3. 故障原因分析

经查看故障时间段内网管告警日志，发现行调 2 与信调 64 键在短时间内频繁发生通信中断，导致 DIU 板卡在短时间内无法处理此类数据信息，数据连接中断，板卡退出服务，最终导致与此板卡连接的其余调度台同时发生故障。

思考题

1. 线网公务、专用电话的组网方式有哪些？
2. 公务、专用电话都有哪些终端？
3. 公务、专用电话的功能是什么？
4. 简述网线制作步骤。
5. 简述电缆主辅色与 T568B 网线线序。
6. 简述车站交换机与中心网管的连接路径。

第5章　不间断电源系统

　　1. 了解电源系统的分类及 UPS 的工作原理,掌握 UPS 工作模式、模式切换及指示灯状态。

　　2. 掌握电源系统的构成。

　　3. 掌握交、直流电压的测量,掌握电池内阻的测量、更换蓄电池的方法。

　　4. 掌握对典型故障进行学习和分析,举一反三对电源故障进行处理。

5.1　不间断电源系统功能

　　为保证地铁内各专用通信子系统正常工作,一个安全可靠的通信电源及接地系统是必不可少的。通信电源一旦发生故障,将对专用通信系统产生较大影响,甚至会造成通信中断。为保证专用通信各子系统可靠地工作,通信电源系统将承担全线范围内所有车站、车辆段、控制中心的专用通信系统设备的电源供应。通信电源系统由动力照明(低压配电)专业分别引入两路交流 380 V 可靠电源,引至通信设备室/电源室,并设置带自动切换功能的配电箱;供电级别按一级负荷供电,当两路交流电源同时断电时,采用蓄电池供电。

　　其中,不间断电源(uninterrupted power system,UPS)是电源系统的重要组成部分,是能够实现两路电源之间无间断地相互转换的电器装置。UPS 是一种含有储能装置,以逆变器为主要组成部分的恒压、恒频的不间断电源。当市电正常时,UPS 将市电稳压、稳频后供负载使用,同时向机内电池充电;当市电中断或异常时,UPS 立即在 4~10 ms 内或无间断地将蓄电池的电源通过逆变转换的方式向负载继续供应电力,使负载维持正常的工作。

　　不间断电源经历了从方波到正弦波、从离线式到在线式、从小功率到大功率等几个系列,从简单的不间断供电到智能化操作和处理功能,从常规延时(十几分钟)到长延时(几个乃至十几个小时)的历程。现在的 UPS 绝不仅仅是提供不间断电源的工具,而且可以完成诸如自动定时开启关闭设备、市电发生故障时按约定顺序关机等操作。不间断电源系统在城市轨道交通中具有以下功能:

　　(1)通信电源设备具有输出短路保护,能够连续不间断地为通信设备提供电源。

（2）市电故障时，通信电源设备保证连续工作，由免维护电池为负载供电。

按照供电时间的要求，不间断电源系统能够在市电中断的情况下向传输子系统、公务电话子系统、集中报警系统、有线调度电话子系统、无线通信等子系统提供不低于 2 个小时的供电时间。

（3）集中监控功能。

①通信电源集中网管系统能在 OCC 集中监控全线通信电源设备的交流部件（输入电源、输出电源）、整流部件、直流部件、逆变部件、免维护电池等。

②通信电源设备具有自检功能，当故障发生时，网管中心应有可闻、可见的告警信号。

③通信电源设备的重要工作板卡（一旦发生故障，会引起系统停止工作）的告警，在告警显示上有专门的提示，以便维护人员能迅速判定故障，进行处理。

④网管中心能在监测主机上显示监测对象的工作状态和告警情况；通过菜单方式可选择显示指定监测对象的工作状态等资料。

⑤根据用户权限，可以进行安全管理、用户管理及网络管理。

⑥网管监控系统软件具有历史事件的记录和保存功能，维护人员可以通过调用历史记录了解设备的运行情况。同时，网管监控系统软件具有故障的实时打印功能。

5.2　不间断电源系统基础知识

5.2.1　不间断电源（UPS）的分类

UPS 按其工作原理可分为后备式、在线式及在线互动式三种。

1. 后备式 UPS

后备式 UPS 平时处于电池充电状态，在停电时逆变器紧急切换到工作状态，将电池提供的直流电转变为稳定的交流电输出，因此后备式 UPS 也称为离线式 UPS，如图 5-1 所示。后备式 UPS 电源的优点是运行效率高、噪声低、价格相对便宜，主要适用于市电波动不大，对供电质量要求不高的场合。而且后备式 UPS 还存在一个切换时间问题，不适合用在供电不能中断的场所。

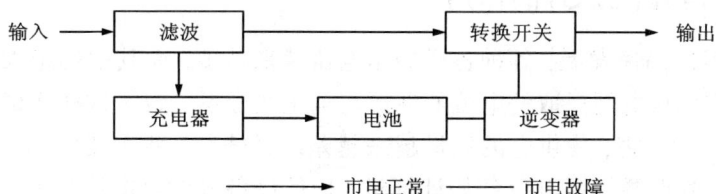

图 5-1　后备式 UPS 示意图

2. 在线式 UPS

在线式 UPS 的逆变器一直处于工作状态，首先通过整流电路将外部交流电转变为直流电，再通过高质量的逆变器将直流电转换为高质量的正弦波交流电输出，如图 5-2 所示。在线式 UPS 在正常供电状况下的主要功能是稳压及防止电网干扰；在停电时则使用备用直流电源(蓄电池组)给逆变器供电。由于逆变器一直在工作，因此不存在切换时间问题，适用于对电源有严格要求的场合。

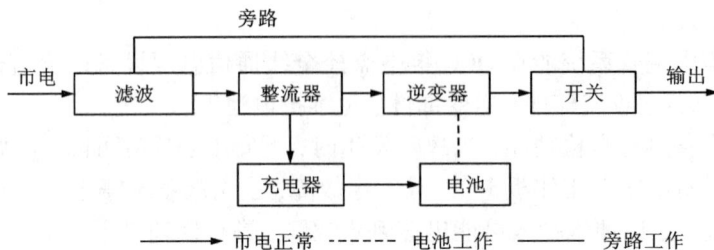

图 5-2　在线式 UPS 示意图

3. 在线互动式 UPS

所谓在线互动式 UPS，是指在输入市电正常时，UPS 的逆变器处于反向工作(即整流工作状态)，给电池组充电；在市电异常时逆变器立刻转为逆变工作状态，将电池组的电能转换为交流电输出，因此在线互动式 UPS 也有转换时间。同后备式 UPS 相比，在线互动式 UPS 的保护功能较强，逆变器输出电压波形较好，一般为正弦波，而其最大的优点是具有较强的软件功能，可以方便地上网，进行 UPS 的远程控制和智能化管理。在线互动式 UPS 集中了后备式 UPS 效率高和在线式 UPS 供电质量高的优点，但其稳频特性不理想，不适合做长延时的UPS 电源。

此外，UPS 还有其他一些分类，比如按后备时间的要求不同，UPS 分为标准型和长效型两种。标准型 UPS 内带有电池组，在停电后可以维持较短时间的供电(一般不超过 25 min)；长效型 UPS 内不带电池，但增加了充电器，可以配接多组电池以延长供电时间。从组成原理分为旋转型 UPS 和静止型 UPS；从应用领域分为商业用 UPS 和工业用 UPS；从输出电压的相数分为单相 UPS 和三相 UPS；从容量分为大容量 UPS(大于 100 kVA)、中容量 UPS(10～100 kVA)和小容量 UPS(小于 10 kVA)。

城市轨道交通通信不间断电源子系统一般采用在线式中等容量的长效型 UPS。

5.2.2　不间断电源(UPS)的作用

随着科学技术的高速发展，各种各样的用电器越来越多，而其中的绝大部分都是非线性负载，也就是说它们从电网提取的电流的波形与电压波形不一致。这样无疑给电网带来了大量的谐波以及其他的公害，使供电的质量越来越差。另外，一些重要的用电部门如机场、医院、银行等，和一些重要的用电设备如计算机、通信设备等对供电质量的要求越来越高，不仅要求不停电，而且要求电压、频率、波形准确完好，不能受到电网的任何干扰，要有一个干净或净化的电源条件，这就使负荷(用电器)与电网供电质量之间的矛盾日趋加深。为了消除这些电网公害的影响，一方面是制定相关的法规来限制用电器对电网造成公害，另一方面就是用 UPS 设备对电网和用电器进行隔离，既避免负载对电网产生干扰，又避免电网中的干扰影响负载。针对的电网干扰，UPS 的主要作用可以归纳为以下 5 个方面：

①两路电源之间的无间断相互切换：两路电源可通过 UPS 实现无间断切换，如图 5-3 所示。

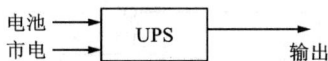

图 5-3　UPS 的两路电源无间断切换

②隔离干扰功能：在 UPS 中，交流输入电压经整流后，加入逆变器，逆变器对负载供电，如图 5-4 所示。它可以将电网电压瞬间间断、谐波、电压波动、频率波动以及电压噪声等干扰与负载隔离，既可以使负载不干扰电网，又使电网中的干扰不影响负载。

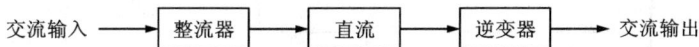

图 5-4　UPS 的隔离作用

③电压变换功能：通过 UPS 可以将输入电压变换成需要的输出电压。

④频率变换功能：通过 UPS 可以将输入电压的频率变换成需要的输出频率。

⑤提供一定的后备时间：UPS 带有电池，贮存一定的能量，一方面在电网停电或发生间断时继续供电一段时间来保护负载；另一方面在 UPS 的整流器发生故障时使用户有时间来保护负载。

5.2.3　不间断电源（UPS）在城市轨道交通中的应用

为保证通信各子系统的正常工作，一个安全可靠的通信电源是必不可少的。城市轨道交通中的通信不间断电源设备是要为运营控制中心（OCC）、各车站、车辆段和停车场的通信设备提供高质量、高可靠的电源供应，保证在主电源中断或发生超限波动的情况下，通信各子系统设备在规定的时间内仍能保持正常工作。

轨道交通通信不间断电源子系统由运营控制中心（OCC）、车辆段、停车场以及全线各车站的 UPS 设备以及通信电源综合网管系统组成，如图 5-5 所示。

UPS 电源设备主要由交流输入配电单元、整流单元、逆变单元、交流输出配电单元、免维护蓄电池组组成。

通信电源综合网管系统由 OCC 电源网管终端、传输通道及通信电源设备中的监控模块组成。

5.2.4　UPS 工作原理

UL33 系列 UPS 单机系统主电路如图 5-6 所示。

主路输入电源从空气断路器 Q1 输入，通过熔断器，经自耦变压器降压，通过输入电感进入高频六管整流单元，高频整流将三相交流电变换为稳定的直流电源，实现功率因数校正，整流器同时具有充电器的功能；此部分电路采用延时软启动和 DSP 实时处理的全数字控制技术，提高了系统的抗冲击能力和直流母线电压的稳定性，可减小蓄电池充电纹波，延长蓄电

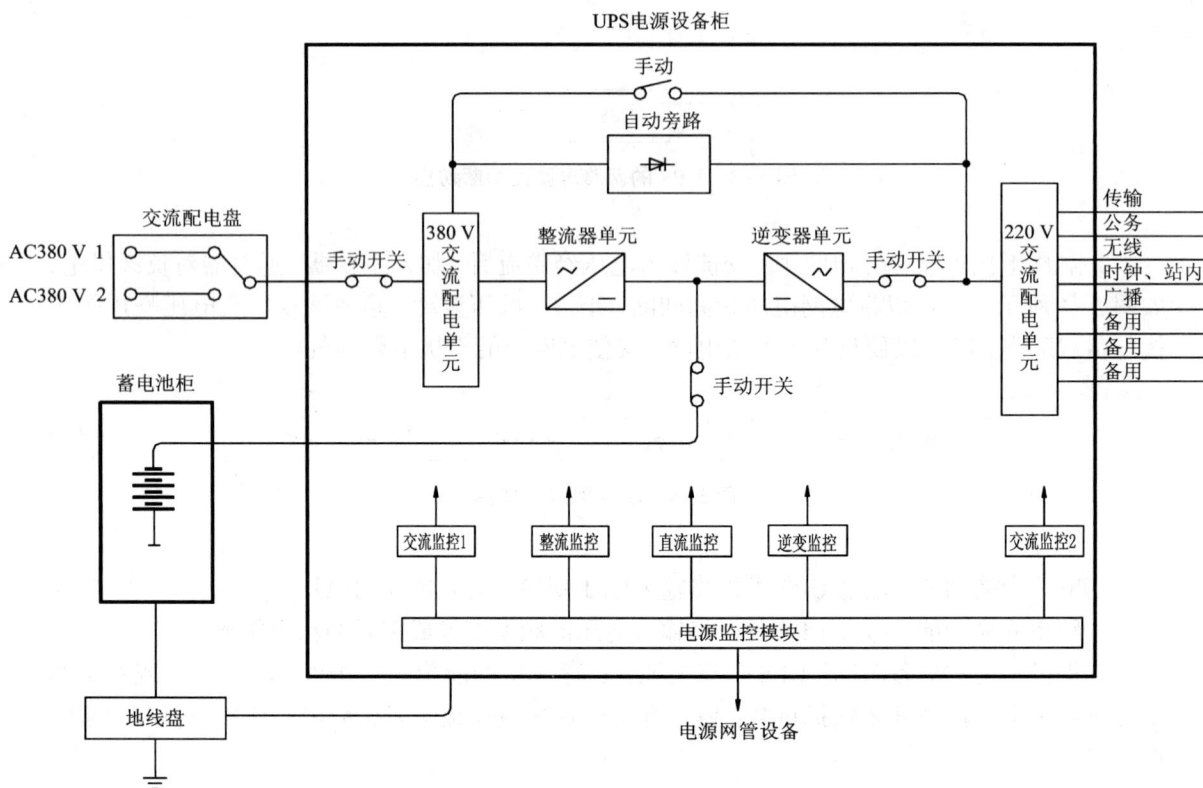

图5-5　通信不间断电源子系统示意图

池的寿命。

　　蓄电池通过接触器接入，只有在直流母线电压达到一定阈值时接触器才能将蓄电池组与直流母线并联接通，蓄电池通过直流滤波电路向逆变器提供直流电源。

　　逆变器采用DSP实时处理的全数字矢量控制技术，通过SVPWM调制6只IGBT功率开关器件，把直流母线电源变换成三相交流。输出经过△/Z0变压器、静态开关、快速熔断器、空气断路器等功能单元，实现负载端与输入侧的隔离。

　　旁路输入电源从空气断路器Q2输入，通过旁路静态开关的控制后输出。

　　双DSP和单片机MCU组成全数字控制系统，为本机强大的功能提供了可靠保证。通过控制旁路静态开关和逆变器输出静态开关的通断状态可实现多种工作模式的切换，先进的电池管理可延长电池寿命，多种通信接口和管理软件为管理个性化提供了可能。

　　UL33系列UPS单机系统采用全数字、分散式在线并联技术。各台UPS由单机板引入单机逻辑信号和环流检测信号，可实现最多8台同型号UPS的直接并联。UL33系列UPS电源能够实现N+X冗余并联、扩容并联及串联热备份等多种工作方式。在线并机无须增加任何辅助设备，可缩短停电时间，甚至无须断电，从而提高系统可靠性。

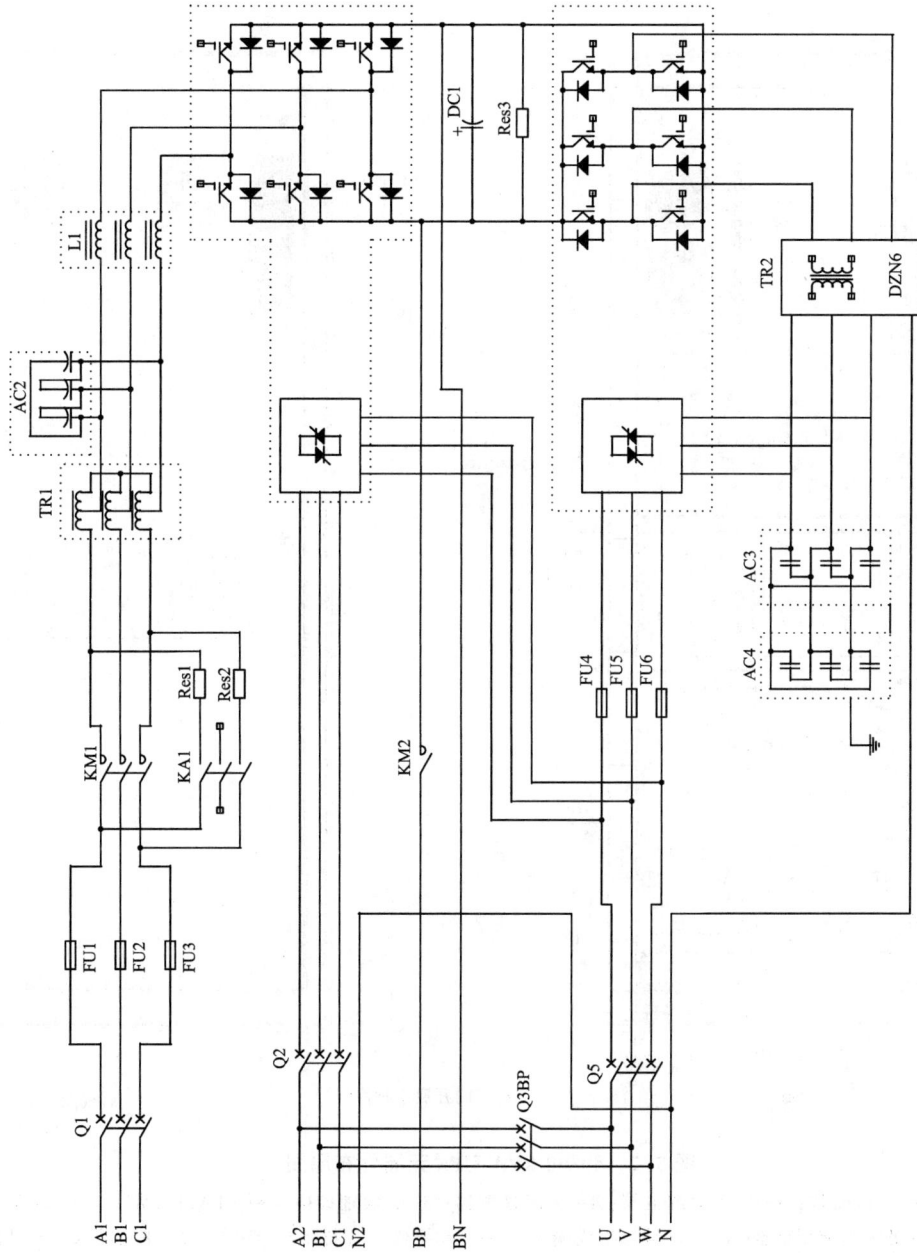

图5-6　UL33系列UPS单机主电路原理图

5.2.5 UPS 结构布局

如图 5-7 所示，UL33 系列 UPS 系统主要由整流模块、逆变模块、辅助电源、输入输出配电、监控系统、并机控制、防雷和 EMI 系统、风扇制冷系统、输入输出隔离滤波系统等组成。

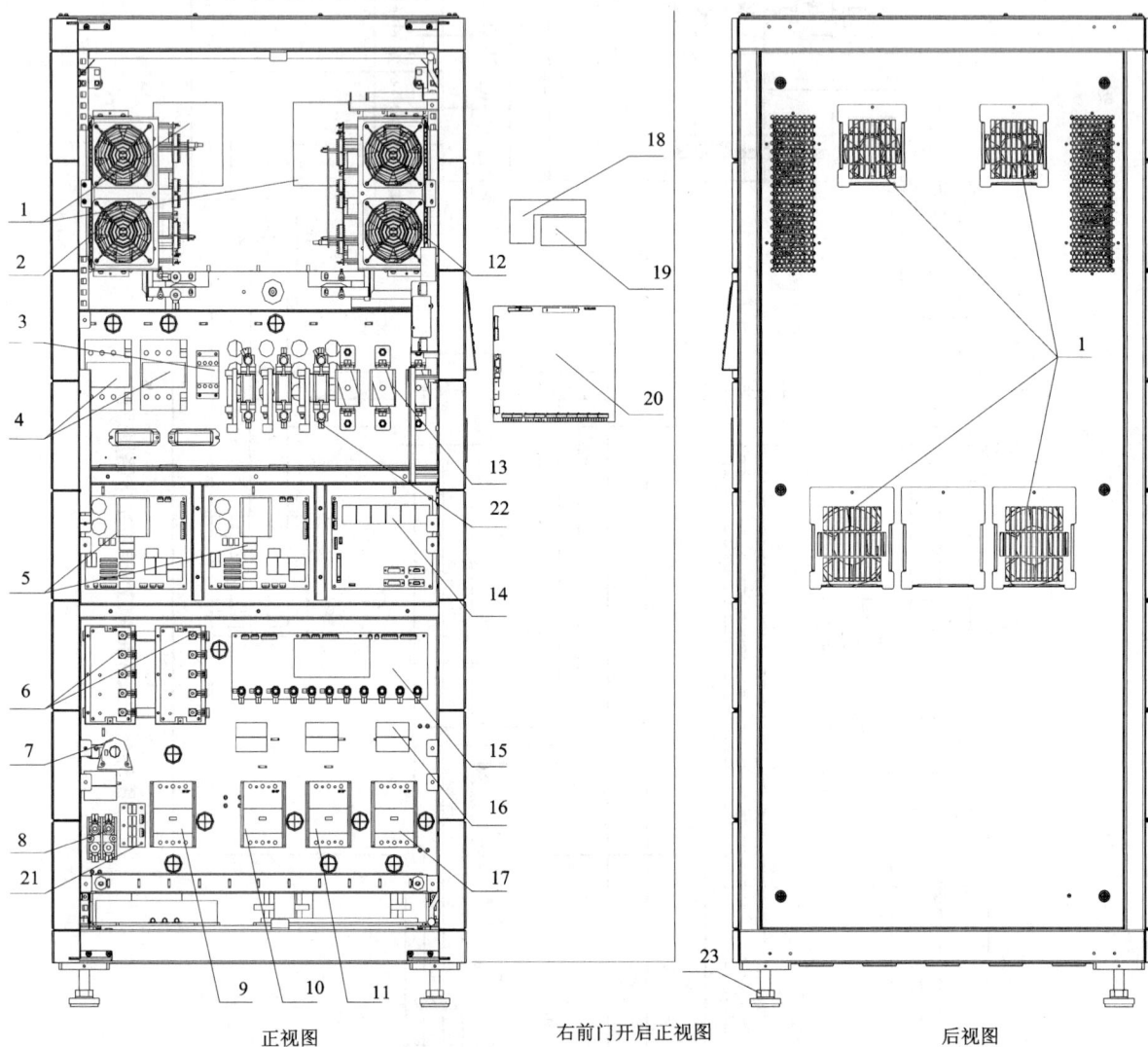

正视图　　　　　　右前门开启正视图　　　　　　后视图

图 5-7　40/60 kVA UPS 元器件布局图

1—风扇；2—整流模块；3—软启动继电器；4—交流接触器；5—2 块辅助电源板 ULW2L61M5；6—D 级防雷器 SPD12Z；7—霍尔电流传感器；8—电池输入接线端子；9—手动维修空气断路器 Q3BP；10—主路输入空气断路器 Q1；11—旁路电源输入空气断路器 Q2；12—逆变模块；13—快速熔断器；14—并机板 ULW2L61M3；15—EMI 板 ULW2L61M4；16—磁环；17—输出空气断路器 Q5；18—操作键盘板 ULW2L61K1；19—液晶显示屏；20—监控板 ULW2L61U2；21—蓄电池 EMI 板；22—熔断器 NT00；23—4 个机柜地脚螺钉（M20）

5.2.6 UPS 显示控制面板及指示灯状态

1. 显示控制面板布局

UL33 系列 UPS 电源系统显示控制面板如图 5-8 所示。

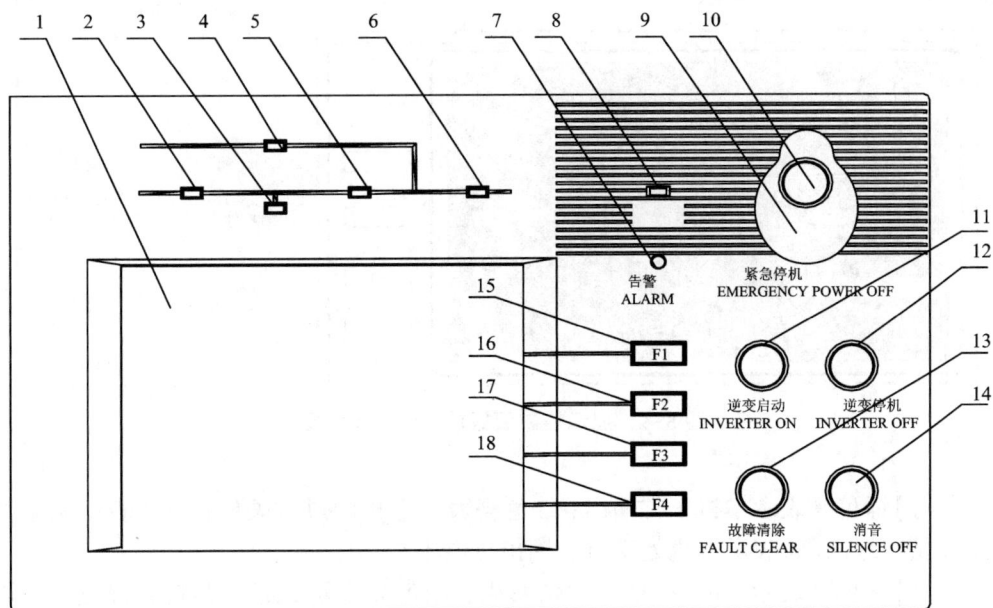

图 5-8 显示控制面板示意图

1—大屏幕液晶显示屏；2—整流器工作指示灯；3—蓄电池组工作指示灯；4—旁路电源工作指示灯；5—逆变器工作指示灯；6—UPS 输出指示灯；7—整机报警蜂鸣器；8—整机报警指示灯；9—防紧急停机按钮误操作盖板；10—紧急停机按钮(EPO)；11—逆变启动按钮；12—逆变停机按钮；13—故障清除按钮；14—蜂鸣器消音按钮；15—F1 功能键；16—F2 功能键；17—F3 功能键；18—F4 功能键

显示控制面板按功能划分如图 5-9 所示，主要分为 3 个功能区：LED 显示区，功能键控制区，液晶显示屏菜单控制区。

2. LED 指示

LED 显示区的 6 个发光二极管(LED)作为运行状态和故障的指示灯，绿色亮表示正常，红色亮表示故障。

【旁路灯】绿色亮表示旁路正供电；红色亮表示旁路输入超出保护范围；不亮表示旁路正常但不供电。

【整流灯】绿色亮表示整流器正供电；绿色闪表示市电正常，整流器尚未供电；红色亮表示整流器故障；不亮表示市电异常，无整流器故障。

【电池灯】绿色亮表示电池正供电；绿色闪表示电池放电终止预告警；红色亮表示电池异常(包括电池过温、电池需更换、电池接触器未闭合)；不亮表示电池正常但不供电。

【逆变灯】绿色亮表示逆变器正供电；绿色闪表示逆变器工作但处于待供电状态；红色亮表示逆变器故障；不亮表示逆变器未开启，且无故障。

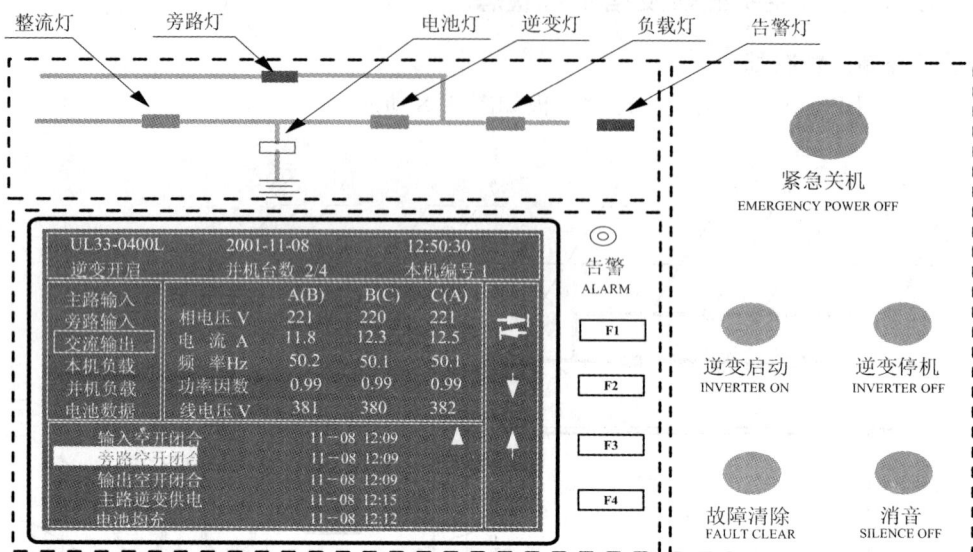

图 5-9　显示控制面板功能划分示意图

【负载灯】绿色亮表示本机正常输出；红色亮表示本机因过载关机；不亮表示无输出；橙色亮(实际是红绿同亮)表示本机处于过载输出供电中。

【告警灯】红色亮表示 UPS 本身有故障发生；绿色亮表示无任何故障；橙色亮(实际是红、绿同时亮)表示 UPS 外围条件存在故障，如主路输入异常、旁路超限、电池无等。

3. 功能键

功能键控制区包括 5 个按钮：

【紧急关机键】紧急彻底关掉本机输出，并关掉整流模块、逆变模块、电池输入。

【逆变启动键】逆变器具备启动条件时，按此键可启动逆变器工作；否则此键按下无效。

【逆变停机键】当逆变器正在工作时，按此键可关闭逆变器。

【故障清除键】当系统故障或紧急关机导致 UPS 电源关闭后，如故障已经排除，按此键可重新启动系统工作。

【消音键】当有故障鸣叫时，按此键可消除本次鸣叫，再按此键可恢复故障鸣叫。当 UPS 处于故障消音状态时，新的故障可重新引发故障鸣叫。

以上任何按键按下蜂鸣器都会有短促的"嘀"声，当按键有效时，液晶显示屏的当前事件窗口均会增添一新的按键事件。

注意：以上按键需按住 2 s 以上才有效，"嘀"声不代表按键有效。

5.2.7　UPS 工作模式

1. 正常工作模式

在主路市电正常时，UPS 一方面通过整流器、逆变器给负载提供高品质交流电源；另一方面通过整流器为电池充电，将能量储存在电池中。原理框图如图 5-10 所示。

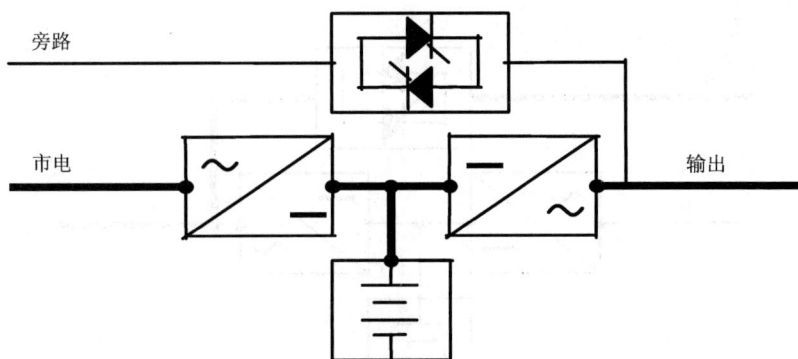

图 5-10　正常工作模式

2. 电池工作模式

当主路市电异常时，系统自动无间断地切换到电池工作模式，由电池通过逆变器输出交流电向负载供电；市电恢复后系统自动无间断地恢复到正常工作模式。原理框图如图 5-11 所示。

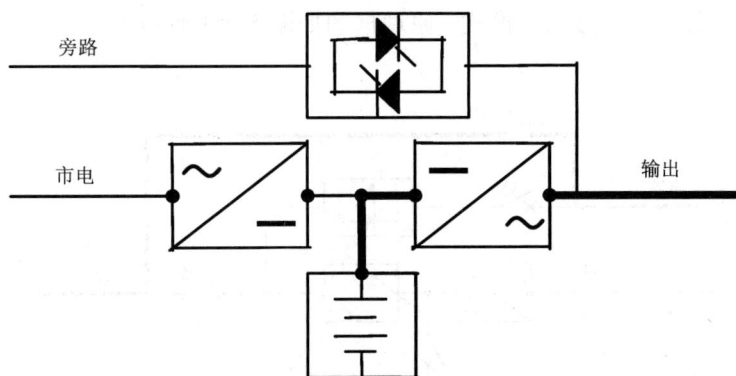

图 5-11　电池工作模式

3. 旁路工作模式

旁路工作方式有两种，一种能自动恢复到正常工作模式；另一种需人工干预才能回到正常工作模式。

在逆变器过载延时时间到、逆变器受大负载冲击等情况下，系统自动无间断切换到静态旁路电源向负载供电。过载消除后，系统自动恢复正常供电方式。

当用户关机，或主路市电异常且电池储能耗尽，或发生严重故障等情况下，逆变器关闭，系统会切换并停留在旁路工作模式。此后若需恢复到正常工作模式，则需要用户重新开机。原理框图如图 5-12 所示。

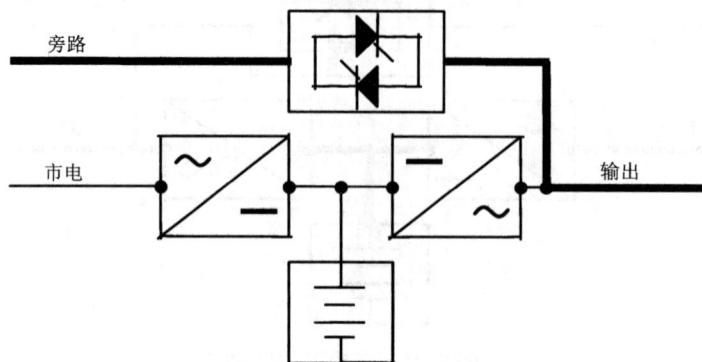

图 5-12　旁路工作模式

4. 维修工作模式

对 UPS 系统及电池进行全面检修或设备故障维修时，可以通过闭合维护开关 Q3BP，将负载转向维修旁路直接供电，以实现对负载不停电维护。维修时需要断开 UPS 内部的主路输入开关 Q1、旁路输入开关 Q2 和电池输入开关 QF1 以及输出开关 Q5，实现 UPS 内部不带电而对负载仍然维持供电的维修工作模式。原理框图如图 5-13 所示。

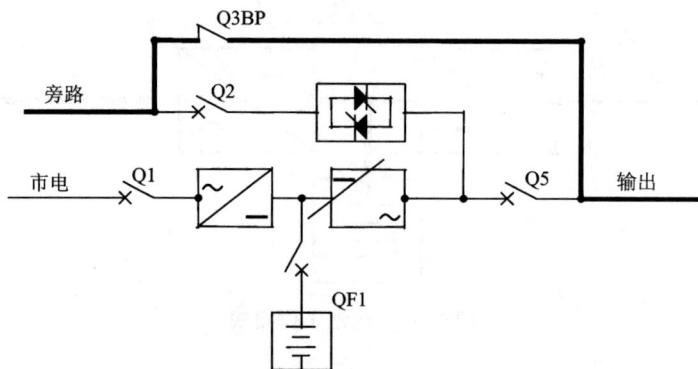

图 5-13　维修工作模式

5.2.8　UPS 开关机操作

1. 开机

在初次上电过程调测完毕后，UPS 系统进入使用过程，一般情况都带有负载。如果 UPS 输入电源满足规定的输入条件，可进行以下操作。

1）市电开机

①完成准备工作，输入电源到达 UPS 机柜的输入端。

②闭合旁路空开 Q2 和输出开关 Q5，等待旁路工作指示灯亮且为绿色。

③闭合主路输入开关 Q1，按启动操作流程闭合电池输出开关 QF1，逆变器启动并正常工作后，负载电源将无间断地切换到由逆变供电。

2）电池开机

当蓄电池组正常且一直连在直流母线上时，可利用电池直接启动逆变器。启动步骤：按住操作面板上的"逆变启动"按钮持续 2 s 以上，当面板上逆变器工作指示灯呈绿色后，闭合输出空开 Q5，逆变器向负载供电。此时，电池灯和负载灯及逆变器工作指示灯呈绿色。

注意：初次安装电池，无法用电池直接启动。

2. 关机

1）正常工作模式下关机

UPS 系统进行定期检修或退出使用，从正常工作模式下进行关机过程如下：

①按面板上的"逆变停机"按钮 2 s 以上，关闭逆变器，系统转旁路供电。

②依次断开输入开关 Q1、电池柜内的电池开关 QF1。

这时负载由旁路供电，如果不需要再向负载供电，直接断开 Q2、Q5；如果要对负载维持供电，UPS 内部需断电维修，可继续以下操作。

③合上内部维修旁路开关 Q3BP。

④依次断开旁路开关 Q2、输出开关 Q5。

此时用户负载完全依赖 UPS 内部维修旁路供电；再过 8 min，待 UPS 内部直流母线电容放电完毕后即可进行一般的检修或维修工作。

⑤若需对 UPS 完全下电，需要装设外部维修旁路开关 KBP。在分别断开空开 Q2 和 Q5后，合上外部维修旁路开关 KBP，再断开内部维修旁路开关 Q3BP，将负载不间断地转入外部维修旁路供电。此后，可在断开 UPS 输入、输出配电开关的条件下完成 UPS 的整机更换或扩容等操作。

2）旁路工作模式下关机

旁路工作模式下关机需进行正常工作模式下关机步骤的第二步至第五步。

3）电池工作模式下关机

注意：旁路电源不正常时，电池工作模式下关机将导致负载断电。

由于没有市电，电池工作模式下关机需进行正常工作模式下关机步骤的第一步后，直接关闭所有开关。

5.2.9　UPS 工作模式切换

UL33 系列 UPS 电源单机系统进入正常工作模式后，可以进行多种工作模式的切换。如果 UPS 输入电源满足规定的输入条件，且负载容量小于单机额定容量，可进行以下操作。

1. 正常工作转电池供电

断开 Q1，将使正常工作自动切换到电池供电模式。

2. 正常工作转旁路供电

按显示控制面板上"逆变停机"按钮，系统将从正常工作无间断地转旁路供电模式。

3. 旁路供电转正常工作模式

Q1 处于闭合位置，按显示控制面板上"逆变启动"按钮持续 2 s 以上，系统将从旁路供电切换至正常工作模式。当旁路电源超标时为有间断切换。

4. 电池供电转正常工作模式

主路电源正常情况下，闭合 Q1，电池供电模式将自动切换到正常工作模式。

5.2.10　UPS 故障消除

1. 紧急关机及恢复

在任何状态下，若发现负载、线路或 UPS 本身发生危害安全的严重故障，可拨动面板上的"紧急关机"按钮的防误操作罩且按住该按钮约 2 s，系统会关闭整流器、逆变器，封锁输出（包括旁路和逆变器），同时将内部的电池接触器脱扣。

此后，若确信已排除上述严重故障，可操作面板上的"故障清除"按钮，让系统退出紧急关机状态。进入正常状态之后，整流器重新启动，电池接触器吸合，旁路可向负载供电。但若想逆变器工作，用户需重新操作"逆变启动"按钮，再启动逆变器。

2. 故障消音

UPS 系统出现故障时，蜂鸣器将发出报警声。用户使用时可以按下显示控制面板上的"消音"键 2 s，消除本次鸣叫，再按此键可恢复故障鸣叫。当 UPS 处于故障消音状态时，新的故障可重新引起故障鸣叫。

3. 故障模式及其处理

UL33 系列 UPS 系统具有故障自诊断能力，可以通过液晶显示屏或后台监控观察故障类型。UPS 的故障可简单地归为以下几类：

①告警类故障：表明 UPS 内部某些部件或状态异常，但不会因此改变系统的当前工作状态。比如，输出在设定时间内过载（过载时间会改变系统工作状态）等。

②可自动恢复故障：表明该故障发生后，系统会关闭整流器或逆变器，但待该故障消除后，系统会自动恢复正常工作。比如，变压器过温故障等。

③可人为恢复故障：表明该故障发生后，系统会关闭整流器或逆变器，但待该故障排除后，系统可在人为干预的情况下恢复正常工作。比如，输出过载超时等。

④不可恢复故障：表明该故障发生后，系统会锁闭，在控制系统下电复位之前，拒绝再次工作。比如，逆变器故障等。

4. 电池欠压关机后的处理

根据要求和后台的设置，当市电、旁路掉电时，系统转电池逆变供电，直至电池欠压关机。若电池欠压关机后，市电或旁路再次恢复正常，有以下几种处理方法：

①如系统设置为手动选择逆变器输出，系统将维持输出禁止状态，直至用户开启逆变器。

②如系统设置为旁路自动输出，在市电或旁路恢复正常一段时间（可设置）后系统将自动解除输出禁止状态，由旁路供电。

③如系统设置为逆变器自动输出，在市电或旁路恢复正常一段时间（可设置）后系统将自动解除输出禁止状态，并自动开启逆变器。

5.3　电源系统设备介绍

5.3.1　系统概述

以青岛地铁 2、3、11 号线为例。其使用的 UPS 系统均为美国艾默生的 UL33（三相输入/三相输出）系列和 adapt 系列。2、3、11 号线通信不间断电源子系统均由运营控制中心（OCC）、车辆段以及全线各车站的 220 V UPS 交流不间断电源设备以及通信电源综合网管系统组成。

2、3、11 号线使用的 UPS 按照所接负载的功率大小不同，按以下分布：

UL33-600 60 kVA：OCC 控制中心。

UL33-400 40 kVA：3 号线全线各车站及车辆段综合楼。

adapt 10 kVA：车辆段综合运转楼。

UPS 电源能对以下系统的设备进行不间断地供电：传输系统、公务电话系统、专用电话系统、无线通信系统（含区间设备）、闭路电视监视系统、广播系统、乘客信息系统（含区间设备）、时钟系统、办公自动化系统、集中监测告警系统。

专用通信 UPS 系统由控制中心、各车站、车辆段的 UPS 交流不间断电源设备（含后备 2 h 蓄电池组）、交流配电柜及电源集中监控系统组成，如图 5-14 所示。

5.3.2　系统构成

1.青岛地铁 2 号线专用通信电源系统

青岛地铁 2 号线专用通信电源系统为不间断供电系统，各交流用电通信设备由通信系统 UPS 电源提供交流电源（AC 220 V）；各直流用电通信设备由高频开关电源提供直流电源（基础电压为 DC -48 V）。

2 号线电源系统由控制中心、车辆段、车站的 UPS 交流不间断电源设备（含后备 2 h 蓄电池组）、高频开关电源设备（含后备 2 h 蓄电池组）、交流配电柜、隔离变压器柜及电源集中监控系统组成，如图 5-15 所示。电源集中监控系统由控制中心电源集中监控终端、电源设备中的监控模块以及专用传输系统提供的 10 Mbit/s 共享式以太网传输通道组成。

动力照明（低压配电）专业从各变电所引接的一级负荷两路独立的三相交流电源经配电箱（动照专业设置）自动切换后接入交流配电柜，经分路输出后接入 UPS 和高频开关电源。UPS 输出的 220 V 交流电源再经交流配电柜二次分路后分配给需要交流供电的通信各子系统设备；开关输出的-48 V 直流电源经直流配电单元分路后分配给需要直流供电的通信各子系统设备。UPS 与高频开关电源分别配备 1 套蓄电池组（均为 2 组电池，控制中心 3 组 UPS 电池），在交流电源停电时，蓄电池组为各子系统提供所需备用电源。

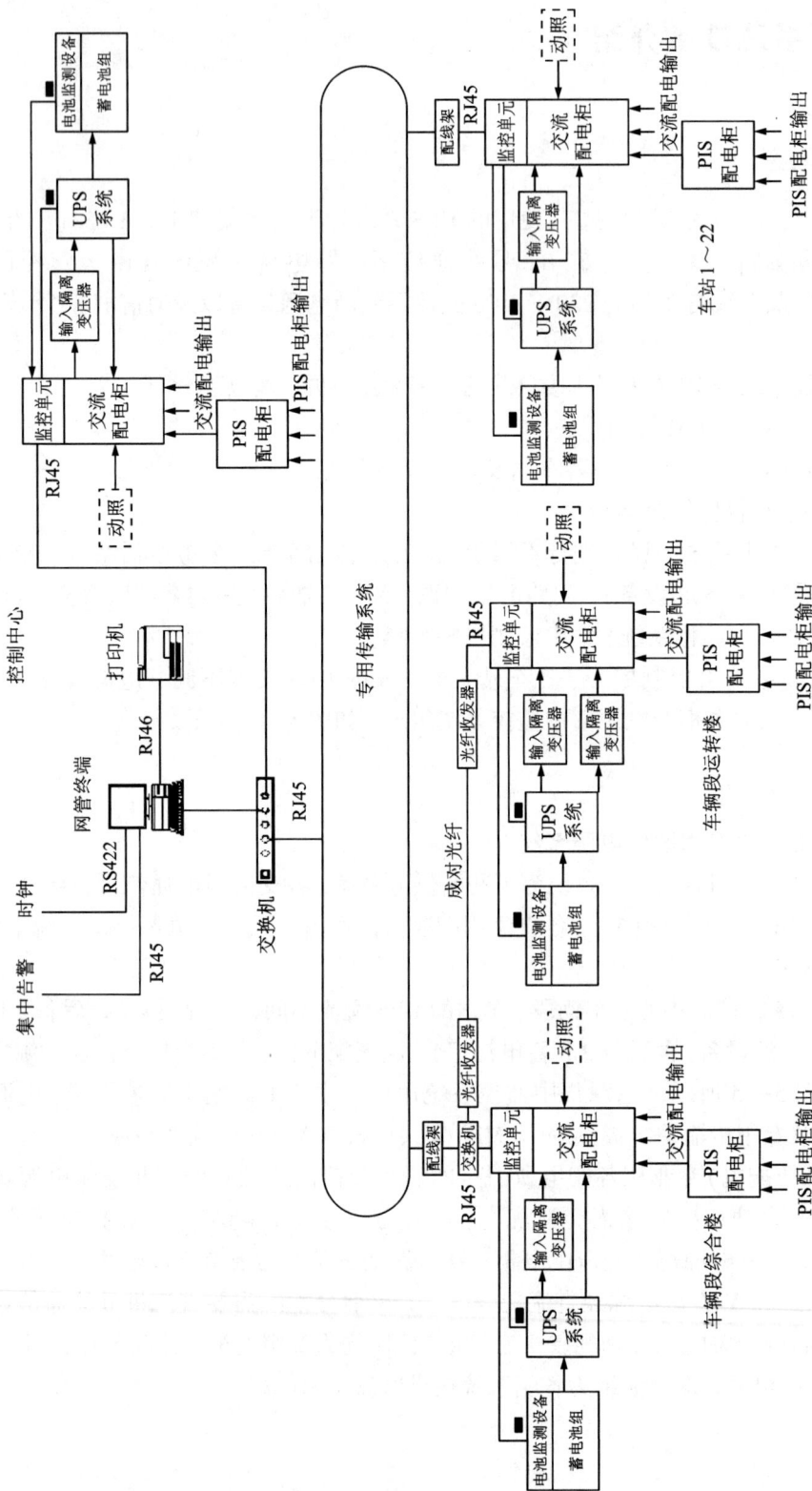

图 5-14 系统组网图

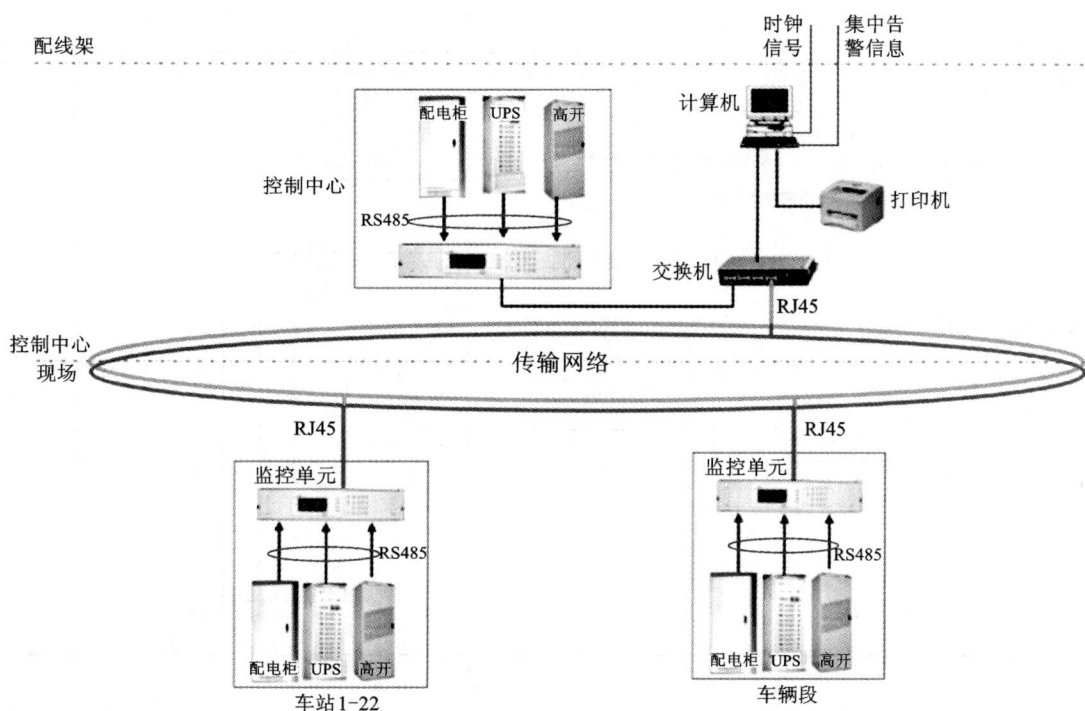

图 5-15　系统组网图

在控制中心专用通信设备室内设置 1 套 60 kVA 的 UPS 电源设备(含蓄电池组)、1 套 200 A(4+1 备份)高频开关电源设备(含直流配电单元、蓄电池组)、蓄电池组在线均衡系统、1 套交流配电柜以及电源监控系统,实现对控制中心专用通信系统设备的供电及对全线电源系统的集中监控。

控制中心电源集中监控系统主要由网管终端、交换机、打印机等设备以及专用传输系统提供的 10 Mbit/s 共享式以太网通道组成,用于对控制中心、车辆段、车站的通信电源设备的运行状态和故障报警、通信设备室和电源室的环境参数等进行监控。

在各车站及车辆段专用通信设备室内设置 1 套 40 kVA 的 UPS 电源设备(含蓄电池组)、1 套 200 A(3+1 备份)高频开关电源设备(含直流配电单元、蓄电池组)、蓄电池组在线均衡系统、1 套交流配电柜以及电源监控系统,实现对车站及车辆段专用通信系统设备的供电及监控。

2.青岛地铁 3 号线不间断电源系统各区域配置

1)控制中心 UPS 配置

在控制中心配置 1 套 UL33-0600L 型 UPS 电源设备,1 套 90 节 SB 12 V 110 电池(3 组,每组 30 节),3 台 DH30-200R4 电池架,1 套 DHSC-160/3 电池开关盒,3 套 BHM-V1235 蓄电池在线巡检设备,1 台 PDGJ-60/380-N1 型交流配电柜,以及 1 套网管监控设备。控制中心设备构成框图如图 5-16 所示。

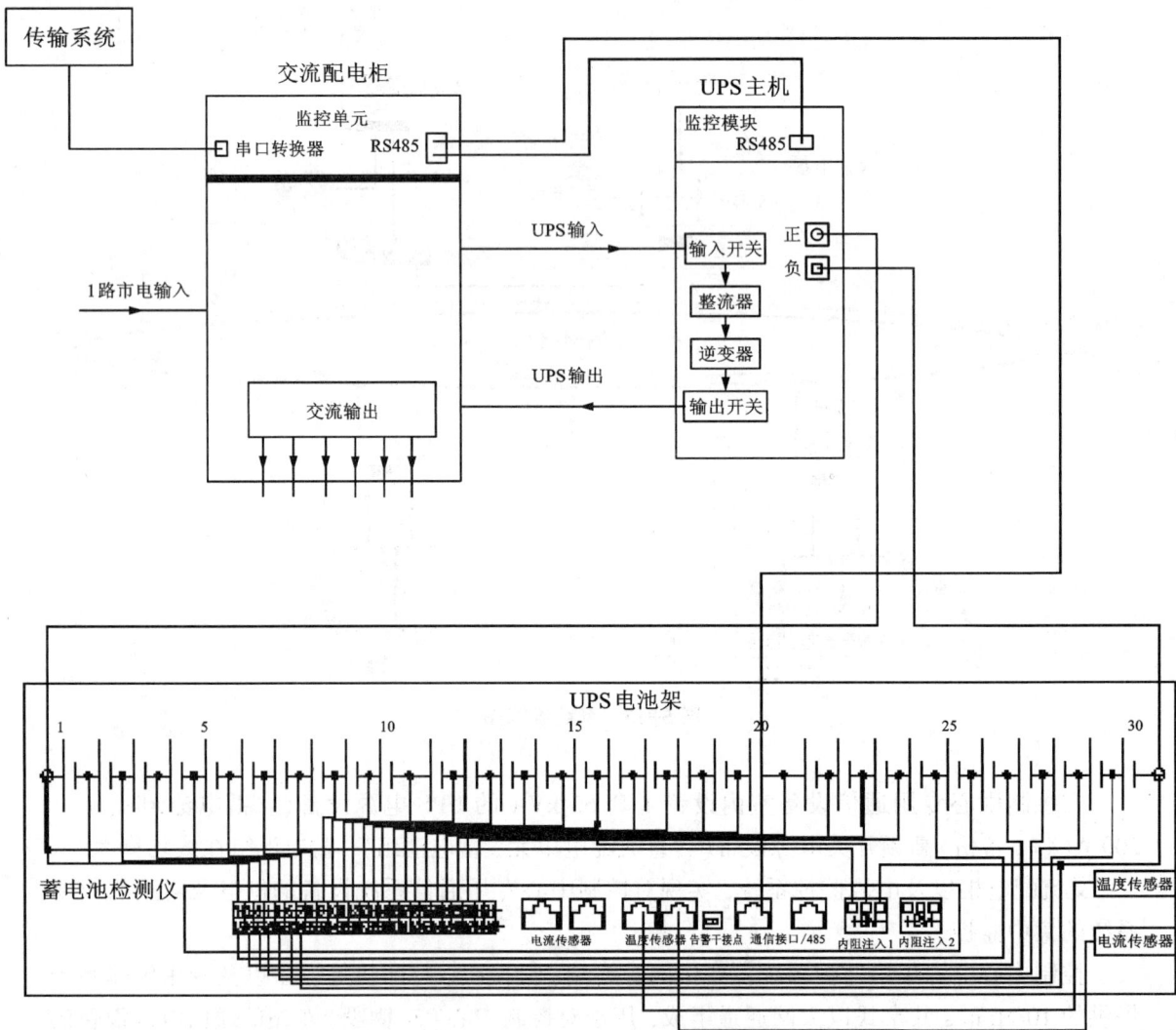

图 5-16 控制中心设备构成框图

2) 车辆段综合楼 UPS 配置

在车辆段综合楼通信设备室配置 1 套 UL33-0400L 型 UPS 电源设备，1 套 60 节 SB 12 V 110 电池（2 组，每组 30 节），2 台 DH30-200R4 电池架，1 套 DHSC-100/2 电池开关盒，2 套 BHM-V1235 蓄电池在线巡检设备，1 台 PDGJ-40/380-N1 型交流配电柜，车辆段综合楼设备构成框图如图 5-17 所示。

3) 车辆段运转楼 UPS 配置

运转楼通信设备室 UPS 电源选用 UHA1R-0100L 型 UPS，1 套 16 节 SB 12 V 110 电池（1组，16 节），1 台 DH20-65R2 电池架，1 套 BHM-V1224 蓄电池在线巡检设备，1 台 PDGJ-10/380-N1 型交流配电柜。运转楼配电柜通过光纤收发器接入综合楼以太网交换机，综合楼

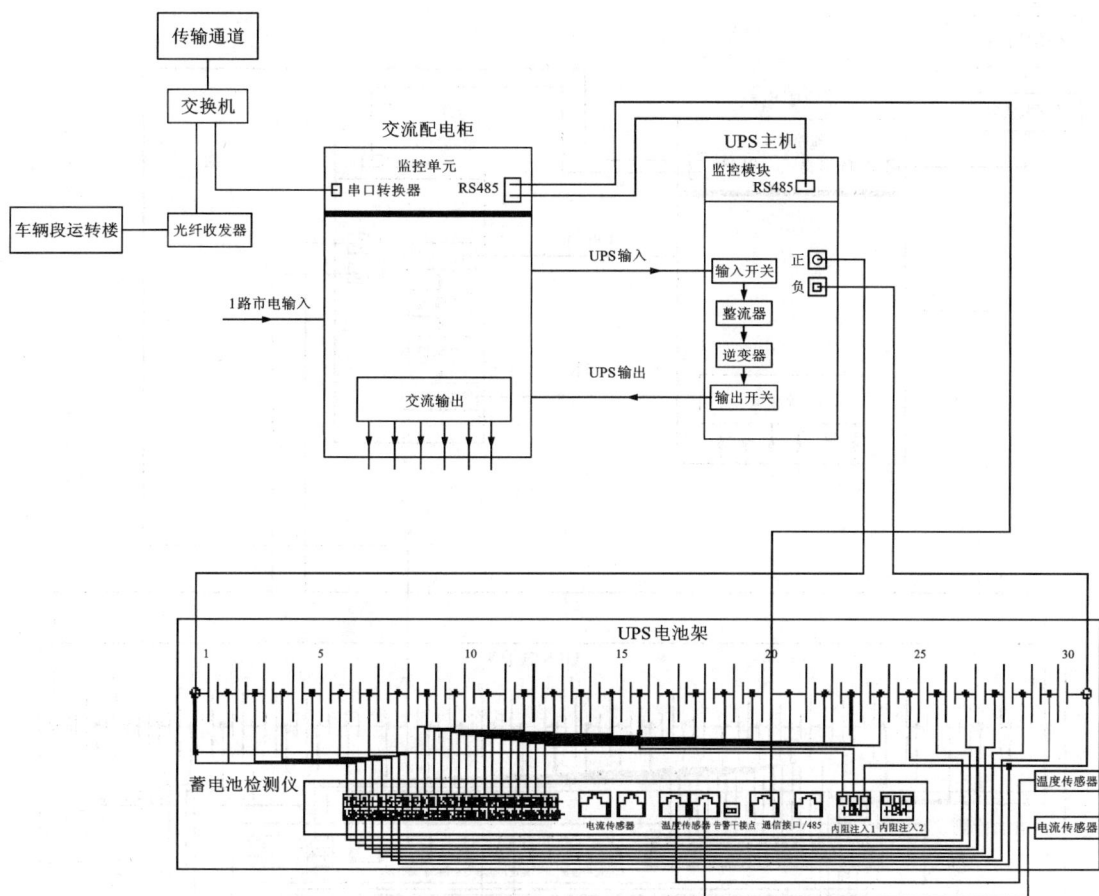

图 5-17　综合楼设备构成框图

以太网交换机汇集综合楼配电柜以及运转楼配电柜网管信息，统一上传给传输设备，上传至控制中心网管。运转楼设备构成框图如图 5-18 所示。

UPS 电源设备主要由整流单元、逆变单元、交流输出配电单元、输入隔离变压器、输出隔离变压器、免维护胶体蓄电池组及蓄电池在线监测设备等组成。

电源集中监控系统由控制中心电源集中监控终端、10 M 总线式以太网传输通道及电源设备中的监控模块组成。

控制中心、车站通信设备室及车辆段综合楼通信设备室内设置的 UPS 电源设备采用在线双变换式工作方式。正常情况下，供给负载的电源是外供交流电源经 UPS 整流、逆变后输出的 380/220 V 交流电源。只有当设备出现故障时，才自动或手动切换至旁路交流电源，并且保证经整流、逆变后的交流电源与外供交流电源同相。

UPS 能为通信设备提供质量良好的交流不间断电源。控制中心、车站通信设备室及车辆段综合楼通信设备室内设置的 UPS 电源设备采用三进三出在线式 UPS，车辆段运转综合楼通信设备室内设置 UPS 电源设备采用三进单出在线式 UPS。UPS 具有手/自动旁路功能，在逆变器过载延时时间到、逆变器受大负载冲击等情况下，系统自动无间断切换到静态旁路电源

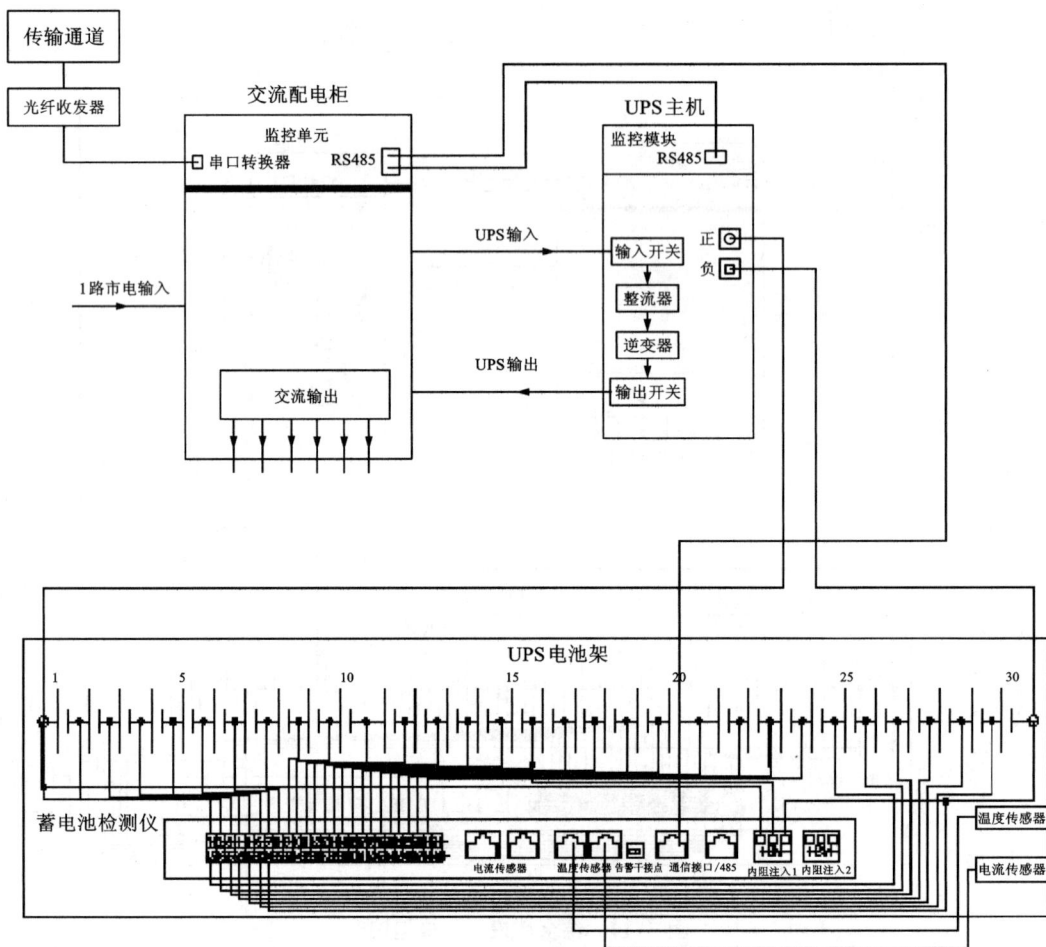

图 5-18   运转楼设备构成框图

向负载供电,在 UPS 恢复正常后,系统自动恢复正常供电方式;具有输出过流及短路保护功能。

当输出电流达到过载点时,设备自动关机或旁路开关工作;过载消除后,重新开机,设备工作正常。

3.青岛地铁 11 号线不间断电源系统

由艾默生 UPS 主机 UL33 系列和 Adapt 系列设备、鼎汉交流配电柜、鼎汉隔离变压器设备、荷贝克阀控密封式铅酸蓄电池 xc124100 设备、鼎尔特蓄电池在线监测 DLT-B8500 设备、ATEN 智能 PDU PE8208G 设备组成;并在中心配置 1 套网管终端及 1 套便携式维护终端。

1)控制中心设备构成

在控制中心配置 1 套 UL33-0600L 型 UPS 电源设备,1 套 90 节 12 V 蓄电池(3 组,每组30 节),3 台电池架,1 套 DHSC-160/3 电池开关盒,1 套蓄电池在线监测设备,1 台交流配电柜,1 套隔离变压器,1 套网管监控设备,以及 1 台局域网交换机设备。控制中心设备构成框图如图 5-19 所示。

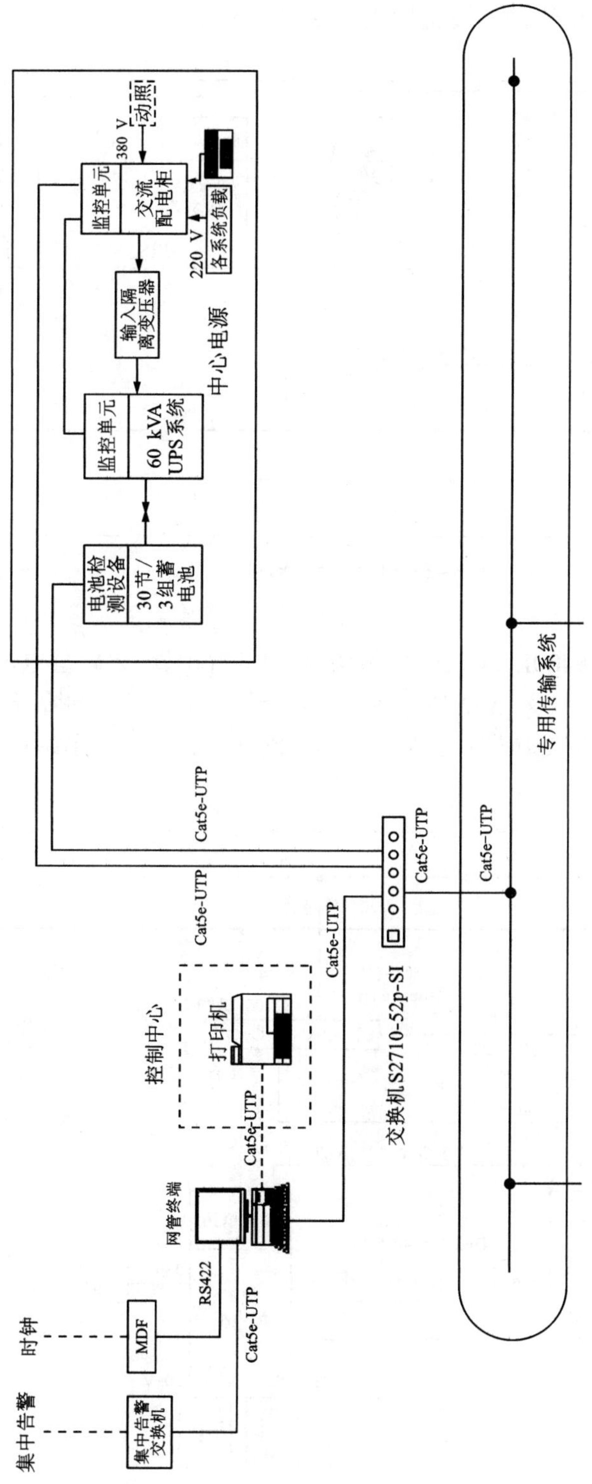

图 5-19 控制中心设备构成

在控制中心为 PIS 系统单独配置 1 套 UHA1R-0100L 型 UPS 电源设备，1 套 30 节 12 V 蓄电池，1 台电池架，1 套 DHSC-100/2 电池开关盒，1 套蓄电池在线监测设备，1 台交流配电柜，1 套隔离变压器。PIS 系统供电设备构成框图如图 5-20 所示。

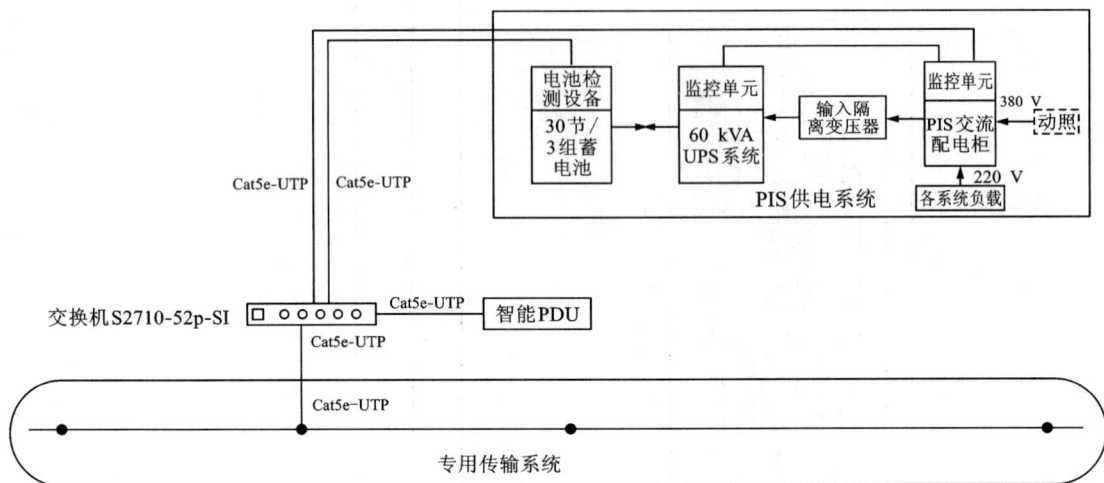

图 5-20　供电设备构成

2）车站设备构成

各车站配置 1 套 UL33-0400L 型 UPS 电源设备，1 套 60 节 12 V 蓄电池（2 组，每组 30 节），2 台电池架，1 套 DHSC-160/3 电池开关盒，1 套蓄电池在线监测设备，1 台交流配电柜，1 台 PIS 配电柜，1 套隔离变压器，以及 1 台局域网交换机设备。车站设备构成框图如图 5-21 所示。

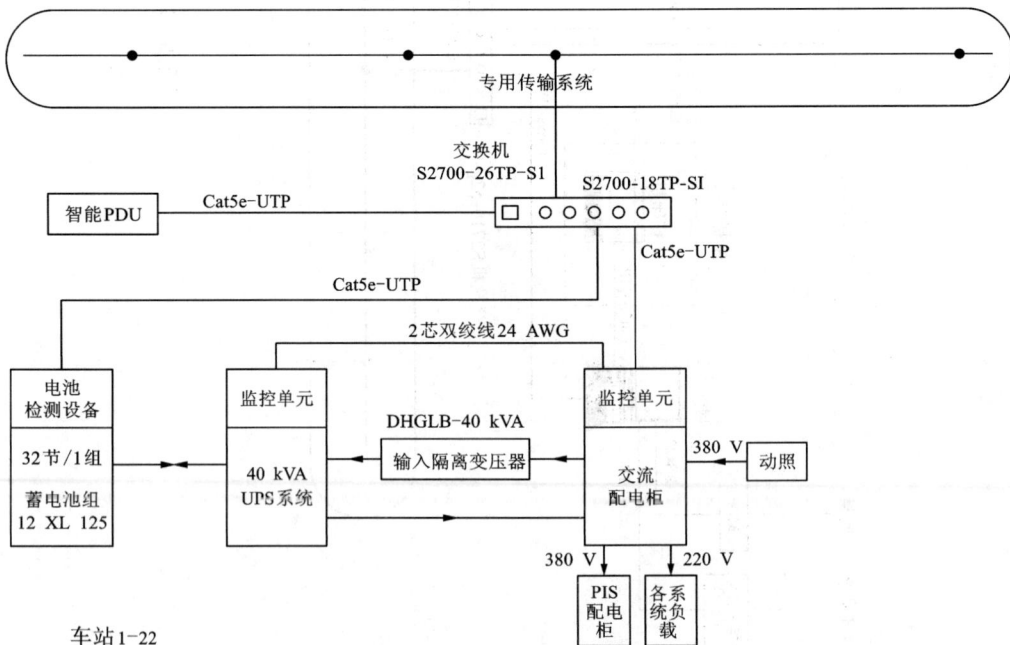

图 5-21　车站设备构成

3) 车辆段/停车场设备构成

在车辆段/停车场综合楼通信电源设备房配置 1 套 UL33-0400L 型 UPS 电源设备，1 套 60 节 12 V 蓄电池（2 组，每组 30 节），2 台电池架，1 套 DHSC-160/3 电池开关盒，1 套蓄电池在线监测设备，1 台交流配电柜，1 套隔离变压器，以及 1 台局域网交换机设备。

在运用库通信设备房配置 1 套 UHA3R-0160L 型 UPS 主机设备，1 套 32 节 12V 蓄电池，1 套蓄电池在线监测设备，1 台交流配电柜，1 套隔离变压器；并在综合楼与运用库间设置一套光纤收发器，用于远端接入运用库设备网管信息。

车辆段/停车场构成框图如图 5-22 所示。

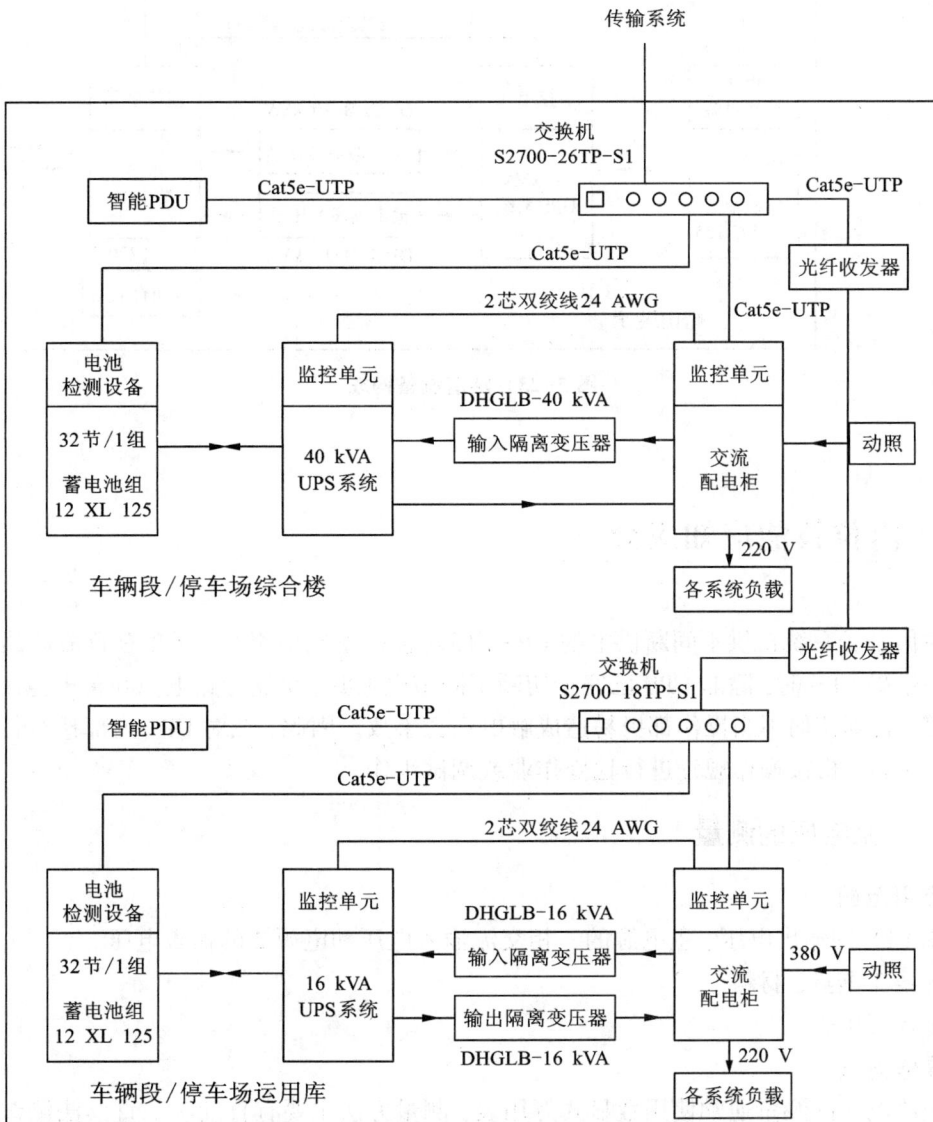

图 5-22　车辆段设备构成

4）崂山隧道设备构成

在崂山隧道配置 1 套 UHA1R-0100L 型 UPS 主机设备，1 套 16 节 12 V 蓄电池，1 套蓄电池在线监测设备，1 台交流配电柜，1 套隔离变压器，以及一台局域网交换机。崂山隧道设备构成框图如图 5-23 所示。

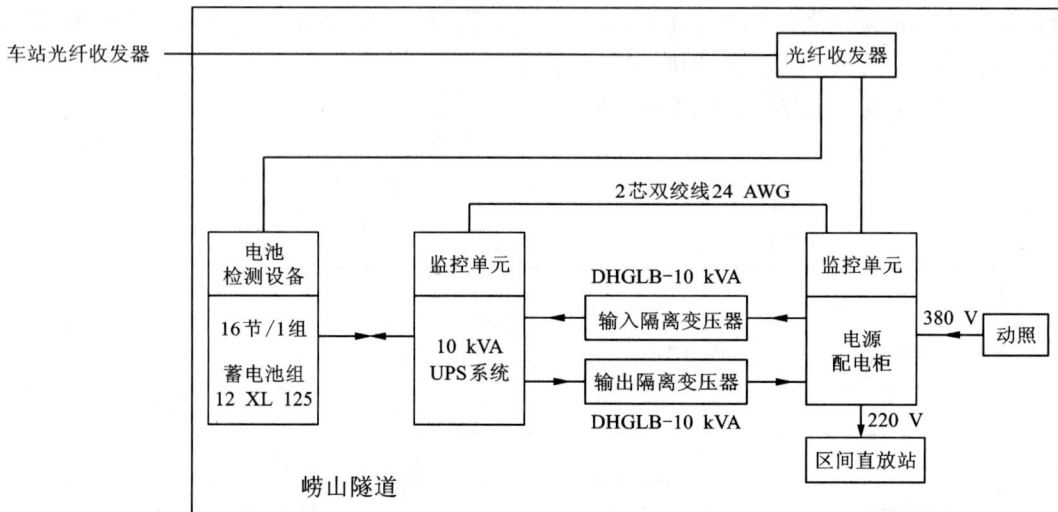

图 5-23 隧道设备构成

5.4 岗位技能应知应会

为通信各子系统提供不间断供电的 UPS 内部（包括蓄电池组）均存在有致命高压电源的危险。在维护 UPS 时，除非 UPS 已完全切断了同市电电源、交流旁路电源和蓄电池组之间的输入通道，否则任何不当操作都极易造成触电伤亡事故。因此，在对 UPS 内部执行任何检修操作前，务必严格按操作规程进行检修作业或调试工作。

5.4.1 交流电压的测量

1. 应用范围
测试 UPS 的输出电压、主电源的三相交流输入电压和电源 2 的输入电压。

2. 主要工器具、材料
数显式万用表。

3. 操作方法
①交流电压的测量通常使用数显式万用表，测量方法主要有直读法。直读法测试接线如图 5-24 所示。

②从"VOLT"及"COM"插口输入被测电压，测量功能旋钮旋至 AC 对应量程，可测交流电压值。

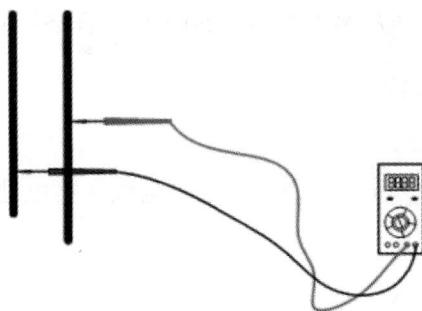

图 5-24　直读法测量交、直流电压

③测试表棒直接并联在被测电路两端，数显式万用表的读数即为被测电路的有效值电压。

4. 注意事项

对于高压电，为了保证测试人员和测量设备的安全，一般采用电压互感器将高压变换到电压表量程范围内，然后通过表头直接读取。进行电压互感器的安装和维护时，严禁将电压互感器的输出端短路。

5. 衡量标准

与设备正常运行标准一致。

5.4.2　直流电压的测量

1. 应用范围

测试 UPS 蓄电池组各单体电池端电压的均一性。

2. 主要工器具、材料

数显式万用表。

3. 操作方法

①直流电压的测量通常使用数显式万用表，测量方法主要有直读法，直读法测试接线如图 5-24 所示。

②从"VOLT"及"COM"插口输入被测电压，测量功能旋钮旋至 DC 对应量程，可测直流电压值。

③测试表棒直接并联在被测电路两端，数显式万用表的读数即为被测电路的有效值电压。

④确认蓄电池组处在浮充状态。

⑤测量各单体电池的端电压，求得一组电池的平均值。

⑥将每只电池的端电压与平均值相减，取最大差值。

4. 注意事项

①为保证所测量的蓄电池组端电压的准确性，要求所测量蓄电池组要处在浮充状态 24 h以上。

②操作前必须检查有无不安全因素，如导体裸露等，所有工器具要做好绝缘处理。

5. 衡量标准

蓄电池组各单体电池端电压的最大差值<±50 mV 为合格；否则为不合格。

5.4.3　交、直流电流的测量

1. 应用范围

测试主电源的三相交流输入电流、UPS 的输出电流和蓄电池组的浮充电流、放电电流和充电电流等。

2. 主要工器具、材料

交、直流钳形电流表。

3. 操作方法

①交、直流电流的测试一般选用交、直流钳形电流表。

②如图 5-25 所示为常用交直流钳形电流表面板图，将量程旋钮的"Ac/Ω"对准 AC 2000 A 时，表示为交流 2000 A 档。若量程旋钮的"DC"对准 DC 200 A 时，表示为直流 200 A 档。

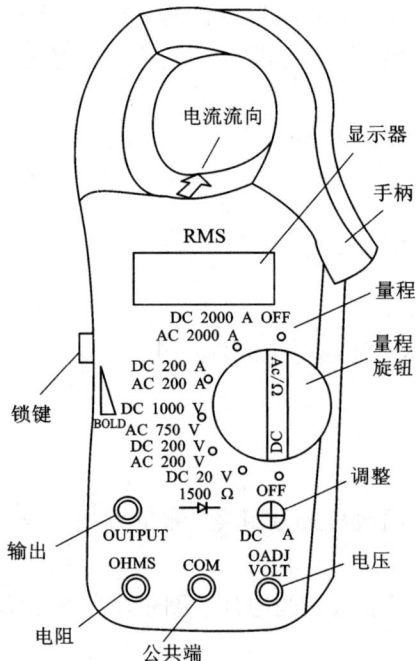

图 5-25　常用交直流钳形电流表面板图

③测量时，按压手柄，使变钳口张开，只套在 1 根通电导线上，并使所测导线位于闭合钳的中央。

④在钳形电流表的显示器上读出数值即为被测电路的电流值。

4. 注意事项

①当测量直流电流时，测前先放开手柄，使变钳口闭合，调节调零旋钮（DC A 0 ADJ），使显示器上显示为 0.00 A。每改变一次直流电流量程都应调零一次。在测量直流电流时，钳口所钳被测导线中的电流流向应与钳表口中所标箭头方向一致，不然会在显示器上的数值前

出现负号，并影响测量准确度。

②在测量过程中，若所测位置无法目测显示值，可按锁定键（HOLD），锁住显示值，待取回表后再读数。

5. 衡量标准

与设备正常运行标准一致。

5.4.4 蓄电池温度的测量

1. 应用范围

由于蓄电池的充放电过程实际是电化学反应的过程，周围的环境温度对其影响非常明显。蓄电池室的温度要求控制在 20~25℃，最好是 25℃。

2. 主要工器具、材料

红外测温仪。

3. 操作方法

①根据被测物体的类型正确设置红外线反射率系数（蓄电池外壳绝大部分是塑料材质，塑料的红外线反射率系数为 0.95）。

②扣动红外测温仪的测试开关，使红外线打在被测物体表面，便可以从其液晶屏上读出被测物体的温度。

4. 注意事项

①被测试点与仪表的距离不宜太远，仪表应垂直于测试点表面。

②仪表与被测试点之间应无干扰的环境。

5. 衡量标准

蓄电池的温度要求为 20~25℃。

5.4.5 蓄电池内阻测试仪的使用

1. 应用范围

蓄电池内阻测试仪可用于测量蓄电池的内阻和开路电压。

2. 主要工器具、材料

绝缘手套、套筒扳手、旋具、HIOKI 3551 蓄电池内阻测试仪。

3. 操作方法

①连接测试线的 4 个端子到内阻测试仪主机。

②按"POWER"键开机，开始测量。开机后，首先启动比较器功能。如果不使用比较器功能，按"COMP"键关闭。开机后，必须等待 10 min 的预热时间，以使设备达到稳定的状态。

③使用量程键，正确选择电压和内阻的测试量程。

④短接红、黑色探针进行零位调节。

⑤连接红色探针到被测电池的正极，连接黑色探针到被测电池的负极。

⑥测量完成后，移去与被测电池连接的测试线，按"POWER"键关机。

4. 注意事项

①不要用 HIOKI3551 蓄电池内阻测试仪测量交流电压或超过 60 V 的直流电压，防止损坏仪表。

②测量过高电压的蓄电池后，在测量低压蓄电池前，首先要短接测试线对测试仪内的直流电容器进行放电。否则有可能造成一个高电压施加在低压蓄电池上，这是很危险的。

③处于充电状态下的蓄电池的内阻波动较大。为了保证测试精度，应在同等条件下，进行多次测量后再取平均值。

5.4.6 测试蓄电池的内阻

1. 应用范围

正常情况下蓄电池内阻的增加是很缓慢的，但是当电池的寿命快结束时，内阻会快速增大。通过测试蓄电池的内阻值，可以判断蓄电池的性能状况。

2. 主要工器具、材料

绝缘手套、套筒扳手、旋具、蓄电池内阻测试仪。

3. 操作方法

①使用旋具和套筒扳手将电池柜影响测量的各个盖板临时拆下。

②使用蓄电池内阻测试仪逐一测试每个蓄电池的内阻值和端电压。

③详细记录每个蓄电池的编号、内阻值和端电压并与上年的基准值进行比较。

④将电池柜临时拆下的各个盖板装上。

4. 注意事项

①正确掌握蓄电池内阻测试仪的使用方法。

②由于组合蓄电池组的电压很高，存在电击危险。测试时必须戴上绝缘手套，双人作业。

5. 衡量标准

如果测得的蓄电池内阻值比上年的基准值高 25% 以上，就可以判断此节蓄电池处于故障状态，需要进行检修或更换。

5.4.7 更换蓄电池

1. 应用范围

发现蓄电池损坏需要进行更换。

2. 主要工器具、材料

绝缘手套、套筒扳手、旋具、扭矩扳手和蓄电池。

3. 操作方法

①将 UPS 主机由正常工作状态切换到维修旁路状态。

②使用旋具和套筒扳手将电池柜影响更换作业的各个盖板临时拆下。

③使用套筒扳手和扭矩扳手将损坏的蓄电池拆下。

④使用套筒扳手和扭矩扳手将新的蓄电池按规定的扭矩进行紧固。

⑤将电池柜临时拆下的各个盖板装上。

⑥将 UPS 主机由维修旁路状态切换到正常工作状态。

⑦关闭 UPS 主机的电源 1 输入开关进行放电测试，同时测试新换蓄电池的内阻和端电压。记下新电池的编号、内阻值和端电压作为以后测量的基准值。

4.注意事项

由于组合蓄电池组的电压很高和大容量铅酸蓄电池的单体重量较大,因此更换时必须穿戴绝缘手套、安全防护用品,多人同时作业。

5.5　典型故障场景处置

5.5.1　××站 UPS 主路接触器异常故障处置

1.场景描述

5 月 12 日 02:36 通信网管室巡视发现××站 UPS 主路接触器异常,UPS 主路供电。

2.处置流程

①到达设备室,查看现场 UPS 供电方式及告警信息,初步判断故障点位。

②确保电源系统供电正常,降低设备掉电风险。

③若供电方式转为旁路供电,保证市电供电正常,以防设备掉电。

3.原理及故障原因分析

UPS 主路接触器因触点氧化、腐蚀导致电阻升高,如图 5-26 所示。

图 5-26　UPS 主路接触器

监测模块监测到电阻升高触发 UPS 主路接触器告警,若腐蚀严重转为旁路供电。

4.防范措施

排查 UPS 接触器模块状态,对有腐蚀现场的 UPS 接触器进行更换,消除隐患,并加强班组对设备室内部环境的巡视,保证设备室温湿度正常,减缓 UPS 内部设备损伤度,提高设备产品耐用度。

5.5.2　××站、××站和××站 UPS 电池放电故障处置

1.场景描述

1 月 1 日 11:25 通信控制中心检修人员巡视电源网管发现××站、××站和××站 UPS 电池放电。

2.处置流程

①到达设备室，查看市电电压，测量发现市电电压偏高。

②双切电源箱共有两路市电输入，主路市电电压偏高，而备用电路市电电压相对较低一些。

③切换备用市电输入，待市电电压降低后，再恢复正常工作方式。

3.原理及故障原因分析

UL33-0400 系列的 UPS 设备，主路允许的输入电压范围 380 V±15 V，旁路允许的输入电压范围 380 V±10%，整流器的过流恢复电压为 380 V+10%。

测量发现车站双切电源箱主路输入电压过高，现场测量输入电压已达到 426 V，导致专用通信电源系统 UPS 设备过压保护，降级为蓄电池方式给各通信系统供电。

4.防范措施

前期做好市电电压的测量，确保其在通信电源系统的正常用电承受范围之内。

5.5.3　××站输入熔断器故障，UPS 转电池供电故障处置

1.场景描述

2 月 20 日 06:40 通信网管室巡视发现××站 UPS 输入熔断器损坏，且 UPS 电池逆变供电。

2.处置流程

①到达设备室，查看 UPS 告警信息，初步判断故障点位。

②确保此刻电源系统的正常供电，降低设备掉电风险。

3.原理及故障原因分析

如图 5-27 所示为 UPS 内部设备原理图，其中 FU1、FU2、FU3 是输入熔断器。

UPS 输入熔断器因设备腐蚀发生故障，设备触发误告警，导致 UPS 切换至电池供电状态（如图 5-28 所示）。

4.防范措施

排查 UPS 熔断器状态，对有腐蚀现象的 UPS 熔断器进行更换，消除隐患；并加强班组对设备室内部环境的巡视，保证设备室温湿度正常，减缓 UPS 内部设备损伤度，提高设备产品耐用度。

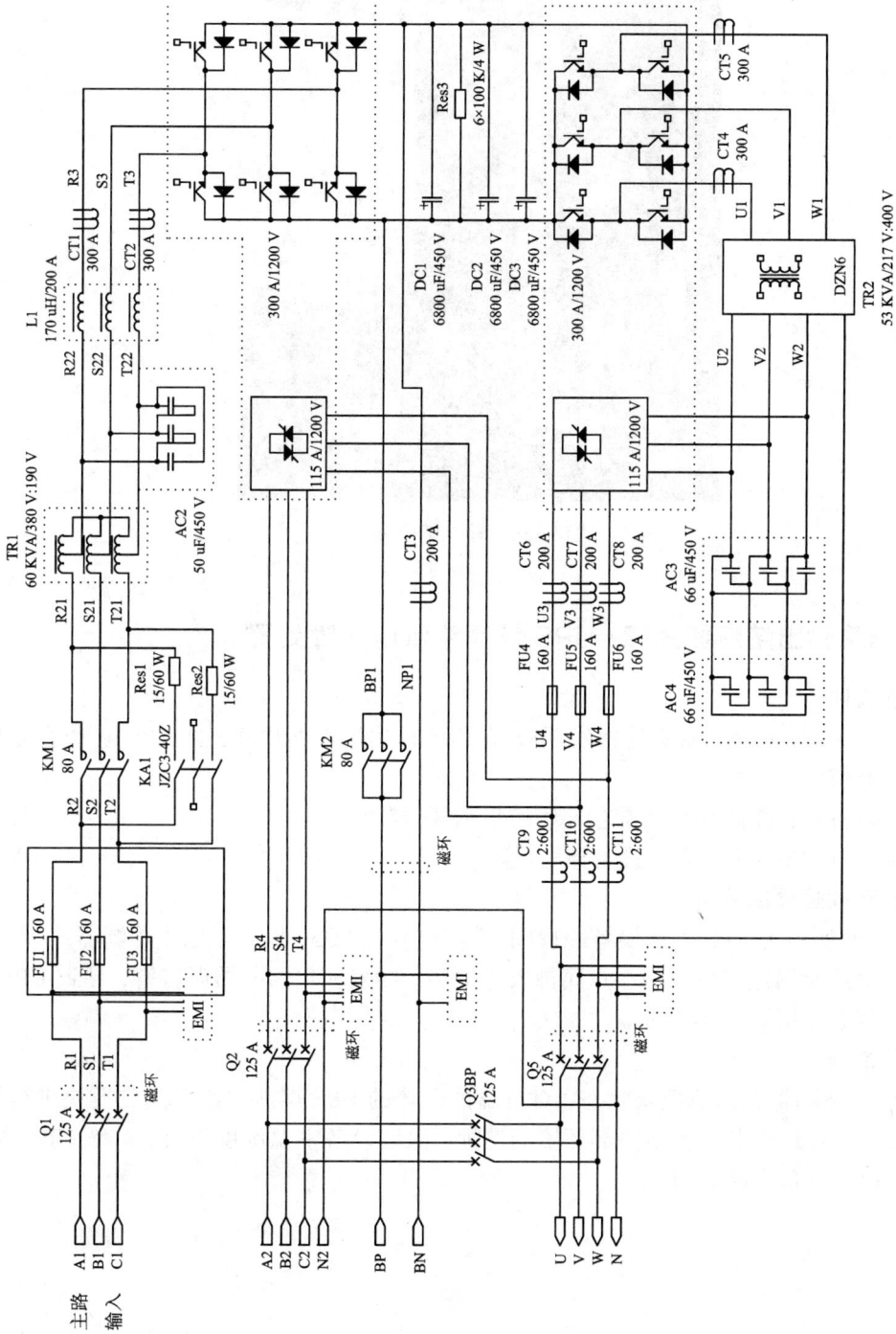

图5-27 UPS内部设备原理图

图 5-28　输入熔断器

5.5.4　××站输出熔断器故障，UPS 转旁路供电故障处置

1. 场景描述

5 月 8 日 10:24 通信网管室巡视发现××站 UPS 输出熔断器损坏，且 UPS 电池逆变供电。

2. 处置流程

①到达设备室，查看 UPS 告警信息，初步判断故障点位。

②确保市电供电正常，降低设备掉电风险。

3. 原理及故障原因分析

如图 5-29 所示为 UPS 内部设备原理图，其中 FU4、FU5、FU6 是输出熔断器。

UPS 输出熔断器监测模块因触点腐蚀发生故障，触发输出熔断器误告警，导致 UPS 切换至旁路供电状态（如图 5-30 所示）。

4. 防范措施

排查 UPS 熔断器及监测模块状态，对有腐蚀现场的 UPS 熔断器或者监测模块进行更换，消除隐患；并加强班组对设备室内部环境的巡视，保证设备室温湿度正常，减缓 UPS 内部设备损伤度，提高设备产品耐用度。

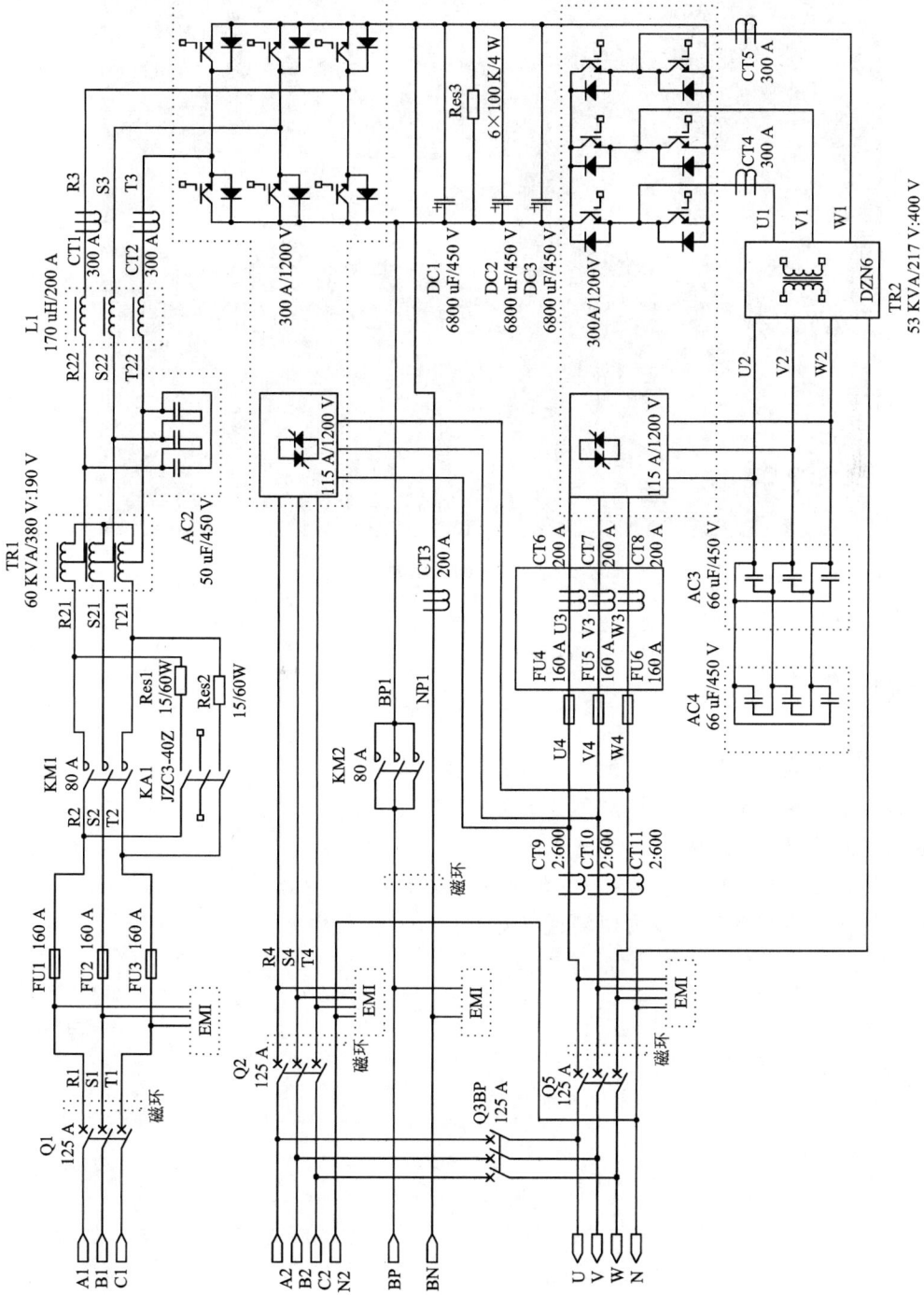

图5-29 UPS内部设备原理图

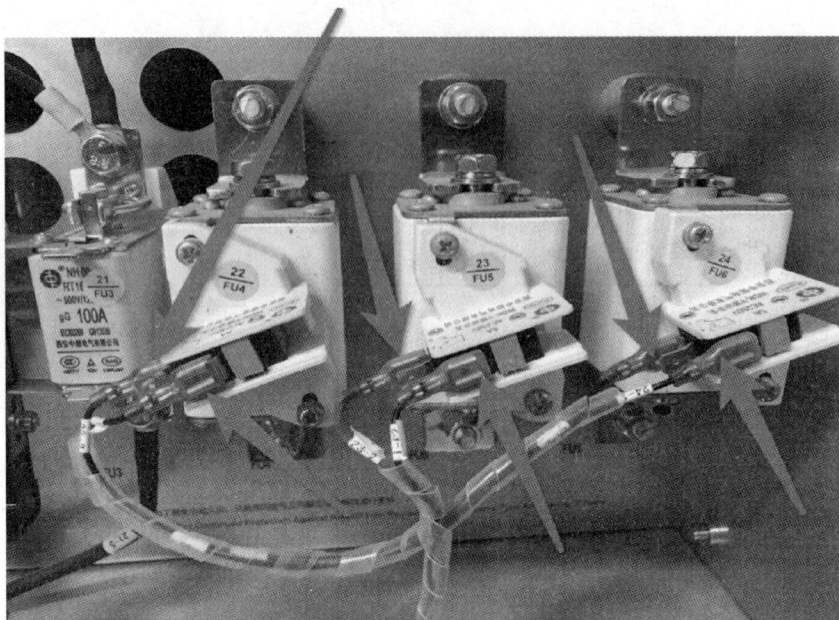

图 5-30　UPS 输出熔断器

思考题

1. UPS 供电模式由主路供电切换为维修旁路供电的操作是怎样的？

2. UPS 接触器触电氧化可能造成怎样的影响？

3. 遇到电源故障后，你的处理流程是什么？

4. 青岛地铁 2 号线、3 号线、11 号线的系统构成有无差异？若有，差异在哪里？

5. 能否用万用表代替蓄电池内阻测试仪对电池进行内阻的测量？

第6章　闭路电视监视系统

学习目标

1. 能对闭路电视监控系统的概念、组成及功能，各线路的设备组成有基本了解。

2. 掌握设备检查的基本要求和关键点。

3. 掌握摄像机的安装和更换方法。

4. 掌握视频同轴电缆的连接器制作和安装方法。

5. 掌握监视器的安装和检验方法。

6. 了解常见故障现象及原因，具备故障处理能力。

6.1　CCTV 功能

6.1.1　CCTV 介绍

闭路电视监视系统(closed circuit television, CCTV)是城市轨道交通维护和保证运输安全的重要手段。它能够为控制中心的调度员、各车站值班员、列车司机等提供有关列车运行、防灾救灾、旅客疏导以及社会治安等方面的视觉信息。专用闭路电视监视系统由控制中心设备、车站/车辆段控制设备、图像摄取设备、图像显示设备、音频录取设备、图像存储设备、图像录制设备、视频分析设备及视频信号传输设备等组成。

车站的图像摄取范围为每站的站台、站厅、自动扶梯、部分机房、变电所变压器室及开关柜室等处，还覆盖了 AFC 的售票机和闸机、垂直电梯口及轿厢(轿厢内摄像机由电梯专业负责设置，系统负责接入)、安检区域、售票亭、设备区走廊、银行 ATM 取款机、通道出入口(含地面出入口外)及卫生间通道、与地铁物业连接通道等位置。车辆段的图像摄取范围为出入段线、平交道口及轨行区、停车列检库内外、洗车库及重要公共区域等。

6.1.2　系统功能介绍

1.监视功能

1)车站/车辆段/控制中心/派出所/地铁分局监视功能

数字视频系统,其客户端安装的操作控制终端软件,具备调看全线任一路实时视频和存储视频的能力,可按需设定工作站授权,在其有权限的区域内,实现任意监视器/大屏幕到任意摄像机的连接;因为网络采用组播技术传输音视频流,所以也可实现任意数量的监视器同时访问同一架摄像机,同一台监视器可以显示任意一架摄像机的图像,也可以检索、回放每一套前端存储设备中存储的图像。因此,操作控制终端软件可实现控制中心调度员、车站行车(ISCS 集成)、防灾值班员操作控制终端的功能,以及车站公安值班员、派出所值班员、地铁分局值班员操作控制终端的功能。视频监控客户端操作控制终端软件,采用图形化的界面,通过给每个控制终端及其控制的显示输出设备制定实用的图形化界面,方便用户的操控,可直观地选择每一块大屏幕显示的控制。

①视频监视。车站行车、防灾值班员可监视本站站台、站厅及自动扶梯、出入口、售票处、票务室、检票口、设备机房等处情况,可以进行循环显示或手动选择显示多画面内的任意组合;利用控制软件调看多画面实时图像和在授权许可条件下点播历史图像,由控制终端或综合监控系统控制终端进行视频控制,并负责配合综合监控系统进行 CCTV 控制部分软件的开发。车站公安值班员可监视本站站台、站厅及自动扶梯、出入口、售票处、票务室、检票口等公共区各处情况,可以进行循环显示或手动选择显示多画面内的任意组合;利用控制软件调看多画面实时图像和在授权许可条件下点播历史图像,由控制终端进行视频控制。控制中心调度员可监视全线各车站情况;对各个车站所有摄像机摄取的画面进行选择;以各种程序进行循环显示或手动选择预置位,观看任意车站的任意图像或不同调度员同时观看同一幅图像。派出所、地铁分局值班员可监视全线各车站情况;可对各个车站公共区所有摄像机摄取的画面进行选择;以各种程序进行循环显示或手动选择预置位,观看任意车站的任意图像或不同值班员同时观看同一幅图像。

②通过授权设定,可实现任意监视器到任意摄像机的连接、任意数量的监视器同时访问同一架摄像机。例如,控制中心的所有监视终端可以同时显示同一台摄像机的图像,也可以显示同一车站不同摄像机的图像,或不同车站摄像机的图像,并保持图像正常显示;派出所、地铁分局的所有监视终端可以同时显示同一台摄像机的图像,也可以显示同一车站不同摄像机的图像,或不同车站摄像机的图像,并保持图像正常显示。

③控制中心的行调、电调控制终端由综合监控系统集成商提供,系统可提供 SDK 开发包,并配合综合监控系统集成商进行其软件中 CCTV 控制部分软件的开发,以完成其图像调用功能。

2)中心大屏图像调用

控制中心由高清解码器,提供解码后的 HDMI 视频图像,供大屏拼接控制器接入,大屏拼接控制器给予行车、环控(防灾)调度员授权并确定图像调用区域,以将各站的图像任意地切换到调度大厅的显示大屏上。

3）派出所、地铁分局大屏图像调用

派出所、地铁分局由高清解码器提供解码后的视频图像，供大屏拼接控制器接入，大屏拼接控制器给予本地所有监视终端授权并确定图像调用区域，以将各站的图像任意地切换到调度大厅的显示大屏上。

4）站台司机监视功能

上、下行站台设置的 4 路高清网络摄像机图像信号（以太网）由光收发器送到站台两侧停车位处，经高清二画面解码器（含二画面分割功能）解码后分别送入上、下行站台 42″液晶监视器，以供列车司机监视站台旅客上、下车情况。

控制中心监视功能说明：控制中心 CCTV 控制终端由 ISCS 提供，系统提供显示终端。

2. 系统管理功能

系统的管理是通过视频管理服务器来实现的，控制中心通常单独设置视频管理服务器为正线设备提供冗余。

视频管理服务器在系统建立初始阶段负责完成系统的配置、注册、资源分配、优先级分配等工作；在系统正常运行后，只承担系统的认证、维护、管理工作，不干预系统正常运行的操作控制、图像选择、优先级控制等信令处理工作，不进行图像的集中处理；当服务器故障或网络中断时，不影响正在进行的视频流的存储和监视。

视频管理服务器在系统中起到配置管理、安全管理、维护管理及日志系统的职能，在日常工作中，并不参与系统的视频相关操控动作的执行。其作为具体业务的网管服务器，支持统一网管功能，可纳入上级网管系统进行统一网管。

系统的视频管理服务器实现系统网络管理的职能，可管理设备的数量是通过授权实现的，当系统扩容超出此数量时，可免费添加相应超出的机箱数量的授权。其最大可管理的机箱数量可达上千台，完全可以满足用户的应用需求。

视频管理服务器通过 IP 网络与其所管理的编解码器及其相关设备进行带内通信，视频管理服务器作为 server，其他设备均装有代理负责收集相应设备的运行状态信息的模块，汇报给视频管理服务器。

在本数字视频系统中，采用国际标准 IP 传输协议，提供所有相关功能的 SDK 开发包，可为今后开发多种业务应用服务器提供通用接口。系统可支持记录所有功能操作、异常情况的日志，并提供多种检索、查询方案；可支持统一网管功能，也可将其纳入网管系统进行统一网管。

1）告警管理

①支持各种设备运行状态的告警信息。

②支持以下告警状态。

当前告警：所有目前未被清除并且未被确认的告警。

历史告警：确认前，系统已自动清除的告警。

③告警报告收集。

告警是由网元产生并上报给网管系统的。网管系统实时收集网元发出的告警信息，并自动更新当前告警列表。对于新接收到的告警，网元管理支持声光告警。

④告警严重等级分配。

可提供手段方便操作人员为指定的告警原因重新分配严重等级。

⑤支持前端视频丢失告警。

⑥具有告警过滤和遮蔽功能。

2)网络资源配置管理

系统能对其所管辖的视频网上的所有网络资源进行全面管理。网络资源配置管理主要是对全网所有数字视频设备、操作人员进行集中统一配置管理，包括设备应用参数的配置(如IP地址、单播组播、使用的编码技术、GOP组、码流大小、视频解析度、模拟信号的亮度、对比度、色饱和度等)、可使用的视频网络资源及所拥有的操作权限的分配；再将这些配置统一下发到所有网元设备中，形成统一配置、分布运行的系统模式，可确保消除人为参数配置不匹配造成的系统不能正常运行的情况。

3)用户管理

数字视频的用户管理，是通过对用户组的管理，进而管理其所属用户的权限。首先是创建用户组，以对所创建的用户组授权的形式来规定该用户组能够做什么、可拥有哪些资源的操作权限，以及对该资源使用的优先级。网管可以将各种操作作为网络资源，任何组合分别授权给不同的用户组，来实现对用户分层次的管理。

4)日志管理

①具备日志管理功能。日志记录系统软硬件运作过程中产生的各种事件，包括系统运行事件、应用软件运行事件、安全事件、异常事件等。

②可实现对日志系统的定期自动转存处理。

③可对日志进行分类故障维护管理。

5)存储设备管理

系统可以监控存储设备自身的运行情况，指定存储规则及存储的视频数据再处理的规则(如减帧存储规则)。车站所有录像存储设备的工作状态均可在软件上进行显示，它具有如下功能：控制各站点录像状态的开启和停止及各站点设备的录像状态；收集视频存储器的各种故障报警信息；视频存储器的状态同时也可以被控制中心系统灵活控制，可实现开启实时录像、开启移动侦测录像等。对于每一路实时存储视频，在网管软件界面中都有对应的开启和停止按钮，网络管理员只需要点击相关按钮，即可实现开启实时录像功能；同样对于每一路移动侦测录像，都有启动及禁止按钮，网络管理员只需要点击相关按钮，即可实现启动和关闭移动侦测录像功能，如果选择了启动某一路移动侦测录像，当该路图像指定区域有移动物体出现时，系统自动开始录像。

6)用户优先级

目前，系统支持用户优先级，可满足实际需求。

7)时钟同步功能

视频管理服务器支持与时钟系统NTP服务器同步，实现视频网络的全网时钟同步，并为视频存储服务器及摄像机提供标准时间。

3.视频服务器异地备用功能

系统视频服务器承担的功能均由系统配置的编解码器及接入设备来完成，因此不需要配置车站/车辆段视频服务器。中心视频管理服务器也不参与日常视频监控动作的完成，其主要任务是系统初始建立时的集中资源分配及相关参数配置(相关参数直接写入编解码器及接入设备)。一旦系统建立完成，其主要任务是视频网络运行状态的监控及完成系统日志的工作。因此，出于系统安全性考虑，控制中心在原有一台视频管理服务器的基础上又增加了一台视频管理服务器（做热备处理含软件），当第一台发生故障后，第二台服务器可以接管第一台服务器的工作，从而保证系统的稳定。

4. 云台控制及图像选择功能

1）图像选择功能

系统的视频监控客户端操作控制软件采用图形化的界面，通过对每一个控制终端及其控制的显示输出设备，制定实用的图形化界面，方便用户的操控，可直观地选择每一块大屏幕显示的控制。

2）云台控制及优先级功能

系统的云台控制及优先级管理由前端编解码设备及接入设备来完成，即前端设备（编解码设备及接入设备等）可直接实现各种用户身份的鉴权及优先级管理功能。在高优先级操作员未占用时，控制中心调度员、地铁分局/公安派出所值班员可以通过控制终端及监视器，控制全线任意车站任何一台一体化球形摄像机的转动以及对变焦镜头的调节，对各车站的一体化球形摄像机执行远程俯仰、左右以及焦距等控制操作，所有一体化球形摄像机的预置位以图形方式设置，并可编辑和修改；还能以各种程序进行多画面显示、循环显示或手动选择在彩色监视器、大屏上显示任意一个画面。

在高优先级操作员未占用时，各车站行车、防灾值班员可以通过设置在本站的防灾控制终端或行车终端（由综合监控系统界面集成）控制本站任意一台一体化球形摄像机的转动以及变焦镜头的调节，对一体化球形摄像机执行远程俯仰、左右以及焦距等控制操作，所有一体化球形摄像机的预置位以图形方式设置，并可编辑和修改；还能以各种程序进行循环显示或手动选择在显示器上显示多画面内的任意组合。

在高优先级操作员未占用时，各车站公安值班员可以通过设置在本站的公安控制终端控制本站任意一台一体化球形摄像机的转动以及变焦镜头的调节，对一体化球形摄像机执行远程俯仰、左右以及焦距等控制操作，所有一体化球形摄像机的预置位以图形方式设置，并可编辑和修改；还能以各种程序进行循环显示或手动选择在显示器上显示多画面内的任意组合。

控制中心、车站、派出所、地铁分局监视器及控制终端均能显示一体化球形摄像机被占用的情况。低优先级用户只有在高优先级用户释放一体化球形摄像机控制后，才可对该路一体化球形摄像机进行操作。系统将配合综合监控系统集成商进行其软件中 CCTV 控制部分软件的开发。在系统管理体系中，可通过服务器对操作人员资源分配的设置，选择其操控远程云镜控制（PTZ）时，是否显示其名称，不再操控 PTZ 后，释放 PTZ 控制权的时延（控制权限的延时驻留时间可通过软件设定，可根据需要调整）。

3）云台占用信息显示功能

云台占用信息由控制终端及前端编码设备等来完成。控制终端下发控制指令时，携带个人身份信息，由前端设备判别其优先级，若有 2 个以上操控者同时申请操控，前端设备比对操控者身份设定的优先级信息，将操控权授予高优先级者，并将该信息发给字符叠加器在显示画面进行叠加。同时，将授权信息返回操控终端，由其发布该信息至全网，各操控终端自行叠加该信息至操控界面。

5.电源远程控制及分区功能

在各个站点配置了电源分区控制设备，可完成 8 路输出分路，即 8 个区域的分区控制，所有 CCTV 设备均由本地电源分区控制设备供电，并可通过中心网管终端对站台监视器等的电源进行远程的开关机并通过以太网与中心综合网管服务器进行通信；中心网管终端可通过中心综合网管服务器对可车站电源分区控制设备的 8 个分区进行远程开关，站台监视器即接入其中 1 个分区，因此可被中心网管终端远程开关机。

6.字符叠加及视频分配功能

每台摄像机的图像都在进入本站以太网交换机前完成字符叠加。

①网络高清摄像机字符叠加：2、3、11 号线网络高清摄像机的字符叠加是在摄像机上直接完成的。

②模拟标清摄像机字符叠加：3 号线模拟标清摄像机的字符叠加是在编码器侧完成的。通过中心设置的视频管理服务器，可对编码器配置相关通道的 OSD 叠加字符的设定及显示内容。字符信息的叠加能够实时完成，但为了保证预览图像和回放图像的一致，字符信息在预览和回放中，其格式、相对位置、颜色、透明度应完全一致。叠加字符的内容包括车站站名、摄像机位置、日期、时间等，云台摄像机实时叠加操作员用户名。字符叠加、修改的设置可以在控制中心由网管软件完成，实现方式简单快捷。

③云台占用动态字符叠加：控制终端下发控制指令时，携带操作者个人身份信息，由前端设备判别其优先级，若有 2 个以上操控者同时申请操控时，前端设备比对操控者身份设定的优先级信息，将操控权授予高优先级者，并将该信息发给控制终端在显示画面进行叠加。

④视频分配（3 号线模拟摄像机）：每台模拟标清摄像机的图像均进入视频分配器，每路 1 入 6 出。视频分配器具有补偿远端视频信号传输损耗的能力。

7.优先级设置功能

闭路电视监视系统可以设置优先级，通过视频管理服务器可以对运营及与公安共享的云台统一规划。以下优先级为目前暂定，最终需要与公安、运营确认后才能确定具体的优先级设置方案。

1）车站优先级

系统内车站云台摄像机控制的优先级配置暂定如下：

第一级：车站防灾调度；

第二级：公安车站值班员；

第三级：中心防灾值班员；

第四级：中心行车调度员；

第五级：中心电力调度员；

第六级：中心 AFC 调度员；

第七级：公安派出所调度员；

第八级：地铁公安分局调度员及其他公安部门人员；

第九级～第十三级：其他。

2）车辆段优先级

车辆段优先级设置暂按如下考虑：

第一级：车辆段行车值班员；

第二级：车辆段值班员；

第三级：中心防灾值班员；

第四级：中心行车调度员；

第五级：中心电力调度员；

第六级：公安系统；

第七级~第十三级：预留。

3）其他功能

优先级可扩展，不同调度员优先级可在控制中心通过软件调整，调整方式灵活快捷，所有云台的优先级均可灵活设置，可根据不同用户需求设置不同优先级，目前可直接支持 64 级优先级设定。对设备的优先级设置如下：当高一级操作员针对某一个云台进行操作时，权限低于他的其他操作员则无法与其抢控云台，即便是高一级的操作员停止了控制，但为了便于驻留观察图像，权限低于他的操作员此时也无法控制该云台，只有待高一级的操作员自动释放了控制权限并经过延时后（控制权限的延时驻留时间可通过软件设定，暂定 30 s，可根据需要调整），低一级的操作员方可控制。

4）云台占用指示功能的定义

系统内全部云台要有占用指示，云台被占用的信息不仅在软件上显示，还叠加在视频图像上，使得全网切换该图像的其他操作员均可看到该云台正被哪个操作员使用的信息，直到控制延时结束后，占用指示自动消失，并且在录像回放时可看到云台的占用信息。显示的操作员信息可以是简洁的操作员代码，所显示内容不遮挡有效监视范围。该功能通过在控制中心对网管软件的简单操作即可设置或取消。

5）应急预案

如果车站出现紧急情况，所有控制权限也可以在特定情况下进行快速调整。系统的视频管理服务器支持应急预案的设定，可预先设定不同情况下所需的应急预案。按照预先设定的变更内容，可通过快捷键或运行指定脚本，激活相应的应急预案，实现将不同操控人员的优先级别重新分配并实施。例如，正常情况下服务于运营的云台其优先级以运营为最高，一旦某车站出现特殊情况，可按以下步骤操作：①确定公安或应急指挥中心需要操作的监视终端；②激活该监视终端上的应急预案，相关云台的控制优先级权限即可转移至公安或应急指挥中心等处。

8. 系统联动告警显示功能

车站行车、防灾、公安值班员监视画面可根据其他通信子系统输出的开关量信号，触发编解码器（或报警联动模块）的开关量 IO 报警接口，向 CCTV 系统输入触发信息，按照预先的配置，切换特定的图像。开关量的输入接口和设置特定的图像数量不低于 32 个。联动信号包括但不限于以下内容：

①车站：电梯电话；垂梯内电话。

②车辆段：垂梯内电话。

上述系统分别提供每个联动信号的开关量信号，分别接入系统相应的开关量 IO 端口，以配置相应的报警联动需执行的视频连接动作，即可实现报警联动。

9. 音频监听功能

系统支持同步音频的采集、存储及回放。在车站公共区配置拾音器以采集环境声音，并接入公共区相应的高清网络摄像机进行同步编码，以实现视、音频同步监视、监听及存储，保证一一对应。音频可通过监视器(或终端)音箱进行播放，播放时与视频同步。

10. 智能视频分析功能

本功能为公安视频监控系统设置。对站厅出入口、站厅公共区、站台屏蔽门(乘客上下车区域)等部位设置的摄像机采集的图像进行智能视频分析，并将所有数据连续传输到车站本地及派出所、分局。

系统所采用的视频分析服务器可对高清视频进行分析。系统视频分析服务是网络视频智能应用的重要部件之一，同样采用分布式组网架构，它采用最新的视频分析技术和可升级的视频分析模块提供一个强大的视频分析功能。实时视频分析采用服务器(含硬件及软件)+客户端方式实现，在车站设视频分析服务器，车站公安、派出所、地铁分局视频监控终端(即客户端)软件都包含视频分析功能。视频分析服务器可通过网络获取需要进行分析的实时视频流，因此可方便地选择需要进行视频分析功能的摄像机。

系统的智能视频分析功能易于启动和停止，以便快捷地进行布防和撤防的操作，并能够根据时间设定进行布防和撤防操作。进行视频分析功能的摄像机能根据使用需要灵活选择配置，即通过管理系统人机界面灵活调整任意一路摄像机进行视频分析。视频分析的操作灵活方便，地铁分局和派出所监控人员能通过系统数字监控终端进行相应规则设定，如人流统计的门限、非法进入的虚拟报警线等。监视区域一旦触发相应的规则，首先在桌面指定视频监控终端、派出所及分局监视器墙上自动(可设定经人工确认后)弹出相应报警图像，并给出告警提示，提醒值班人员有情况发生。在总数保持不变的前提下，可灵活调整各车站视频分析的路数。车站公安、派出所、地铁分局视频监控终端(即客户端)可根据需求选择是否弹出视频分析报警数据。报警图像会打断正常的循环监视，经过确认后，能恢复正常的定点监视或循环监视。

智能视频分析系统可以支持多种检测模式(如入侵检测和逆行检测等)。每一分析单元支持单路视频的多层防区设置和多个目标实时跟踪分析。告警产生的同时，视频内容分析进程不受报警触发的影响而中断，同时还具有视频背景模型的自动学习功能。

视频分析服务器与视频分析扩展设备是一个相互配合的视频分析服务集群，其中视频分析服务器是执行视频行为分析和判断的核心服务器，除完成正常的视频分析功能外，还作为本区域视频分析服务集群的业务管理服务代理(agent)承担着部分管理职能。视频分析扩展设备是本区域视频分析服务集群的一个成员，接受管理服务器及其代理(agent)管理的执行网元，共同承担一个区域的视频分析服务工作。具体如下：

①视频分析服务器，除提供正常的视频分析工作外，还承担本区域视频分析业务的管理工作，并作为网管服务器的代理，管理、监督本区域视频分析服务集群的运营状态(主要是通过监督视频分析的视频连接的心跳和视频分析服务的进程，维护、验证所配置的视频分析算法服务的正常执行)，负责响应网络资源管理服务器对本集群的管理查询。

②视频分析扩展设备，作为视频分析业务实际执行设备，主要工作是依据其接收到的有效视频分析的具体配置，完成视频分析的视频计算、处理工作，接受管理服务器或管理代理的管理，响应其管理查询。

11. 视频分析报警功能

公安视频监控系统能通过视频分析服务器，支持入侵检测、逗留（滞留）检测、可疑物品遗留检测、逆行检测、乘客追逐及剧烈运动监测、客流量拥挤及突变告警、人流统计、视频状态监测/图像异常告警识别、视频重组等应用。具体如下：

1）入侵检测（含禁区、绊线）

入侵检测，即针对进入禁区的目标进行检测并按照用户设置的规则触发报警，入侵检测应用在线路防护和站内重点设施和区域防护，即对未经允许而进入特定区域的行为产生报警。在一个或者多个事先设置好的特定识别区域，当警戒区域中出现移动物体时触发报警。这类功能一般应用于固定场景（固定摄像机）的情况。它类似于传统的运动检测，但又比原有的运动检测具有更高可靠性和信任度。传统的运动检测只是在需要特别的关注区域划定一个（或一些）矩形敏感区域，当该区域像素发生变化、并达到一定程度时，触发报警，这种检测方式存在一些明显的缺陷：①敏感区域在光照或颜色突然变化时，极易发生误报警；②所设定的敏感区域内不能包含任何可运动或随时变化的场景、物体，如闪烁的灯光、水面的波动、树影的摇动等。智能视频分析的禁区报警不是简单地根据像素亮度、颜色的变化而判断是否异常，而是通过对可能出现的目标大小、形态、运动规律识别后才触发报警，智能视频分析系统可以准确地判断、区别出人、车、船舶等目标，仅在需要关注的目标出现时才给出提示，而排除树影、水波的干扰，如在道路上排除车辆的运动，仅识别出道路中有人穿行的异常。因此，禁区分析报警可以应对复杂的环境，给出真实的违反安全规则的警报。此外，由于禁区的数量、形状、大小、位置设置均可自由设定，不再是单一的矩形方块，因此，对防范目标区域的设置应更为细致、精确。每路视频中，可设置多个防区，每个防区可分别设置检测规则，并可以多防区同时进行检测和跟踪，能检测各种形状的物体，如人、动物、包裹等。

2）逗留（滞留）检测

逗留（滞留）检测，即探测在禁停区域逗留的目标是否超过用户设定时间并触发报警，逗留（滞留）检测宜应用在线路重点区域和站内重点防护区域。当人员在警戒区内滞留超过用户自定义的时间时产生报警，滞留的判别不受人员在警戒区内的行为影响。该功能用以识别人员在禁停区域长时间停留或逗留，可以对指定警戒区域实行全天候不间断监控，一旦检测到一个或多个人在预先设定的防区内停留时间过长，系统会发出报警，即徘徊报警。该功能根据不同的需求支持多个区域检测。在地铁线路中，该功能主要针对线路上及站内安全级别比较高的区域，发现可疑人员长期滞留于此，系统可发出报警，提醒安保人员注意。用户可以灵活设置允许等候时间。

3）可疑物品遗留检测

当物体在警戒区内滞留超过用户自定义的时间时产生报警，能检测各种形状的物体，如人、包、旅行箱等。该功能可以对可疑物品进行自动检测——当物品（包裹、碎块、行李等）在某个防区内被放置或遗弃的时候自动报警。此外，对有人看管的物品，遗弃物检测模块可以将其忽略。无论是由人携带而来并在防区中遗弃的物品（摄像机看到完整遗弃过程的情况），或者是被人从防区外扔入防区内的物品（摄像机看到部分遗弃过程的情况），还是在防区中突然出现的物品（摄像机完全看不到遗弃过程的情况），可疑物品遗留检测都可以从场景中正确检测出遗弃物。此外，可疑物品遗留检测功能还可以检测出一些人眼注意不到或者无法识别的伪装目标。该功能适用于地铁里各种场合的可疑物检测，例如检测铁路上的危险障碍物、掉落的岩石、乱扔的垃圾、交通干线上的物品碎块、遗留在柜台上的包裹、地面上积留的滑溜液体(可能导致行人滑倒)等。用户可灵活设置允许物体遗留时间。

其分析准确率指标主要与现场摄像机角度、遮挡、探测区域、人流状况等影响因素相关，可通过针对具体应用的环境情况进行相关的参数优化，以克服或弱化环境因素对分析结果准确率的影响。

4)逆行检测

逆行检测，即识别人员、车辆等在禁行方向的运动并触发报警，逆行检测应用在车站出入口等场合(如图 6-1 所示)，可以识别到人员或者车辆在禁行方向的运动。逆行检测是指从一个方向穿越报警，而另外一个方向穿越则不报警，它可以用于对各种只允许单向通过的区域的设防，它主要是在单向通道等场合设定一条特定的警戒线(可以为直线或者曲线)，当有物体跨越警戒线时，触发报警，并对超越该警戒线的行为给出提示。该功能支持不少于 4 个防区的设置，防区的数量满足地铁实际环境需要；支持不同防区的不同检测规则的设置；支持禁行方向的报警触发时间的设置。其分析准确率指标与现场环境相关，包括摄像机角度、探测区域、光线等的影响，需要依据具体情况具体分析或可通过针对具体应用的环境情况进行相关的参数优化，以克服或弱化环境因素对分析结果准确率的影响。

图 6-1　逆行检测

5)乘客追逐及剧烈运动监测

乘客追逐及剧烈运动监测是指对乘客在站台上追逐以及在通道剧烈活动进行报警监测。该功能可对监控区域目标内的人群等运动目标设置一定的运动速度范围，若运动速度超过此范围，就会触发报警。

6）客流量拥挤及突变告警

客流量拥挤及突变告警多应用于所监控区域单位面积内乘客分布的密集程度在单位时间内突然增加时所产生的报警，自动探测高人流量、排队人龙并报警（如图 6-2 所示）。它可以识别所监测视频信息中单位面积区域内乘客分布的密集程度，该密集度在单位时间内突然增加并超过密集度设定值时产生报警。该功能可用来探测某个区域人群是否发生流量突变、过于拥挤等，此技术基于"人数统计"，比如在地铁站站台或者过道内，一旦检测到客流量发生突变导致非常拥挤将触发报警。如图 6-2 所示为地铁站内的客流量突变告警。该功能支持不同防区的不同报警规则设置；可以灵活设置单位面积内乘客分布的密集度；可以灵活设置相关对象自动添加到图像背景的时间。其分析准确率指标主要与现场摄像机角度、区域遮挡等的影响相关，需要依据具体情况具体分析或可通过针对具体应用的环境情况进行相关的参数优化，以克服或弱化环境因素对分析结果准确率的影响。

图 6-2　客流量拥挤及突变告警

7）人流统计

人流统计即统计乘客进入/离开站台人数，量度高峰期的客流量，统计值能实时显示于屏幕上，并以列表形式保存以供日后查看（如图 6-3 所示）。人流统计系统是一种运用视频图像分析技术进行人流量统计的视频智能化应用系统，通过内置算法对视频中人数和人群流动方向等信息进行有效统计并生成报表。用户可以在掌握监控区域实时动态信息的同时，及时得到现场准确的人数和人群流量数据。其基本原理是在固定摄像头里提取出运动区域，根据这些运动区域进行统计。当运动区域和人的大小相似的时候，就可以认为有一个人通过；当多个人距离较近的时候，采用人体大小的先验知识，把一个运动区域分割为多个单人区域，从而对人数进行估计。当然，视频流是实时连续的，运动区域的检测和分割需要在每一帧内不停地计算。此外，还要对帧间地运动区域进行跟踪，把不同时间的运动区域连接起来，从而给出正确的人数和行人运动方向。

图 6-3　客流统计

8）视频状态监测/图像异常告警识别

视频状态监测/图像异常告警识别主要是对视频信号的分析，以及对各图像采集设备的视频质量进行综合的评估。其识别的异常信号事件主要包括视频遮挡、增益失衡、镜头非正常抖动、信号干扰、图像丢失、镜头过脏等。该功能是对视频图像质量进行智能诊断分析，帮助用户实现对视频监控系统的应用维护。其基本原理是通过正在运行的数字视频网络来收集视频、网络设备的相关数据，测试相关的图像数据信号，通过分析视频的图像质量，从而全面了解、诊断视频网络的运行情况，快速有效地对庞大的视频网络监控系统进行探测，客观评价全系统各个部分运行的健康情况。视频图像状态监测/图像异常检测的视频分析，是视频分析服务器通过网络，获取实时视频流，并进行图像画面质量的分析（不区分高清或标清图像），可迅速有效地识别视频丢失、图像被遮挡、图像亮度异常、清晰度检测、图像无彩色检测、场景变化检测等多种视频图像异常情况，并及时发出相关报警，帮助维护人员及时发现故障、排除故障，确保视频监控系统的良好运行。同时，该功能可用作大型的视频监控系统的维护管理，有效解决维护中人工检测不充分、人力资源不足、效率低下的问题；改善设备完善率低、缺乏管理工具、缺乏专业的分析报告的现状；帮助用户预测系统何时需要扩容等问题。

该功能可预测系统健康状况，分段式地排查故障，提供准确的故障定位及原因；可根据实际需要灵活制订长期有效的自动检测方案，规律执行的轮巡计划，对实时监控图像、录像的图像质量进行诊断分析；可成为实用性的维护工具，能够提供专业系统健康报表及维护建议。

9）视频重组

视频重组是指系统能够根据不同检测对象所提供的实时告警以及恢复信息，独立提供告警前和告警时刻（时段）的录像，即场景重组。在系统发送的告警信息中，采用调看告警时间日志，随时可以调看和回放当时的视频录像，也可以随时导入告警前后的视频片段等；根据不同检测对象提供实时告警及恢复信息，独立提供告警前和告警时刻（时段）的录像（视频重组）。

12. 综合监控系统的控制功能

系统在控制中心及全线车站均与本地综合监控系统(ISCS)联网,并开放 CCTV 的内部协议及相关程序接口,负责配合综合监控系统进行 CCTV 控制部分软件的开发,由 ISCS 完成操作界面集成。ISCS 提供完整的 CCTV 视频控制协议及 SDK 开发包配合其完成 CCTV 控制部分软件的研发;提供的协议及 SDK 开发包是开放、通用、准确的通信规约文本,并能测试程序,综合监控系统负责协议转换并接入。CCTV 配合综合监控系统实现协议调通。系统具有脱离综合监控系统情况下独立运行的能力。正常情况下,ISCS 控制终端通过控制系统监视终端来调用图像,它自身并不显示图像,系统监视终端配置的显示器显示相应的图像,即系统监视终端只用于显示图像,控制由 ISCS 工作站负责(由 ISCS 系统集成界面)。

控制中心调度员、车站值班员可利用综合监控系统终端向系统发送操作控制指令,将图像调入系统数字监控终端的显示器或者大屏幕上显示。在控制中心和车站,综合监控系统终端对图像的选择、控制功能等同于系统设置的数字监控终端,但其本身不具备图像显示功能。综合监控系统终端与系统数字监控终端同时工作时,它们之间的操作相互独立、互不干扰。系统保证与综合监控系统的联网不影响系统的完整性。

13. 录像存储功能

系统录像存储采用存储服务器(安装视频存储应用软件)+IP SAN 存储设备的方式。存储服务器支持高清和标清混合存储模式,支持统一的检索、回放模式。

视频网络存储设备具有接收统一时间校准的功能,以便对输入的所有图像录制时间进行校准;支持在线对损坏硬盘的更换,通过增加硬盘数量、硬盘容量和系统软件升级来扩展存储空间的能力;具备通过编程自动实现减帧操作的方式以节约有限的磁盘空间、延长图像存储时间的功能;可依据事先的报警处理配置,按需自动实现事件全程的存储记录,以及提供事件预存储,支持 DVD-R/W 图像刻录和网络转存。视频的存储可自动或手动实现预先配置,可支持对每一路存储视频的不同要求(编码技术、清晰度、码流大小、帧率等)进行单独配置。录像检测报警功能:录像存储系统可对每路图像视频存储业务进行实时监测,对视频存储中断、存储视频流掉包、存储图像不完整等异常情况向视频网管发出告警。存储的图像可在控制中心进行网络回放、刻录,能按录像的时间、日期范围、站名和摄像机位置进行分类图像检索,且回放速度可调。

检索可以对图像进行随时的实时检索回放;可以定义图像回放的起止时间(精确到秒),且和实际图像回放时间一致。

在各车站/车辆段/控制中心的专用通信设备室各设置 1 套存储服务器及 IP SAN 存储设备,并具有扩容能力,扩容时不影响现有设备使用。存储时间方面,目前 3 号线具备 15 天视频存储容量,2、11 号线车站具备 30 天视频存储能力。《中华人民共和国反恐怖主义法》第三章第三十二条中规定,"重点目标的管理单位应当建立公共安全视频图像信息系统值班监看、信息保存使用、运行维护等管理制度,保障相关系统正常运行。采集的视频图像信息保存期限不得少于九十日"。在后续新线路建设中,视频存储时间将逐步增加,既有线路可通过设备升级改造进行存储能力提升。

14. 视频网管功能

系统设置的网管可对闭路电视监视系统的摄像机、监控终端、编解码器、画面分割器、存储设备、以太网交换机等设备进行参数设置、编程、故障告警及电源控制等综合管理;对系统设备的运行情况进行综合监视与管理,能对系统数据及配置进行及时的修改。

网管系统由以下几部分组成:综合网管系统(即中心综合网管服务器及软件)、数字视频管理(编解码及存储设备)、前端网管主机、电源分区管理设备、以太网交换机网管和光收发器网管、光端机网管。其中,综合网管系统是核心部分,前端设备、控制设备、视频编解码、存储系统、以太网交换机和光端机的故障管理等全部集中在综合网管系统中。

15.前端视频状态检测及录像状态检测

1) 视频状态检测

通过视频状态检测系统实时监测摄像机的非正常工作状态(如视频丢失、视频被遮挡以至无法正常监控及由于聚焦偏离或水汽凝结等各种原因造成视频模糊)并实时报警,亦可用于增益失衡、镜头非正常抖动、视频信号干扰、镜头过脏、图像过白或过黑、画面冻结等质量问题或异常检测,发现异常后可实时报警并快速定位相关摄像头。这样,监控管理人员能够及时对其人工干预,保证视频监控系统的正常运转。

具体工作方式:视频状态检测系统通过网络获取需要检测的多路视频流,对所有的视频信号轮巡检测。按每组若干路轮巡进入系统进行解码并分析视频状态,持续若干时间后切换下一组,发现视频信息故障或异常时能够通过网管客户端进行声光报警和故障信息显示,并联动显示故障画面,自动生成故障记录,包括检测时间、监控点名称、异常内容等,能将自动抓拍的故障图像保存到检测记录中。

2) 录像状态检测

录像状态检测可分为基本检测模式和深度检测模式。二者采取的检测手段及对存储资源的占用程度不同,达到的测量效果也有所不同。

①基本检测:通过对存储服务单元接收到的数据包及存储系统生成的存储文件的时间、大小等外围指标进行分析,以占用存储系统资源(如存储系统的网络吞吐能力、CPU 处理能力、内存消耗等)最少为目标,实现对视频存储状况的初步检查。

②深度检测:通过对存储视频的回放、存储索引文件的检查,更为准确地判断存储的完整性、存储视频的画面质量。

上述两种检测方式,可以结合使用。

6.2 CCTV 基础知识

6.2.1 组成方式

1.控制中心本地监视系统

专用 CCTV 由控制中心设备、车站/车辆段控制设备、图像摄取设备、图像显示设备、音频录取设备、图像存储设备、图像录制设备、视频分析设备及视频信号传输设备等组成;采用中心远程监控和车站本地监控方式,组成完整的两级监视网络;与传输系统、时钟系统、电源系统、综合监控系统、公安传输系统、集中告警系统、大屏幕系统有接口。

1) 控制中心设备组成

系统在控制中心调度大厅配置行车视频、防灾、电力、AFC、总调、列车视频监控终端。

具体分配如下：

控制中心防灾环控调度员：在控制中心设置视频监控终端（软解码工作站，下同），单屏配置。

控制中心行车调度员：在控制中心设置视频监控终端，双屏配置。

控制中心电力调度员：在控制中心设置视频监控终端，双屏配置。

控制中心总调度员：在控制中心设置视频监控终端，单屏配置。

AFC 中心调度员：在 AFC 线路中心运行控制室设置视频监控终端，双屏配置。

系统在控制中心通信网管室设置系统的网络管理终端设备，负责对系统进行集中维护管理。OCC 与各车站之间视频流的传输是一个单向的过程，方向为车站到 OCC。

系统在控制中心专用通信设备室设置 1 套存储服务器及 IP SAN 存储设备，设备具有扩容能力，扩容简单，扩容时不影响现有设备的使用。

存储服务器支持 N+1 热备，控制中心 IP SAN 设备可用于任一车站、车辆段 IP SAN 设备故障后的临时异地存储（15/30 天），并预留存容量用于重要录像数据的永久备份。

其他设备包含以太网交换机、视频服务器（冗余热备）、列车视频服务器、存储服务器及网络存储设备、大屏幕控制器（由其他专业配置）、高清视频解码器、列车视频解码器（车辆专业提供）、视频监控终端、录像回放终端、网管终端及各种软件等。同时，在地铁分局设置列车视频监控终端、列车视频解码器。

在控制中心，综合监控系统对系统设置的行车、电力、总调监视进行控制界面集成，即综合监控系统控制台具备专用 CCTV 的控制界面，可以控制系统视频监控终端的画面显示、切换、PTZ、状态监控等功能（含大屏幕显示），同时不影响系统的完整性。专用闭路电视监视系统控制优先级高于综合监控系统。

控制中心视频监控终端可选取车站上传的数字视频，显示全线任意图像，并可通过视频监控终端选取全线任意 12 路图像（暂定）在大屏幕（由其他专业设置）上解码显示。

2）控制中心系统图

控制中心 CCTV 结构如图 6-4 所示。

3）控制中心系统说明

（1）由车站/车辆段送来的高清 H. 264 视频信号由专用通信传输网络送入中心机房以太网交换机，然后，中心机房以太网交换机将数字视频信号提供给高清视频解码器、中心调度员视频监控终端（通过设在调度大厅的交换机/AFC 光纤收发器）。

（2）中心机房以太网交换机将站点高清 H. 264 视频信号通过组播提供给高清解码器，解码出的 HDMI 视频信号分别接入如下设备：接入调度大厅的显示大屏（其他系统提供）；预留给应急指挥中心；系统预留。

（3）远程图像调用及 PTZ 控制（即云台镜头控制）。

①中心防灾/行车/电力/总调/AFC 视频监控终端通过机房交换机接入系统视频监控平台，可任意调用全线任一车站的任一图像在终端显示器上显示图像。同时，可发送出 PTZ 控制信号以实现对云台镜头的控制。

②ISCS 同时集成了系统中心行车/电力/总调终端的控制功能，可通过终端任意调用全线任一车站的任一图像至对应的视频监控终端显示器上显示软解码图像，系统提供视频监控系统的 SDK 开发包。同时，可发送出 PTZ 控制信号以实现对云台镜头的控制。ISCS 对系统的

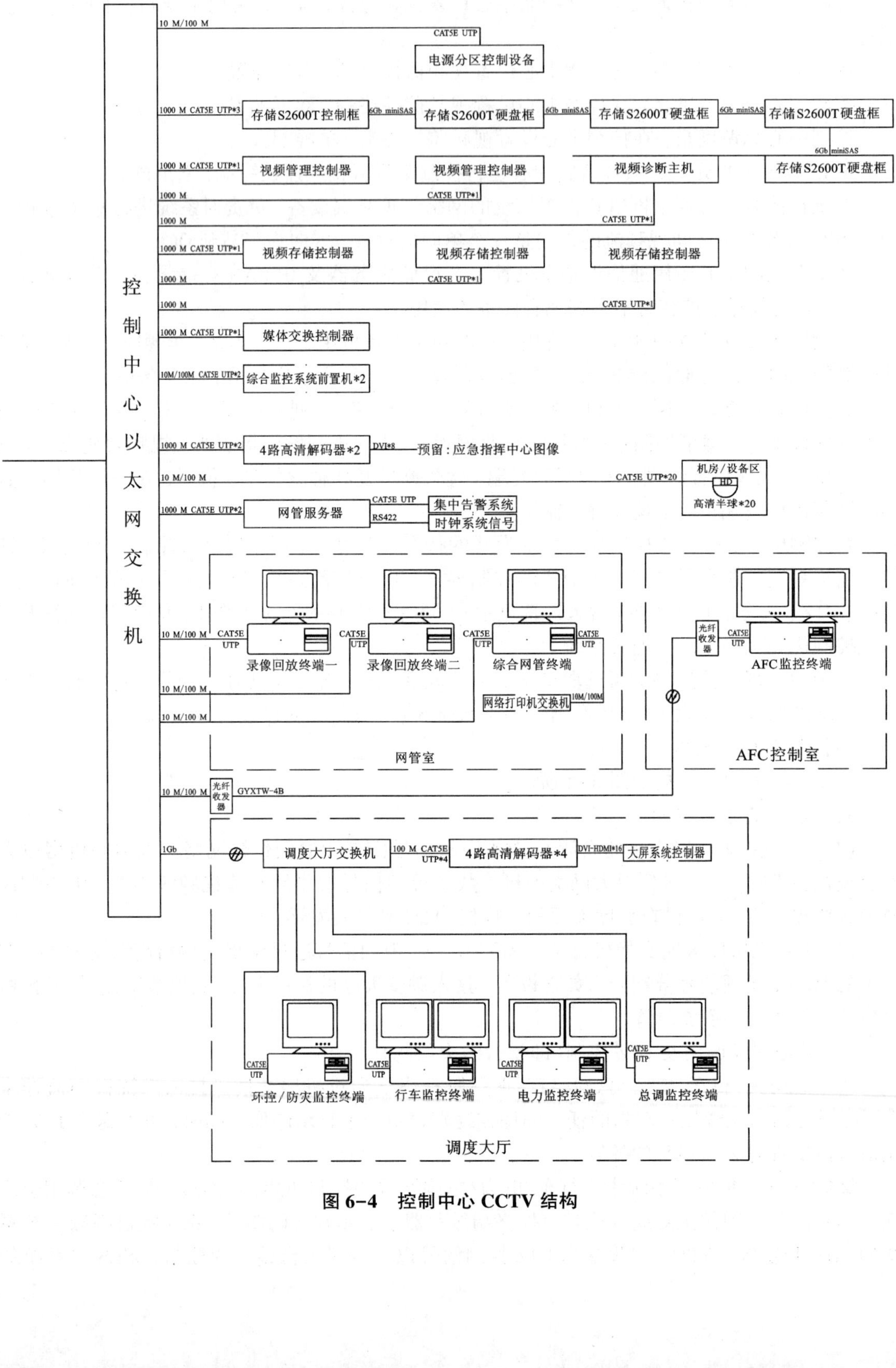
控制中心以太网交换机
10 M/100 M
CAT5E UTP
电源分区控制设备
1000 M CAT5E UTP*3
存储S2600T控制框
6Gb miniSAS
存储S2600T硬盘框
6Gb miniSAS
存储S2600T硬盘框
6Gb miniSAS
存储S2600T硬盘框
6Gb miniSAS
存储S2600T硬盘框
1000 M CAT5E UTP*1
视频管理控制器
视频管理控制器
视频诊断主机
1000 M
CAT5E UTP*1
1000 M
CAT5E UTP*1
1000 M CAT5E UTP*1
视频存储控制器
视频存储控制器
视频存储控制器
1000 M
CAT5E UTP*1
1000 M
CAT5E UTP*1
1000 M CAT5E UTP*1
媒体交换控制器
10M/100M CAT5E UTP*2
综合监控系统前置机*2
1000 M CAT5E UTP*2
4路高清解码器*2
DVI*8
预留：应急指挥中心图像
10 M/100 M
CAT5E UTP*20
机房/设备区
HD
高清半球*20
1000 M CAT5E UTP*2
网管服务器
CAT5E UTP
集中告警系统
RS422
时钟系统信号
10 M/100 M
CAT5E UTP
录像回放终端一
CAT5E UTP
录像回放终端二
CAT5E UTP
综合网管终端
CAT5E UTP
10 M/100 M
10 M/100 M
网络打印机交换机
10M/100M
网管室
光纤收发器
CAT5E UTP
AFC监控终端
AFC控制室
10 M/100 M
光纤收发器
GYXTW-4B
1Gb
调度大厅交换机
100 M CAT5E UTP*4
4路高清解码器*4
DVI-HDMI*16
大屏系统控制器
CAT5E UTP
环控/防灾监控终端
CAT5E UTP
行车监控终端
CAT5E UTP
电力监控终端
CAT5E UTP
总调监控终端
调度大厅

图 6-4　控制中心 CCTV 结构

控制不影响系统的完整性。

③云台控制优先级：视频监控系统平台可支持优先级设定。系统的优先级高于 ISCS。

（4）录像回放。

中心分别单独设置实时数字回放终端来对任一站点的任一图像进行录像回放调用。中心值班员控制终端经授权后，也可对全线任一站点的任一图像进行录像回放调用。系统的录像回放支持解码器硬件解码回放及终端软件软解码回放两种方式。

（5）冗余存储。

控制中心配置了冗余视频存储服务器及 IP SAN 磁盘阵列。当车站/车辆段某处的视频存储服务器出现故障时，控制中心的冗余视频存储服务器将侦测到此故障并自动接管，同时通过通信传输网络将存储视频流送至控制中心的视频存储服务器及 IP SAN 磁盘阵列进行数字视频的录像存储。当故障视频存储服务器恢复时，可通过自动或手动模式恢复原有的存储方式。

（6）视频管理服务器。

视频管理服务器包括编解码设备管理、存储设备管理等，并将网管信息送往综合网管服务器。它支持双 IP 地址配置（双网卡），通过其中一个网卡通道与地铁分局视频管理服务器进行同步，可同时向 2 个子网（专用及公安）的设备提供管理、服务功能。

（7）综合网管服务器。

综合网管服务器的作用是接收其他网管类服务器发送的网管信息，接收视频网管主机、光端机、光纤收发器等的网管信息，以进行集中管理；接收并发送时钟信号；将 CCTV 综合网管信号发送至集中告警系统；同时，配置 1 套网管终端进行网管操作，并可通过其对远程站点的电源分区控制设备进行远程控制，以实现开关站点设备电源的目标。

（8）机房 CCTV 设备均由本地电源分区控制设备供电。

2. 车站本地监视系统

车站 CCTV 包括行车监视和防灾环控监视两部分。

1）车站设备组成

车站 CCTV 设备包括高清摄像机（含对应的拾音器）、标清摄像机（电梯专业负责设置）、编码器、光纤收发器、站台监视器、解码器、画面分割器、以太网交换机、视频监控终端、视频服务器、网络存储设备、电源单元及完成系统功能所需的所有设备及各种软件等。

车站 CCTV 主要完成对本车站管辖范围内的视频信号的监控和存储。在各车站组建一个 CCTV 局域网络，各种视频监控终端及服务器、存储等设备均通过网络获取数字视频（H. 264 编码格式）进行实时监视及录制，车站值班员可调看本站存储的历史图像（可利用便携笔记本接入预留接口调看存储图像，也可利用在本站设置的视频监控终端调看）。

对于站台监视，将上、下行站台送至机房的 2 路高清图像通过解码器解码输出信号，通过多画面分割器，上、下行各合成为 1 路图像后，输出送往对应的站台监视器。

车站视频监控终端可从本地网络中获取数字视频，通过软件解码显示本站任意图像。同时，车站的数字视频流通过传输系统传输至控制中心。

与控制中心类似，各车站综合监控系统对系统设置的行车监视进行控制界面集成，即综合监控系统控制台具备专用 CCTV 的控制界面，可以控制系统行车视频监控终端的画面显示、切换、PTZ、状态监控等，同时不影响系统的完整性。专用 CCTV 控制优先级高于综合监控系统。

2）车站系统说明

车站 CCTV 结构如图 6-5 所示。

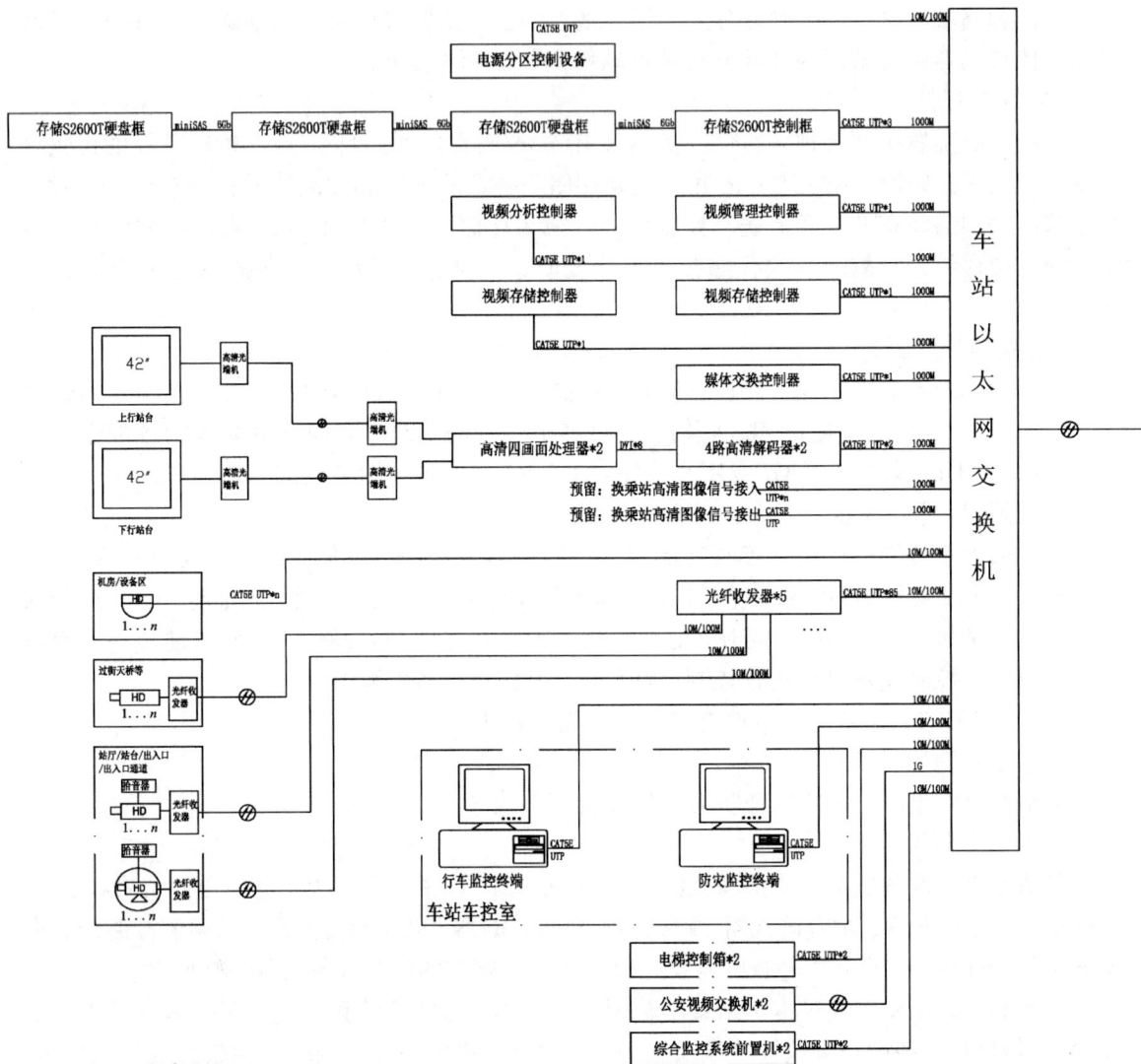

图 6-5　车站 CCTV 结构

（1）视频信号。

高清网络摄像机——其输出的高清数字视频信号（H.264）为以太网信号，经光纤收发器传至机房以太网交换机，接入系统视频监视平台。

（2）音频信号。

在公共区域的高清摄像机处均配置了拾音器（定向——固定摄像机、全向——一体化球型摄像机），并直接接入高清网络摄像机进行编码。

（3）本地图像调用及 PTZ 控制（即云台镜头控制）。

①司机监视视频：车站交换机将站台高清 H. 264 视频信号（以太网）由光收发器送到站台两侧停车位处，经高清解码器（含画面分割功能）解码后分别送入上、下行站台液晶监视器，以供列车司机监视站台旅客上下车情况。

②车站防灾/行车/公安视频监视终端直接接入车站交换机，并通过系统视频监控平台，可任意调用本站点任一图像在终端显示器上显示软解码图像（含音频）。同时，可发送出 PTZ 控制信号以实现对云台镜头的控制。

③ISCS 同时集成了系统车站行车终端的控制功能，可通过系统车站行车终端任意调用本站任一图像在系统车站行车终端的显示器上显示软解码图像（含音频），系统提供视频监控系统的 SDK 开发包。同时，可发送出 PTZ 控制信号以实现对云台镜头的控制。ISCS 对系统的控制不影响系统的完整性。

④云台控制优先级：视频监控系统平台最多可支持 64 级优先级设定。系统的优先级高于 ISCS。

（4）远程视频。

车站交换机将高清 H. 264 视频信号/音频信号分别接入专用通信传输网络、公安通信传输网络，以实现专用的控制中心、公安的派出所/地铁分局/市公安局的远程视频监视功能。

（5）录像回放。

经授权后，车站的防灾/行车/公安值班员的控制终端均可对本站点的任一图像进行录像回放调用。系统的录像回放支持终端软件软解码回放方式。

（6）换乘站图像调用。

系统每个换乘站均预留了接收其他线路车站送来的 8 路高清视频图像的能力，并通过预留的高清视频编码器编码后，接入系统视频监视平台。

（7）视频存储。

车站交换机将高清 H. 264 视频信号/音频信号送入车站视频存储服务器及 IP SAN 磁盘阵列进行数字视频/音频的录像存储。

当车站视频存储服务器出现故障时，控制中心的冗余视频存储服务器（23＋1）将侦测到此故障并自动接管，同时通过通信传输网络将存储视频流送至控制中心的视频存储服务器及 IP SAN 磁盘阵列进行数字视频的录像存储。车站视频存储服务器恢复时，可通过自动或手动模式恢复原有的存储方式。

（8）视频分析。

车站配置了视频分析服务器，可分析 16 路高清图像，此设备功能是为公安提供的。经设置后，视频分析报警时可在公安视频监控终端上弹出相应的报警图像，经确认后才可消除。公安视频监控终端可挑选需要分析的图像，并根据规则对分析功能的类别进行相应的设置。

（9）设备供电。

所有 CCTV 设备均由本地电源分区控制设备供电。通过控制中心的网管终端可对本站点的电源分区控制设备进行远程控制，以实现开关站点设备电源的目标。

3. 车辆段本地监视系统

车辆段 CCTV 系统结构如图 6-6 所示。

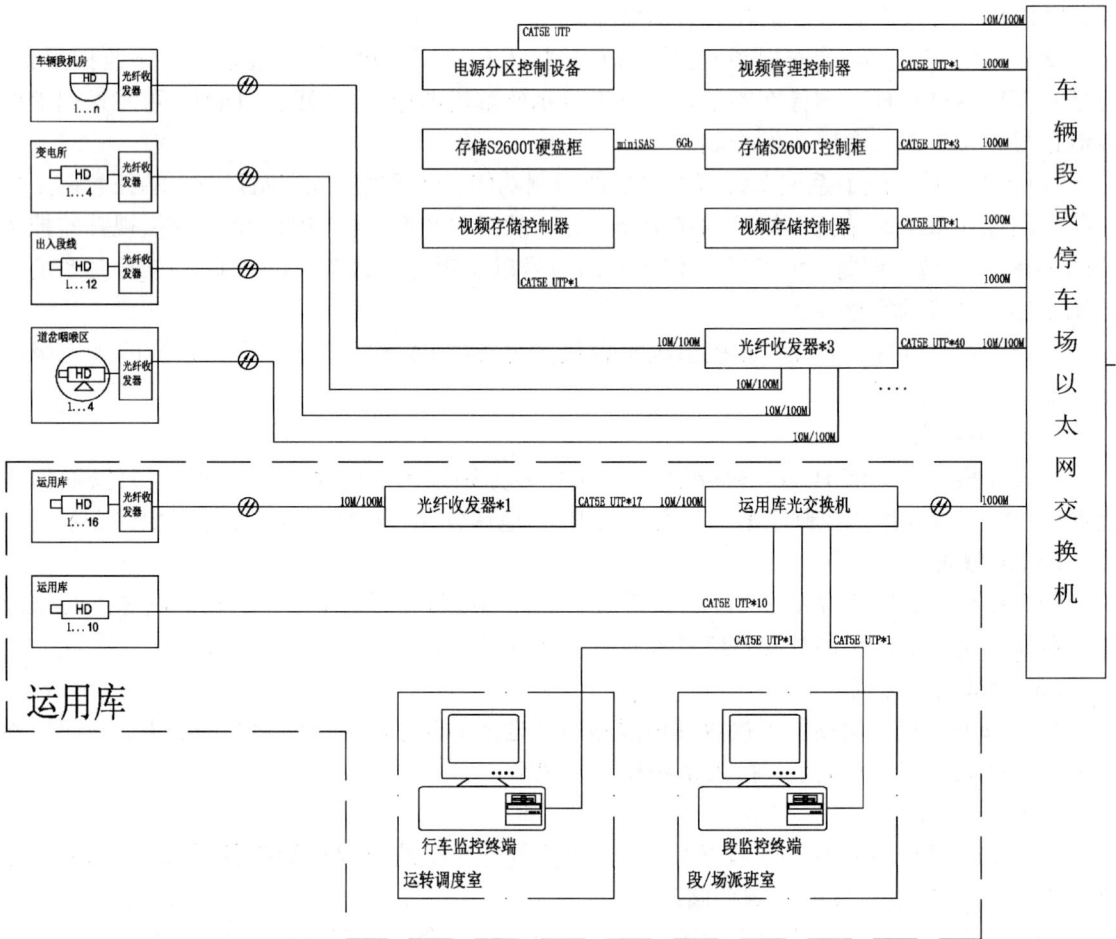

图 6-6　车辆段 CCTV 系统结构

1）车辆段设备组成

车辆段 CCTV 包括行车值班员监视、运转值班员监视和防灾值班员监视。

车辆段 CCTV 设备包括高清摄像机、以太网交换机、视频服务器、视频监控终端（软解码工作站）、电源单元、网络存储设备及各种软件等。

车辆段 CCTV 主要完成对车辆段管辖范围内的视频信号的监控和存储。在车辆段组建 1个闭路电视监视局域网络，在车辆段综合楼专用通信机设备室内设置 1 台以太网交换机，车辆段所有摄像机采集到的数字视频信号直接接入以太网交换机。在车辆段，行车值班员视频监控终端、运转值班员监控终端、防灾值班员视频监控终端、本地网络视频存储设备均连接至以太网交换机，通过网络获取数字图像进行显示（H. 264 格式）或存储（H. 264 格式）。车辆段以太网交换机与传输设备连接，将数字视频信号上传至控制中心。

2）车辆段 CCTV 说明

（1）视频信号。

车辆段设置的前端摄像机均为高清网络摄像机，其输出的高清数字视频信号（H. 264）为以太网信号，经光纤收发器传至机房以太网交换机，以接入系统视频监视平台。

（2）音频信号。

在高清摄像机处均配置了拾音器（定向——固定摄像机、全向——一体化球形摄像机），并直接接入高清网络摄像机进行编码。

（3）本地图像调用及 PTZ 控制（即云台镜头控制）。

①车辆段/行车视频监视终端直接接入车辆段交换机，并通过系统视频监控平台，可任意调用本站点任一图像至终端显示器上，以显示软解码图像（含音频）。同时，可发送出 PTZ 控制信号以实现对云台镜头的控制。

②云台控制优先级：视频监控系统平台可支持优先级设定。系统的优先级高于 ISCS。

（4）远程视频。

车辆段交换机将高清 H. 264 视频信号/音频信号接入专用通信传输网络，以实现专用控制中心的远程视频监视功能。

（5）录像回放。

经授权后，车辆段/行车值班员的控制终端均可对本站点的任一图像进行录像回放调用。系统的录像回放支持终端软件软解码回放方式。

（6）视频存储。

车辆段交换机将高清 H. 264 视频信号/音频信号送入车辆段视频存储服务器及 IP SAN 磁盘阵列进行数字视频/音频的录像存储。

当车辆段视频存储服务器出现故障时，控制中心的冗余视频存储服务器（23+1）将侦测到此故障并自动接管，同时通过传输网络将存储视频流送至控制中心的视频存储服务器及 IP SAN 磁盘阵列进行数字视频的录像存储。车辆段视频存储服务器恢复时，可通过自动或手动模式恢复原有的存储方式。

（7）设备供电。

所有 CCTV 设备均由本地电源分区控制设备供电。通过控制中心的网管终端可对本站点的电源分区控制设备进行远程控制，以实现开关站点设备电源的目标。

6.2.2　摄像机安装标准

为确保车站闭路电视监控系统安装、使用满足实际运营需求，车站及车辆段区域应按照《城市轨道交通新线建设运营需求标准》第 8 部分（通信）、《城市轨道交通视频监视系统车站摄像机布点指导意见》相关要求执行，其摄像机安装需求主要包含以下内容。

①站厅层摄像机应能覆盖以下区域：售票问询处（客服中心）内外、进出站闸机（包括连接的边门，正面客流方向）、自动售票机、充值机、安检进出口、站厅层旅客通道、站厅层公共区空旷位置、出入口通道、乘客换乘通道、商铺区域通道（地铁范围）。

②安检机上方监控应能覆盖整个安检过程，包括乘客排队情况、物品进出安检机情况、乘客通过安检通道情况。

③AFC 票务室应设置不少于 2 个监控点。其中：对角设置 1 台室内广角半球型摄像机

（含定向拾音器），用于实现票务室内无盲区监控；设置 1 台固定式摄像机（含定向拾音器），用于监视工作人员点币情况。

④垂直电梯内、外应设置监控点，其中，垂直电梯外摄像机应能监控电梯门外乘客候梯情况及轿厢门开关情况。

⑤车站所有楼梯、电扶梯监控点应能监控整侧楼梯及电扶梯梯级、上下端踏板区域、紧停按钮。

⑥车站摄像机点位应考虑与导向、PIS 屏的配合，避免遮挡摄像机视角。

⑦车站车控室应设置监控点。

⑧每组自动售票机（TVM）前设置监控点，要求能清楚地监控售票机前方的人员情况。

⑨车站出入口雨棚处球机的安装应避开车站雨棚横梁遮挡，监控范围包括门厅、扶梯上方盖板、紧停按钮及出入口外。

⑩将站台层屏蔽门、端门、紧急停车按钮纳入定焦摄像机监视范围。

⑪车站设备区走廊设置监控点，可监控设备房人员进出情况。

⑫在每处与公共区有衔接关系的走廊通道内设置 1 台室内半球型摄像机。

⑬在与消防疏散通道有衔接关系的走廊通道内设置 1 台室内半球型摄像机。

⑭车辆段内应在咽喉区设置视频监控，并将监控信息接至 DCC 监控终端。

⑮区间路基段、地面线隧道口处应设置监控点。

⑯高架站地铁范围内的过街通道应设置监控点。

⑰对于高架车站，在每处卫生间通道朝向卫生间方向设置 1 台固定式摄像机（含定向拾音器），用于监视进出卫生间相关人员情况；对于地下车站，在每处卫生间通道朝向卫生间方向设置 1 台固定式摄像机（含定向拾音器），用于监视进出卫生间相关人员情况。

⑱对于高架车站，在每处空调候车室内对角设置 2 台室内广角半球型摄像机（含定向拾音器），以实现候车室内客流情况监控。

⑲由于车站出入口处和高架车站公共区容易发生漏水，为避免摄像机设备的损害，应提高设备的防水、防雷等级。

⑳视频存储设备应不间断记录，录像存储时间：车站公共区按 90 天存储，车站设备区、车辆段、停车场按 30 天存储。

㉑车站、车辆段视频存储设备出现故障时，异地备存设备应即时接管故障设备进行录像存储，网管终端设备显示相关前端设备的录像已切换到控制中心。

㉒网管终端显示的告警信息应能区分告警级别并分别显示。

㉓视频监控系统平台软件应具有断电、故障恢复后自愈能力，网络冲突应不影响本地业务，同时平台软件应保持稳定性，应提供稳定的不间断录像存储功能。

㉔摄像机电源应划分区域统一设置，并安装至易于检修位置。

㉕所有车站公共区摄像机均应配置拾音器，实现录音功能。

㉖站台 CCTV 监视器安装在正对着驾驶室侧门。

㉗CCTV 视频信息中的图像字符及时间信息等相关格式应统一设置，参照《视频图像文字标注规范》（GA/T 751—2008）（如果有新标准则参照新标准），与公安视频监控信息格式保持一致。

㉘一体化高清球机应设置预置位，实现在偏离预置位置一定时间后自动恢复的功能，无

须手动操作。

㉙离地高度超过 3.5 m 的摄像机应设置安全带悬挂点。

㉚摄像机安装点位要求请参考文件《城市轨道交通视频监视系统车站摄像机布点指导意见》。

▶ 6.3　CCTV 设备介绍

6.3.1　摄像机

摄像机是一种把景物光像转变为电信号的装置，其结构大致为三部分：光学系统、光电转换系统、电路系统。网络摄像机主要由镜头、影像传感器(主要是 CCD/CMOS 器件)、DSP、视频编码压缩模块等组成；被摄物体经过镜头聚焦至 CCD 上。而 CCD 由光电二极管组成，这些光电二极管将光线转变成电荷；在相关电路的控制下，所积累的电荷逐点移出，经滤波、放大，再经过 DSP 处理后进行编码压缩，压缩之后通过网络端口输出，如图 6-7 所示。

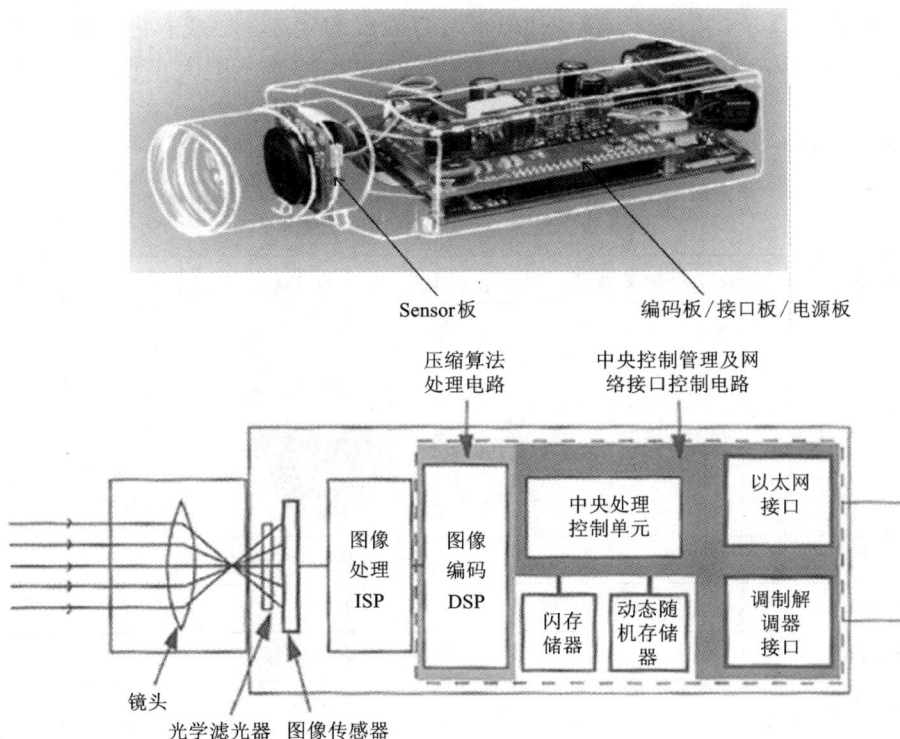

图 6-7　摄像机原理图

枪机是监控摄像机中的一种。枪机外观为长方体，前面是镜头接口，部分枪机不包含镜头，枪机镜头可单独采购。枪机主要从外型、镜头安装接口上区分。

以 2、3、11 号线在用设备为例介绍，如表 6-1 所示。

表 6-1　2、3、11 号线在用枪机型号

线别	2 号线	3 号线	11 号线
图示			
名称/型号	SNC-VB6307	SNC-CH240	SNC-VB630
像素	200 万	200 万	200 万
输出视频	1080P/60 帧	1080P/30 帧	1080P/60 帧
传感器类型	CMOS	CMOS	CMOS
输出接口	BNC/RJ45	BNC/RJ45	BNC/RJ45
协议支持	标准 Onvif，28181 协议	标准 Onvif	标准 Onvif 2.0
编码格式	H.264（High/Main/Baseline Profile），JPEG	H.264，MPEG-4，JPEG	H.264（High/Main/Baseline Profile），JPEG

　　球机全称为高清球形摄像机，是现代电视监控发展的代表，集成彩色一体化摄像机、云台、解码器、防护罩等多功能于一体，安装方便、使用简单、功能强大，被广泛应用于开阔区域的监控。

　　以 2、3、11 号线在用设备为例介绍，如表 6-2 所示。

表 6-2　2、3、11 号线在用球机型号

线别	2 号线	3 号线	11 号线
图示			
名称/型号		派尔高 IVS2DN20-00	
像素		210 万	
输出视频		1080P/30 帧	
传感器类型		CMOS	
输出接口		BNC/RJ45	
协议支持	Pelco-D、P 或 Bosch 等云台控制协议	标准 Onvif	标准 Onvif
编码格式		H.264	
防护等级		IP66	

半球摄像机是针对外形命名的。半球式摄像机由于体积小巧、外形美观，比较适合办公场所使用。其内部由摄像机、自动光圈手动变焦镜头、密封性能优异的球罩和精密的摄像机安装支架组成。其最大的特点是设计精巧、美观且易于安装。

以2、3、11号线在用设备为例介绍，如表6-3所示。

表6-3　2、3、11号线在用半球摄像机型号

线别	2号线	3号线	11号线
图示			
名称/型号	PD20DNV	FD2-DWV10-6XC	PD20DNV
像素	200万	—	200万
输出视频	25fps@1080P	—	25fps@1080P
输出接口	BNC/RJ45	BNC	BNC/RJ45
协议支持	标准Onvif 2.0	—	标准Onvif 2.0

6.3.2　光纤收发器

光纤收发器，是一种将短距离的双绞线电信号和长距离的光信号进行互换的以太网传输媒体转换单元，在很多地方也被称为光电转换器（fiber converter）。它一般应用在以太网电缆无法覆盖、必须使用光纤来延长传输距离的实际网络环境中，如监控的高清视频图像传输。

以2、3、11号线在用设备为例介绍，如表6-4所示。

表6-4　2、3、11号线在用光纤收发器型号

线别	2号线	3号线	11号线
名称/型号	欧迈特 Omate1100N	JSD：FS100-1	华飞：HF-520
传输速率/（Mbit/s）	100	100	100
最小发送功率/dBm	-14.0	-14.0	-11.0

6.3.3　网络交换机

网络交换机是一个扩大网络的器材，能为子网络提供更多的连接端口，以便连接更多的计算机。随着通信业的发展以及国民经济信息化的推进，网络交换机市场呈稳步上升态势。它具有性价比高、高度灵活、相对简单、易于实现等特点。目前，以太网技术已成为一种最重要的局域网组网技术，网络交换机也成为最普及的交换机之一。

以 2、3、11 号线在用设备为例介绍，如表 6-5 所示。

表 6-5　2、3、11 号线在用网络交换机型号

线别	2 号线	3 号线	11 号线
图示			
名称/型号	ZTE：ZXR8908E-H	H3C：S10508	H3C：LS-7506E-S
交换容量/(bit/s)	30.72 T/81.92 T	3.84 T/8.96 T	2.56 T

6.3.4　视频解码器

视频解码器是指一个能够对数字视频进行压缩的程序或者设备，通常这种压缩属于有损数据压缩。以前，视频信号是以模拟形式存储的，随着 CD 的出现并进入市场，音频信号开始以数字化方式进行存储，视频信号也开始使用数字化格式，相关技术也开始随之发展起来。数字视频信息无法通过显示器直接显示，因此需要解码成模拟视频。如图 6-8 所示为解码器工作原理。

图 6-8　解码器工作原理

以 2、3、11 号线在用设备为例介绍，如表 6-6 所示。

表 6-6　2、3、11 号线在用视频解码器型号

线别	3 号线	2 号线	11 号线
图示			
名称/型号	Avtrace：AUD330/H2P1	Uniview：DC2804-FH	
画面显示数	两画面	四画面	
视频输出端口	HDMI	DVI	
输入接口	RJ45	RJ45	

6.3.5　视频存储设备

为确保视频数据存储的完整有效，线路通常采用 IP SAN 存储方式。通过虚拟化堆叠技术，多台存储系统可以整合为一套存储池统一规划使用，也可拆分为多个存储智能模块，允许物理空间上、逻辑使用上的拆分与统一；可实现容量和性能的弹性扩展和动态部署，同时满足集中式监控、分布式监控等不同模式的需求，允许调整系统架构；也可同时满足监控数据集中存储、其他应用数据集中存储的整合。

以 2、3、11 号线在用设备为例介绍，如表 6-7 所示。

表 6-7　2、3、11 号线在用视频存储设备型号

线别	2 号线	3 号线	11 号线
图示			
名称/型号	宇视 VX3000	华为 OceanStor T	
RAID	支持 RAID 0、1、5，可配置专用热备盘（按 RAID 5 配置）、全局热备盘	支持 RAID　0、1、3、5、6、10、50	
硬盘支持	采用 SATA II 企业级硬盘，可热插拔，硬盘转速 7200 rpm，支持 SATA、SAS 磁盘混插	支持 SAS、NL SAS、SATA、SSD	
盘位扩展能力	240	276	

6.3.6 视频管理服务器

　　视频管理服务器在系统中有配置管理、安全管理、维护管理及日志系统管理的职能，可实现告警管理、网络资源配置管理、用户管理、日志管理、故障维护管理、存储设备管理、用户优先级管理、时钟同步管理、支持国际标准 IP 传输协议和 SIP 信令协议等功能，且还需支持统一网管功能，可纳入上级网管系统进行统一网管。其原理图如图 6-9 所示。

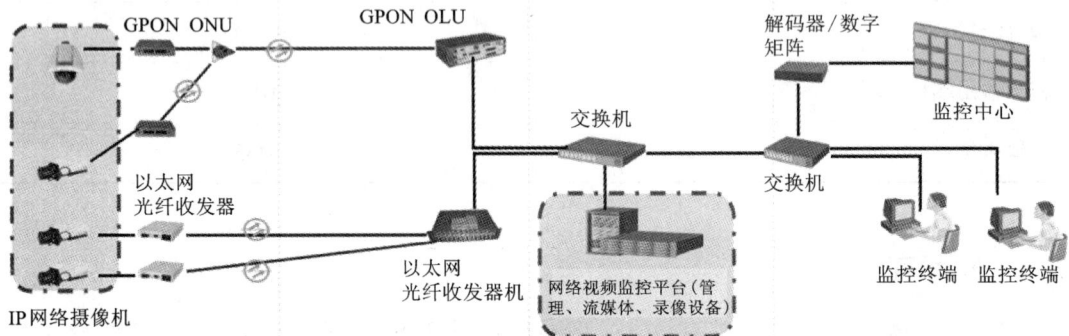

图 6-9　视频服务器工作原理

　　以 2、3、11 号线在用设备为例介绍，如表 6-8 所示。

表 6-8　2、3、11 号线在用服务器型号

线别	3 号线	2 号线	11 号线
图示			
名称/型号	HP ProLiant DL	UNIVIEW VM8500-E	

　　视频编码设备如图 6-10 所示。视频编码方式就是指通过压缩技术，将原始视频格式的文件转换成另一种视频格式文件的方式。视频流传输中最为重要的编解码标准有国际电联的 H. 261、H. 263、H. 264。目前 3 号线标清摄像机配备该设备。

图 6-10　视频编码设备

6.4　岗位技能应知应会

6.4.1　设备状态检查

1. 应用范围

在设备日常维护和故障处理中，了解设备当前运行情况是必不可少的一步。

2. 操作方法

1）通过设备状态指示灯检查设备状态

查看并记录各模块面板上的各种指示灯。视频监视系统机柜内各模块一般有电源状态指示灯，部分模块还有状态指示灯。对照设备维护文件，检查指示灯的状态是否正常，进而判断设备状态。

2）通过中心网管检查设备状态

大型视频监视系统一般配置有中心网管，其监控软件设有图形化或列表形式的站点设备监控界面，具有查看所有设备状态的功能。根据具体系统的监控软件设计，进行相关操作，调出该功能，在设备站点分布图或列表中选择要查看的站点和设备、模块，即可查看该设备状态信息。另外，还可查看系统的告警信息，检查相应设备是否有故障。

6.4.2　摄像机安装

1. 应用范围

摄像机的安装是检修人员必须掌握的技能之一。

2. 主要工器具、仪器仪表

扳手、普通螺丝刀、内六角螺丝刀、对讲机、冲击钻、工作梯、万用表。

3. 操作方法

摄像机的使用很简单，通常只要正确安装镜头、连通信号电缆、接通电源即可工作。但在实际使用中，如果不能正确地安装镜头并调整摄像机及镜头的状态，则可能达不到预期使用效果。以下简要介绍摄像机的正确使用方法。

1）安装镜头

摄像机必须配接镜头才可使用，一般应根据应用现场的实际情况来选配合适的镜头，如定焦镜头或变焦镜头、手动光圈镜头或自动光圈镜头、标准镜头或广角镜头或长焦镜头等。具体步骤如下：

①去掉摄像机及镜头的保护盖。

②将镜头轻轻旋入摄像机的镜头接口并使之到位。对于自动光圈镜头，还需将镜头的控制线连接到摄像机的自动光圈接口上；对于电动两可变镜头或三可变镜头，只要旋转镜头到位，则暂时不需校正其平衡状态（只有在后焦聚调整完毕后才需最后校正其平衡状态）。

2）调整镜头光圈与对焦

关闭摄像机上电子快门及逆光补偿等开关，将摄像机对准欲监视的场景，调整镜头的光圈与对焦环，使监视器上的图像最佳。如果是在光照度变化比较大的场合使用摄像机，最好配接自动光圈镜头并将摄像机的电子快门开关置于 OFF。如果选用了手动光圈，则应将摄像机的电子快门开关置于 ON，并在应用现场最为明亮(环境光照度最大)时，将镜头光圈尽可能开大并仍使图像为最佳(不能使图像过于发白而过载)，镜头即调整完毕。最后装好防护罩并上好支架即可。由于光圈较大，景深范围相对较小，对焦距时应尽可能照顾到整个监视现场的清晰度。当现场照度降低时，电子快门将自动调整为慢速，配合较大的光圈，仍可使图像清晰。

在以上调整过程中，若没有在光线明亮时将镜头的光圈尽可能开大，而是关得比较小，则摄像机的电子快门会自动调在低速上，因此仍可以在监视器上形成较好的图像；但当光线变暗时，由于镜头的光圈比较小，而电子快门也已经处于最慢(1/50 s)了，此时的成像就可能是一片昏暗了。

3) 后焦距的调整

后焦距也称背焦距，指的是当安装上标准镜头(标准 C/CS 接口镜头)时，能使被摄景物恰好成像在 CCD 图像传感器的靶面上。一般摄像机在出厂时，对后焦距都做了适当的调整，因此，在配接定焦镜头的应用场合，一般都不需要调整摄像机的后焦距。在有些应用场合，可能出现当镜头对焦环调整到极限位置时仍不能使图像清晰，此时首先必须确认镜头的接口是否正确。如果确认无误，就需要对摄像机的后焦距进行调整。根据经验，在绝大多数摄像机配接电动变焦镜头的应用场合，往往都需要对摄像机的后焦距进行调整。

后焦距调整的步骤如下：

①将镜头正确安装到摄像机上。

②将镜头光圈尽可能开到最大(目的是缩小景深范围，以准确找到成像焦点)。

③通过变焦距调整(zoomIn)将镜头推至望远(tele)状态，拍摄 10 m 以外的一个物体的特写，再通过调整聚焦(focus)将特写图像调清晰。

④进行与上一步相反的变焦距调整(zoomout)将镜头拉回至广角(wide)状态，此时画面变为包含上述特写物体的全景图像，但此时不能再作聚焦调整(注意：如果此时的图像变模糊也不能调整聚焦)，而是准备下一步的后焦距调整。

⑤将摄像机前端用于固定后焦调节环的内六角螺钉旋松，并旋转后焦调节环(对没有后焦调节环的摄像机则直接旋转镜头而带动其内置的后焦环)，直到画面最清晰为止，然后暂时旋紧内六角螺钉。

⑥重新推镜头到望远状态，看看刚才拍摄的特写物体是否仍然清晰，如不清晰再重复上述前三个步骤。

⑦通常只需一两个回合就可完成后焦距调整了。

⑧旋紧内六角螺钉，将光圈调整到适当的位置。

4) 注意事项

①安装镜头时，注意镜头与摄像机的接口，是 C 型接口还是 CS 型接口(这一点要切记，用 C 型镜头直接往 CS 接口摄像机上旋入时极有可能损坏摄像机的 CCD 芯片)。

②接上电源前，先用万用表测量电压值是否正常，并检查与摄像机输入电源电压是否匹配。

6.4.3　视频同轴电缆的连接器制作和安装

1.应用范围

视频电缆与设备的连接通常用 BNC 连接器，检修人员必须掌握视频同轴电缆的连接器制作和安装方法。

2.主要工器具、仪器仪表

同轴电缆剥线器、同轴电缆压接钳、电烙铁、万用表、焊锡丝。

3.操作方法

①套上接头外护套。

②用同轴电缆剥线器剥开电缆外皮，断口要整齐，不伤及内缆，开剥长度适中。

③用同轴电缆剥线器剥开内芯护套。剥开护套时，不能伤及线丝，开剥长度适中。

④将内芯线丝拧成一股，用焊锡焊紧。

⑤用 BNC 压接钳压紧内芯，不能有线丝散出。

⑥将卡夹夹紧外护套。要求卡夹全部夹在外护套上。

⑦用 BNC 压接钳压紧接头外护套。

⑧用万用表测试两接头间的电阻及内芯对地电阻。要求两接头间的电阻小于 $0.1\ \Omega$，对地电阻无穷大。

6.4.4　监视器的安装与检验

1.应用范围

检修人员必须掌握监视器的安装与检验。

2.主要工器具、仪器仪表

扳手、普通螺丝刀、内六角螺丝刀、冲击钻、工作梯、万用表。

3.操作方法

监视器在安装前，先使用视频信号发生器检测监视器显示是否正常。

视频信号发生器可以输出彩色、黑白测试图形、网格、点阵、灰阶、彩条、白窗口、圆和复合测试信号、水平-垂直清晰度测试信号、各向清晰度测试信号、自然图像测试信号。使用视频信号发生器可检查彩色电视机自然色彩的还原能力、图像分解能力和表现能力，内容包含色彩亮暗层次、高频细节、不规则线条等。

测试方法如下：用同轴电缆连接监视器与视频信号发生器，分别接通监视器与视频信号发生器的电源，选择视频信号发生器的输出测试信号和图形，检查监视器显示与所选的信号是否一致，一致即说明监视器功能正常。

监视器的安装较简单，只要安装放置监视器的支架，接通监视器的电源和视频信号即可。放置监视器的位置应适合操作者观看的距离、角度和高度。

4.注意事项

接上电源前，先用万用表测量电压值是否正常，并检查与监视器输入电源电压是否匹配。

▶▶ 6.5　典型故障场景处置

6.5.1　摄像机无视频信号

1.场景描述

摄像机无视频信号。

2.处置流程

步骤一：查看计算机及控制软件。

［问题分析］首先排查是否由软件问题导致。

［处理方案］重启计算机及控制软件，查看是否修复。如果没有修复，则执行步骤二。

步骤二：查看计算机及控制软件。

［问题分析］检查链路情况。

［处理方案］首先检查线路和接头是否正常，如果有问题，更换故障线路和接头；如果正常，则检查 IP 地址配置是否正确，如果不正确，修改 IP 后观察设备是否恢复；若上述情况均正常，则执行步骤三。

步骤三：查看前端电源和摄像机情况。

［问题分析］后台软件和链路都正常，则需要考虑电源供电和摄像机本身问题。

［处理方案］排查前端配电箱机箱电源是否有输出、保险是否烧坏，把相应的电源放在直通位置，如果故障解除，就是网管机箱内部的输出继电器的触点氧化所致，需要更换继电器；如果放在直通位置还是没有电源输出，则是保险烧毁，需要更换。若电源供电正常，则考虑为摄像机问题，应及时更换摄像机排除故障。

6.5.2　某一路云台在车站不能控制

1.场景描述

云台在车站无法控制。

2.处置流程

步骤一：与控制中心联络，尝试从控制中心直接控制云台。

［问题分析］首先确定是车站控制硬件问题还是控制中心配置问题。

［处理方案］与中心联络，控制球机，若能控制，则检查车站中控室键盘，可能为键盘摇杆异常；若不能控制，执行步骤二。

步骤二：在控制中心网管检查球机配置和接线。

［问题分析］先排查软件配置，再排查硬件问题。

［处理方案］检查球机配置是否正确，如果不正确，重新配置后尝试继续控制；如果配置正确，检查控制线压接端子有无虚接，若虚接则更换端子；如果端子正常，则需测试端口控制云台时有无跳变电压，若电压有跳变、多级调用设置正确，则是云台前端故障引起，首先检查云台控制线的端子接线是否虚接，若正常，则云台本身故障，需要更换。

6.5.3　机柜设备不能启动

1.场景描述

设备机柜不能启动。

2.处置流程

步骤：首先检查电源状态，然后检查网管软件，最后检查保险丝状态。

［问题分析］机柜断电最直接、最简单的判断方法就是检查电源状态。

［处理方案］首先检查市电是否加到空开的上端，若网管机箱电源指示灯亮，重新启动网管，是否能听到 4 次继电器的吸合声（也可用万用表测量有无电压）；若不能听到继电器的吸合声，则网管程序没有运行，需要重新灌程序（网管最终程序提供维护组）；若听到继电器的吸合声，则需要检查电源机箱的保险是否熔断，若熔断则更换保险启动机柜排除故障。

6.5.4　中心网管有视频告警，但视频正常

1.场景描述

网管中心视频告警，但现场视频运行正常。

2.处置流程

步骤一：检查告警阈值。

［问题分析］部分摄像机因安装位置，早晚的光线会不一样，摄像机输出视频的幅度值也不一样，可能导致误告警。

［处理方案］检查中心网管早晚告警阈值是否合理，若不合理，则重置修改或降低阈值；若阈值正确，执行步骤二。

步骤二：检查多功能控制器视频输出状态。

［问题分析］若不是光线变化引起摄像机告警，则是多功能控制器的视频输入虚接引起。

［处理方案］检查多功能控制器的视频输入插头是否虚接，如果不是，则检查隔离地的视频输入 BNC 端与前端摄像机回到机房的视频头连接情况。

思考题

1.闭路电视监控系统由哪些设备组成？系统功能有哪些？

2.简述设备状态检查的基本要求和关键点。

3.简述视频同轴电缆的连接器制作和安装方法。

第7章 广播系统

学习目标

1. 了解地铁广播系统基本功能、结构和原理。
2. 掌握广播系统常见设备的功能。
3. 掌握广播系统基本架构、主要设备及其设备功能。
4. 掌握广播系统原理并熟悉故障处理流程。

7.1 广播系统简介

广播系统分为正线广播系统和车辆段/停车场广播系统，车辆段/停车场广播系统独立于正线广播系统，只满足车辆段/停车场行车值班员和停车/列检库值班员，以及防灾值班员对段内重要库场的广播需求，其设备纳入正线广播系统网管。当车站或车辆段库内发生火灾等灾难时，广播系统可以兼作消防广播。

7.1.1 正线广播功能

1.控制中心广播功能

①实现全线任意车站、任意广播区的组合，并向已设定的固定组合广播区域进行广播。

②向全线任意一个车站内的任一区域、多个区域、全部区域进行广播。

③显示中心占用、全线各车站及广播区的工作、空闲及故障状态。

④中心调度员选择监听全线车站的任一广播区的广播内容，监听音量可调。

2.车站广播功能

①向站内的任一区域、多个区域、全部区域进行广播。

②选择车站内任意区域的广播内容进行监听。

③接收 ATS 信号、综合监控和中心广播设备的触发，自动对相应站台进行列车到达、发车的广播。在需要时，可人工对车站站台自动广播模式进行开启或关闭。

④站台客运值班员可对站台区域进行临时语音广播。

7.1.2 车辆段/停车场广播功能

车辆段综合楼行车值班员，停车库、检修库运转值班员等，可单选、组选和全选停车列检库、检修库等的任意广播区进行多信源广播，包括背景音乐、麦克风等；可根据需要选择监听停车列检库、检修库等的各广播区的广播情况。

7.2 广播系统设备介绍

7.2.1 广播系统构成

广播系统整体采用控制中心、车站(车辆段)两级组网方式。

1.贝能达广播系统整体架构

1)控制中心广播系统

控制中心可以实现全线广播、任意一个车站广播、任意车站的任意一个选区或多个选区广播，3号线未在控制中心设置广播区。贝能达控制中心广播系统如图7-1所示。

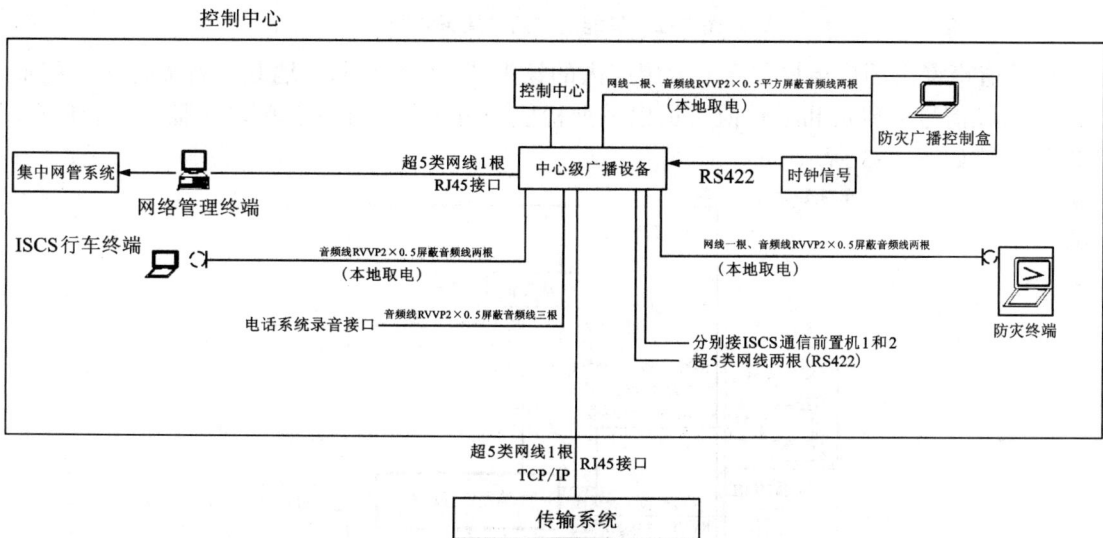

图7-1 贝能达控制中心广播系统图

2)车站广播系统

根据城市轨道交通的类型和运行管理特点，车站播音区暂时按以下5个区域进行设置：上行站台、下行站台、站厅1、站厅2、办公用房(含设备用房)。此外，在换乘站为后续换乘通道预留2~3个分区。车站广播系统可以实现本站所有选区广播、多个选区广播或单个选区广播。贝能达车站广播系统如图7-2所示。

3)车辆段广播系统

覆盖范围包括车场、车库等，能进行选区广播、多个选区广播或单个选区广播。车辆段广播系统为一套独立的区域广播系统，系统由设置在车辆段的通信设备室内的广播设

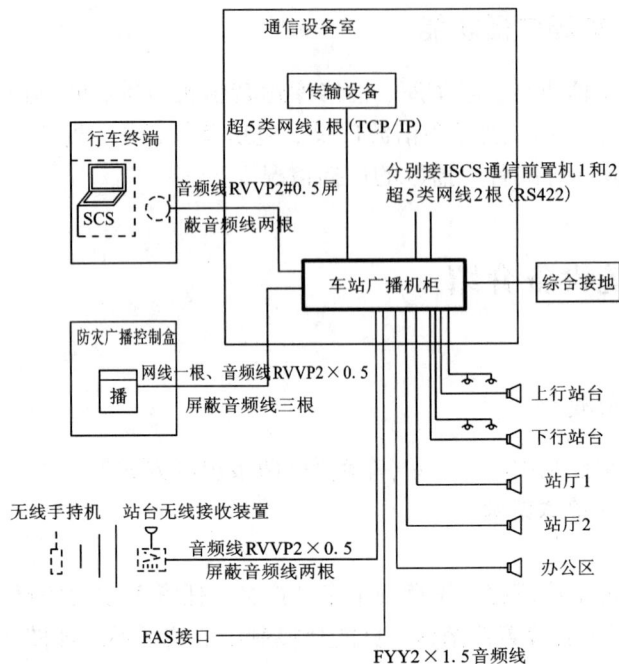

图 7-2   贝能达车站广播系统图

备、运转值班室内的广播操作台、运用库内的扬声器、广播电缆、墙装语音插播盒等组成，满足车辆段信号值班员和运转值班员以及列检值班员对各车库播音区的广播。贝能达车辆段广播系统如图 7-3 所示。

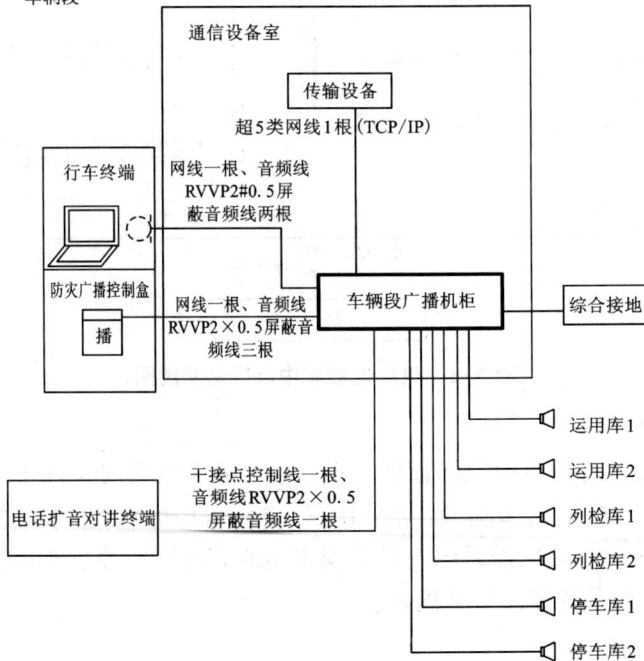

图 7-3   贝能达车辆段广播系统图

2. 渤海欧利系统整体架构

1）控制中心广播系统

控制中心可以实现全线广播、任意一个车站广播、任意车站的任一个选区或多个选区广播，在控制中心设置广播区。渤海欧利控制中心广播系统如图 7-4 所示。

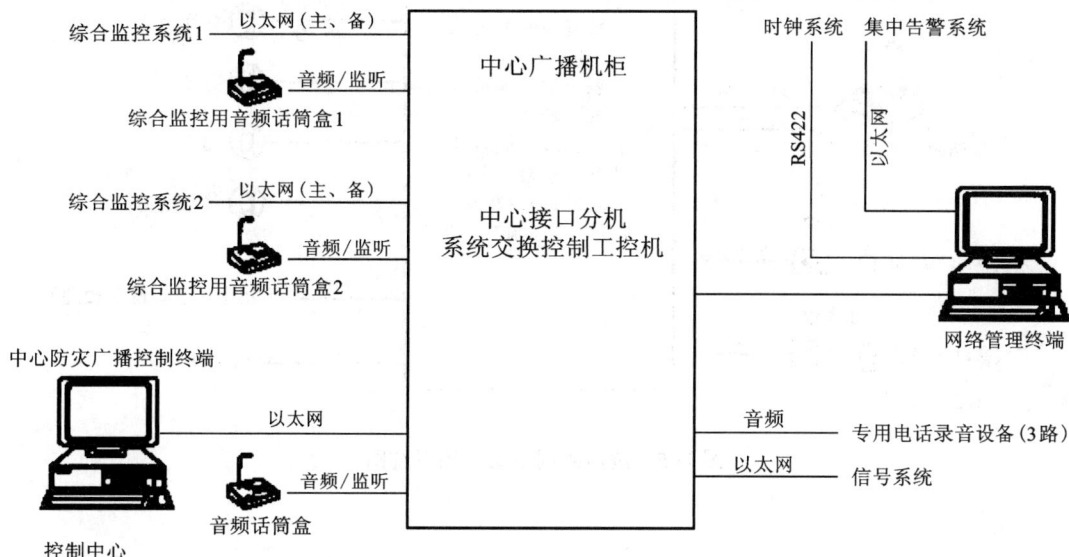

图 7-4　渤海欧利控制中心广播系统图

2）车站广播系统

根据城市轨道交通的类型和运行管理特点，车站播音区暂时按以下 5 个区域进行设置：上行站台、下行站台、站厅、办公用房（含设备用房）、出入口。此外，在换乘站为后续换乘通道预留 2~3 个分区。车站广播系统可以实现本站所有选区广播、多个选区广播或单个选区广播。渤海欧利车站广播系统如图 7-5 所示。

3）车辆段广播系统

覆盖范围包括车场、车库等，能进行选区广播、多个选区广播或单个选区广播。车辆段广播系统为一套独立的区域广播系统，系统由设置在车辆段的通信设备室内的广播设备、运转值班室内的广播操作台、运用库内的扬声器、广播电缆、墙装语音插播盒等组成，满足车辆段信号值班员和运转值班员以及列检值班员对各车库播音区的广播。渤海欧利车辆段广播系统如图 7-6 所示。

3. 北海广播系统整体架构

1）控制中心广播系统

控制中心大厅操作台设置中心行车广播控制终端（由综合监控集成，广播系统提供话筒前级）、防灾广播控制盒，广播机柜内含电源监测器 1 台、模块机箱 2 台（内含电源模块、网络音频播放器、各系统接口模块等）、交换机 1 台。北海控制中心广播系统如图 7-7 所示。

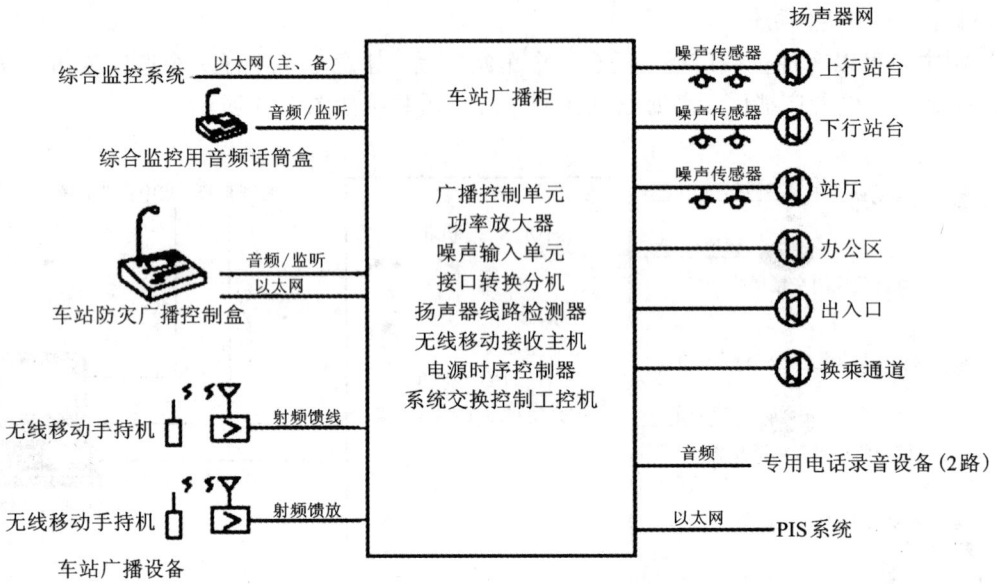

图 7-5   渤海欧利车站广播系统图

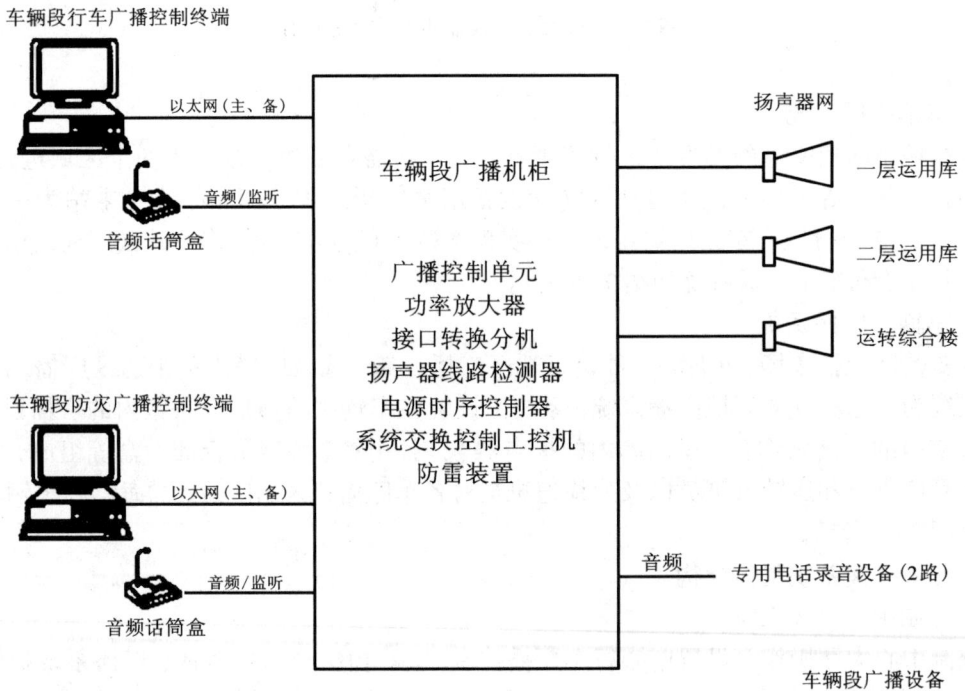

图 7-6   渤海欧利车辆段广播系统图

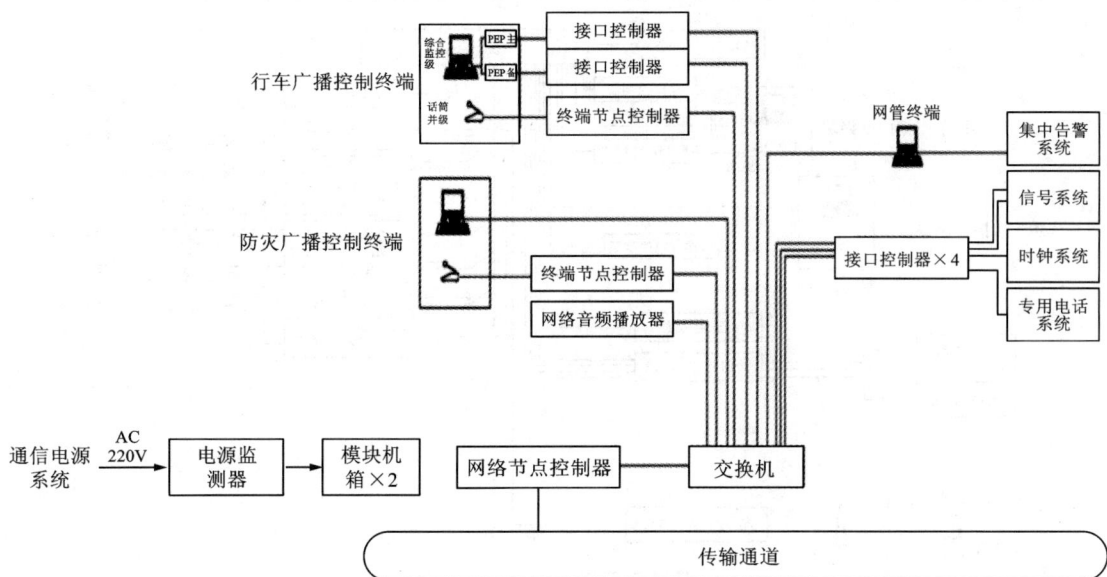

图 7-7　北海控制中心广播系统图

2）车站广播系统

车站操作台设置行车广播控制终端（由综合监控集成，广播系统提供话筒前级）、防灾广播控制盒；普通站每个车站设置广播机柜 1 套，换乘站每个车站设置广播机柜 2 套，机柜内含电源监测器 1 台、模块机箱 2 台（内含电源模块、网络音频播放器、噪声检测模块以及各系统接口模块）、交换机、无线广播控制器、功率放大器若干等。

地下车站广播按 7 个区域考虑：上行站台、下行站台、站厅 1、站厅 2、站厅设备房、站台设备房、出入口。此外，在换乘站为后续换乘通道预留 2~3 个分区。地上车站广播按 5 个区域考虑：上行站台、下行站台、站厅 1、站厅 2、设备区（包括房间及走廊）。此外，在换乘站为后续换乘通道预留 2~3 个分区。

北海典型车站广播系统构成图如图 7-8 所示，北海换乘站广播系统构成如图 7-9 所示。

3）车辆段/停车场广播系统

车辆段及停车场操作台设置行车广播控制终端、防灾广播控制盒，车辆段及停车场各设置广播机柜 1 套，每个机柜内含电源监测器 1 台、模块机箱 2 台（内含电源模块、网络音频播放器、各系统接口模块）、交换机、功率放大器若干等。北海车辆段及停车场广播系统图如图 7-10、图 7-11 所示。

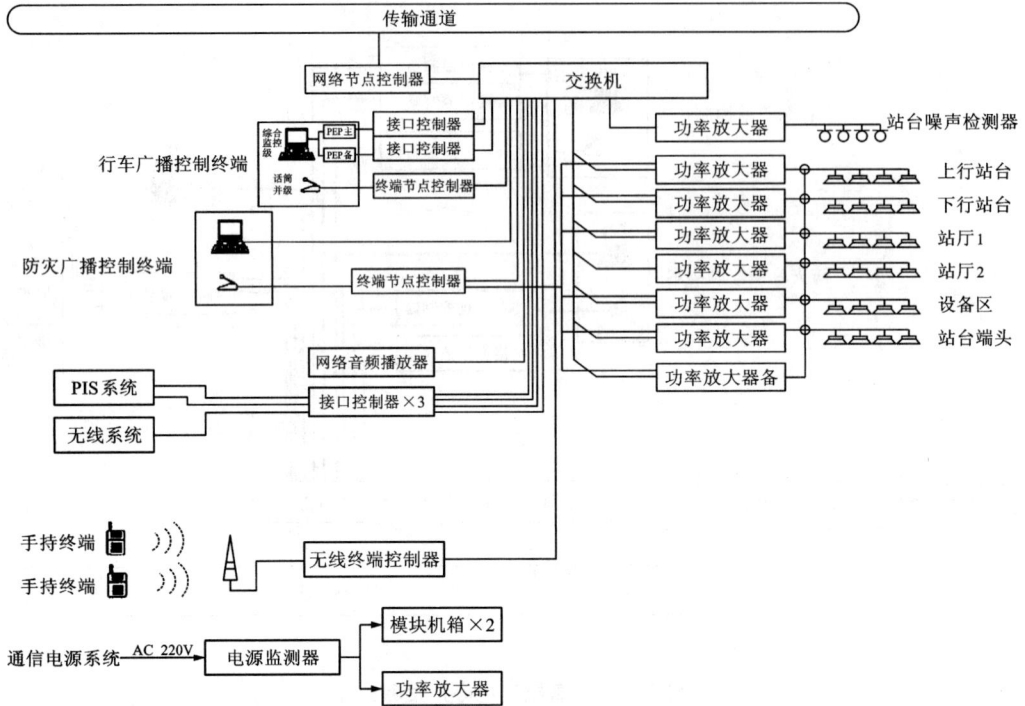

图 7-8　北海典型车站广播系统图

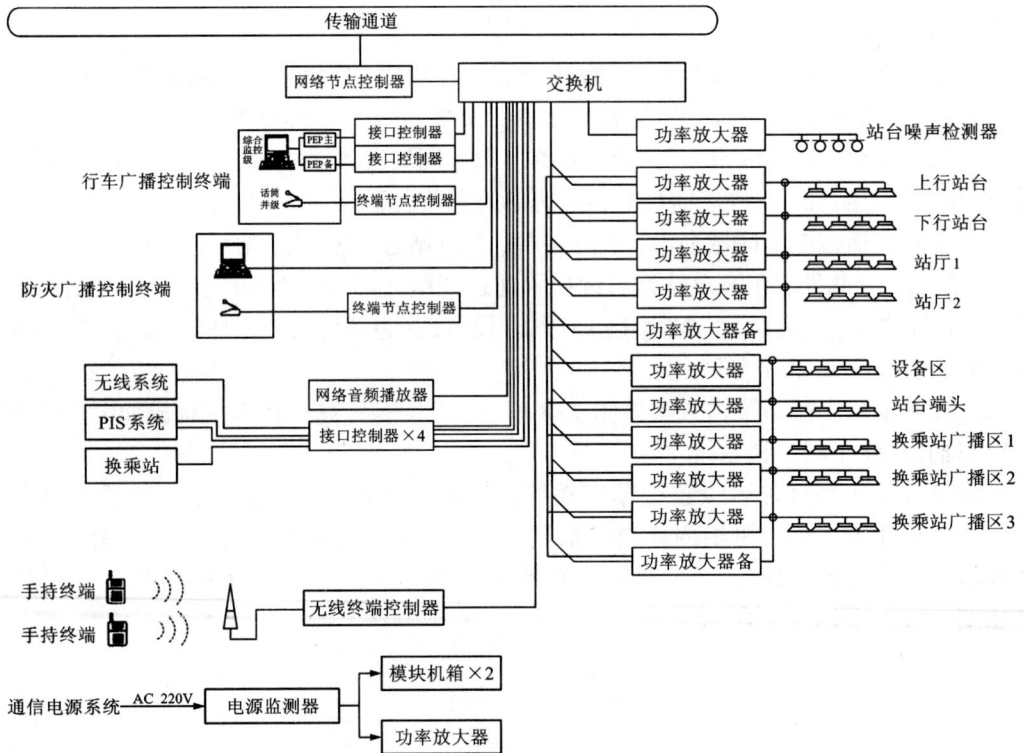

图 7-9　北海换乘车站广播系统图

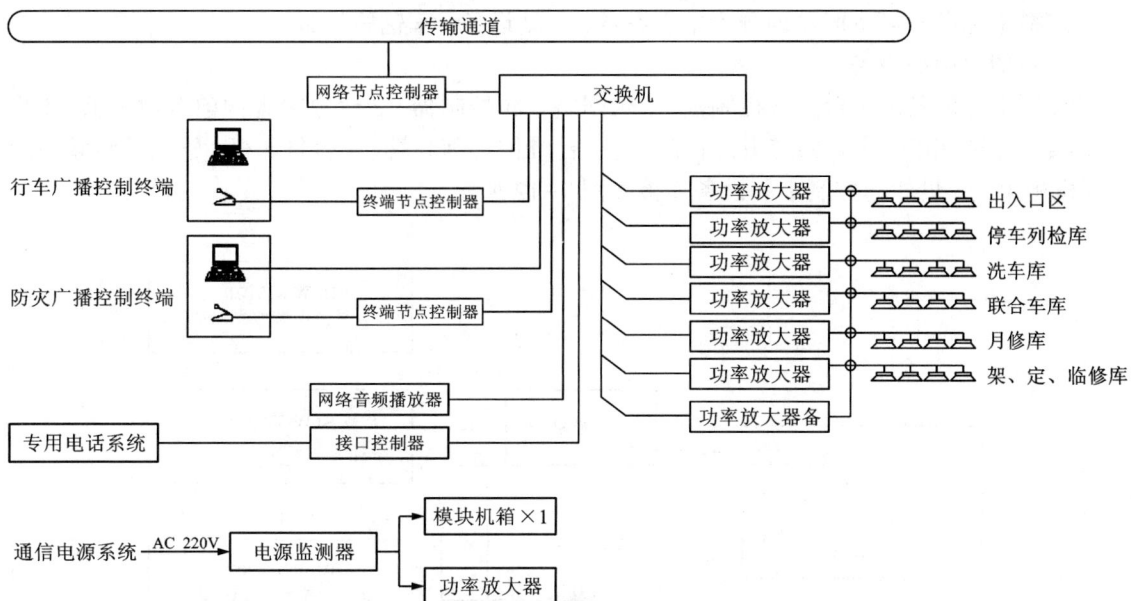

图 7-10　北海车辆段广播系统图

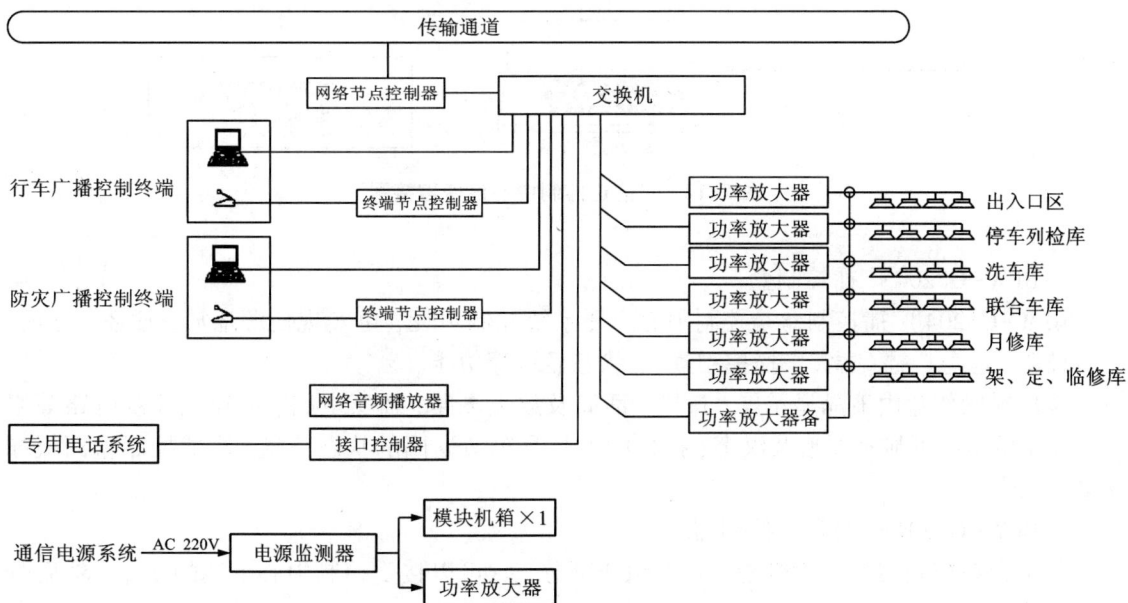

图 7-11　北海停车场广播系统图

7.2.2 广播系统设备介绍

广播系统设备可按区域划分为中心设备、车站设备、车辆段设备。

1. 贝能达中心设备

控制中心设备由 1 台广播控制盒、1 台网络音频控制器、2 台数字音频前置放大器、1 台 8×16 数字音频矩阵、1 台系统电源控制器、1 台维护管理终端、1 台打印机、输出接线箱以及 1 套机柜组成。贝能达控制中心设备连接如图 7-12 所示。

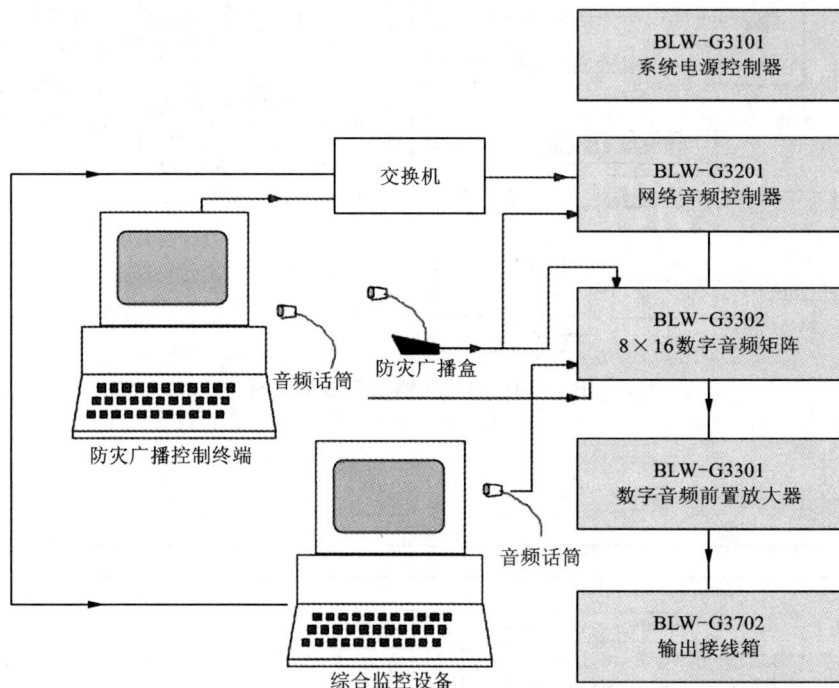

图 7-12 贝能达控制中心设备连接图

1）BLW-G3204 广播控制盒

BLW-G3204 广播控制盒是控制中心广播系统控制单元，可实现信源播放、插播、全播、录音监听、应急广播（防灾广播控制盒）、状态显示等功能。

本广播操作盒由液晶显示屏、按键、话筒及放大电路、监听电路、单片机控制电路等组成，液晶显示屏可显示图形及汉字、操作的内容及车站返回的状态信息。广播控制盒面板如图 7-13 所示。

2）BLW-G3201 网络音频控制器

网络音频控制器是广播机柜内重要组成部分，它可以接受控制中心下达的指令，然后分别下发给广播机柜内其他设备，相当于广播机柜的 CPU；可以对音频信息进行存储以备调用，并对音频信号进行上传下传处理。网络音频控制器面板如图 7-14 所示。

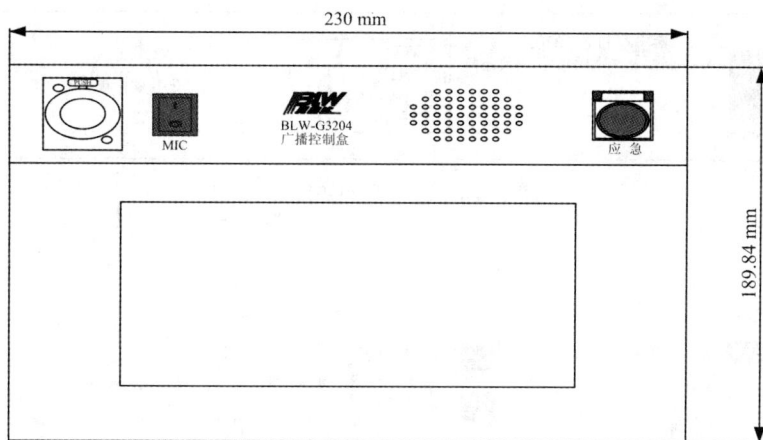

图 7-13 广播控制盒面板

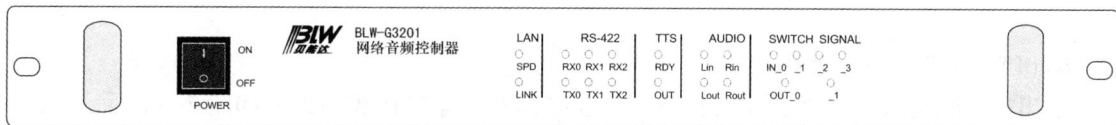

图 7-14 网络音频控制器面板

3）BLW-G3301 数字音频前置放大器

将音频信号放大至功率放大器所能接受的输入范围，经输出接线箱，将音频信号输送至选定区域，进行广播。数字音频前置放大器面板如图 7-15 所示。

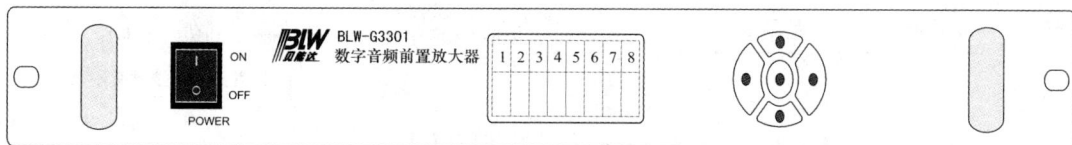

图 7-15 数字音频前置放大器面板

4）BLW-G3302 8×16 数字音频矩阵

BLW-G3302 8×16 数字音频矩阵由输入电路、输出电路、矩阵电路、单片机控制电路、多路整流电路、A/D 转换电路、显示电路、键盘组成。数字音频矩阵的输入电路将 0 dBm 音频信号送入矩阵电路，单片机控制电路根据通信口送来的计算机的指令，控制矩阵电路将音频信号分配到相应的输出电路，同时，在 LCD 显示屏上被选中的信源和通道指示闪烁；键盘用于人工设置设备地址。数字音频矩阵面板如图 7-16 所示。

5）BLW-G3101 系统电源控制器

系统电源控制器是广播系统中的供电单元，可为广播机柜内设备供电，并具有电压、电流指示功能。系统电源控制器面板如图 7-17 所示。

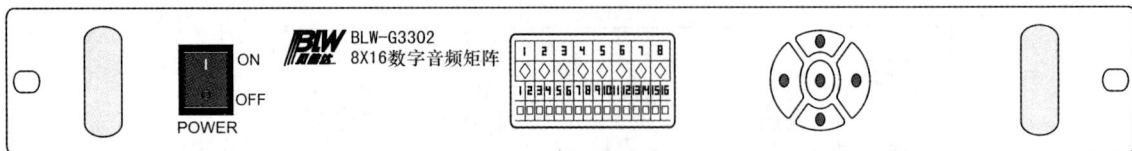

图 7-16　数字音频矩阵面板

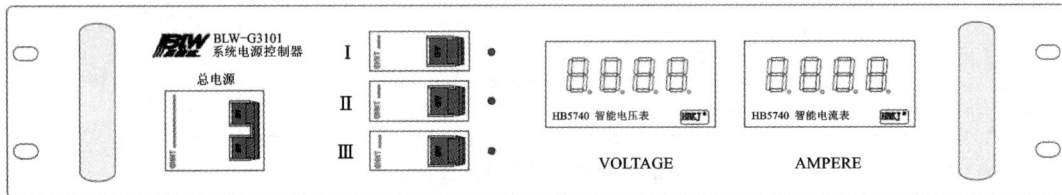

图 7-17　系统电源控制器面板

6）BLW-G3702 输出接线箱

输出接线箱将线缆由控制中心设备连接至各终端。输出接线箱面板如图 7-18 所示。

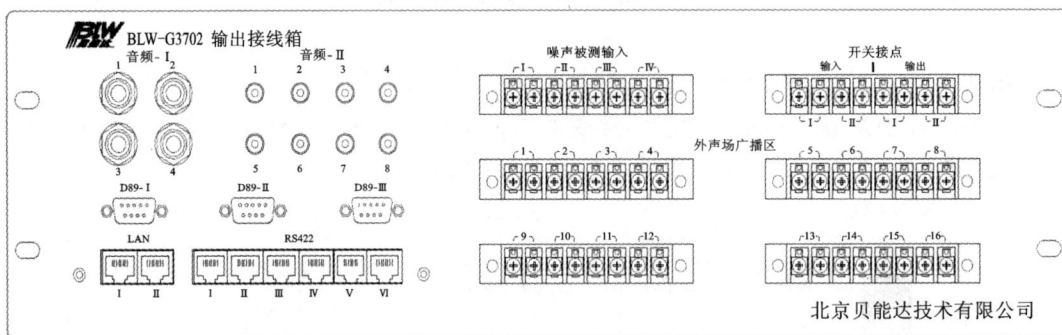

图 7-18　输出接线箱面板

2. 贝能达车站设备

各车站设备由 1 台网络音频控制器、1 台数字音频前置放大器、1 台 8×16 数字音频矩阵、1 台应急广播切换器、1 台噪声智能监测处理器、240 W 功率放大器（普通站 6 台、换乘站 9 台）、1 台监听切换器、1 台系统电源控制器、1 台可编程电源控制、1 台网络交换机、1 台输出接线箱、1 个 PDU、1 套防灾广播控制盒、2 台无线手持台、2 台无线广播移动接收设备、8 个噪声检测器、若干扬声器、1 套机柜组成。贝能达车站广播设备连接如图 7-19 所示。

由图 7-19 可知，车站广播较控制中心广播多出功率放大器、监听切换器、噪声监测处理器以及无线小区终端几个模块。其余几个模块与控制中心设备模块功能类似，不做过多介绍。

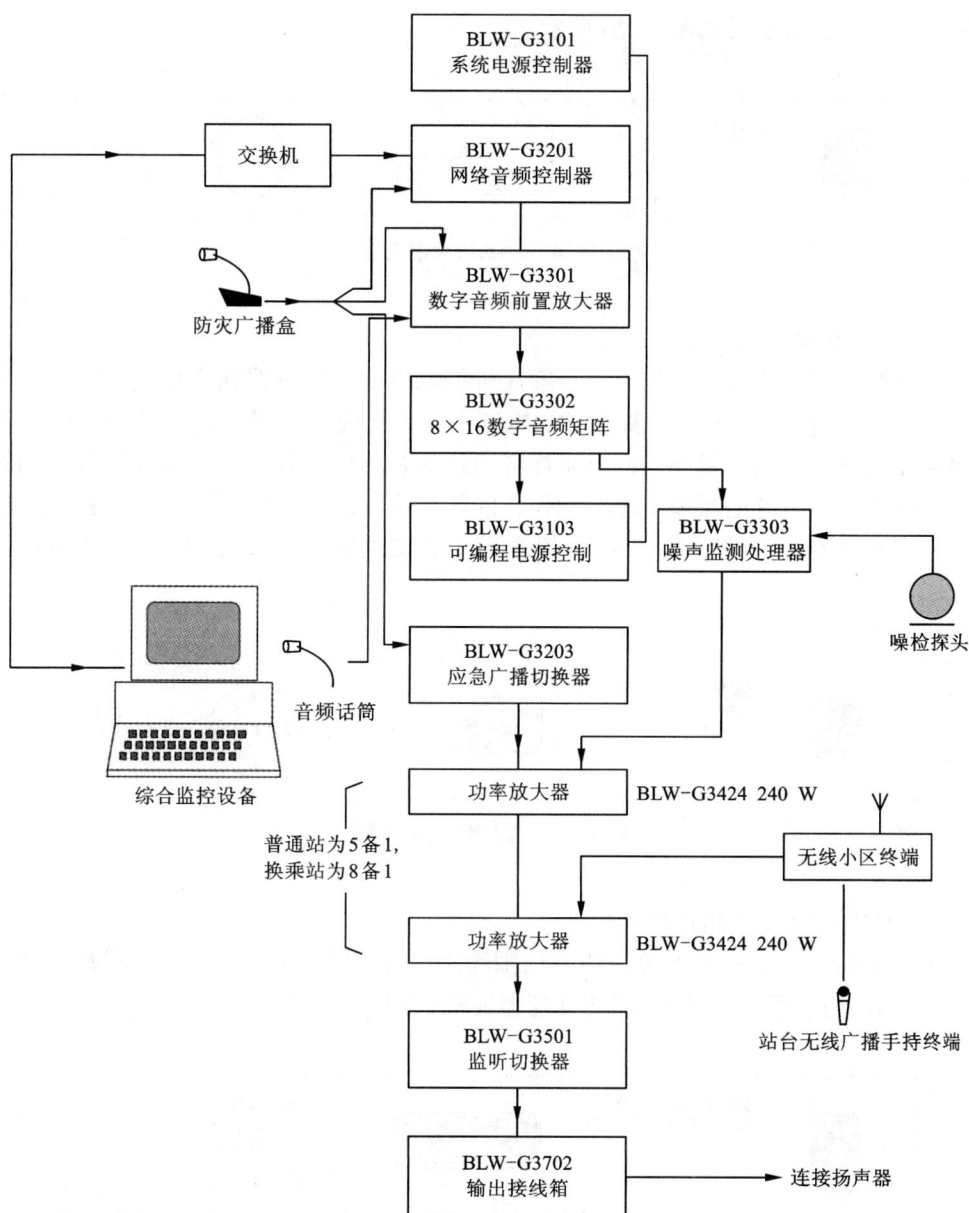

图 7-19　贝能达车站广播设备连接图

1）BLW-G3424 功率放大器

功率放大器是广播系统的扩音单元，主要性能特点：功率储备余量大，动态范围宽，失真小；液晶显示屏窗口数字化显示各种工作参数、状态；智能化检测功能，自动检测功放状态，故障信息随时上传；可对输出功率、监听音量进行数字调节；通过 RS-422 接口远程控制音量、音调，风扇起控温度；自动监测负载过载、短路等状态；数字化测温及显示，智能化风扇控制；具有优先级输入，方便用户使用。另外，可在功率放大器的出线端加装回路保护装置，当有雷击中设备时，可把雷电中的巨大能量转移到大地，同时把功率放大器断电，防止引起火灾。功率放大器面板如图 7-20 所示。

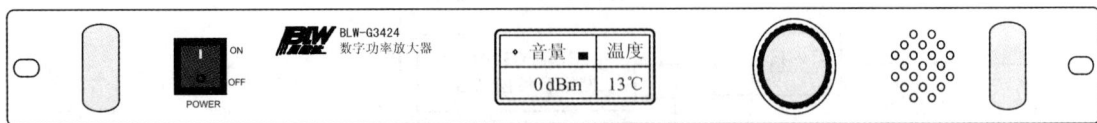

图 7-20 功率放大器面板

2）BLW-G3501 监听切换器

监听切换器由输入电路、输出电路、单片机控制电路、继电器输出电路、倒机信号检测电路、多路整流电路、A/D 转换电路、显示电路、键盘组成。监听切换器的输入电路将功放的输出音频信号传送到各广播区，同时采样各通道的音频信号并输出。单片机检测到某一功放倒机时，单片机控制继电器输出电路动作，将备用功放的输出信号切换到广播区，LCD 显示屏上显示备机被启用，通道指示闪烁；键盘用于人工设置设备地址和编组。监听切换器面板如图 7-21 所示。

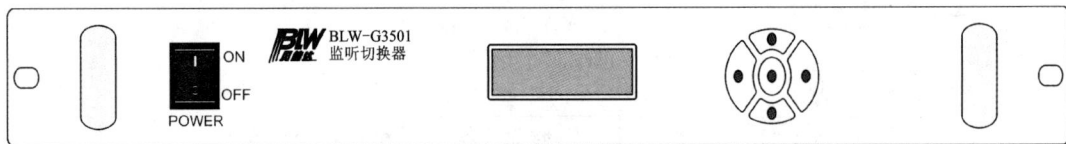

图 7-21 监听切换器面板

3）BLW-G3502 噪声监测处理器

噪声监测处理器的作用是监测扬声器周围噪声，以便控制人员调整扬声器输出功放，确保扬声器广播声音的清晰度。噪声监测处理器面板如图 7-22 所示。

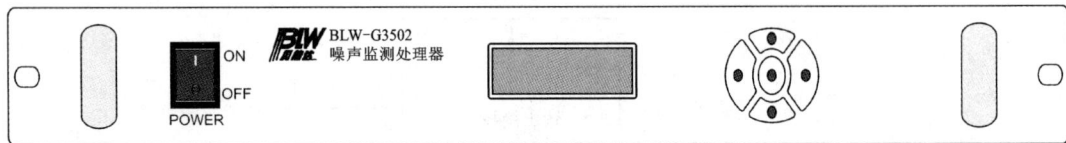

图 7-22 噪声监测处理器面板

4）站台无线广播（无线小区终端）

站台无线广播功能由站台无线广播手持终端（X5）、无线广播移动接收设备（BLWT-521UDA）和上、下行站台对应的功率放大器组成。站台值班员在需要对上、下行站台进行无线广播时，使用手中的无线手持终端进行喊话，设置在站台的无线广播移动接收设备能够接收无线手持终端发出的无线信号，并通过音频线传到本站的通信设备室，连接到相应的站台功率放大器，信号经功率放大器放大后，传到相应站台的各个扬声器，以实现站台无线广播功能。实现方式的原理图如图 7-23 所示。

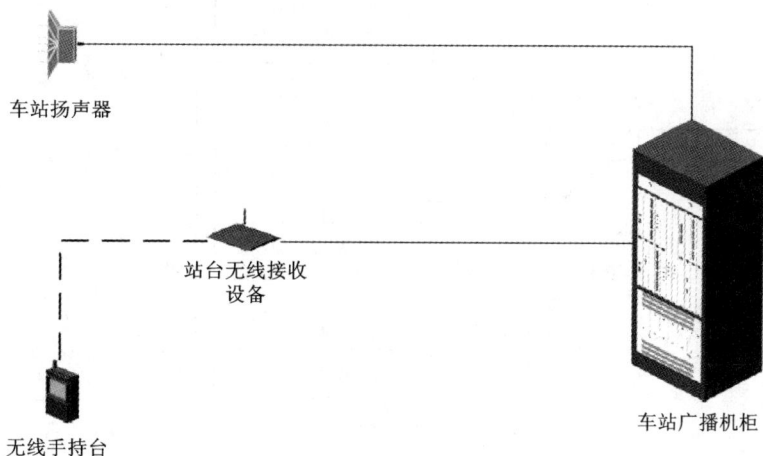

图 7-23　站台无线广播功能原理图

3. 贝能达车辆段设备

车辆段设备由 1 台网络音频控制器、1 台数字音频前置放大器、1 台 8×16 数字音频矩阵、1 台应急广播切换器、9 台 240 W 功率放大器、1 台监听切换器、1 台系统电源控制器、1 台可编程电源控制、1 台网络交换机、1 台输出接线箱、1 个 PDU、4 个光电转换器、1 套行车广播控制终端、1 套防灾广播控制盒、若干扬声器及 1 套机柜组成。贝能达车辆段广播连接如图 7-24 所示。

车辆段广播系统设备与车站广播系统设备类似，区别在于车辆段未设置噪声检测和站台无线广播模块。

车辆段综合楼通信设备室与运用库运转值班室最远端传输距离较远，因此使用光纤收发器。在车辆段综合楼通信设备室和需要摆放远端设备的设备室分别加装光纤收发器，以光纤作为传输介质可以很好地解决控制信号远距离传输的问题。另外，车辆段广播系统增加了光电转换模块，其传输原理如图 7-25 所示。音频信号的传输可以通过使用加大线径(2.0 mm² 以上的线缆)的方法减少线损。

综合楼通信设备室与综合楼消防控制室最远端距离较近，控制信号的传输可以采用 RS422 传输协议的方法保证通信质量，音频信号的传输可以通过使用加大线径(2.0 mm² 以上的线缆)的方法减少线损。

4. 渤海欧利控制中心设备

控制中心广播设备包括中心行车广播控制终端(综合监控系统提供，含中心行车广播控制终端所用音频话筒盒)、中心防灾广播控制终端(含中心防灾广播控制终端操作软件)、中心防灾广播控制终端所用音频话筒盒、中心广播机柜、系统网管终端广播线缆等。

1)中心行车广播控制终端及音频话筒盒

(1)中心行车广播控制终端。

中心行车广播控制终端由综合监控系统提供相应的设备。

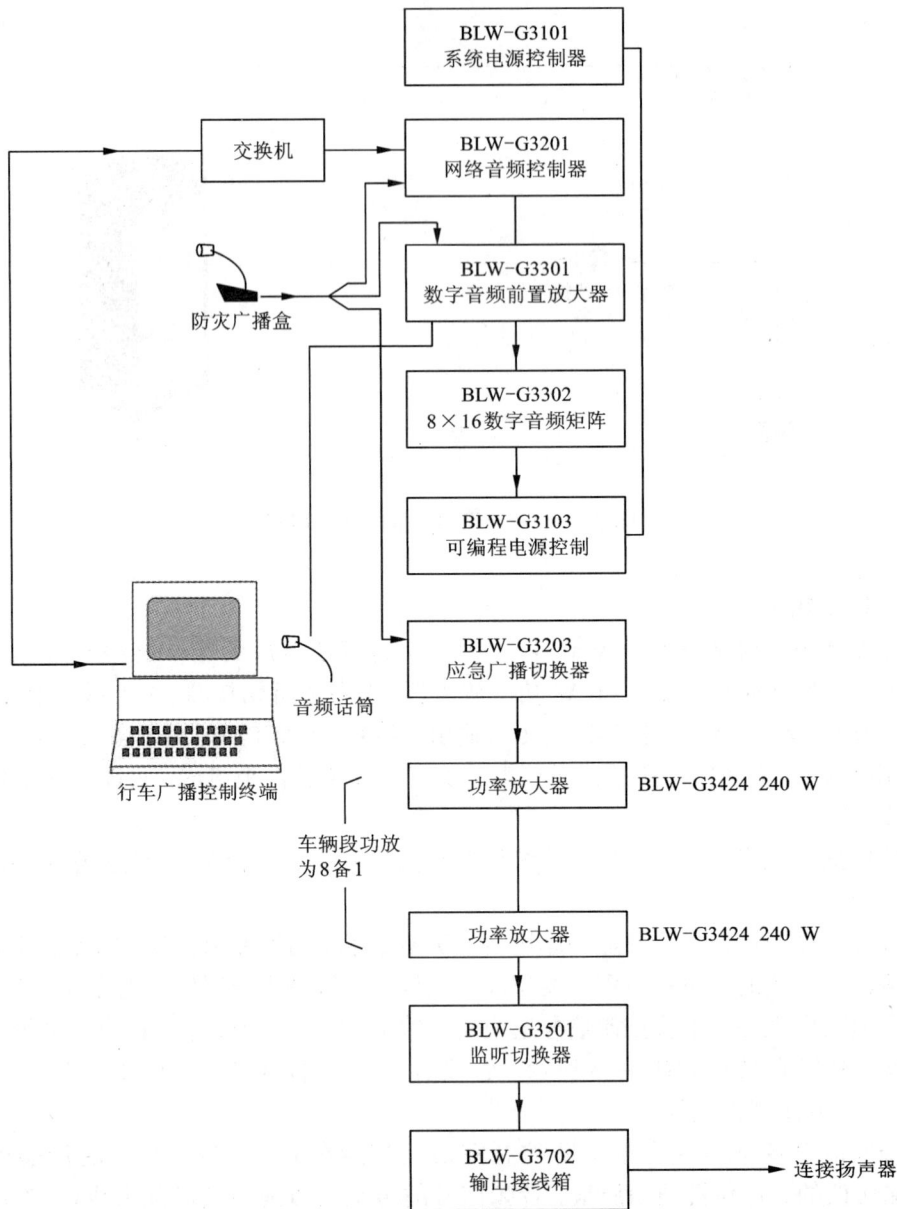

图 7-24　贝能达车辆段广播连接图

（2）YP-H-1 型音频话筒盒。

广播系统为中心行车综合监控系统控制终端设置 1 个 YP-H-1 型音频话筒盒，为中心提供广播信源。音频话筒盒包括鹅颈话筒、线路输入插口、显示装置及监听装置等，通过广播专用电缆与广播机柜相连。其结构形式采用桌面型的盒式结构。其电源采用直流供电方式，由单独配备的电源盒提供。

2）中心防灾广播控制终端及音频话筒盒

中心防灾广播控制终端设于中心调度室，用于中心防灾调度员对全线各站进行防灾紧急广播。广播系统为防灾广播控制终端配置的音频话筒盒，其构成形式与行车控制终端所配音

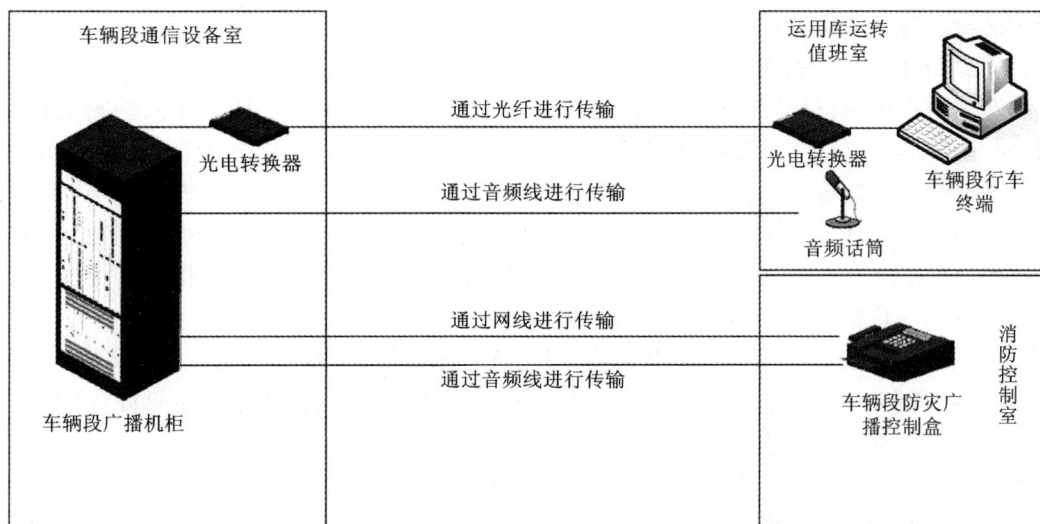

图 7-25 广播远距离传输原理图

频话筒盒相同。

3) 中心广播机柜

中心广播机柜设置于控制中心通信设备室内, 系统中的所有机柜均采用统一的 19 英寸国际标准机柜。机柜内包括如下设备: 中心接口分机、系统交换控制工控机。

(1) YP-Z-1 型中心接口分机。

中心接口分机用于中心行车广播控制终端及防灾广播控制终端所用音频话筒盒音频信号的汇接, 与系统交换控制工控机进行音频传递、数据通信, 并向录音设备提供音频接口, 输出音频信号, 供中心录音。当中心广播控制终端需要对某车站的某个广播区进行监听时, 根据接口分机的监听数据将监听音频传输给相应的音频话筒盒; 同时, 预留与防灾系统的接口, 预留中心行车广播控制终端控制的后备输出口。

(2) 系统交换控制工控机。

系统交换控制工控机有多个数据口, 用于连接中心防灾广播控制终端、连接中心网管终端, 实现中心对车站的控制操作、中心对车站广播内容的监听的转换, 还可与综合监控系统的接口进行数据交换, 实现综合监控系统广播控制终端的广播和操作。

4) 系统网管终端

系统网管终端设于控制中心通信网管室, 通过系统控制转换单元并经传输系统提供的传输通道(10 M/100 M 以太网), 实时监测全线中心及各车站、车辆段广播设备的运行状态及故障告警, 其操作记录和故障记录可通过网络打印接口输出打印网管报告。同时, 将故障告警信息提供给集中告警系统, 实现通信系统的统一管理。

5. 渤海欧利车站设备

车站广播设备分设于全线各个车站, 每个车站设置 1 套车站广播设备, 车站广播设备包括车站行车广播控制盒(综合监控系统提供)、行车广播控制终端所用音频话筒盒、防灾广播控制盒、无线手持机、广播机柜(含车站广播控制单元、功率放大器、无线移动接收主机、扬声器线路检测器、系统交换控制工控机、接口转换分机、电源时序控制器、噪声输入单元)、噪声传感器、扬声器及线缆等。

1)车站行车广播控制盒

在车站防灾值班室设置 1 台防灾广播控制盒,型号为 FK-B-1,用于车站防灾值班员对本站进行防灾紧急广播。该控制盒包括鹅颈话筒、线路输入插口、MP3 语音合成及自动录音装置、监听电路及装置、液晶显示屏、紧急广播按键及其他操作按键等,并设有与防灾系统的防灾广播接口,用于接收防灾系统的联动控制信号,启动广播系统自动循环播放预录的紧急广播信息,或插入人工话筒广播。该广播控制盒通过广播专用电缆与广播机柜相连。

2)车站防灾广播控制终端及音频话筒盒

车站防灾广播控制终端设于车站控制室,用于车站值班员对本站进行防灾紧急广播。广播系统为防灾广播控制终端配置的音频话筒盒,其构成形式与行车控制终端所配音频话筒盒相同。

3)车站无线移动广播设备

无线移动广播手持机与无线移动广播接收主机及天线组成无线移动广播设备。无线移动广播手持机由经授权的值班员随身携带,内置高容量电池;接收主机置于车站广播机柜内,天线按现场条件安置。

当站台值班员因其工作特性需在较大的范围内走动时,可随身携带广播手持机进行现场广播。当需要广播时,打开手持机电源,按住"PTT"键讲话,松开"PTT"键结束本次通话。无线手持机具有广播区选择功能,采用 409 MHz 民用频段,内设防串扰措施,设有多个频点可选。无线移动接收主机用于转接广播设备,并具有 2 套接收机和电平转换及控制接口,可同时对上、下行站台进行广播控制,与手持机也可实现本区内对讲通话。

4)车站广播机柜

车站广播机柜设于车站的通信机房内,机柜内含车站广播控制单元、功率放大器、无线移动接收主机、扬声器线路检测器、电源时序控制器、系统交换控制工控机、接口转换分机、噪声输入单元等。

(1)车站广播控制单元。

该单元是车站广播系统的核心控制部分,采用模块式插板结构,所有模块均插于 4U19″ 国际标准机箱内。该单元包括电源模块、数字汇接模块、音频汇接模块、噪声检测模块、音量调整模块、功放检测模块、采样监听模块、功放切换模块。

(2)功率放大器。

TG200S 型数字功率放大器是数字定电压功率放大器,采用独立自主知识产权的高数位编码处理技术,A/D-D/A 数模转换技术,具有宽带音频输出特性,以及低失真、低噪声的高保真性能,在目前数字功放产品中处于领先水平。本数字功率放大器由主功放模块和开关电源模块组成一体化的整机,由于采用单台独立配电设计,具有更高的可靠性,便于切换维护。由于数字功放效率高,散热量低,所以本机采用自然散热方式,无须风扇,更适用于长期连续工作的条件,无须每天开关机。该功放技术性能达到国家一级机水平,设有外线短路、开路、过压、过流、过温、中点电位漂移、开机延时等多种保护功能,面板上设有电源指示、峰值指示、保护指示及输出电平指示。

(3)YXJ-1 扬声器线路检测器。

该设备用于对系统的扬声器线路进行自动检测,当扬声器网络发生短路故障时,将其告警信息通过内部串口通知数字汇接模块，数字汇接模块再将报警信息上传至系统网管终端，同时切断该路输出。

（4）DSK-10型电源时序控制器。

该设备具有10路自动延时电源输出口和电源检测净化、保护等功能，用于向各功放及控制模块逐台延时加电，防止对电源的冲击，消除电磁干扰；断电、倒电时也具有延时开机功能，可以彻底地消除电源倒电造成的系统死机现象。

（5）系统交换控制工控机。

系统交换控制工控机用于接收中心对车站的广播和操作信号；具有与综合监控系统连接的接口，可实现综合监控系统与广播之间的控制信息传递，同时存储上、下行列车进站语音广播信息、预示音以及预录制语音合成内容，可供综合监控系统选择调用；用于与广播控制单元进行数据交换，并通过内部接口与数字汇接模块进行数据交换；具有与车站传输系统的数据接口，用于中心与车站广播设备的数据交换。

（6）JK-ZH-1接口转换分机。

接口转换分机包含多组2路音频通道（1入1出）和1路控制通道（RS422），用于与其他线广播系统提供公共换乘区域的音频及数据通道互联（广播系统双方提供互控的通信协议）。另外，它还预留与FAS系统的干节点接口，用于接收FAS系统的触发控制信号，自动启动广播系统播放预录制的防灾紧急广播。

（7）NC-8型噪声输入单元。

车站广播机柜内配置1套NC-8噪声输入单元，本单元可外接8个噪声传感器。

6．渤海欧利车辆段设备

车辆段广播系统单独设置，车辆段广播设备包括车辆段行车广播控制终端、行车广播控制终端所用音频话筒盒、防灾广播控制终端、防灾广播控制终端所用音频话筒盒、广播机柜（含广播控制单元、功率放大器、扬声器线路检测器、系统交换控制工控机、接口转换分机、电源时序控制器）、扬声器及线缆等。

1）车辆段行车广播控制终端及音频话筒盒

车辆段行车广播控制终端设于DCC，用于车辆段值班员对各广播区进行选择广播。车辆段行车广播终端及所配音配话筒盒形式与车站行车广播终端所配音频话筒盒相同。

2）车辆段防灾广播控制终端及音频话筒盒

车辆段防灾广播控制终端设于车辆段值班室，用于防灾值班员对广播区进行防灾紧急广播。车辆段防灾广播终端配置的音频话筒盒其构成形式与车站行车控制终端所配音频话筒盒相同。

3）车辆段广播机柜

车辆段广播机柜设于车辆段通信机房内，机柜内包括与车站相同的各控制模块（不含噪声检测模块）、功率放大器、系统交换控制工控机、接口转换分机、电源时序控制器。

4）扬声器（远距离传输）

由于车辆段综合楼通信设备室距离运用库运转值班室比较远（约为1.5 km），综合楼消防控制室距通信设备室较远（约为0.8 km），对于远距离的数据及音频宜采用光缆传输，即广播系统在综合楼的通信设备室和运用库的运转值班室分设光端机，中间以光缆连接。光端机采用最新的大规模可编程集成电路及全数字无压缩技术，可实现音频、数据等的传输。广播设备的电源建议就近取电。

7.北海中心设备

　　在控制中心通信机房设置 1 套广播系统机柜，含电源监测器、2 台模块机箱(3 块电源模块，2 块与话筒前级接口控制器，2 块与综合监控接口，2 块与 ATS 接口，1 块与专用电话接口，1 块网络音频播放器，1 块网络节点控制器，1 块与时钟系统接口)、1 台交换机、接线端子排。控制中心设备连接如图 7-26 所示。

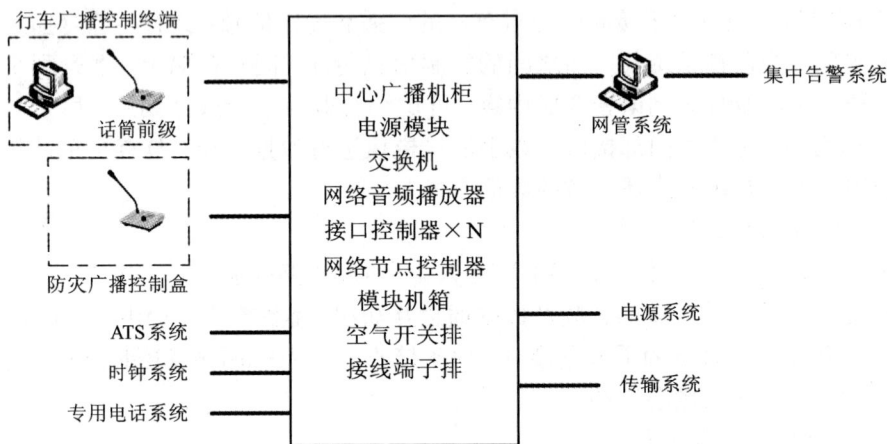

图 7-26　控制中心网图

1)电源模块 BHP-PW-2420(如图 7-27 所示)

功能：该设备用于将 AC 220 V 转换成 DC 24 V 电源，向系统中的其他模块供电。

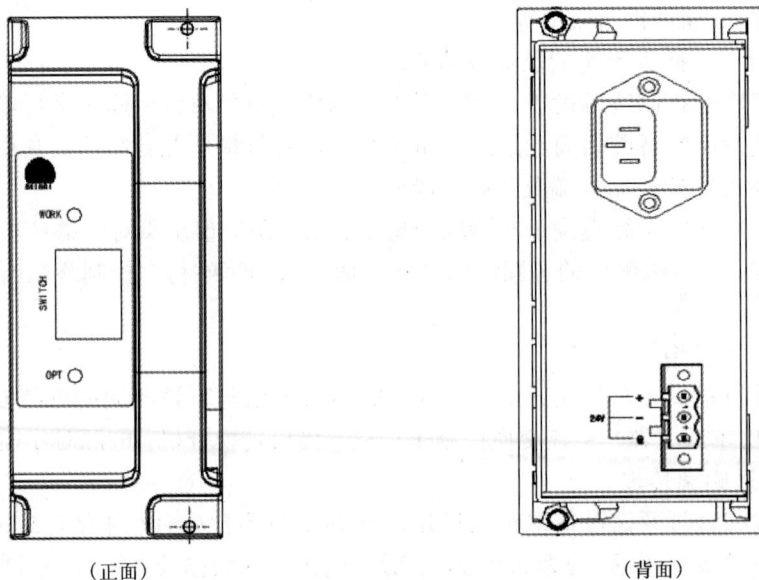

（正面）　　　　　　　（背面）

图 7-27　电源模块 BHP-PW-2420

2）电源监测器 BHP-M-50（如图 7-28 所示）

图 7-28　电源监测器 BHP-M-50

功能：该设备用于监测、显示广播系统输入的电源电压及消耗的电流，并进行 AD 变换。设备一般放置在广播机柜的上部位置，便于观察。设备具有 1 组 AC 220 V 电源输入及 4 组 AC 220 V 电源输出接口，以数字方式实时显示输入的电源电压及消耗的电流。

3）网络音频播放器 BHP-AX-0400（如图 7-29 所示）

图 7-29　网络音频播放器 BHP-AX-0400

功能：完成语音合成信息播放，同时可以播出 4 路音频，通过语音合成软件可以将合成的语音文件存储在内置的 SD 卡上。

语音合成广播为系统预录制的信息，预录制信息是通过设置在控制中心广播机柜中的网络音频播放器来完成的。网络音频播放器内置的 SD 卡为 4G，可以存储不少于 50 小时的 CD 级以上音质的 MP3 文件，预录制语音支持并不限于普通话、英语，不少于 600 段，每段不少于 60 s，并可扩充。预录制的语音段默认按录音时间命名，在广播操作软件中可以按录音记数时段、名称、时间对已录制文件进行检索查询。

4）接口控制器

接口控制器是用于广播系统各种对外接口的数据交换设备，常见的功能有录音接口、无线接口、时钟接口、信号系统接口、ATS 系统等。

5）网络节点控制器 BHP-N-200

功能：该设备具有两个网络接口，一个起到网络隔离的作用，另一个汇总所在区域的系统信息，并将信息上报至控制中心；两个网口接口一个用于连接广播系统内部的网络，另一个用于连接外来网络（骨干网、传输系统等）。

6)话筒前级 TBA-3834(如图 7-30 所示)

功能:用于主控系统的话筒广播及监听,在本系统中用于组成控制中心广播控制终端,在话筒前级的面板上有话筒、音量指示、监听扬声器及监听音量电位器。

7)广播控制盒 BHP-C-56T(如图 7-31 所示)

图 7-30　话筒前级 TBA-3834

图 7-31　广播控制盒 BHP-C-56T

广播控制盒为台式结构形式,话筒为鹅颈式,可平放在桌面上;显示屏为 5.6 英寸 TFT 屏,用于显示必要的操作及状态信息;键盘采用触摸式轻触键盘,有 16~24 个按键,包括 10 个数字键、线路键、语音键、监听键、全开/全关键、设置键及取消键等,各按键均带灯。

功能:报站广播的自动与半自动切换、监听功能、人工广播功能、线路广播功能、预录制广播功能、前景/背景切换功能、应急广播功能。

8. 北海车站设备

车站广播控制机柜普通站为 1 台,换乘站为 2 台。普通站机柜内含电源监测器 1 台,模块机箱 2 台(内含电源模块 3 块、网络音频播放器 1 块、噪声检测器 1 块、网络节点控制器 1 块,与综合监控系统接口 2 块,与话筒前级 2 块,与无线系统接口 1 块,与 PIS 系统接口 2 块,录音模块 1 块),交换机 1 台,功放每个站 7 台、无线广播控制器、消防广播控制器 1 台、接线端子排等。车站设备连接如图 7-32 所示。

1)功率放大器 BHP-A-2500(如图 7-33 所示)

该功率放大器具有以下功能:

①具有自动延迟开机功能。当设备连接 220 V 交流电时,CPU 部分即开始工作,延迟一段时间后,自动开机(接通功放板的电源)。延迟时间约为:功放地址×100 ms(可设定)。

②设备通过网络接收选区控制信息及音频数据流信息,自动识别优先级,播放相应的广播音频。

③当应急广播有效时,设备自动播放应急广播的音频。

④监听功能

设备中有内置监听扬声器,可以监听本机所广播的音频。设备可以采样本机广播的内容;根据控制指令,通过网络发送用于监听的音频数据流。

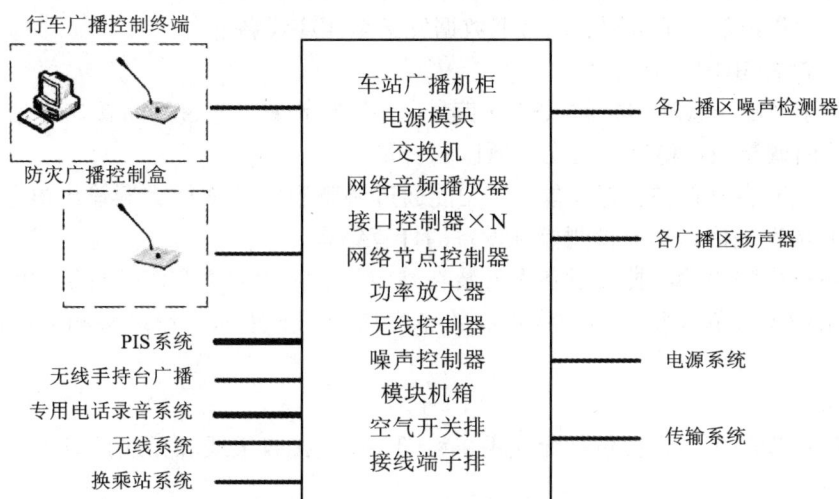

图 7-32　车站网图

图 7-33　功率放大器 **BHP-A-2500**

⑤能够对广播音量(手动调节、远程调节、噪声调节、温度调节)及监听音量(通过设备的旋转编码器调节)进行控制。

⑥自动倒机功能。当功放故障或手动关闭功放时,能够自动倒机。

⑦能显示功放状态信息,至少包括广播状态、音量信息等。

2)噪声检测器 BHP-ND-100

功能:用于广播系统中,分布在各广播区现场,实时检测广播区的环境噪声,通过

RS485，将广播区的环境噪声发送至广播系统相应的设备，功率放大器自动调节相应广播区广播音量；瞬时噪声信号消失时，也会把数据发送至相应设备。

3）噪声控制器 BHP-ND-256

功能：用于从噪声检测器接收 RS485 信号，并进行计算，通过网络接口把信号传送给功率放大器，从而调节噪声检测器所在广播区的音量。

广播系统具有自动调整音量功能，该功能通过调整数字功率放大器输出电平来实现，调节输出电平的幅度是依据噪声检测控制设备的计算结果。

在广播系统中噪声检测控制设备由安装在站台的噪声检测器和广播机柜中的噪声控制器组成。广播系统支持单区多个噪声检测器的噪声均衡，支持单个噪声检测器的故障上报及定位。

4）无线系统

站台无线广播的主要设备包括无线手持终端、无线接收天线和无线接收台。其原理图如图 7-34 所示。

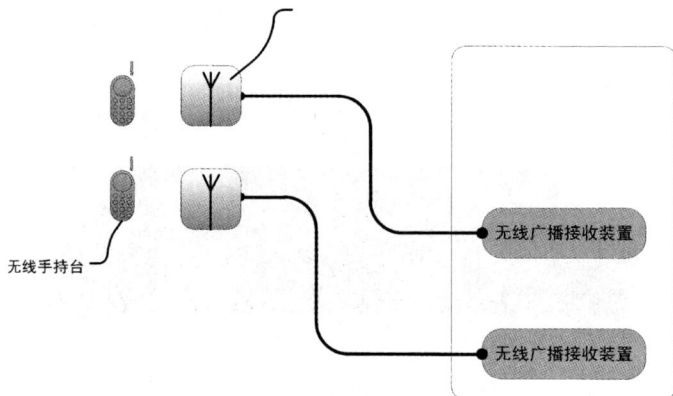

无线手持台

图 7-34　无线原理图

广播系统为每个车站配置 2 台无线手持终端，站台值班员使用无线手持终端方式对上下行站台进行广播；无线手持终端在高优先级未占用广播时方可使用，否则，操作无效；无线手持终端应有"播音"按键，按住"播音"键即可对站台进行广播，广播完毕后，松开此键，则可结束本次广播。

每个无线手持终端含有 0~9 共 10 个数字按键、1 个确认键和 1 个取消键。默认数字 1 按键为上行广播区，数字 2 按键为下行广播区。在没有高优先级或同级对上行或下行广播区广播时，可按数字 1 或数字 2 按键，之后按确认键，就可对上或下行站台广播区广播。结束广播，可按取消键。按数字 3 按键可实现一个手持终端同时对上下行站台广播。

9. 北海车辆段/停车场设备

车辆段及停车场操作台设置行车广播控制终端、防灾广播控制盒，车辆段及停车场各设置广播机柜 1 套，每个机柜内含电源监测器 1 台、模块机箱 2 台（内含电源模块、网络音频播放器、各系统接口模块）、交换机、功率放大器若干等。车辆段及停车场设备连接如图 7-35 所示。

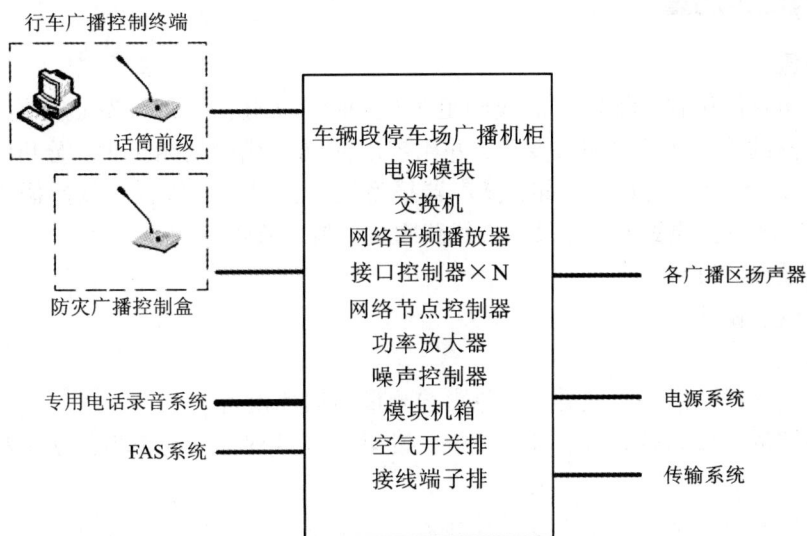

图 7-35 车辆段及停车场网图

　　车辆段设置广播区可分为运用库 1、运用库 2、运用库 3、运用库 4、运用库办公楼广播区 5 个广播区。在保证末端扬声器正常工作的情况下，各路扬声器通过 2 芯广播电缆连接，每一播音区由多个扬声器回路组成。扬声器以小功率大密度的方式布置，扬声器功率根据经验一般接入 6 W（另具有 3 W 和 1.5 W 的抽头）。由于车辆段的运用库、检修库等空间比较大，因此配置的扬声器为 15 W 号筒式扬声器。

7.3　岗位技能应知应会

7.3.1　功放增益的调节

1. 主要的工器具、材料

便携式维护终端、示波器、旋具、万用表。

2. 测试方法

①通过便携式维护终端对功放进行诊断，初步判定系统及功放的工作状态。

②使用示波器观察输入/输出信号波形，初步判定测量数据符合相关技术指标。

③使用旋具调节增益电位器，使输出信号幅值/音量符合要求。

④测量输出声压。

7.3.2　线网阻抗测量

1. 应用范围

通过使用阻抗测试仪，测量广播线网阻抗（包括纯电阻、容抗、感抗），检查线路质量，满足功率放大器的输出匹配电阻抗要求，并比较以前同一线网的阻抗值，分析线路老化、受损情况，为检修提供技术支持。例如，扬声器播音区声强低，分段检查线路阻抗，判定故障点；扬声器播音区声音质量差，分段检查线路阻抗，判定故障点。

2. 主要工器具、材料

阻抗测量仪、旋具。

3. 操作方法

①把需检测的线路的功放断开，以免影响测量和损坏设备。

②检查阻抗测量仪是否完好，打开仪表，拨至相应量程，短接表笔，检查表笔及接头是否完好。

③选择阻抗测量仪适当的参数及档位接着把表笔夹到测量线路两个接头，等待 10 s，仪表显示数据较稳定时，读取数据。

④关闭仪表，收拾工具，清洁现场。

7.3.3　广播扩声特性测量方法

1. 应用范围

对有线广播区的声压进行测量，并对其进行修正，使其满足业务播音和应急广播的需求。

2. 相关知识

白噪声：是一种功率频谱密度为常数的随机信号或随机过程。换句话说，此信号在各个频段上的功率是一样的，由于白光是由各种频率（颜色）的单色光混合而成，因而此信号的这种具有平坦功率谱的性质被称作是"白色的"，此信号也因此被称作白噪声。相对的，其他不具有这一性质的噪声信号被称为有色噪声。

粉红噪声：既然是噪声就绝对不是单纯的纯音，它是一种频率覆盖范围很宽的声音。低频能下降到接近 0 Hz（不包括 0 Hz），高频端能上到二十几千赫，而且它在等比例带宽内的能量是相等的（误差只不过 0.1 dB 左右）。比如用 1/3 oct（倍频程）带通滤波器去计算分析，我们会发现，它的每个频带的电平值都是相等的（2/3 oct、1/6 oct、1/12 oct 也是一样）。

3. 主要工器具、材料

声频信号发生器、噪声信号发生器、1/3 oct（倍频程）带通滤波器、测量放大器、声级计。

4. 操作方法

（1）声压计取 A 权设置，在设备房安放好检测设备，1/3 oct（倍频程）粉红噪声信号直接馈入扩声系统调音台输入端。

（2）调节噪声源的输出，使测点的信噪比满足：内测点的声压级至少应高于总噪声 15 dB，混响时间及再生混响时间测量时信噪比至少应满足要求 35 dB

（3）最后改变 1/3 oct（倍频程）带通滤波器的中心频率，保持各频段电平值恒定，在播音区规定的测点上测量声压级。

7.3.4　卡侬插接件的制作

卡侬插接件在广播系统中，使用 3 针脚的卡侬接头。其用于平衡式连接传输时，接点 1 接屏蔽层，接点 2 接信号热端，接点 3 接信号冷端；用于非平衡传输时，接点 2 接信号端，接点 1 和 3 合并接屏蔽与信号回线。

▶ 7.4　典型故障场景处置

7.4.1　单个车站无广播

1. 场景描述

单个车站无定时广播。

2. 处置流程

步骤一：查看网管告警，排查广播系统与综合监控接口。

［问题分析］定时广播由车站综合监控系统触发，如果没有定时广播考虑广播触发业务是否正常。

［处理方案］判断是广播系统问题还是综合监控问题：用广播控制盒测试广播，如果广播控制盒正常使用，而综合监控系统不能触发定时广播，则重点查看综合监控系统运行状态及综合监控系统与广播系统接口。如果广播控制盒不能正常使用，则重点查看广播系统设备运行情况。

步骤二：广播系统设备运行情况。

［问题分析］广播设备正常运行是广播正常播放的基础，需要检查广播设备的运行情况。

［处理方案］通过网管查看网络音频控制器工作状态，排除网络音频控制器硬件及广播服务软件故障。若网络音频控制器运行正常，排查前置放大器显示与工作是否正常。若前置功率放大器运行正常，查看 8×16 矩阵显示与工作是否正常。若矩阵设备运行正常，查看功率放大器显示与工作是否正常。除了看面板通道是否有显示，还可以用耳机听一下是否有声音输入。

步骤三：业务恢复。

［问题分析］故障修复后，现场察看告警是否消失。

［处理方案］故障修复后，查看网管告警是否消除，现场察看定时广播是否恢复。

7.4.2　贝能达系统全线车站均无列车进站广播故障

1. 场景描述

全线车站均无法触发列车进站广播，车站口播及其他定时广播播放正常。

2. 处置流程

步骤一：查看网管告警。

查看网管告警，初步判断故障范围，并查看是否正常倒换，业务有无中断。

［问题分析］通过网管告警查看中心和车站有无实际影响广播业务告警，重点查看控制

中心网络音频控制器和车站网络音频控制器设备运行状态。

[处理方案] 通过网管查看网络音频控制器工作状态，如果是单站无列车进站广播，重点查看站点内设备告警；如果是全线列车无进站广播，重点查看中心设备告警。检查各设备模块运行情况，若硬件设备故障，更换硬件设备。若硬件设备运行正常，查看网络音频控制器服务进程，如果服务运行异常，重新开启服务进程。若网络音频控制器服务进程运行正常，查看控制中心与车站互联网络运行情况，如果网络不通，结合传输系统进行网络故障处理。

步骤二：查看中心网络音频控制器与综合监控接口。

[问题分析] 列车进站广播由综合监控及 ATS 系统触发，查看列车进站广播触发情况。

[处理方案] 联系 ATS 系统和综合监控系统排查 ATS 系统与综合监控系统及综合监控系统和广播系统接口状态。若综合监控系统及广播系统接口异常，处理综合监控及广播系统接口故障。若综合监控系统及广播系统接口正常，联系综合监控系统及 ATS 系统排查接口状态；接口异常则进行接口故障处理。

步骤三：业务恢复。

[问题分析] 故障修复后，现场察看告警是否消失。

[处理方案] 故障修复后，查看网管告警是否消除，现场察看列车进站广播是否恢复。

思考题

1. 各线路广播系统设备由哪些设备构成？
2. 各线路广播系统各设备的主要功能是什么？

第8章 时钟系统

学习目标

1. 时钟系统及各设备主要功能。
2. 各条线路时钟系统组网、设备数量及分布；与其他系统接口。
3. 时钟系统检修内容；时钟系统操作；子钟维修。
4. 故障判断方法及处理思路。

时钟系统是通信系统的重要组成部分之一，通过接收标准时间信息，为用户和维护人员提供标准时间，并为其他通信子系统及其他需要时间信息的系统提供标准时间信号，使各系统的定时设备与本系统同步，从而实现统一的时间标准。时钟系统的标准时间来源于 GPS/北斗卫星，并使用该时间信号对系统设备进行逐级校时；时钟系统各级设备配置有高稳晶振，当接收不到上级设备发送来的时间信号时，可以依靠该晶振维持相对准确的时间。

8.1 时钟系统功能

时钟系统按中心一级母钟和车站/车辆段母钟两级方式设置，系统的基本功能如下所述。

8.1.1 同步校对功能

①中心一级母钟可接收 GPS/北斗卫星提供的标准时间信号，产生精确的同步时间码，通过传输系统提供的以太网通道向各车站、车辆段的二级母钟传送，统一校准各二级母钟。当接收外部标准时间信号的装置出现故障时，系统自动切换到一级母钟自身的高稳定工作母钟上。此时一级母钟利用自身的高稳定度晶振产生的时间信号仍可驱动二级母钟正常工作，并向时钟系统网管设备发出告警。一级母钟通过传输系统定时（每秒）向二级母钟发送校时信号，并负责向控制中心有关处所的子钟提供标准时间信号。

②二级母钟能接收一级母钟的校时信号，并能够发送校时信号，控制驱动所辖范围内的子钟。二级母钟能向车站/车辆段其他需要时钟信号的相关系统发送标准时间信号。

③一级母钟、二级母钟在传输通道中断的情况下，所带的子钟能够独立正常工作，各子钟能够进行正常的时间显示。

8.1.2　时间显示功能

中心一级母钟、车站/车辆段二级母按"时:分:秒"格式显示时间；数字式子钟为"时:分:秒"显示(或可选用带日期显示)。

双面模拟式子钟按"时:分"显示。

单面数字式子钟按"时:分:秒"显示。

日历数字式子钟按"年、月、日、星期、时、分、秒"格式进行显示。

中心一级母钟和二级母钟能产生全时标信息，格式为年、月、日、星期、时、分、秒，并能在设备上显示，可以自动按照 12 小时和 24 小时制式分别显示北京时间或格林威治时间。

中心一级母钟、二级母钟具有统一调整、变更时钟快慢的功能，可通过设置在前面板上的键盘实现对时间的统一调整。

8.1.3　日期显示功能

中心一级母钟能够显示年、月、日、星期、时、分、秒等全时标时间信息，也可显示所控制的二级母钟的运行信息。

同样原理，二级母钟也能够显示年、月、日、星期、时、分、秒等全时标时间信息，也可以显示所负载的子钟的运行信息。

8.1.4　为其他系统提供标准时间信号功能

中心一级母钟设有多路同步时间码输出接口，能够为以下相关系统提供秒级标准时间信号。

"相关系统 1"，即其他通信子系统。

①传输系统。

②公务电话系统。

③专用电话系统。

④无线通信系统。

⑤闭路电视监视系统。

⑥广播系统。

⑦乘客信息系统。

⑧办公自动化系统。

⑨电源系统。

⑩集中告警系统。

"相关系统 2"，即其他外部系统。

①综合监控子系统(包括 BAS 子系统、SCADA 子系统、FAS 系统、门禁系统等)。

②信号系统。

③自动售检票系统。

8.1.5　系统热备份功能

中心一级母钟、二级母钟均由主、备母钟组成，具有热备份功能。当主母钟出现故障时，系统立刻能检测到并自动切换到备母钟，备母钟全面代替主母钟工作，主母钟恢复正常后，备母钟立即切换回主母钟。

8.1.6 管理功能

在控制中心设有监控计算机，对时钟设备进行全面监视和管理，具备自诊断功能，可进行一般性管理、故障管理、配置管理、安全管理。

1. 一般性管理

监控终端显示的操作界面，以电子地图形式直观地反映网络结构，实时反映其物理连接状态及各点设备运行状态，对系统子钟进行点对点的控制（复位、校对、停止、追时等），子钟具有通用性。

2. 故障管理

系统具有自诊断、故障管理功能，实时检测系统主要设备（一级母钟、二级母钟、子钟）的工作状态、故障状态，并打印输出及存储记录。

系统发生故障时发出声光报警通知值班员，指示故障部位。故障告警信息通过以太网接口输出至故障集中告警系统，以方便整个轨道交通统一的故障管理。

诊断硬件和软件故障，对硬件故障进行定位，并指出故障所在范围及性质。

3. 配置管理

对系统网络进行配置和数据设定，非常方便地对时钟系统的设备进行增减设置。

4. 安全管理

设置了不少于三种管理权限和密码以识别不同的（不少于 10 个）操作人员，分级进行系统管理。对所有操作步骤（包括系统的配置、故障处理等）的相关内容不能删除，只能在权限允许的范围内查看。系统能够保留操作日志。该功能必须实时在线使用，如果退出系统则无法使用，丢失故障、事件记录的应用软件需密码确认后方可退出。

8.1.7 易扩容功能

本工程时钟系统具备系统扩容功能，通过增加适当的接口板，为后续线路设备提供统一的时钟信号，同时预留接口对接入该中心的其他线路提供统一的时钟信号，最大限度地实现线路间的资源共享，以节省投资和设备的维护成本、提高运营服务质量。

▶ 8.2 时钟系统基础知识

时钟系统设备由中心母钟、监控终端、二级母钟、子钟 4 个部分构成。时钟系统采用控制中心和车站及车辆段两级组网方式，系统设备时间与 GPS/北斗卫星的标准时间信号保持同步，并且向其他系统和专业设备发送标准时间信号。

8.2.1 中心母钟

中心母钟作为整个时钟系统的基础主时钟，它能够接收来自 GPS/北斗卫星的标准时间信号，将自身的时间精度校准，并分配精确时间信号给各个车站的二级母钟和其他需要标准时间的设备,同时通过监控计算机对时钟系统的主要设备及主要模块进行点对点监控。

中心母钟主要由以下几部分组成。

1.标准时间信号接收单元

当 GPS/北斗卫星天线安装妥当并接入控制中心通信室后,标准时间信号接收单元可实现标准时间接收,系统的无累积误差运行同时向母钟发送,以实现对母钟精度的校准。

2.主备母钟

母钟是整个时钟系统的中枢部分,其工作的稳定性在很大程度上决定整个系统的可靠性,因此将其设计为主备机配置的系统单元,并且实现了自动和手动切换功能。

母钟接收标准时间信号,且母钟自身采用高温晶振作为时间基准,以备标准时间信号接收单元出现故障时确保时间精准。

3.分路输出接口设备

分路输出接口设备可实现中心母钟对二级母钟、OCC 子钟、其他各通信子系统及其他专业系统的多路输出。

8.2.2 监控终端

在控制中心设置时钟系统的监控计算机,与母钟相连,具备自诊断功能,能够检测地铁时钟系统。

监控终端可监控主要设备运行状态,对系统的工作状态、故障状态进行显示。它能够监控和显示内容包括标准时间信号接收设备、母钟、各车站及车辆段的二级母钟、OCC 及各车站及车辆段的子钟的工作状态;并能对故障状态和时间进行打印和存储记录。

系统出现故障时,监控软件能够进行声音报警,指示故障部位,同时将故障信息传送到集中告警子系统,以便地铁系统的集中管理。

8.2.3 二级母钟

二级母钟设置在各车站的通信设备室内。为了保证系统的可靠性,二级母钟设置为主、备机。在正常情况下,当主机出现故障时,自动转换到备用机上工作,提高了系统的可靠性。

在正常情况下,二级母钟通过传输通道接收中心母钟发出的标准时间信号,与中心母钟保持同步。二级母钟发送的标准时间信号用于控制本站子钟运行,并能够向中心母钟回送设置在本站的二级母钟及子钟的工作信息。

二级母钟具有独立的恒温晶振,中心母钟对二级母钟是校对关系,而不是绝对的指挥关系。当中心母钟或传输通道出现故障时,二级母钟将依靠自身晶振指挥子钟运行,并向时钟系统网管设备告警。

二级母钟具有计时和日期、时间显示功能,时间显示器以年、月、日、星期、时、分、秒格式显示。

二级母钟具有标准 RS422 接口及 NTP 接口,为本车站内各子钟及其他系统提供校时信号。

二级母钟具有监测数据传输接口,可接入便携维护终端在各个车站实现对全线设备的监控。

8.2.4　子钟

子钟分为数显式子钟和指针式子钟。

数显式子钟是靠子钟控制系统自身的石英晶体振荡器运行。其通过接收二级母钟发出的标准时间信号，对自身的精度进行校准，来自动消除误差；当接收到标准时间信号时，将显示的时间刷新后与二级母钟一致。数显式子钟采用超高亮 LED 数码管显示，采用时、分、秒显示方式。

指针式子钟为双面钟，双面钟同步运行，与母钟通信时，可自动追时，以最短距离方式快速调整指针的位置，指示标准时间，并向母钟发送相关状态信息；通信中断时，可独立运行。指针式子钟具有内部光源照明装置，可实现全天候照明，为方便更换灯管，设有单独电源开关。

8.3　时钟系统设备介绍

时钟系统由中心母钟、监控终端、二级母钟、子钟 4 个部分构成。时钟系统采用控制中心和车站及车辆段两级组网方式，系统设备时间与 GPS/北斗卫星的标准时间信号保持同步，并且通过 RS422 和 NTP 接口向其他系统和专业设备发送标准时间信号。

8.3.1　烟台持久时钟集团有限公司时钟设备

以 2 号线为例。2 号线时钟系统由控制中心、18 个车站以及车辆段 20 个节点组成，设备组网如图 8-1 所示。

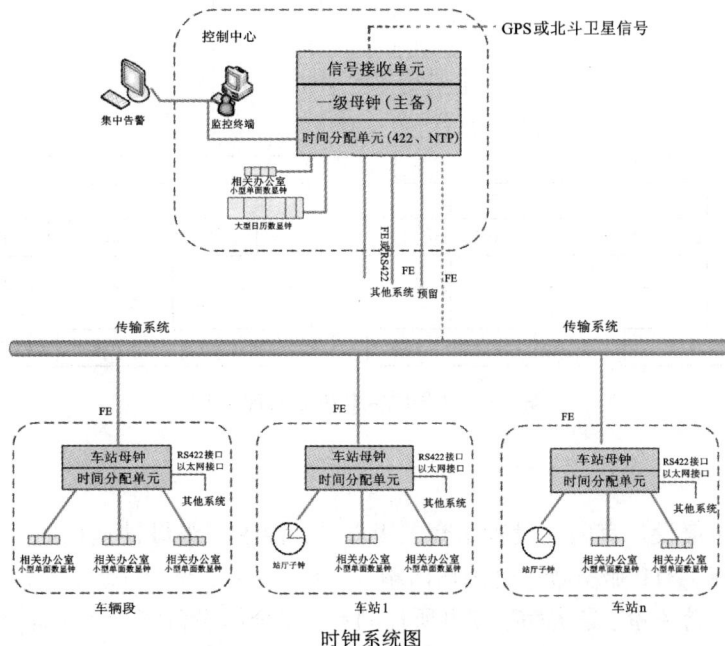

图 8-1　2 号线专用时钟系统组网图

1. 控制中心设备

控制中心设备包括通信设备房内的1套中心母钟、信号接收单元、网络接口箱、NTP服务器、电源输出箱、网管设备以及OCC内的数显式子钟。其中，调度大厅采用的子钟显示时、分、秒、年、月、日、星期。

中心母钟与多个系统设备有接口关系，以实现其时间校准功能。中心母钟通过分路输出接口箱采用以太网接口与传输系统连接。通过数字传输系统向设置于各车站及车辆段的二级母钟发送标准时间信号，统一校准各个二级母钟。同时，母钟通过分路输出接口箱经传输系统接收各站二级母钟回送的二级母钟及子钟的运行状态信息。

中心母钟通过标准的RS232接口与监控计算机相连，以实现对时钟系统主要设备的监控。

中心母钟可提供的接口方式有两种：标准的RS422接口和以太网接口。中心母钟通过传输系统定时（每秒）向二级母钟发送校时信号，并负责向控制中心子钟提供标准时间信号。当中心母钟出现故障时，能向时钟系统网管设备发出告警信号。2号线时钟系统控制中心设备如图8-2所示。

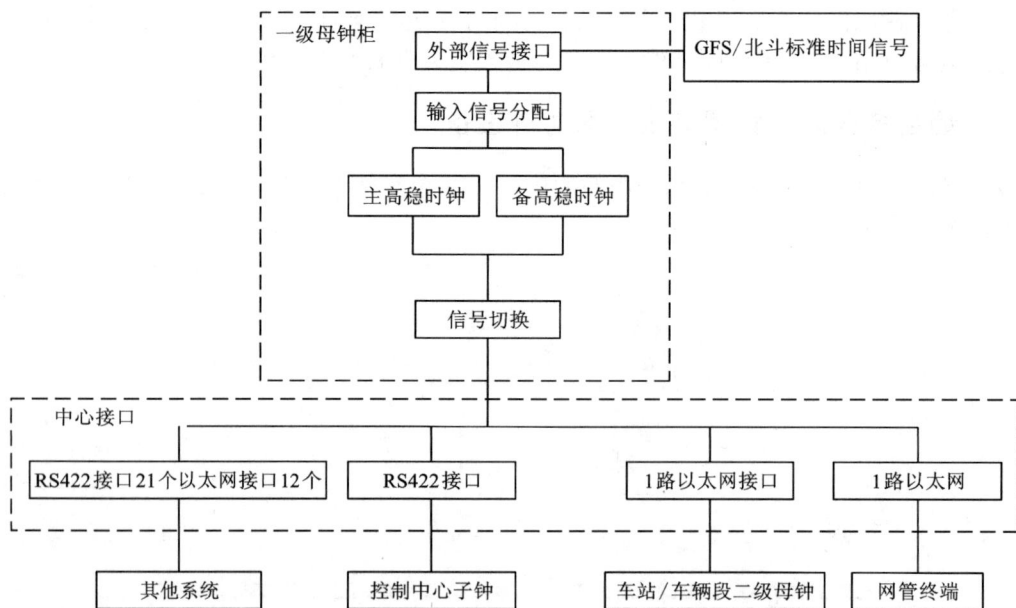

图8-2　2号线控制中心时钟设备

2. 车站设备

每个车站的通信设备室内均设置1套二级母钟，接收一级母钟提供的时间信号，设备机柜内有网络接口箱、NTP服务器、电源输出箱。

在每个车站的警务室、票务室、变电所控制室、安全门设备室、综合监控设备室、AFC设备室、专用通信设备室、会议交接班室、站台上下行发车钟、站长室、站区长室及其他与行车有关的场所设置小型墙挂式单面数显式子钟（如图8-3所示），数码管为橙色，规格为3英寸, 外形尺寸为 550 mm×160 mm×60 mm, 显示内容为"时: 分: 秒"。在各车站车站控制室位置处设置单面嵌入式数显式子钟, 采用 3 英寸红色 LED 数码管, 按"时: 分: 秒"的格式进行显示; 各站站厅设置 2 个双面模拟指针式子钟, 外形尺寸为 $\phi 600$ mm, 显示内容为指针式时分显示。子钟供电由设于车站通信机房内的时钟子系统设备机柜提供。

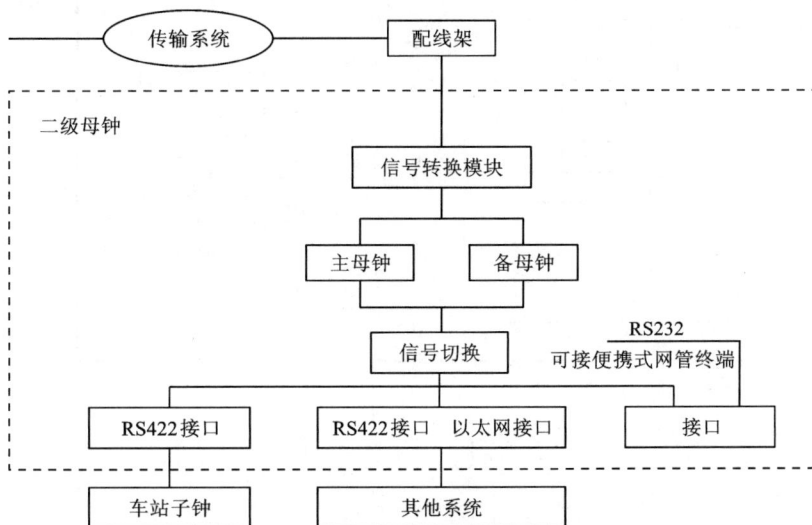

车站/车辆段系统构成图

图 8-3 2 号线车站时钟设备

3. 车辆段设备

在车辆段的通信设备用房内设置 1 套二级母钟, 二级母钟接收一级母钟时间信号为主时间源。时钟系统设备机柜内有网络接口箱、NTP 服务器、电源输出箱。

车辆段子钟直接接在二级母钟的接口模块上, 由二级母钟直接控制走时。办公区子钟供电由设于车辆段通信设备用房内的时钟子系统设备机柜提供。

在车辆段列车检修库安装大型子钟, 采用 10 英寸数码管显示"时: 分: 秒"内容, 外形尺寸为 1400 mm×400 mm, 有单面和双面两种类型, 安装方式均为悬挂式。在各办公室安装小型子钟, 采用 3 英寸橙色数码管显示"时: 分: 秒"内容, 外形尺寸为 550 mm×160 mm, 安装方式为壁挂式。

各子钟直接接在车辆段二级母钟的接口模块上, 由二级母钟直接控制走时和校时。办公区子钟供电由设于车辆段通信机房内的时钟子系统设备机柜提供。

8.3.2 烟台北极星国有控股有限公司时钟设备

以 3 号线为例。3 号线选用烟台钟表研究所有限公司生产的 BKS2 型成套时钟设备, 由控制中心、22 个车站以及车辆段 24 个节点组成, 设备组网如图 8-4 所示。

1. 控制中心设备

控制中心设备包括通信设备房内的中心母钟、网管设备以及 OCC 内的数显式子钟。其中, 调度大厅采用 YZD808 型号的子钟, 显示时、分、秒、年、月、日、星期。

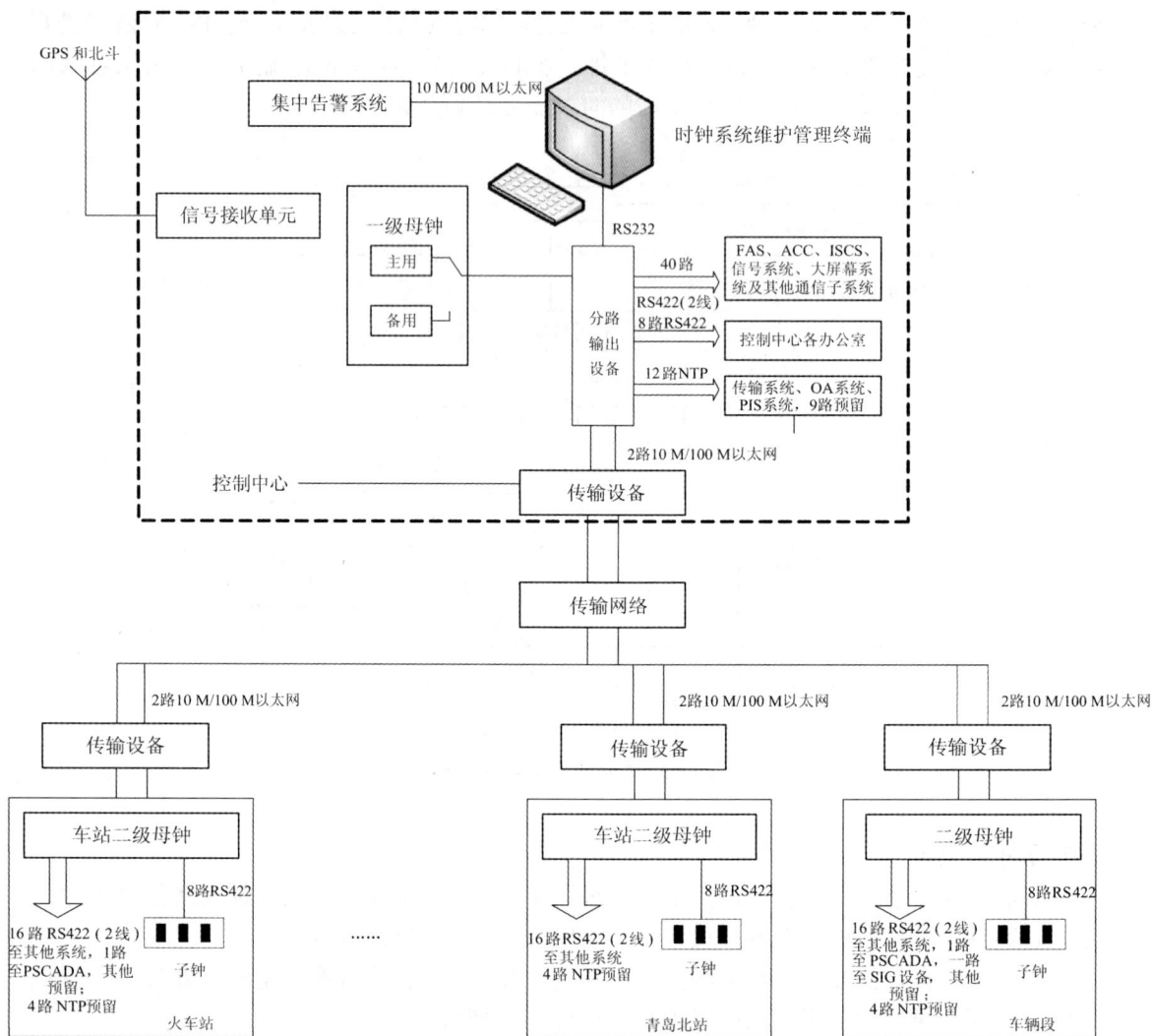

图 8-4　3 号线专用时钟系统组网图

中心母钟和二级母钟之间的信号传输接口采用以太网接口。1 路采用 NTP 协议传输校时信号，另 1 路采用 TCP/IP 协议传送网管信息。3 号线时钟系统控制中心设备如图 8-5 所示。

2. 车站设备

在每个车站的通信设备用房内设置 1 台二级母钟，子钟设于各车站的车站控制室、公安值班室、票务室、变电所控制室、ISCS 监控室、会议交接班室、站长室等。车站内子钟采用 YZD314 型号，显示时、分、秒，橙色数码管，字高为 3 英寸。

站厅子钟采用 φ600 mm 双面指针式子钟，钟面为 LED 匀光板照明，型号 YZF315。3 号线车站时钟设备如图 8-6 所示。

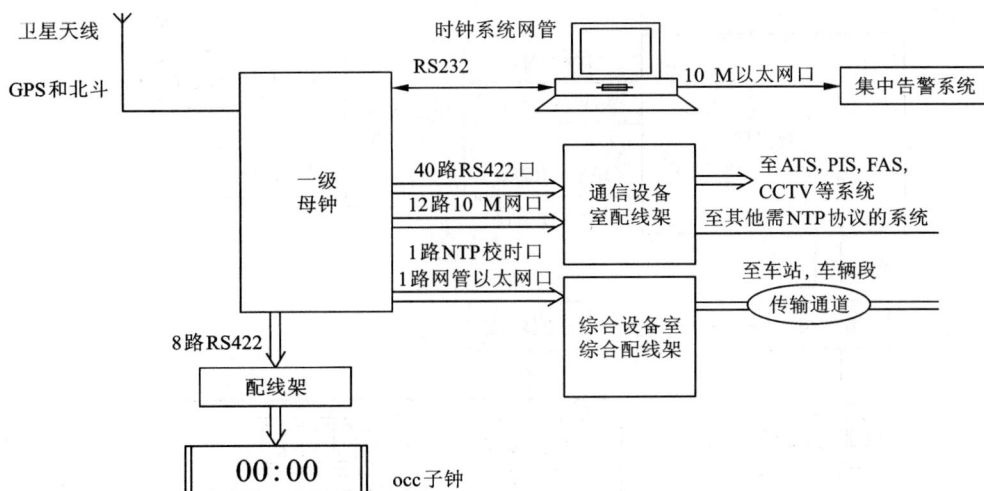

图 8-5　3 号线控制中心时钟设备

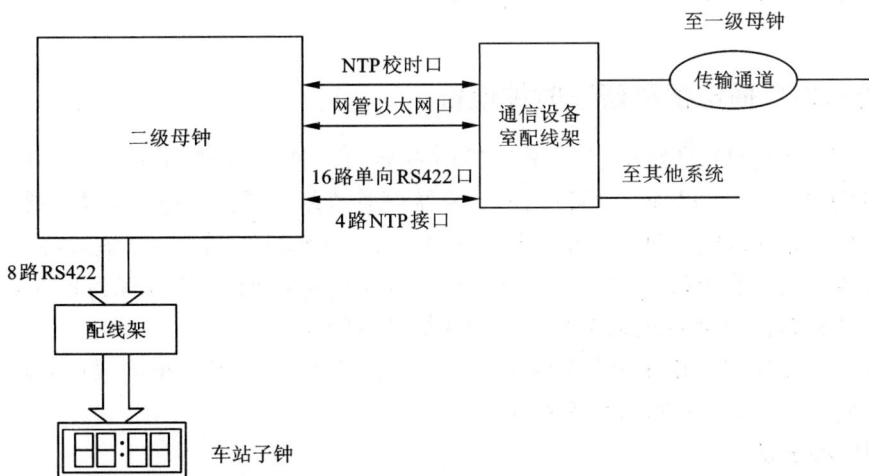

图 8-6　3 号线车站时钟设备

3. 车辆段设备

在车辆段的通信设备用房内设置 1 台二级母钟,子钟设于车辆段信号楼运转室、DCC、停车列检库等地点。办公室和设备室采用 YZD314 型号的子钟,显示时、分、秒,橙色数码管,字高为 3 英寸;停车列检库采用 YZD1014 型号的子钟,显示时、分、秒,字高为 10 英寸,橙色数码管。车辆段二级母钟与子钟的距离达 2000 m,超过最远传输距离(1200 m),为确保不影响信号传送质量,可在二级母钟机柜及子钟附近(或子钟内部)各装置一台光电转换器。二级母钟通过 RS422 接口将信号传输至光电转换器,由光纤传输至子钟的光电转换器,再转换成电信号,传输给子钟。车辆段时钟设备如图 8-7 所示。

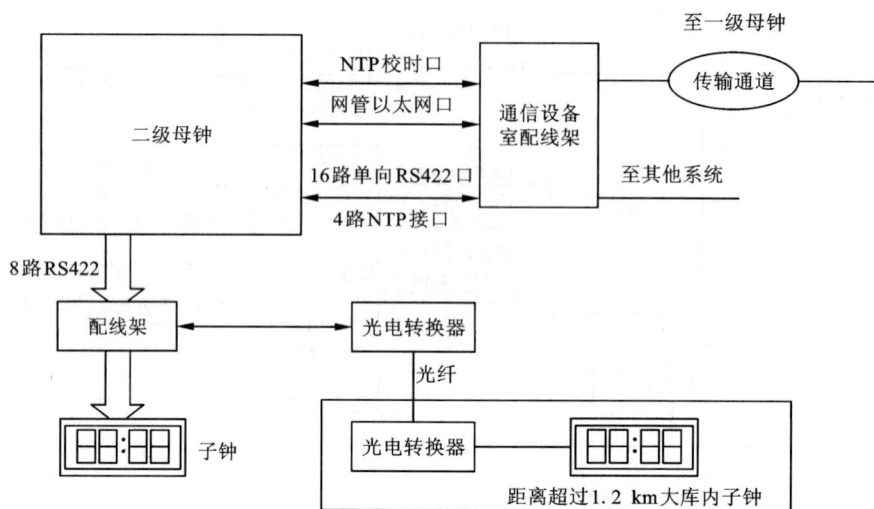

图 8-7　3 号线时钟系统图

说明：距离母钟超过 1.2 km 大库内子钟，信号传输采用光纤传输，在设备侧增加光电转换器连接。1 路采用 1 对光电转换器。

8.3.3　青岛市广播电视科研所时钟设备

以 11 号线为例。11 号线时钟系统设备由青岛市广播电视科研所提供，由 Time Sever 8000 时钟管理设备（一级母钟、二级母钟）、系统网管终端、子钟、传输通道、接口设备、电源分配单元 6 个部分构成。时钟系统采用控制中心为一级母钟，车站/车辆段/停车场为二级母钟两级组网方式，系统设备时间与 GPS/北斗卫星的标准时间信号保持同步，并且通过 RS422 和 NTP 接口向其他系统和专业设备发送标准时间信号。

11 号线时钟系统设备由 1 套控制中心一级母钟，沿线各车站、车辆段以及停车场共 24 套二级母钟组成，设备组网如图 8-8 所示。

1. 控制中心设备

控制中心设备包括通信设备房内的中心母钟、网管设备以及 OCC 内的数显式子钟。其中，调度大厅采用 TVZ3208R 型号的子钟，显示时、分、秒。

11 号线时钟系统控制中心设备如图 8-9 所示。

2. 车站设备

在每个车站的通信设备用房内设置 1 台二级母钟，子钟设置于各车站的车站控制室、公安值班室、票务室、变电所控制室、ISCS 监控室、会议交接班室、站长室及站台端等。车站内子钟采用 TVZ3103 型号，显示时、分、秒，橙色数码管，字高为 3 英寸。

站厅子钟采用双面指针式子钟（盘面直径 60 cm），钟面为 LED 匀光板照明，型号为 TVZ3724。11 号线车站时钟设备如图 8-10 所示。

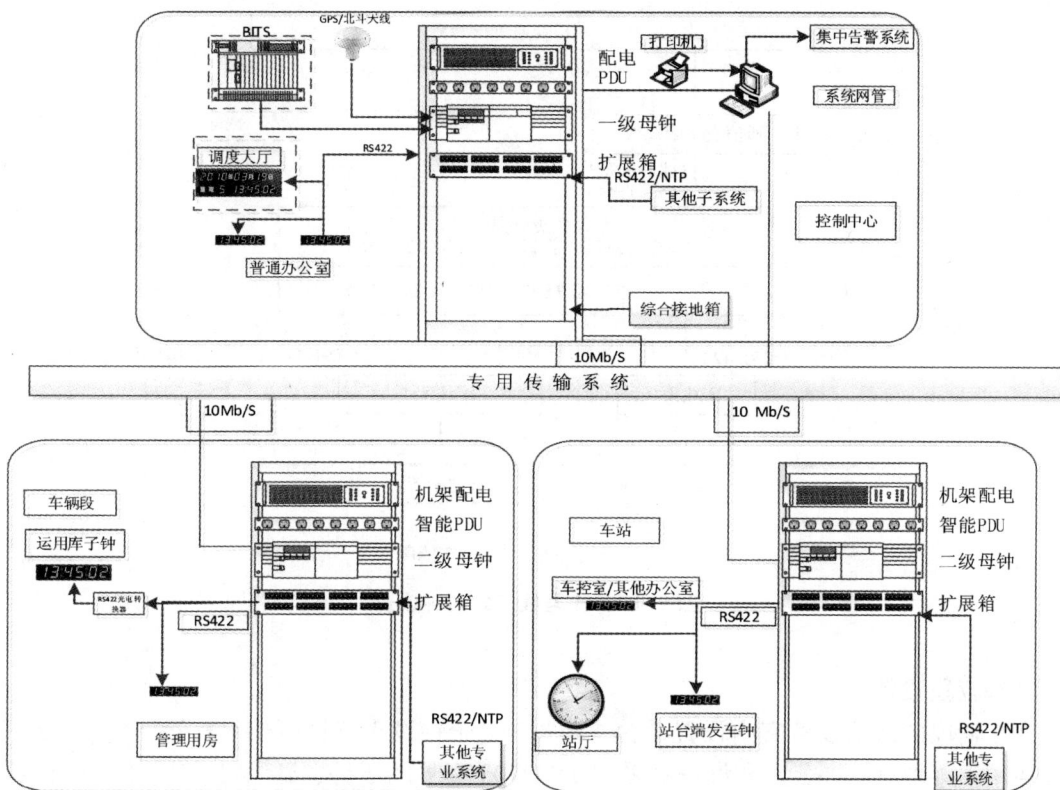

图 8-8　11 号线专用时钟系统组网图

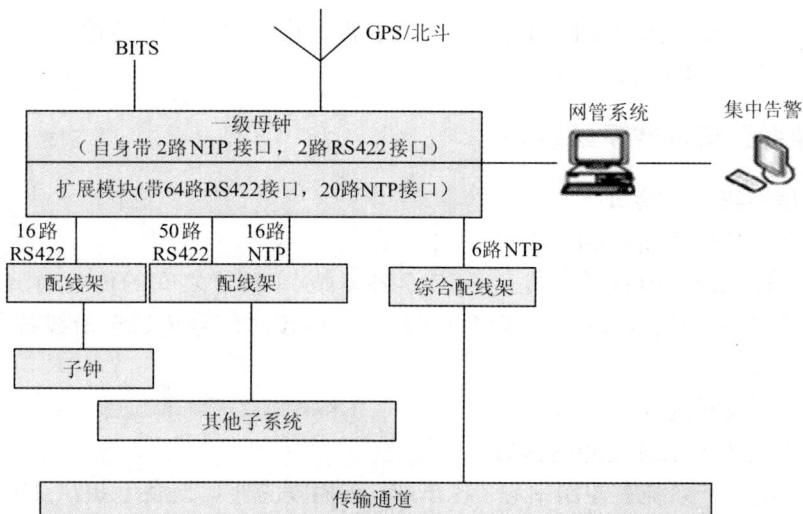

图 8-9　11 号线控制中心时钟设备

```
┌─────────────────────────────────────┐
│              传输通道                 │
└─────────────────────────────────────┘
                   │
┌──────────────────┐
│   通信设备配线架   │
└──────────────────┘
         │  1路时间信号
         │  1路管理信号
┌───────────────────────────────────────────┐
│              二级母钟                        │
│  （自身带 2 路 NTP 接口， 2 路 RS422 接口）  │
│  扩展模块  （带 32 路 RS422 接口，10 路 NTP 接口）│
└───────────────────────────────────────────┘
    │ 8路RS422      │ 26路RS422        │ 10路NTP
┌──────────┐   ┌──────────┐
│  配线架   │   │  配线架   │
└──────────┘   └──────────┘
    │               │
┌──────────┐   ┌──────────┐
│   子钟    │   │  其他系统  │
└──────────┘   └──────────┘
```

停车场／车站／车辆段

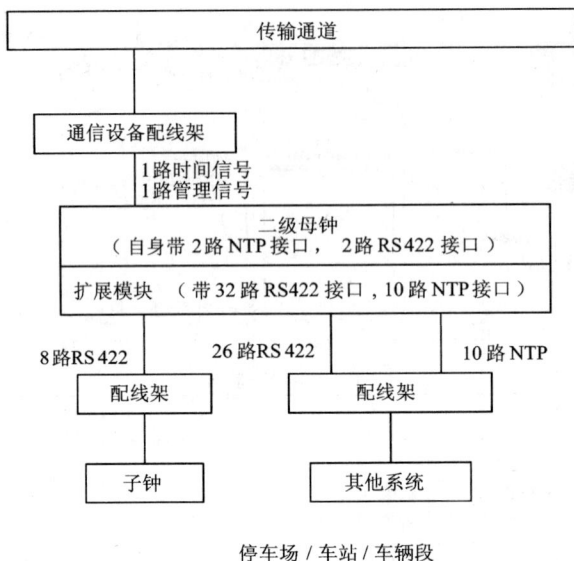

图 8-10　11 号线车站时钟设备

3. 车辆段设备

在车辆段的通信设备室内设置 1 台二级母钟，子钟设于车辆段信号楼运转室、DCC、车辆段运用库等地点。办公室和设备室采用 TVZ3103 型号的子钟，显示时、分、秒，橙色数码管，字高为 3 英寸；运用库采用 TVZ3110D 型号的子钟，显示时、分、秒，橙色数码管，字高为 10 英寸。由于车辆段二级母钟与子钟的距离达 2000 m，超过最远 RS422 串口传输距离（1200 m），为确保不影响信号传送质量，在车辆段综合楼七楼专用通信设备室二级母钟机柜及运用库通信设备室各设置一台 RS422 光电转换器。二级母钟通过 RS422 接口将信号传输至光电转换器，由光纤传输至子钟的光电转换器，再转换成电信号，传输给子钟。11 号线车辆段时钟设备如图 8-11 所示。

8.3.4　时钟系统与其他系统接口

1. 专用通信系统内部接口

1）时钟系统与传输系统之间的接口

专用通信传输系统为时钟系统提供 OCC 至各车站/车辆段之间的传输通道。功能需求：一级母钟通过传输子系统，经以太网接口以共线方式将校时信号传送至沿线各车站、车辆段的二级母钟。

接口类型：以太网接口。

2）时钟系统与电源系统之间的接口

功能需求：电源子系统在控制中心、各车站、车辆段的通信设备室提供 220 V 的 UPS 电源及接线端子。

接口类型：～220 V。

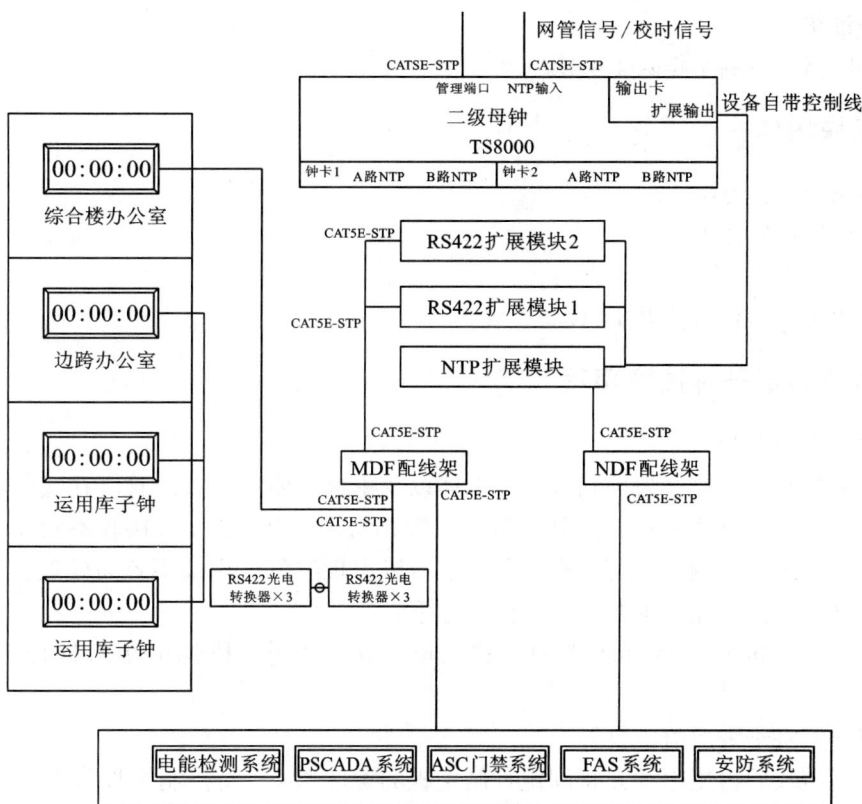

图 8-11　11 号线车辆段时钟设备

3）时钟系统与专用通信系统内部其他子系统之间的接口

时钟系统为专用通信系统内部其他子系统的设备或网管提供标准时间信号。

接口类型：RS422 接口或以太网接口。

2. 专用通信系统外部接口

时钟系统为其他外部系统[AFC 系统、综合监控系统（包括 ISCS 和 SCADA）、门禁、FAS、信号系统等]的网管提供标准时间信号。

接口类型：RS422 或以太网接口。

8.4　岗位实操技能

8.4.1　检修与维护

1. 日常检修

①查看各模块的状态指示灯，各指示灯是否显示正常、无告警指示。

②清洁机柜表面。

③检查机柜内配线，主要检查配线接口有无松脱和氧化。

2. 定期维护

电路板应至少每隔半年除尘一次。

8.4.2　模块操作

①母钟面板操作方法。

②网络接口箱操作方法。

③422 接口箱(扩展箱)操作方法。

④NTP 服务器操作方法及 IP 设置。

8.4.3　维修数显子钟注意事项

1. 数显子钟控制板

数显子钟控制板大致分为控制板主板本体以及主板本体上的数码管。在实际使用中，数码管出现故障的概率微乎其微，控制主板的故障相对多一些。例如，接收不到校时信号、显示乱码等。由于现在控制主板都是贴片焊接，所以出现故障后现场不容易处理，有时需要发回厂家进行维修。更换控制主板的步骤描述如下：

①首先在时钟机柜内将有故障的子钟断电，取下子钟，拔掉电源对接插以及信号线插头。

②用螺丝刀将子钟后盖板打开。

③打开后盖板后再用螺丝刀将固定控制主板的螺丝取下，将控制主板取出。

④用正常的控制主板替换有故障的主板，最后用螺丝固定即可。

以上操作大概需要 30 min 的时间完成。

2. 数显子钟开关电源

在更换开关电源之前首先需要确定开关电源是否有故障。确定有故障时操作步骤如下：

①首先在时钟机柜内将有故障的子钟断电，取下子钟，拔掉电源对接插以及信号线插头。

②用螺丝刀将子钟后盖板打开，找一段临时电源线接在开关电源上，将子钟上电。

③用万用表先测量一下开关电源的输入端，如果有 220 V 电压，则说明输入端正常。然后测量输出端，如无输出，将子钟断电后用螺丝刀重新固定一下输出端的螺丝，看是否接触不良。如果上电后测量还是无输出，则说明开关电源坏。

在以上基础上更换开关电源步骤如下：

①将子钟再次断电，用螺丝刀将开关电源从后盖板取下，将新的开关电源固定在后盖板上。

②依次用螺丝刀将输入端和输出端的线缆固定在新的开关电源上即可。

③将后盖板固定在钟壳上。

在进行②③操作的时候，务必注意安全。操作以上步骤大概需要 40 min 的时间。

8.5 典型故障场景处置

8.5.1 数显式子钟故障

1. 场景描述

数显式子钟的显示全不正常。

2. 处置流程

①检测电源是否正常,包括 AC 220 V 是否接通,开关电源的输出是否正常等,若以上部分正常,可测量电路板上的电压是否正常,并对不正常的部分做更换处理。

②检测信号板的输出是否正常,若不正常,更换信号板。

8.5.2 指针式子钟故障

1. 场景描述

指针式子钟的时间显示与母钟不一致。

2. 处置流程

①检测至该子钟的通信信号是否正常,若不正常,检查该子钟与母钟之间的连线。

②若至该子钟的通信信号正常,则更换该子钟信号板。

8.5.3 电源指示灯故障

1. 场景描述

电源的指示灯指示不正常。

2. 处置流程

检测至后面板的输入电压是否正常。若正常,更换电源;若不正常,依次检查变压器的输入与输出端电压,若输入正常而输出不正常,则更换变压器,若输入不正常,则检查市电输入及保险。

8.5.4 通信故障

1. 场景描述 1

二级母钟与子钟通信不正常。

2. 处置流程 1

检测板上的电源是否正常,若不正常,检测至后面板的输入电压是否正常,若正常,更换电源;若板上的电源正常,更换通信板。以上操作完成后,若还不正常,则检测二级母钟与子钟之间的连线。

3. 场景描述 2

与其他系统通信不正常。

4. 处置流程 2

检测板上的电源是否正常,若不正常,检测至后面板的输入电压是否正常,若正常,更换电源;若板上的电源正常,换通信板。

思考题

1. 时钟系统是如何实现逐级脱离运行的?
2. 青岛地铁各线路有哪些型号的子钟?安装地点分别在哪里?
3. 各线路时钟系统为哪些系统提供 RS422 接口?为哪些系统提供以太网接口?
4. 时钟系统中是如何为车站子钟提供标准时间的?
5. 简述青岛地铁各线路时钟系统更改时间的操作步骤。
6. 青岛地铁各线路时钟系统查询子钟工作状态的方式有哪些?
7. 子钟与二级母钟时间不一致的原因可能有哪些?
8. 如何测量 RS422 接口发送的时间信号及接收的子钟反馈信号?

第 9 章　乘客信息系统(PIS)

1. 掌握乘客信息系统主要功能。
2. 掌握乘客信息系统设备构成;系统原理。
3. 掌握播放控制器配置步骤;服务器配置步骤。
4. 掌握显示屏、播放控制器、服务器常见故障处理方法。

9.1　PIS 功能

乘客信息系统(PIS)采用成熟可靠的网络技术和多媒体传输、显示技术,以计算机技术为核心,以车站和车载显示终端为媒介向乘客提供信息服务。

该系统在正常情况下,提供乘车须知、车站/列车服务时间、列车时刻表、政府公告、运营商公告、出行参考、媒体新闻、体育赛事、金融信息、广告等动态的多媒体信息;在火灾、阻塞及突发事件等非正常情况下,运营信息优先使用,提供动态的紧急疏散提示。系统采用广播级高清数字电视技术,同时支持标清及高清数字视频节目的播出;系统在站台、站厅设置乘客服务信息系统显示屏,在同一个显示屏中实现多区域分割,在不同区域显示不同格式、不同类型的媒体信息;系统在站台、站厅设置显示屏,让乘客通过显示屏及时了解车站服务时间、列车的运行状态及注意事项,方便乘客候车和乘车。系统技术方案采用海信城市轨道交通乘客信息系统 HiPIS51 实现信息的发布和管理功能。

9.1.1　系统信息显示

PIS 支持的信息可分为三类:文本、图形和多媒体信息。文本信息包括各种色彩的中英文文字、数字时钟等信息;文本信息可以以滚动显示、固定显示等不同方式显示。图形信息包括各种彩色、灰度和黑白图像信息及指针式时钟信息,具体支持的信息格式包括 TIF、BMP、JPEG、PNG 等。多媒体信息支持多种数字化节目格式,主要包括 MPEG1/2/4、WMA、WMV、ASF、MP3、AVI、RM、RMVB、WAV、MIDI、MKV 等。

9.1.2　信息发布和编辑功能

接收地铁外部信息、存储和转发媒体信息、信息编辑处理、制订和发布播出计划。发布的 PIS 公共信息包括运营、公告、安全、广告、营销等信息。在火灾、阻塞及突发事件等非正常情况下，运营信息优先使用，提供动态的紧急疏散提示。

▶9.2　PIS 基础知识

PIS 是运营信息、资源开发兼顾的系统，在正常情况下，双方共同协调使用，在紧急情况下运营信息优先使用。

9.2.1　层次结构

PIS 分为三层结构：第一层是总编播中心，第二层是各分线 OCC 控制中心（包括青岛地铁 2/3/11/13 号线 OCC 及后续线路 OCC），第三层是车站设备子系统及车载设备子系统。车载设备子系统通过区间 AP 与有线部分相连，系统分层结构如图 9-1 所示。如图 9-1 所示的

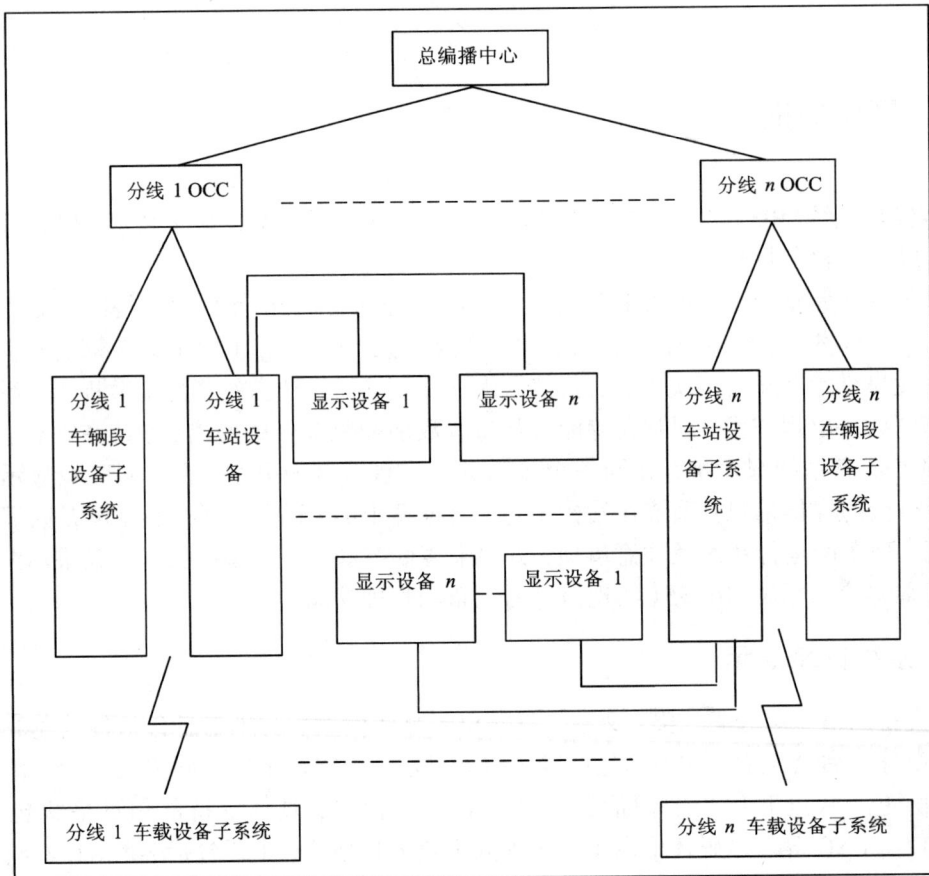

图 9-1　PIS 层次结构

系统分层结构中：

①分线控制中心系统统一连接到总编播中心，分线控制中心之间相对独立，正常运行时不产生任何数据交互，总编播控制中心则负责对所有的分线 OCC 系统进行集中管理。

②在分线 PIS 内部，每一个车站和车辆段构成各自的车站设备子系统和车辆段设备子系统，每一辆列车构成各自的车载设备子系统，车站设备子系统之间相对独立，正常运行时不产生任何数据交互，对于车辆段设备子系统和车载设备子系统同样如此。

③分线控制中心负责对本线内的所有车站设备子系统、车辆段设备子系统、车载设备子系统进行集中管理，分线控制中心发送到车载设备子系统的数据需要经过车站设备子系统和车辆段设备子系统中的无线设备。

9.2.2　各层结构基本功能

1. 总控制中心功能

总编播中心设备主要由中心服务器、编辑控制器、数字非线性编辑系统、接口服务器、媒体编辑工作站、发布管理工作站、预览工作站、广告管理工作站、系统管理工作站、中心核心交换机、视频流服务器、视音频矩阵、磁盘阵列及有关软件(部分地铁包括放置于应急指挥中心调度大厅的应急指挥中心工作站)等设备组成。另外，PIS 总编播中心也可通过扩充的延时播出设备实现延时播出功能。

①通过延时播出工作站上的延时播出软件控制延时播放视频服务器的一个录制通道将直播视音频信号录制到硬盘中，形成延时节目。

②控制延时播放视频服务器的一个播放通道(播出通道)在一定的延时时间(通常为 5 s～4 h，可设定)后播出提前录制的延时节目。

③利用延时播放视频服务器的另外一个播放通道(预监通道)对提前录制的延时节目进行浏览审查，如果发现存在不适合播出的片段，则控制播出通道略过该片段的播出，或者使用别的准备好的素材代替该片段进行播出。

2. 分线控制中心功能

各个分线控制中心系统由主备份线服务器(数据服务器)、磁盘阵列、接口服务器、无线服务器(即移动宽带传输服务器)、发布管理工作站、预览 LCD 屏、媒体编辑工作站、扫描仪、打印机、系统管理工作站、播出监看工作站、无线管理工作站、分线交换机(含软件)、二级交换机、无线管理交换机(即移动宽带传输服务器)、运营信息工作站、数字图像传输控制设备(含键盘鼠标显示器、监控解码器)、硬盘录像机、监视器等设备组成。另外，还有辅助安装件。如设备机柜、ODF 柜、操作台等。

分线控制中心的基本功能如下所述。

1)接收及下发功能

①从总控制中心的中心服务器接收播放列表及媒体素材信息。

②将接收到的播放列表、播放规则以及播放内容通过传输网络下发到本线路各车站和列车。

2)操作员可编辑、储存及发送信息

3)素材编辑管理功能

①媒体素材的管理、编辑功能。

②编辑完成的媒体文件是播放列表的素材来源之一，在分中心服务器的素材库中保存和被引用。

③素材包括各种原始的媒体元素（格式有 MPEG、MPEG1/2、TGA、JPEG、GIF、BMP、文本）。

4）运营服务信息编辑管理功能

编辑运营服务信息类素材，能够预先定义好各种显示格式/效果的运营服务信息，如欢迎语、乘客导乘、安全指引、紧急事故信息。

5）按照地铁运营以及有关商业要求，定义本线模板文件

①具有模板文件的新建、修改和删除。

②图形化界面完成模板文件的定义。

③模板文件区域的划分。

④模板文件区域的标识。

⑤结构化格式保存模板文件布局。

⑥模板文件模块元素包括本地视频、直播视频、文本、ATS、时钟、日期、图片。

6）模板文件的审核管理

①所有模板文件在启用之前必须经过审核。

②通过预先定义的具备审核权限的用户或者用户组，以对制作完成的模板文件进行审核。

③经过审核的模板文件能够被发布到分线或总中心服务器存储，并根据启用时间被启用。

④未通过审核的模板文件不能被启用。

7）紧急信息发布管理

紧急事件发生时，通过运营信息工作站可以对显示屏播放内容进行控制。具体功能如下：

①在系统中定义好各种紧急信息，包括火灾报警信息、紧急疏散信息、安全指引信息。

②紧急信息单独设立管理和发布窗口，在遇到突发事件时可以迅速发布。

③优先级管理：从 1 级到 255 级，数值越大，权限越高，可以随意定义各种级别对应的车站和列车，以及紧急信息的发布级别。

④紧急信息的显示有局部窗口和全屏窗口两种模式，局部窗口以横滚的方式显示信息，全屏窗口以整屏切换或者上滚的方式显示信息。

⑤其他相关控制功能如下：

a.临时编辑发布文本信息。

b.运营信息工作站、车站工作站发布紧急信息需要先获得 PIS 总控制中心的授权。

c.授权方式为提前设置相关操作人员的紧急信息发布权限。

d.授予的权限随时可在 PIS 总 OCC 控制中心收回。

8）信息异常处理

播放信息出现异常情况下，可通过运营信息工作站或者系统管理工作站（即网络管理工作站）触发进入"紧急模式"。

9）预览及监看功能

①支持实时预览功能，即在定义播放列表、模板文件的过程中，随时可触发预览操作，预览效果。

②可根据需要实时调看各车站 LCD 控制器在播画面效果。

10）播放地点选择

①发布播放列表时，以列表选择的方式指定播放地点。

②播放地点按照事先定义的各种路径完成选择：站厅——××站站厅、上行——××站上行、下行——××站下行。

③新播表优先于旧播表；下层的播表优先于上层播表。

11）系统管理

系统管理包括网络管理、磁盘空间管理、日志管理。

（1）网络管理。

①在分线控制中心、车站、车辆段以及车载的交换机、服务器、各类工作站、播放控制器设备具备自检功能。

②设置在分线控制中心的系统管理工作站，可对上述设备的运行状态和故障信息进行集中监控。

③可监控状态的设备包括在本线使用到的交换机、服务器、工作站、播放控制器。

④分线控制中心的系统管理工作站以地理位置图的方式对设备状态进行监控，对于出现故障的设备，将以声音、闪烁方式进行告警。

（2）磁盘空间管理。

①对分线 OCC 中心服务器的磁盘空间容量进行监控，并汇总和监控各设备磁盘空间占用信息。

②定义磁盘剩余空间预警，系统根据磁盘空间使用情况实现自动预警。

③自动或手动接收来自各分线控制中心、车站、车辆段及车载设备的磁盘空间管理信息。

④可生成磁盘空间使用情况报表，包括设备标识、位置、磁盘空间使用比率、剩余空间。

（3）日志管理。

①系统操作日志：记录用户在本系统中的增删改操作，包括用户管理、权限管理、远程管理、数据管理、磁盘空间、系统配置。

②内容发布日志：记录系统的内容发布日志。

③播放错误日志：记录系统对发布内容的错误播放记录。

④应用程序日志：记录本系统应用程序（软件）的运行登录日志。

⑤日志存储方式：操作软件若登录到分线中心，则记录日志到分线服务器，若登录到总中心，则记录日志到总中心；分线中心的日志数据定时迁移到总中心，迁移后清除本地日志数据。

12）接口功能

负责从信号系统读取 ATS 运营信息，以及从时钟系统读取时钟信息。

（1）从信号 ATS 系统获取的运营信息（包括但不限于下列运营信息）。

①每个站台上下行方向下两班列车到达本站的相对时间。

②本站台列车进站信号。

③列车离站信号。

④本站是否为换乘站，以及可换乘的路线。

⑤列车跳站信息。

⑥列车折返信息，以及列车折返后终到站信息。

⑦本站上下行方向首末班车信息。

⑧所有接收的运营信息以固定的文本格式传送到车站及车载设备。

（2）获取时钟信息。

①标准时间从时钟系统获得；车站设备时钟与分线控制中心时钟保持同步。

②时钟信息通过分线控制中心的接口服务器，将时钟信息传送到各车站、车载和车辆段设备并自动进行同步。

3. 车站子系统功能

车站的主要设备包括车站服务器、LCD 播放控制器、LCD 屏、车站交换机、机架式光纤收发器、光端机、电源控制器、BBU 及 RRU。另外，还包括辅助安装件，如设备机柜、ODF柜、LCD 安装支架、LCD 屏保护罩等。

全线各车站从编播中心接收发布的内容信息，组织本站所有 LCD 屏进行播放，并对本站所有设备进行统一的控制和管理。要求实现以下功能。

1）接收和下发功能

通过网络从编播中心接收信息，转发到车站服务器、LCD 控制器中，并在显示终端上播放。

系统能将媒体文件提前下载到车站服务器、LCD 控制器中，并可利用晚上停止运营时间进行传送，停止运营的时间由系统预先设置，到达停运时间系统自动触发下发操作。

提供对媒体文件的断点续传功能，对接收失败的内容信息能够自动触发重新接收，对下发失败的内容能够自动重新下发。同时，还能够在运营期间限速接收数据（低速度），在停运期间则全速接收数据。

对所有接收的内容有日志记录，包括接收结果、接收时间等。

2）LCD 播放控制功能

从编播中心或车站服务器接收播放列表和各种信息等。

对接收后的信息进行解码，并按照播放列表中预先定义的显示区域、模板格式进行合成后在相应的 LCD 屏显示。

能够实现同一个车站站厅以及站台上下行方向的 LCD 终端显示不同的内容，能够实现每个车站播放不同的内容。一个 LCD 终端画面，可同时播出多路视频，还可播出动画、图片和文字。其中：每路视频画面尺寸可自定义；LCD 播放控制器的信号输出采用 HD-SDI 或HDMI 接口。

系统能够解析来自编播中心转发下来的 ATS 信息，并在指定区域播出。

3）音量自动调节功能

在广播系统发布信息时，PIS 自动调小或关掉其显示屏声音。

4. 车辆段子系统功能

车辆段设备主要由车辆段服务器、交换机、BBU 及 RRU 等构成。车辆段子系统的具体功能如下：

①从控制中心自动接收发布信息，并集中存放在车辆段的 PIS 服务器上。

②车辆段设备从控制中心接收数据，并在列车停靠在车辆段的时间内利用无线网络向列车车载设备传送数据。

5. 车载子系统功能

车载设备主要由车载播放控制器、车载 TAU、车载天线、车载交换机等构成。其他车载 PIS 设备（包括分屏器、LCD 屏、车厢网络交换机、摄像机）由车辆厂提供。

车载设备具体功能如下。

1）实时信息的接收和传送功能

通过有线网络子系统、无线网络子系统从控制中心自动接收，发布实时 PIS 媒体信息。同时，车载 CCTV 可利用 PIS 无线网络子系统、有线网络子系统提供的传输通道将车上的视频监视图像传递到控制中心。

2）播放控制功能

车载子系统的播放控制功能根据专业分工可以分为列车 PIDS 的播放控制功能和通信 PIS 的播放控制功能。

①列车 PIDS 的播放控制功能。该功能主要包括两个方面，一是可独立实现对列车音视频系统的播放控制管理，满足在没有通信 PIS 的情况下为乘客提供音视频信息服务的功能；二是配合通信 PIS 解决与列车 PIDS 接口及联网，实现 PIS 控制中心对列车的播放控制，保证列车能接收由中心服务器下发的媒体信息及播放列表，并在车载 LCD 屏上按通信 PIS 控制中心的计划顺畅播放。

②通信 PIS 的播放控制功能。该功能主要实现对通过无线网络接收后的信息进行解码操作，并按照系统预先定义的显示区域、模板格式进行合成后，通过与列车 PIDS 系统接口及联网，实现 PIS 控制中心对列车的播放控制，保证列车能接收由中心服务器下发的媒体信息及播放列表，并在车载 LCD 屏上按通信 PIS 控制中心的计划顺畅播放。列车两端驾驶控制室拥有功能相同的 LCD 播放控制器。正常情况下，列车两端车载设备能够自动分别接收不同的信息内容，接收完毕后自行同步数据处理，接收完毕自动根据设定好的优先级对信息进行发布。当一台设备出现故障时，另一台设备单独工作，从而实现冗余管理，提高车载设备子系统系统的可靠性。

③具有同一传送内容的断点续传功能，实现运行列车通过无线网络及时有序地接收信息内容，而不破坏内容的完整性和数据质量。

④系统实现三种播放方式（实时、准实时、录播）自动转换和交叉应用的功能。例如，以实时方式为主，在线路设备被盗或干扰严重的情况下，自动识别并切换到准实时方式；或者以录播方式为主，采用实时或准实时方式实现插播；或者视频采用录播方式，文本、图片采用实时方式等。

6. 网络子系统功能

网络子系统主要功能是提供 PIS 控制中心与各车站、车辆段、列车车辆间的各种数据信息、视频信息和控制信息的网络承载。

9.2.3   网管软件

系统监控软件是 HiPIS 的一个子系统，地铁运营监控人员可以通过监控软件对 PIS 各子系统的设备状态及各软件运行状态进行监视，对设备的状态进行控制。接收监视设备及 PIS 中各软件的告警通知，并进行处理。另外，可通过系统监控软件制订和编辑各种类型的预案，在遇到紧急情况时，向线路播放终端发布紧急信息；还可以对节目播放进行远程控制。

系统监控软件主界面分为 3 个主要区域：功能模块区域、工作区域、实时通知区域，主界面如图 9-2 所示。

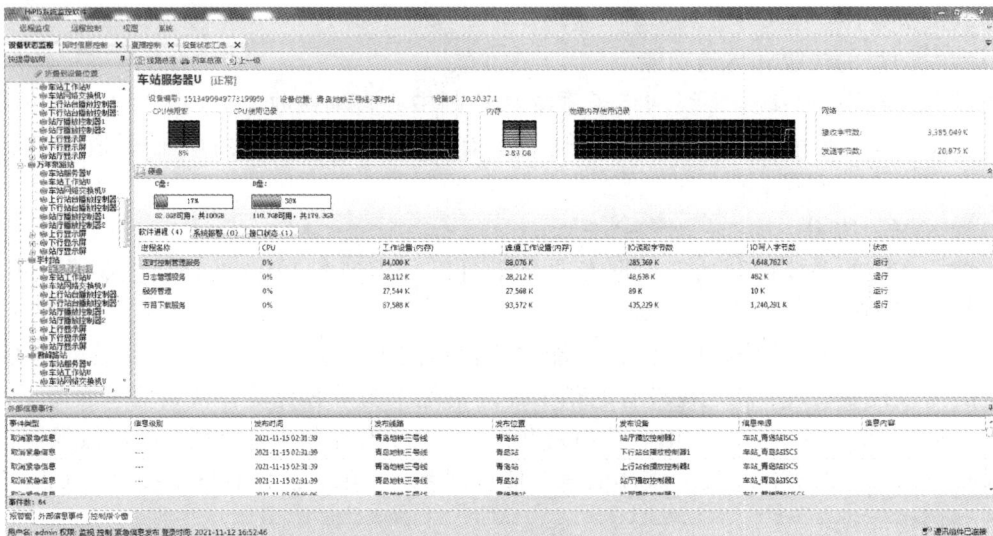

图 9-2   系统监控软件主界面

1. 远程监视功能

该功能主要涉及的岗位有系统管理员、系统维护员和信息调度员。在控制中心和网管室的工作人员需要了解设备的运行状态，及时发现故障并及时排除，因此系统将为以上业务人员提供运行状态监控和节目下载状态的监视。

①用户登录系统监控软件后，打开设备状态监视界面可进行设备状态的远程监视。

②界面左边显示按所在位置监视和按设备类型监视 2 个监视视图树形图（如图 9-3 所示），在树形图名称上显示状态图标，代表该树形图下设备的状态。只要该树形图下有设备出现运行状态告警，就会显示状态告警图标 🔰，如 🔰 系统监控工作站U。

③页面右部上边显示该系统下监控的所有场所状态和车辆状态（如图 9-4 所示）。只要场所和车辆下的设备出现运行状态告警，场所或车辆的状态图标就会变为红色。

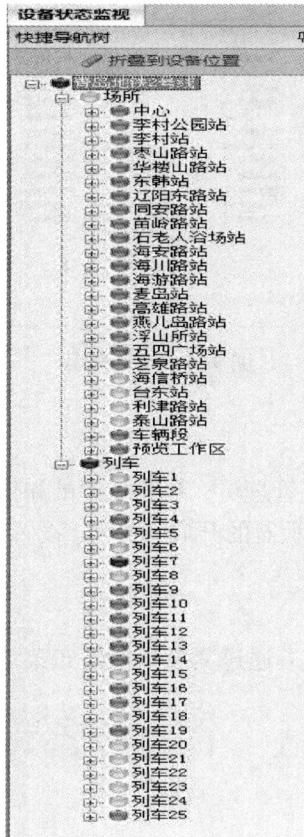

图 9-3 监视视图树形图

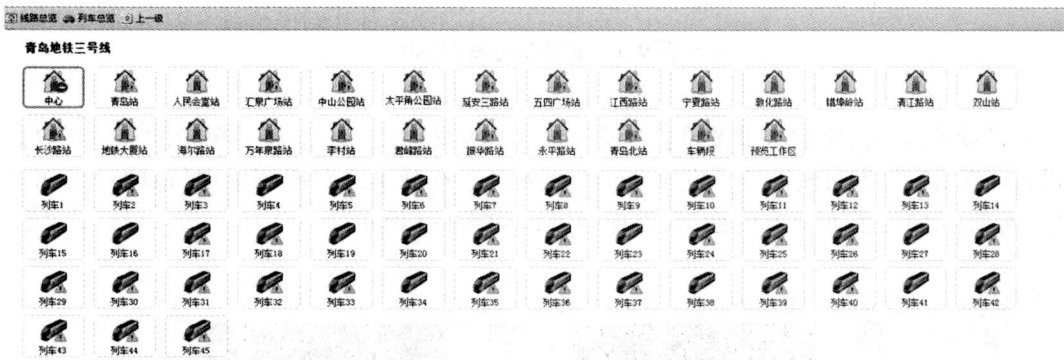

图 9-4 场所状态及车辆状态

④页面右部下边显示默认场所或车辆的设备列表（如图 9-5 所示），通常默认场所或车辆是第一个场所或车辆，并且该场所名称或车辆编号会被标记为黄色，代表被选中；而在设备列表中，显示设备运行状态。

图 9-5　设备列表

2. 远程控制功能

该功能主要涉及的岗位有系统管理员、系统维护员和信息调度员。系统提供对各主机设备的开启、关闭、重启操作及各显示器的开启、关闭、设置静音、取消静音操作,发送紧急信息及取消紧急信息操作。

1) 紧急信息发布

进入紧急信息发布界面的方式:通过紧急信息发布菜单栏,如图 9-6 所示。

图 9-6　紧急信息发布菜单

通过设备监视树中的右键菜单:在设备状态监视界面中,右击设备树中的具体播放控制类设备,若用户具有对该设备下发紧急信息的权限,在弹出的右键菜单中将具有[发布紧急信息]选项,选择[发布紧急信息]菜单项即可,如图 9-7 所示。

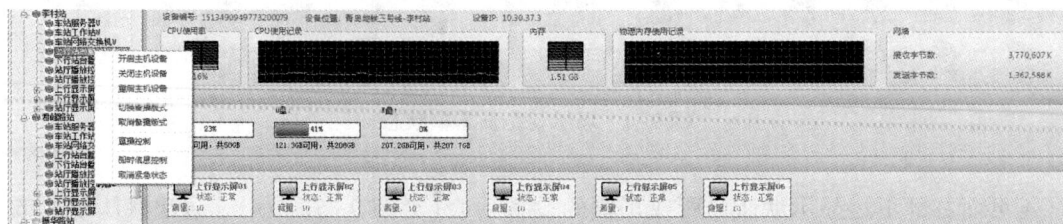

图 9-7　设备监视树右键菜单

发布紧急消息的一般流程为：编辑要发布的紧急信息(可直接选择已经编辑好的紧急预案，或预定义信息)，再设置信息类型、优先级，选择要发布的位置，最后点击[发布]按钮，将紧急信息下发到指定位置。紧急信息发布界面如图 9-8 所示：

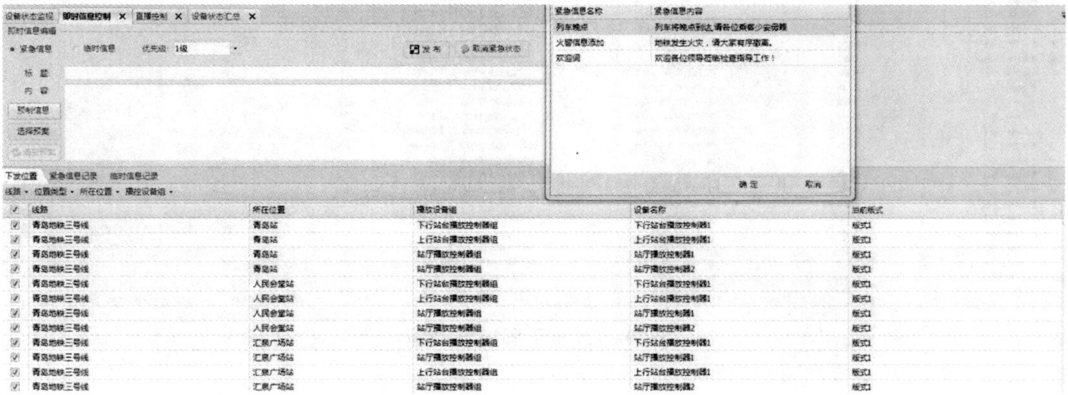

图 9-8　紧急信息发布界面

①查询紧急预案：在紧急信息发布界面，可以通过信息类型和优先级 2 个下拉列表中的选项对所需要的紧急预案进行筛选。

②发送单个紧急信息：双击紧急预案列表中某个紧急预案或直接在右侧"请确认紧急信息"区域直接编辑紧急信息，点击【发送】按钮。

③批量发送紧急预案：在紧急预案列表中勾选需要发送的紧急预案，点击【发送】按钮。

④发送临时信息：编辑要发布的临时信息，再设置信息类型、优先级，选择要发布的位置，最后点击[发布]按钮，将临时信息下发到指定位置。

⑤对于紧急信息发布，系统会记录完整的操作日志，包括操作用户、紧急信息类型、紧急信息优先级、紧急信息内容、发布位置、发布状态、发布时间等，以备跟踪检查。

2)紧急状态取消

在紧急状态取消界面，选择要取消显示紧急信息的设备；点击【取消紧急信息】按钮，取消指定位置的紧急信息显示。操作结束后会给用户相应的提示信息，该操作的结果可以在[实时通知]区域通过点击[控制指令下发记录]选项卡查看。

3)显示屏远程控制

在显示屏控制界面，如图 9-9 所示，可通过线路、所在位置、播放设备组进行显示屏的筛选。选择需要控制的显示屏，点击【开启】按钮，执行开启显示屏操作；点击【关闭】按钮，执行关闭显示屏操作；点击【设置静音】按钮，执行显示屏设置静音操作；调节音量调节杆后，点击【调节音量】按钮，执行显示屏音量调节操作。

3. 其他功能

1)日志提取

用户登录系统监控软件，打开日志提取界面(如图 9-10 所示)可提取日志文件。

(1)选择要提取日志的主机设备，点击[提取]按钮，提取出所选择主机设备的、到目前为止尚未汇总到中心服务器的日志文件。还可以进一步根据用户选择的所在位置、主机设

图 9-9　显示屏控制界面

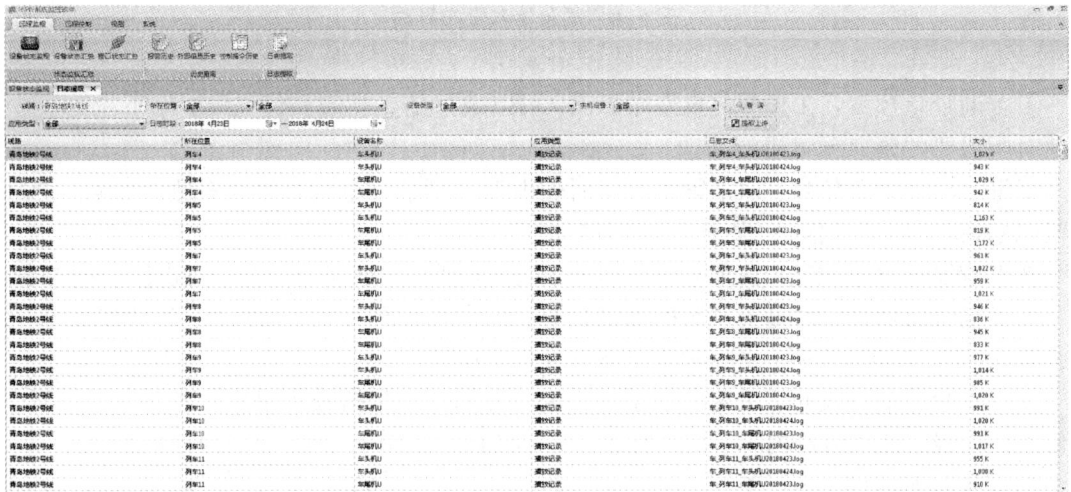

图 9-10　日志提取界面

备、应用类型和时段，提取或查询主机设备在某一时段内的日志。

（2）选择日志文件记录，右击并在右键菜单中选择打开，或双击该日志文件，便可打开该日志文件进行查看；在右键菜单中选择保存，可以保存该日志文件。

2）外部信息历史查询

外部信息历史查询可根据事件发生的时间与设备过滤来实现查询一类设备在一段时间内事件发生的流水记录。

3）报警历史查看

点击"报警历史"按钮，输入需查看报警时间，进行查看。

4）控制指令下发历史查看

控制指令历史查看界面如图 9-11 所示。

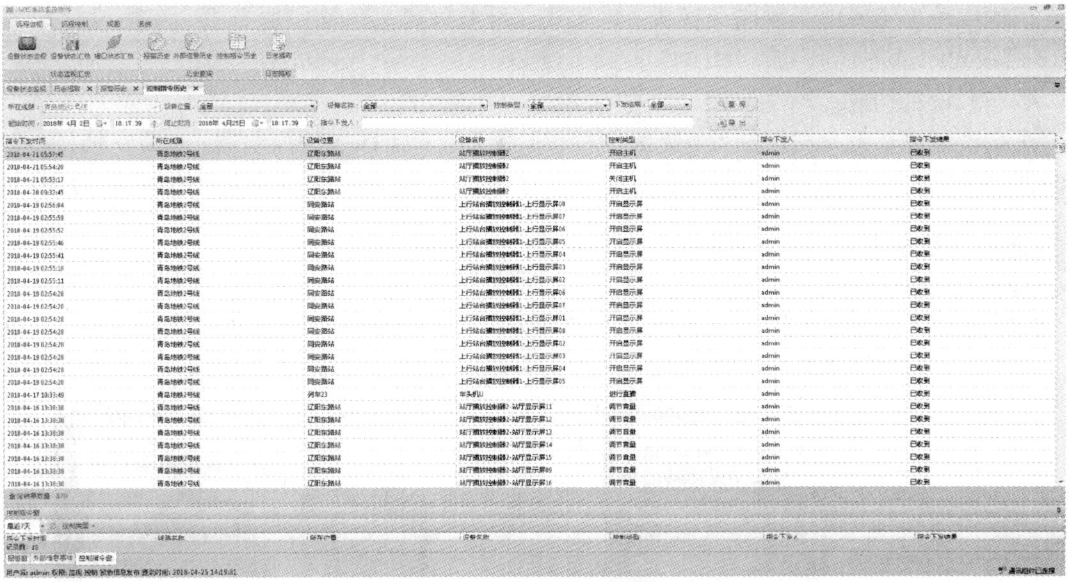

图 9-11　控制指令历史

9.3　PIS 设备介绍

青岛地铁部分线路乘客信息系统采用海信城市轨道交通乘客信息系统 HiPIS51 实现信息的发布和管理功能，设备结构和功能大同小异。下面以 3 号线为例对 PIS 的设备进行介绍。

9.3.1　系统构成概述

整个 PIS 划分为控制中心子系统、车站设备子系统、车辆段设备子系统、车载设备子系统（11 号线无车载设备子系统）。

1. 控制中心子系统构成

控制中心子系统由中心主服务器、中心备服务器、磁盘阵列、接口服务器、无线服务器、发布管理工作站、预览 LCD 屏、媒体编辑工作站、扫描仪、打印机、系统管理工作站、播出监看工作站、无线管理工作站、二级交换机、中心交换机、路由器、防火墙、运营信息工作站、高清编码器、标清编码器等设备组成。

2. 车站系统构成

车站设备系统的主要设备包括车站服务器、车站管理工作站、LCD 播放控制器、LCD 屏、车站交换机、机架式光纤收发器、时序电源控制器等。

3. 车辆段系统构成

车辆段系统主要由车辆段交换机、机架式光纤收发器、车辆段服务器、车辆段管理工作站（2 号线无此设备）等构成。

4. 车载设备构成

车载设备主要由车载控制器、无线网桥、车载天线、LCD 播放控制器、车载交换机、电源适配器等构成。

9.3.2　设备机柜

3 号线控制中心机柜面板组成如图 9-12、图 9-13 所示。

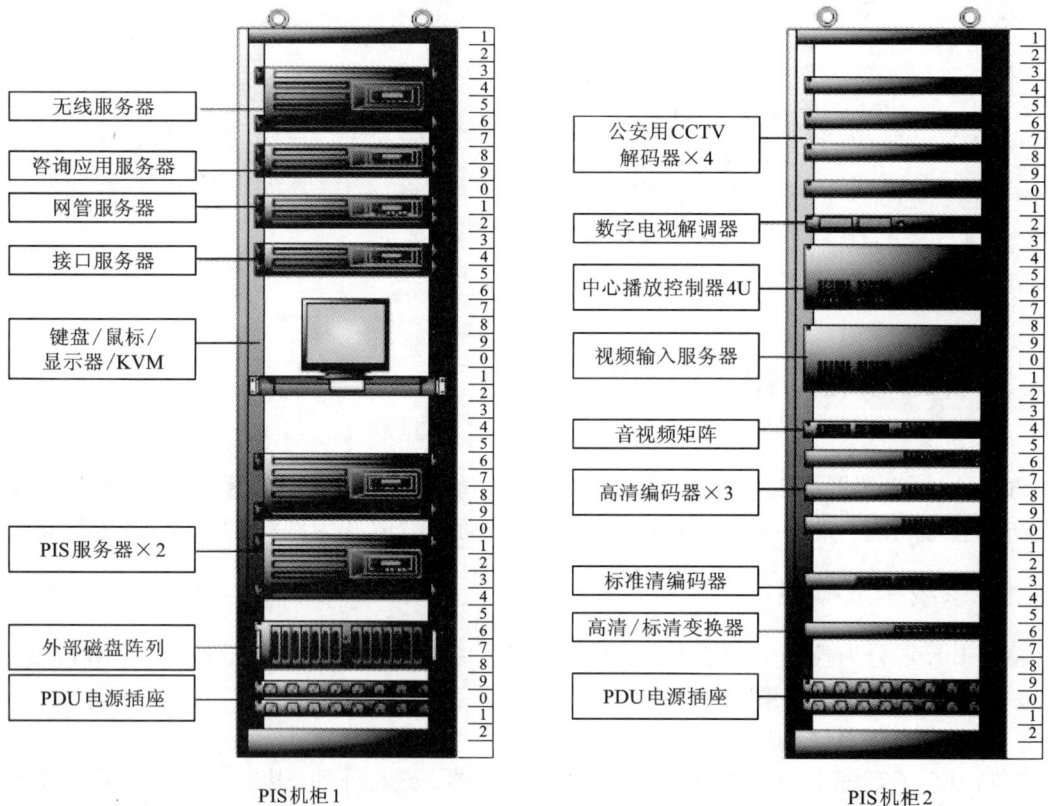

图 9-12　3 号线控制中心机柜面板组成 1

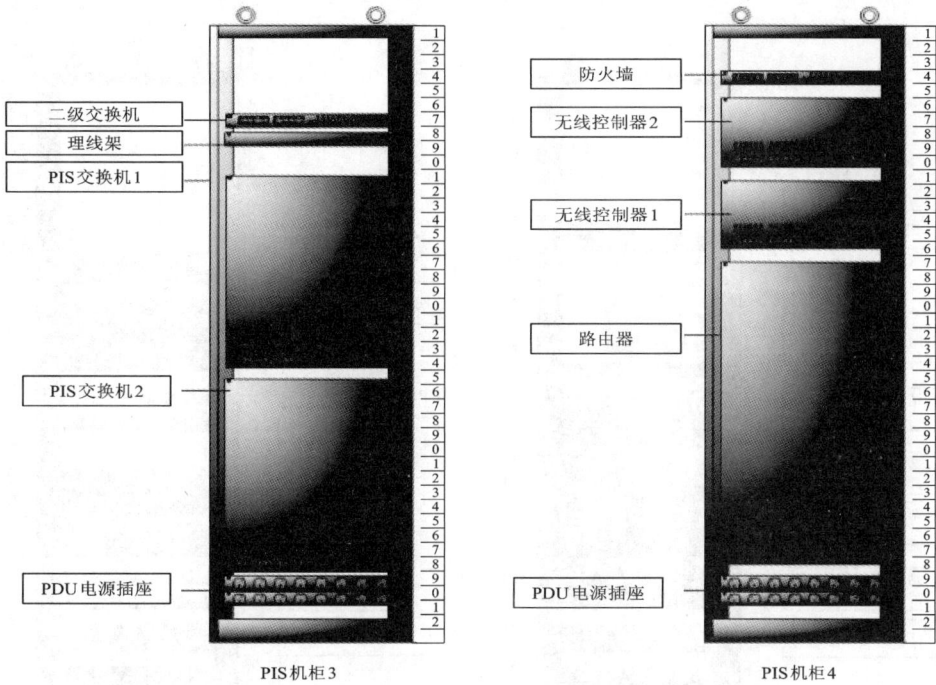

二级交换机
理线架
PIS交换机1

PIS交换机2

PDU电源插座

PIS机柜3

防火墙
无线控制器2

无线控制器1

路由器

PDU电源插座

PIS机柜4

图 9-13 3 号线控制中心机柜面板组成 2

3 号线车辆段机柜面板组成如图 9-14 所示。

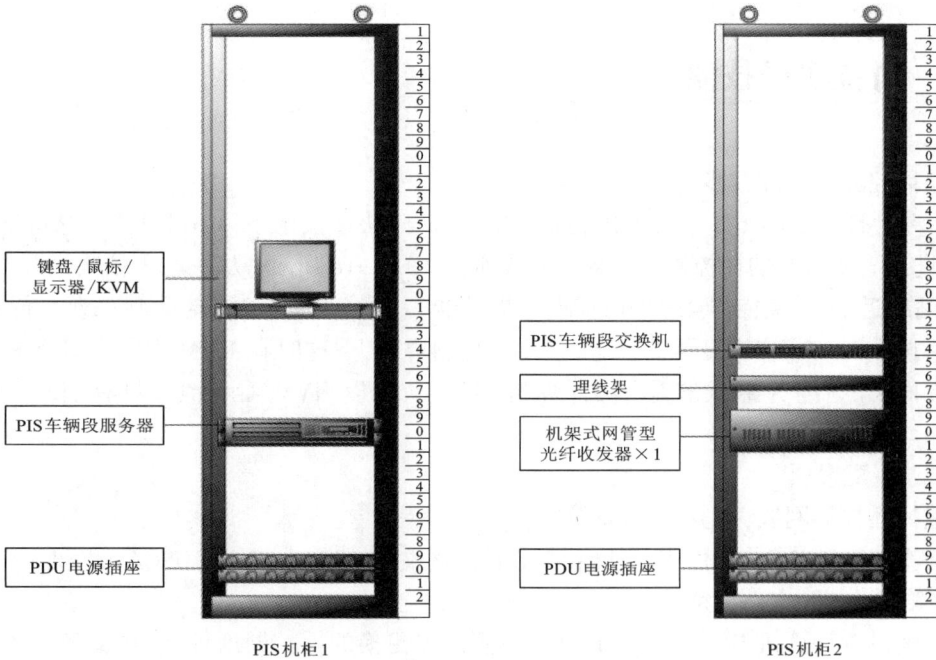

键盘／鼠标／
显示器／KVM

PIS车辆段服务器

PDU电源插座

PIS机柜1

PIS车辆段交换机
理线架
机架式网管型
光纤收发器×1

PDU电源插座

PIS机柜2

图 9-14 3 号线车辆段机柜面板组成

3 号线车站机柜面板组成如图 9-15 所示。

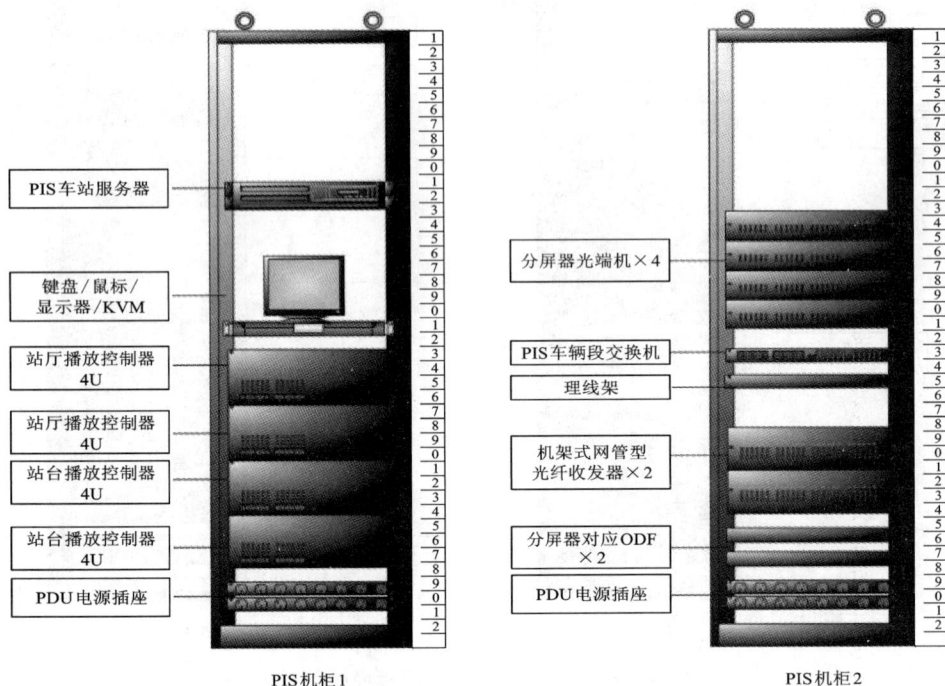

图 9-15　3 号线车站机柜面板组成

9.4　岗位实操技能

车站播控器更换配置步骤：

第一步，打开 KVM(如果有密码，输入相应密码)快速按两下[Ctrl]键进入选择界面，按[Enter]进入需要修改的播控器，一共 5 个选项，如图 9-16 所示，从上往下依次是服务器、播控器 1(站厅近端)、播控器 2(站厅远端)、播控器 3(站台下行)、播控器 4(站台上行)，进入播控器后按[Win+P]切换显示器状态，选择[复制屏幕]，这时在 KVM 上就看到播控器的操作系统界面了。(因为默认的是[仅计算机]模式，所以 KVM 看不到，只有前端 PIS 屏能看到。)

第二步，配置项。

①拔掉播控器网线，进入操作系统。

②检查 D:\HiPIS51 文件夹，正常情况下包含文件夹 bin、Ftp、HiSCADA 和 6 个 bat 文件，其中第 4 个 bat 文件无须执行。

③正确设置计算机 IP(网卡的 IP 地址设置成要更换的播控器地址)，并保存配置。

④插上网线(注意：插入已配置 IP 的网络接口)，依次双击执行如下文件：

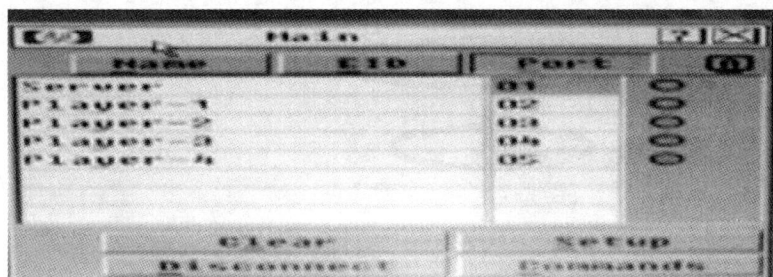

图 9-16　KVM 上显示的选项

a. 双击执行 1_停止所有服务.bat。

b. 双击执行 2_统一配置.bat，设置本机 IP。

c. 本机 IP 地址是指需更换播控器的 IP 地址；服务器 IP 地址是指该车站的服务器 IP 地址。点击[检测连接]项，确认连接成功。修改下载配置，设备类型为"其他机器"，服务器地址为本站服务器 IP，点击[保存]按钮，如图 9-17、图 9-18 所示。

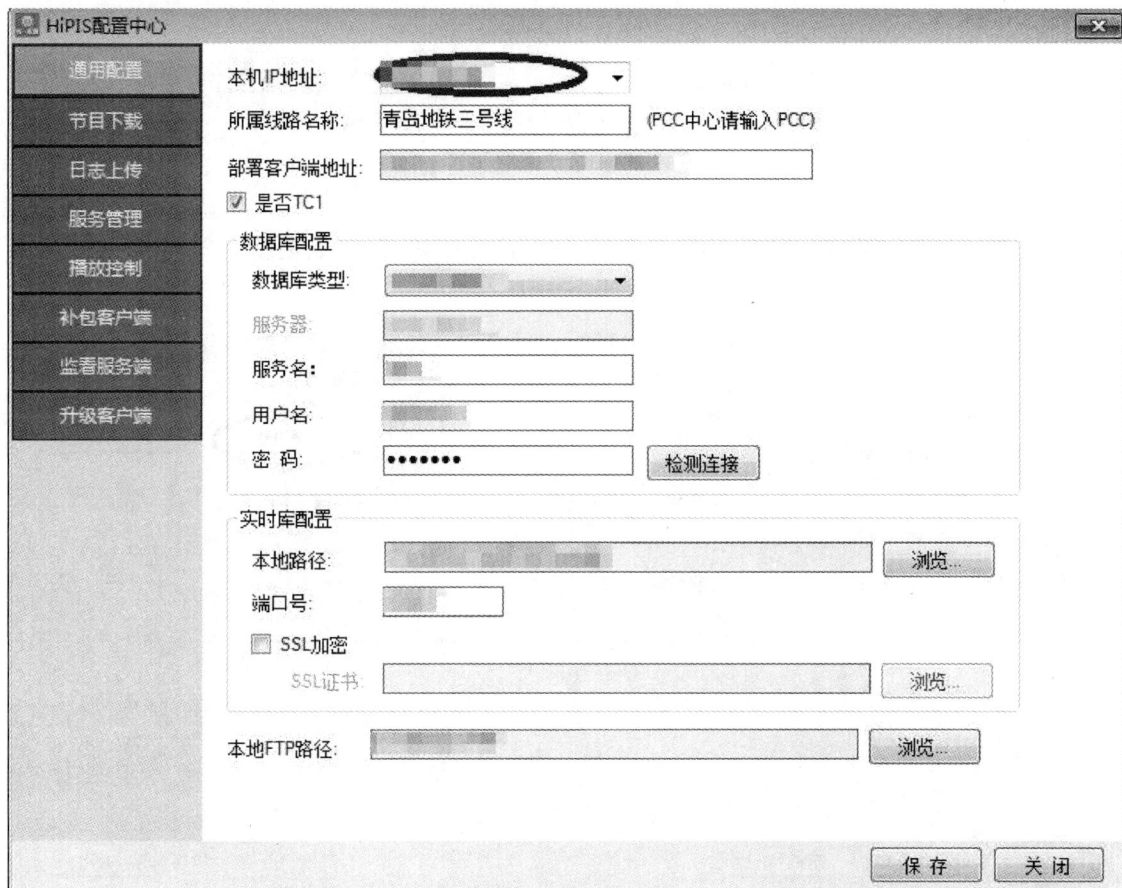

图 9-17　配置 IP 地址

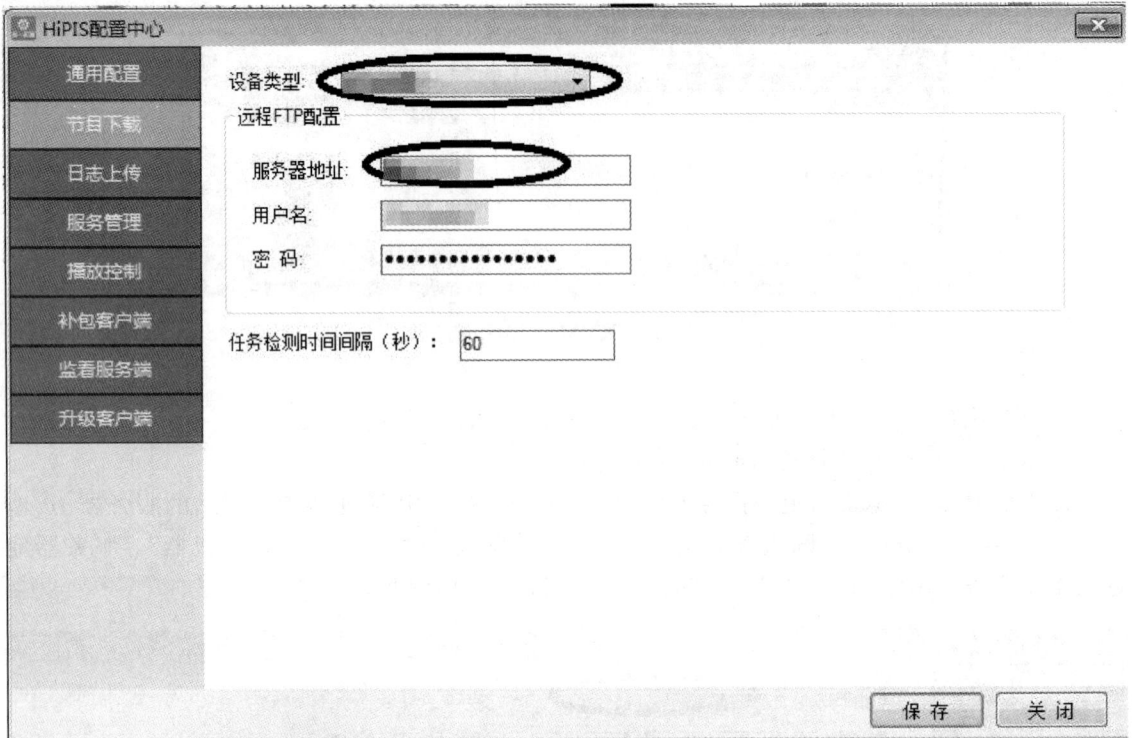

图 9-18 修改下载配置

d. 双击执行 3_更新组态工程. bat。在弹出的对话框中执行[开始更新][重启组件]，如图 9-19 所示。

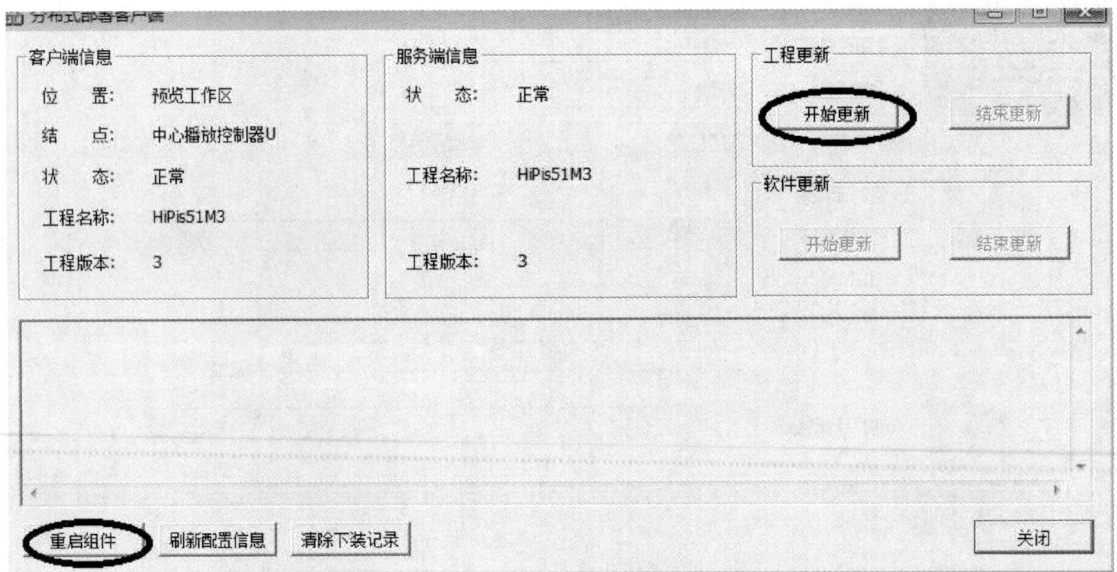

图 9-19 更新组态工程

e. 双击执行 5_安装服务.bat。

f. 双击执行 6_启动服务.bat。

g. 查看播控器版本号。进入中心主服务器,双击运行程序后,会看到本站设备的工程版本(本站的服务器、4 台播控器、车站工作站共 6 台设备版本号需要一致),若版本号一致,不需要修改,若不一致,则需要记下其他设备的版本号,执行下一步操作。

i. 修改版本号,如图 9-20 所示。

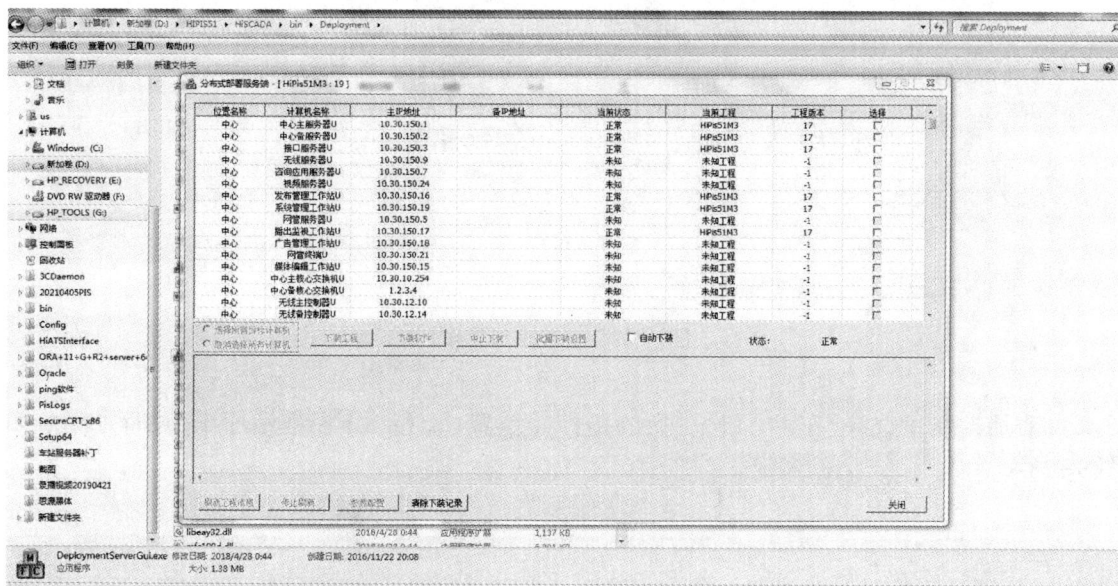

图 9-20　修改版本号 1

修改标蓝位置的数字与上一步记下的其他设备版本号统一(工程版本号会不定期地更新,所以一定要注意统一),保存配置,如图 9-21 所示。

图 9-21　修改版本号 2

⑤重新启动播控器,重启进入操作系统界面后播控器会自动打开播放软件。

第三步,如果没有直播,要进行以下操作。

①在车控室工作站选择[远程控制-直播控制],如图9-22所示。

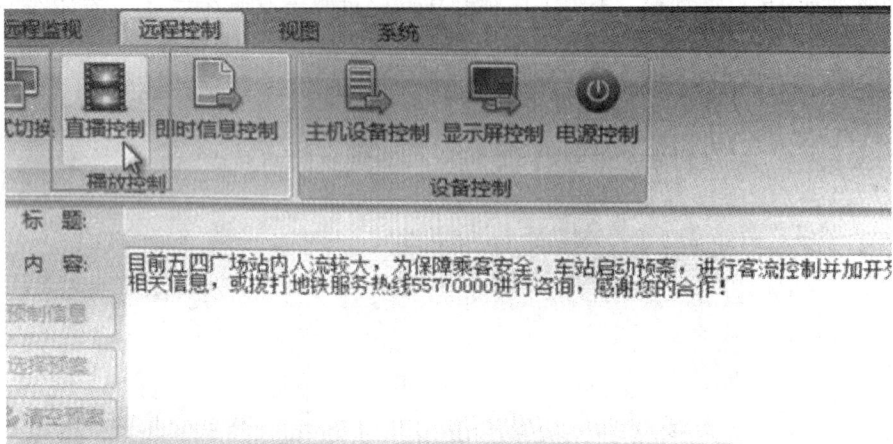

图9-22　直播控制界面

②直播控制里选择[车站]和[更换的播控器位置(上行、下行、站厅1、站厅2)],如图9-23所示。

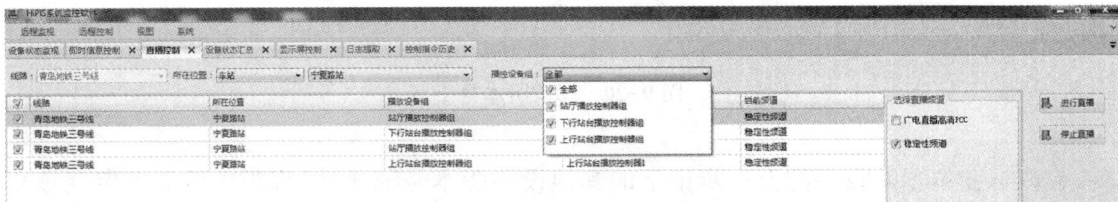

图9-23　选择车站和播控器位置

③最右侧勾选[稳定性频道],点击[进行直播]按钮,点击[确定]开始直播,如图9-24所示。

④恢复正常后按"Win+P"切换至"仅计算机"模式。

图9-24　选择稳定性频道

9.5　典型故障场景处置

9.5.1　显示屏单块花屏

1.场景描述

显示屏单块花屏。

2.处置流程

对比其他正常显示屏,可以判断视音频接收器至显示屏的信号传输路径上存在故障点。处理时可首先尝试重新插拔显示屏端的 HDMI 线,无效的情况下可以考虑将连接显示屏和视音频接收器的 HDMI 线更换到备用端口,仍然无效应采取重启接收器设备、更换线缆、更换接收器等措施。单块显示屏花屏的现象如果是贯穿整个显示屏的条状花屏,出现颜色失真等,此类故障可以判断为显示屏液晶面板故障,液晶面板的故障往往是不可逆的损伤,需要更换整块显示屏。

9.5.2　显示屏单块蓝屏

1.场景描述

显示屏单块蓝屏。

2.处置流程

判断蓝屏原因:使用遥控器调节信号源到 HDMI,若故障恢复,则判断信号源错误;若故障未恢复,则更换视音频接收器备用端口或者更换视音频接收器整机;若故障仍未恢复,则判断显示屏整机坏,更换显示屏。

9.5.3　显示屏区域性蓝屏

1.场景描述 1

一个区域内全部显示屏蓝屏,并在左上角伴有"Check Tx's Input Signal"字符。

2.处置流程 1

从故障代码可以判断从播放控制器输出的信号有误,重新启动该区域对应的播放控制器,若故障未恢复,则更换播放控制器,更换后故障恢复。

3.场景描述 2

一个区域的显示屏蓝屏,并在左上角伴有"Searching Tx"字符。

4.处置流程 2

从故障代码可以判断从视音频发送器输出的信号有误,重新启动该区域对应的视音频发送器,若故障未恢复,则更换视音频发送器,更换后故障恢复;若故障仍未恢复,则可判断视音频发送器到显示屏段光纤故障,则清理光纤或更换备用光纤,故障恢复。

5.场景描述 3

一个区域的显示屏蓝屏,且整个显示屏上伴有多行字符显示。

6. 处置流程 3

从故障代码可以判断该区域对应的播放控制器系统崩溃，对播控器内存条、主板、硬盘进行清灰处理，若故障未恢复则更换播放控制器。

9.5.4　显示屏不显示列车进站时间

1. 场景描述

显示屏不显示列车进站时间。

2. 处置流程

确认服务器的工作状态，排除电源故障导致的意外断电；确认线缆连接正常，保证物理上的链路畅通。检查完上述内容后，如果故障仍存在，需要通过两个最基本的途径保留下故障发生时的数据、日志等，一是使用 Windows 系统自带的任务管理器，观察资源占用情况，捕捉异常的进程；二是使用事先部署好的 Tcpview 软件，抓取故障发生时各线程与端口的状态记录，为后期工程师分析故障原因提供依据。

思考题

1. 简述乘客信息系统主要功能是什么。

2. 简述乘客信息系统设备构成及系统原理。

3. 播放控制器配置步骤有哪些？服务器配置步骤有哪些？

第 10 章　集中告警系统

学习目标

1. 集中告警系统功能。
2. 集中告警系统的子系统。
3. 集中告警系统组网设备。

10.1　集中告警系统简介

集中告警系统是对通信各子系统(传输、无线、公务电话、专用电话等)设备的运行状况进行集中监测和远程控制,同时能够对通信各系统的运行状况进行 24 小时不间断信息采集。当通信各系统的维护管理终端向集中告警监测设备发送故障告警信息时,告警终端可以屏幕显示告警信息并发出声音告警信息,记录故障信息并发出告警,以实现故障的快速定位和及时处理,确保行车安全。

集中告警系统设计原则。

1. 安全性

系统具有完善的安全防范措施,采用三级用户管理,对不同的用户可以设置不同的操作权限,并有完善的密码管理功能,以保证系统及数据的安全,另配有加密狗保护软件,防止非法拷贝。

2. 可靠性

系统具有较强的抗误操作能力,防止因误操作而影响系统的正常运行。系统软件采用分层结构化设计,相互独立,当一个功能模块发现有异常时不会影响到其他功能模块的正常使用。

3. 扩展性

系统采用分层的模块化结构,便于系统的扩容和升级。

10.2　集中告警系统功能

10.2.1　集中监控功能

系统集中监控并采集控制中心/车站/车辆段各子系统以下设备的故障信息：

①传输系统各设备及模块。

②公务电话系统各设备或模块(含附属设备)。

③专用电话系统各设备及模块。

④无线通信系统各机房设备、基站及车站光纤直放站。

⑤广播系统各机房设备及功能模块。

⑥闭路电视监视系统各机房设备、功能模块。

⑦办公自动化系统各机房设备、功能模块。

⑧时钟系统各机房设备、功能模块、子钟。

⑨电源系统各机房设备。

⑩乘客信息系统各机房设备、功能模块及显示屏。

集中告警系统采用分层管理的结构，具有自诊断功能，日常为维护人员提供各系统设备的运行信息，使其及时做出判断和反应。

10.2.2　拓扑显示功能

集中告警系统提供完整的菜单功能，大部分功能可通过鼠标操作来完成，并支持拓扑视图文件的生成和打印功能。

系统网络拓扑图中以不同形式，如链路变色、NE(网络单元)闪烁等，显示告警信息，如故障名称、故障位置、故障发生时间、故障原因、等级和故障数量等，提示操作人员对告警进行确认。

在控制中心显示线路、车站顺序、车站各设备、故障设备。

显示方式：正常为绿色，故障设备车站为红色。

告警方式：声光告警信号，并区分告警等级。

10.2.3　告警信息采集功能

集中告警系统采集、显示、存储并打印各通信子系统的故障告警信息。

①网元告警：通过各通信子系统的网管系统实时采集各通信子系统网元设备的全部告警信息。网元设备覆盖了传输系统、公务电话系统、专用电话系统、无线系统、广播系统、闭路电视监视系统、办公自动化系统、时钟系统、电源系统、乘客信息系统等。

②性能越限告警：通过各通信子系统的网管系统实时采集各通信子系统的性能越限并告警。

③连接告警：可以查看并测试各通信子系统与集中告警系统的通信及工作状态。当某一

通信子系统网管系统持续一定时间不响应集中告警系统时，集中告警系统会发出通信连接告警。

10.2.4 告警信息过滤功能

集中告警系统可以控制告警接收条件，实现告警过滤功能，通过设定接收或屏蔽告警信息来对不重要的告警信息进行过滤，使维护管理人员能够集中精力对网络中的重要告警信息进行监视和处理，提高工作效率。

系统支持设定告警类型、告警级别、告警源等来屏蔽所有符合条件的告警。

10.2.5 故障定位及分级显示

各子系统上报的故障信息显示具体的板卡号和端口号，可精确定位故障的位置，缩短故障排除时间。上报的故障信息分为紧急、重要、一般三个等级，其定义如下：

①紧急告警：此类故障为引起系统工作中断或对系统正常工作造成严重威胁，要求系统维护人员必须马上到现场进行修复。

②重要告警：此类故障将对系统正常工作造成很严重的影响，但系统还能在一定范围内保持工作，要求维护人员必须按要求到现场修复故障。

③一般告警：此类故障将对系统正常工作造成一定的影响，系统能保持基本工作，维护人员可视具体情况决定是否到现场修复故障。

10.2.6 告警信息处理

集中告警系统可以根据告警源、告警级别、状态、类型、产生时间等条件对告警信息进行确认。

①告警处理：提供告警确认功能。支持对尚未确认的告警信息持续提示功能（如图标的闪烁等），直到用户进行确认或告警已经被清除为止。系统提供自动和手动清除两种方式。由网络通信故障造成的告警信息，操作用户可手动清除，并在日志中记录用户的手动清除操作。

②告警同步：告警同步是把网管系统显示的告警与网元实际的告警状态进行核准，有人工和自动两种校正模式。

③重复告警的处理：集中告警系统具有屏蔽重复告警功能，当该功能开启后，系统每接收一条告警都会进行故障对比、分析，以确定该故障是否已上报过。如果有，则忽略该告警；如果没有，则接收、保存、显示该告警。

各子系统异常频繁的告警可通过系统预先设置改变告警级别，从而保证集中告警终端告警信息的有效性。

10.2.7 告警查询与统计

系统支持查看、修改集中告警系统 IP 地址、通信端口号设置和通信各子系统的通信端口号。

系统可根据告警源、发生地点、告警级别、状态、类型、产生时间等条件对告警信息进行查询和统计。查询统计结果以报表、图形方式显示，并可进行存储和输出打印。支持对以下信息的查询：

①对车站编码信息查询功能。

②对故障编码信息查询功能。

③对故障性质编码信息查询功能。

④对通信端口分配数据查询功能。

⑤对通信各子系统设备板卡位置编号信息查询功能。

⑥对分配给通信各子系统端口参数设置数据查询功能。

⑦在权限允许的范围内，对操作人员及有关权限和密码的统计查询功能。

⑧根据故障发生的车站、各通信系统、板卡的位置、故障名称、故障性质、日期、时间等条件对故障告警信息精确统计查询功能。

10.2.8　安全管理

系统操作权限和配置功能：系统具有完善的操作管理，为维护系统的安全，使用某些功能时必须先输入密码口令，经系统确认后方可进入系统进行操作。操作密码设置不同的等级，以限制不同人员的操作范围。

操作记录登记功能：系统设有操作人员操作记录表，记录了操作人员姓名、操作时间、被操作设备名称、操作内容等。

10.2.9　交换管理信息和数据共享

集中告警系统保存的告警数据至少为 12 个月，并能导出保存的故障信息和管理信息，实现数据共享，供其他用户查询和备份。

10.2.10　告警箱功能

系统还可根据需要定制一个告警箱，挂在墙壁上，作为网管终端声光报警的扩展使用。

▶ 10.3　集中告警系统设备

10.3.1　设备组网

集中告警系统采用二级监控结构网络，与各子系统(包括传输系统、不间断电源系统、公务电话系统、专用电话系统、无线系统、广播系统、闭路电视监控系统、乘客信息系统、办公自动化系统、时钟系统)通过局域网连接，采用统一标准接口与各子系统交换状态、故障及控制信息。系统组网如图 10-1 所示。

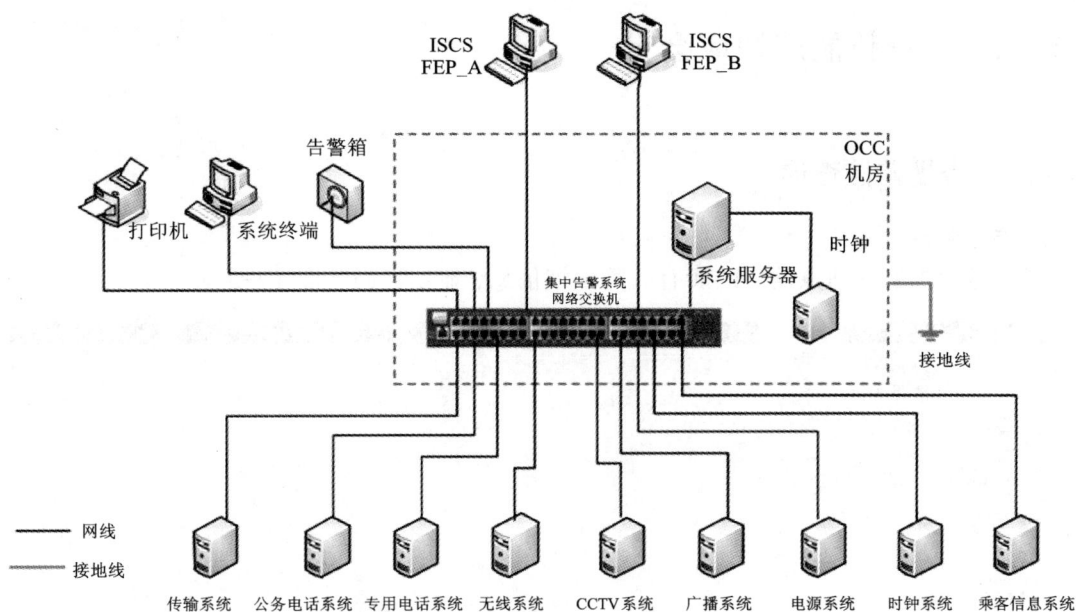

图 10-1　集中监测告警系统组网图

10.3.2　设备组成

集中告警系统(如图 10-2 所示)的控制中心由服务器、操作终端、打印机、以太网交换机、网管软件、数据库软件、告警箱等设备组成。

图 10-2　集中告警设备组成

10.4　岗位技能应知应会

10.4.1　告警监控查询

1.线路监控

可以显示当前各站点发生的所有故障详细信息，显示界面如图10-3所示。

图10-3　线路监控

2.告警列表

告警列表(如图10-4所示)主要是为了用户能够合理处置告警信息。告警列表中的告警查询能够根据条件选项具体查询用户想得到的告警信息。

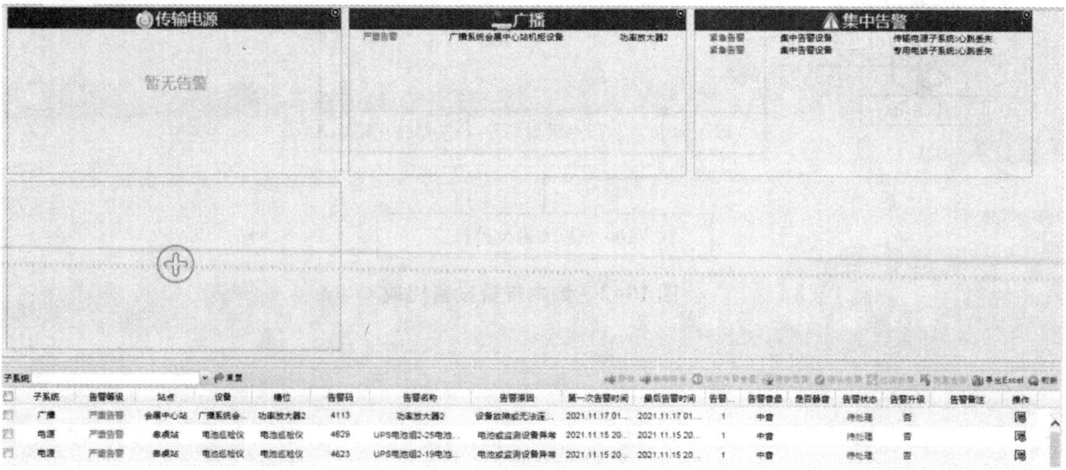

图10-4　告警列表

3. 当前告警统计

收到的各子系统的所有告警信息，可以分 3 个维度进行统计：①按告警级别统计；②按线路统计；③按专业统计。具体如图 10-5、图 10-6 所示。

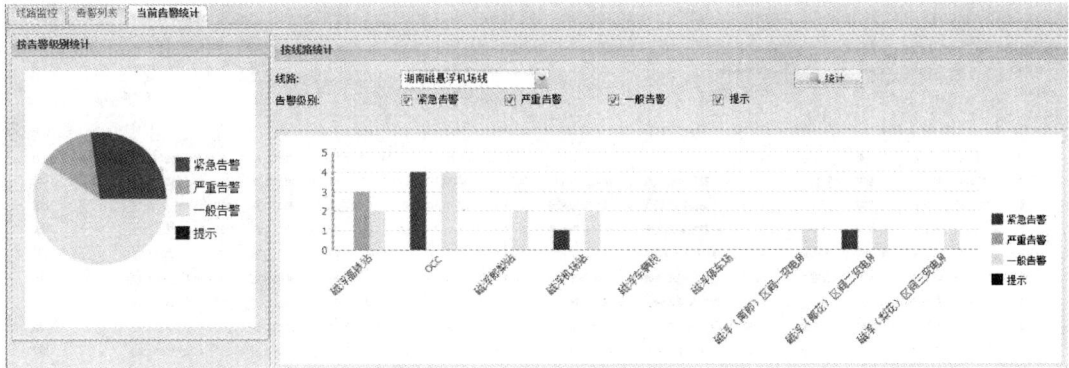

图 10-5　按告警级别统计和按线路统计

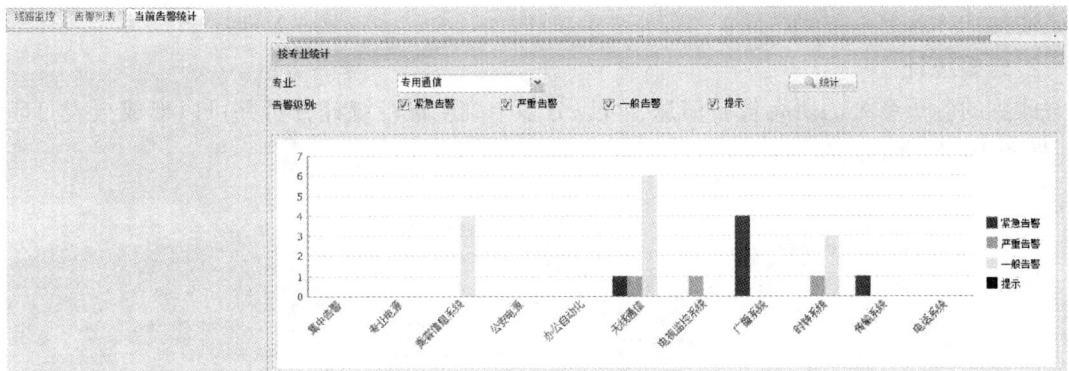

图 10-6　按专业统计

4. 当前告警信息操作

在线路监控界面点击有故障信息的站点，选择某个系统的故障设备后，进入该告警的具体操作界面。告警操作界面显示该告警的设备图片、槽位信息，其中故障的槽位以对应的故障级别颜色显示。如果该设备存在多条还没有处理的告警信息，则同步显示。

故障告警信息操作（支持多选进行）如下所述。

调节音量：所有等级的告警都可调节音量大小。

清除：清除后该条告警从告警列表中删除，消除声讯告警。

确认：确认后该条告警从告警列表中删除，消除声讯告警。

恢复：人工确认该告警已经恢复正常，该条告警从告警列表中删除，消除声讯告警。

过滤告警：进入过滤功能对子系统的告警信息进行过滤，被过滤的告警其历史告警也同步从监控范围内消除，并消除对应类型的声讯告警。

10.4.2 历史告警和告警统计

1. 历史告警

可以查询历史收到的所有系统的告警信息(如图 10-7 所示)。

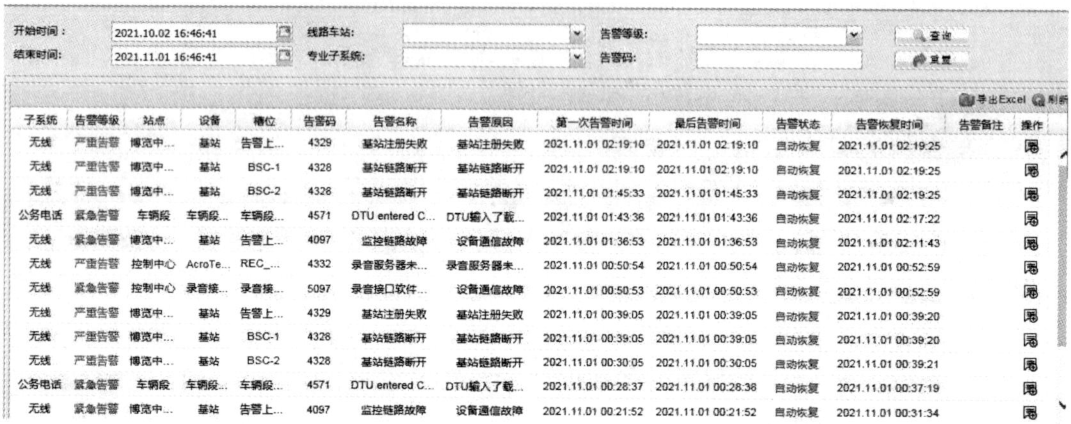

子系统	告警等级	站点	设备	槽位	告警码	告警名称	告警原因	第一次告警时间	最后告警时间	告警状态	告警恢复时间	告警备注	操作
无线	严重告警	博览中...	基站	告警上...	4329	基站注册失败	基站注册失败	2021.11.01 02:19:10	2021.11.01 02:19:10	自动恢复	2021.11.01 02:19:25		
无线	严重告警	博览中...	基站	BSC-1	4328	基站链路断开	基站链路断开	2021.11.01 02:19:10	2021.11.01 02:19:10	自动恢复	2021.11.01 02:19:25		
无线	严重告警	博览中...	基站	BSC-2	4328	基站链路断开	基站链路断开	2021.11.01 01:45:33	2021.11.01 01:45:33	自动恢复	2021.11.01 02:19:25		
公务电话	紧急告警	车辆段	车辆段...	车辆段...	4571	DTU entered C...	DTU输入了载...	2021.11.01 01:43:36	2021.11.01 01:43:36	自动恢复	2021.11.01 02:17:22		
无线	紧急告警	博览中...	基站	告警上...	4097	监控链路故障	设备通信故障	2021.11.01 01:36:53	2021.11.01 01:36:53	自动恢复	2021.11.01 02:11:43		
无线	严重告警	控制中心	AcroTe...	REC_...	4332	录音服务器未...	录音服务器未...	2021.11.01 00:50:54	2021.11.01 00:50:54	自动恢复	2021.11.01 00:52:59		
无线	紧急告警	控制中心	录音接...	录音接...	5097	录音接口软件...	设备通信故障	2021.11.01 00:50:53	2021.11.01 00:50:53	自动恢复	2021.11.01 00:52:59		
无线	严重告警	博览中...	基站	告警上...	4329	基站注册失败	基站注册失败	2021.11.01 00:39:05	2021.11.01 00:39:05	自动恢复	2021.11.01 00:39:20		
无线	严重告警	博览中...	基站	BSC-1	4328	基站链路断开	基站链路断开	2021.11.01 00:39:05	2021.11.01 00:39:05	自动恢复	2021.11.01 00:39:20		
无线	严重告警	博览中...	基站	BSC-2	4328	基站链路断开	基站链路断开	2021.11.01 00:30:05	2021.11.01 00:30:05	自动恢复	2021.11.01 00:39:21		
公务电话	紧急告警	车辆段	车辆段...	车辆段...	4571	DTU entered C...	DTU输入了载...	2021.11.01 00:28:37	2021.11.01 00:28:38	自动恢复	2021.11.01 00:37:19		
无线	紧急告警	博览中...	基站	告警上...	4097	监控链路故障	设备通信故障	2021.11.01 00:21:52	2021.11.01 00:21:52	自动恢复	2021.11.01 00:31:34		

图 10-7 历史告警

2. 告警统计

收到的各子系统的所有告警信息，可以分多个维度进行统计分析并可以形成报表打印出来(如图 10-8 所示)。

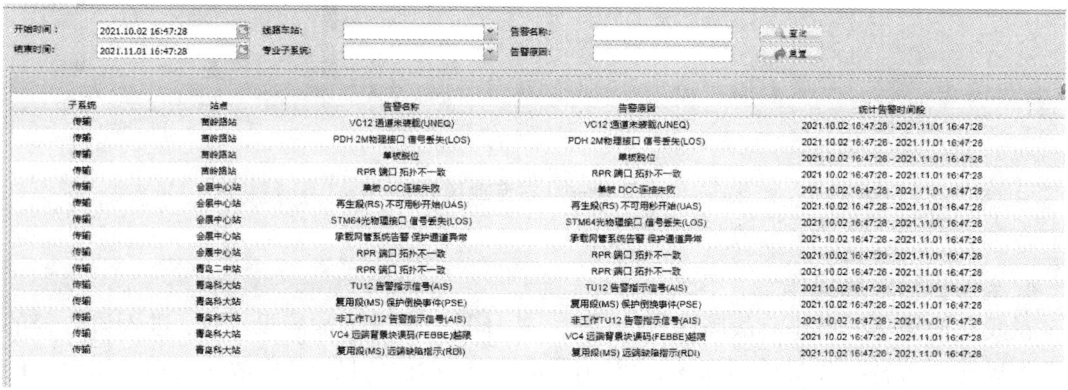

子系统	站点	告警名称	告警原因	统计告警时间段
传输	苗岭路站	VC12 通道未装载(UNEQ)	VC12 通道未装载(UNEQ)	2021.10.02 16:47:28 - 2021.11.01 16:47:28
传输	苗岭路站	PDH 2M物理接口 信号丢失(LOS)	PDH 2M物理接口 信号丢失(LOS)	2021.10.02 16:47:28 - 2021.11.01 16:47:28
传输	苗岭路站	单板脱位	单板脱位	2021.10.02 16:47:28 - 2021.11.01 16:47:28
传输	苗岭路站	RPR 端口 拓扑不一致	RPR 端口 拓扑不一致	2021.10.02 16:47:28 - 2021.11.01 16:47:28
传输	会展中心站	单板 DCC连接失败	单板 DCC连接失败	2021.10.02 16:47:28 - 2021.11.01 16:47:28
传输	会展中心站	再生段(RS) 不可用秒开始(UAS)	再生段(RS) 不可用秒开始(UAS)	2021.10.02 16:47:28 - 2021.11.01 16:47:28
传输	会展中心站	STM64光物理接口 信号丢失(LOS)	STM64光物理接口 信号丢失(LOS)	2021.10.02 16:47:28 - 2021.11.01 16:47:28
传输	会展中心站	承载网管系统告警 保护通道异常	承载网管系统告警 保护通道异常	2021.10.02 16:47:28 - 2021.11.01 16:47:28
传输	会展中心站	RPR 端口 拓扑不一致	RPR 端口 拓扑不一致	2021.10.02 16:47:28 - 2021.11.01 16:47:28
传输	青岛二中站	RPR 端口 拓扑不一致	RPR 端口 拓扑不一致	2021.10.02 16:47:28 - 2021.11.01 16:47:28
传输	青岛科大站	TU12 告警指示信号(AIS)	TU12 告警指示信号(AIS)	2021.10.02 16:47:28 - 2021.11.01 16:47:28
传输	青岛科大站	复用段(MS) 保护倒换事件(PSE)	复用段(MS) 保护倒换事件(PSE)	2021.10.02 16:47:28 - 2021.11.01 16:47:28
传输	青岛科大站	非工作TU12 告警指示信号(AIS)	非工作TU12 告警指示信号(AIS)	2021.10.02 16:47:28 - 2021.11.01 16:47:28
传输	青岛科大站	VC4 远端背景块误码(FEBBE)越限	VC4 远端背景块误码(FEBBE)越限	2021.10.02 16:47:28 - 2021.11.01 16:47:28
传输	青岛科大站	复用段(MS) 远端缺陷指示(RDI)	复用段(MS) 远端缺陷指示(RDI)	2021.10.02 16:47:28 - 2021.11.01 16:47:28

图 10-8 告警统计

10.5 典型故障场景处置

集中告警在维护过程中会遇到一些常见问题，这些问题通常是系统的参数或者线路设置导致异常，并非系统本身出现了问题，因此可以由现场运营人员自行维护。

10.5.1　通信链路断开

1. 场景描述

通信链路断开。

2. 处置流程

通信链路如果发生断开，可以先尝试通过集中告警服务器 ping 对应断开连接的子系统 IP，如果能够 ping 通，则有可能是双方配置出现问题，请按照协议查看端口和 IP，并且查看双方是否有接口适配器，接口适配器是否启动。如果 ping 不通，则查看物理线路。

10.5.2　接收不到告警或告警恢复

1. 场景描述

接收不到告警或告警恢复。

2. 处置流程

一般出现该情况，有两种原因：

①子系统发送的 IP 和端口不是集中告警服务端的 IP 和接收端口。

②子系统发送的告警或告警恢复在数据库中不存在，即子系统提供的点位表有缺漏。

10.5.3　无法登录 web 页面

1. 场景描述

无法登录 web 页面。

2. 处置流程

打开集中告警系统 web 页面，无法正常登录。解决方法：

①集中告警系统服务端没有开启，导致 web 页面不能正常运行。

②检查 web 页面的 IP 地址与端口号之间的冒号，应使用英文输入法来输入冒号(:)。

10.5.4　查询与统计和当前的告警数目不一致

这种原因一般是由于告警网管终端在配置子系统具体名称时与数据库中子系统名称不一致，导致查询不到该子系统告警，从而造成统计时数目不统一。另外，也有可能是子系统提供的槽位点表信息与子系统网管设备槽位数据不一致。

思考题

1. 简述集中告警设备组成。

2. 简述集中告警设备功能。

3. 简述常见故障处理方法。

第11章 办公自动化系统

学习目标

1. 掌握办公自动化系统基本架构、系统图。
2. 掌握办公自动化系统主要设备及其设备功能。
3. 掌握办公自动化系统查看 IP 地址、MAC 地址、配置 IP。

11.1 办公自动化系统简介

地铁办公自动化系统(OA)是面向地铁组织的日常运作和管理,员工及管理者使用频率很高的系统,是整个地铁信息交流的重要平台。地铁办公自动化系统着眼于地铁运营工作人员间的协同工作,其基本功能满足工作人员的日常办公需要。

11.2 办公自动化系统功能

办公自动化子系统在各个车站及停车场、车辆段各楼层统一综合布线,并在控制中心、停车场、车辆段、车站设置以太网交换机,为地铁工作人员提供标准的、统一的、可灵活设置的通道和网络应用平台。

同时,办公自动化系统的网管系统软件可进行系统性能管理、配置管理、故障管理、安全管理。办公自动化系统操作界面采用全中文图型界面,具有优良的开放性和可扩充性,能方便地配置信息网络设备的参数,能实现设备互联,展示网络拓扑结构、管理配置 VLAN 等,并可分析网络硬件设备的 2 层、3 层路径。办公自动化系统具有集中管理功能和自诊断功能;能够实时检测信息网络设备的运行数据、工作状态,并能进行相应的显示;能对系统的故障状态进行报警、显示、打印、存档。

11.3　办公自动化系统设备介绍

11.3.1　华三办公自动化系统架构

办公自动化系统中的计算机网络采用 IP 数据网络，并按三层结构组网。

第一层：在控制中心通信机房内配置 2 台互为热备的核心交换机。核心交换机具有足够的交换容量及三层路由处理能力，通过配置防火墙、路由器等相关设备，与 Internet 相连。同时，控制中心核心交换机配置充足的 1000 M 光接口及 10 M/100 M/1000 M 电接口，满足用户端网络设备接入、与外网相连等功能，并预留与后续线路汇聚交换机互联互通的接口与能力。

第二层：在车辆段综合楼通信机房内配置 1 台汇聚型三层以太网交换机。该交换机具有足够的交换容量及三层路由处理能力。汇聚型三层以太网交换机通过传输系统提供的总线型以太网通道与控制中心核心交换机相连。

第三层：在 22 个车站、车辆段(综合楼和运转综合楼各一套)设置接入型三层以太网交换机，车辆段接入型三层以太网交换机通过光纤或网线与车辆段汇聚型三层以太网交换机相连，进行子网内节点间的交换。同时，在车辆段各楼层配线间设置楼层接入型二层交换机，用于本地用户信息接入。各楼层接入交换机通过光纤点对点星型接入车辆段接入型三层以太网交换机。

如图 11-1 所示为 3 号线办公自动化系统图。

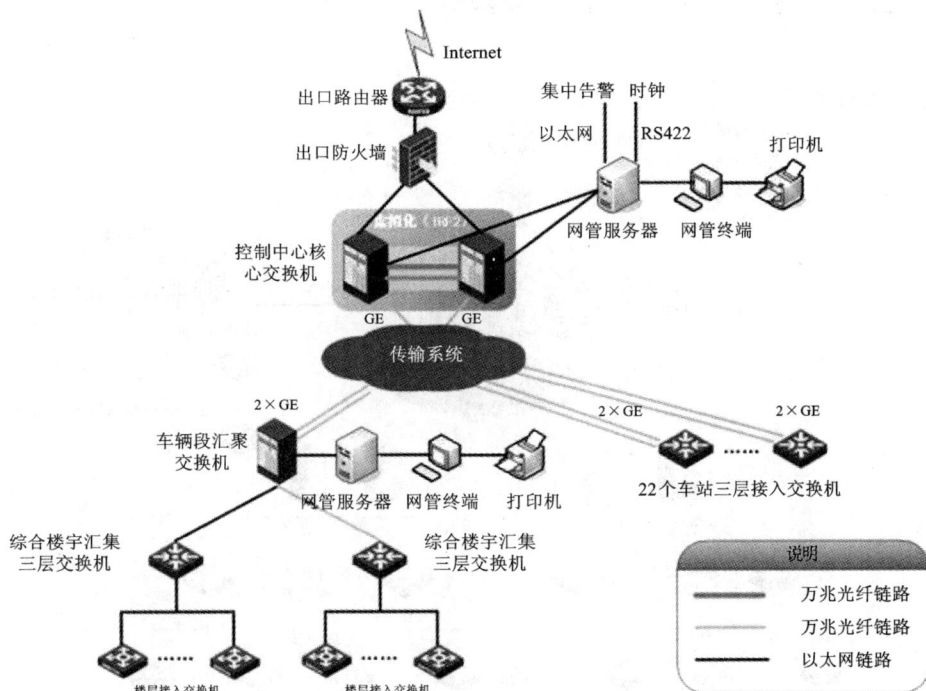

图 11-1　3 号线办公自动化系统图

11.3.2　华为办公自动化系统架构

第一层：在控制中心通信机房内配置 2 台互为热备的核心交换机。核心交换机具有足够的交换容量及三层路由处理能力，通过配置防火墙、路由器等相关设备，与 Internet 相连。同时，控制中心核心交换机配置充足的 1000 M 光接口及 10 M/100 M/1000 M 电接口，满足用户端网络设备接入、与外网相连等功能，并预留与线网计算机网络互联互通的接口与能力。控制中心接入型交换机接入控制中心核心交换机。在控制中心通信设备室临近的网络室内配置 1 套网络管理平台为计算机网络设备提供基于图形化界面的网络管理。

第二层：在停车场、车辆段各配置 2 台汇聚型三层以太网交换机。交换机具有足够的交换容量及三层路由处理能力。汇聚型三层以太网交换机通过传输系统提供的总线型以太网通道与控制中心核心交换机相连。在车辆段设置接入型三层以太网交换机，接入型三层以太网交换机通过光纤或网线与汇聚型三层以太网交换机相连，进行子网内节点间的交换。

第三层：在停车场/车辆段各楼栋、各楼层配线间、22 个车站设置接入型三层以太网交换机，停车场/车辆段楼栋接入型三层以太网交换机通过光纤或网线与停车场/车辆段汇聚型三层以太网交换机相连，进行子网内节点间的交换。各楼层接入交换机通过光纤点对点星型接入停车场/车辆段楼栋接入型三层以太网交换机。各车站本地用户信息点直接或通过光纤收发器接入各车站交换机。整个网络可提供能监控到各接口的完善的网络管理系统。

停车场/车辆段办公自动化系统可覆盖停车场/车辆段内各栋建筑物，主要包括停车场/车辆段综合楼、运用库及辅助办公用房、停车列检库/工程车库、调机库、蓄电池间/空压站、检修主厂房、污水处理站、牵引降压混合变电所、材料库、洗车库及控制室等。

如图 11-2 所示为 11 号线办公自动化系统图。

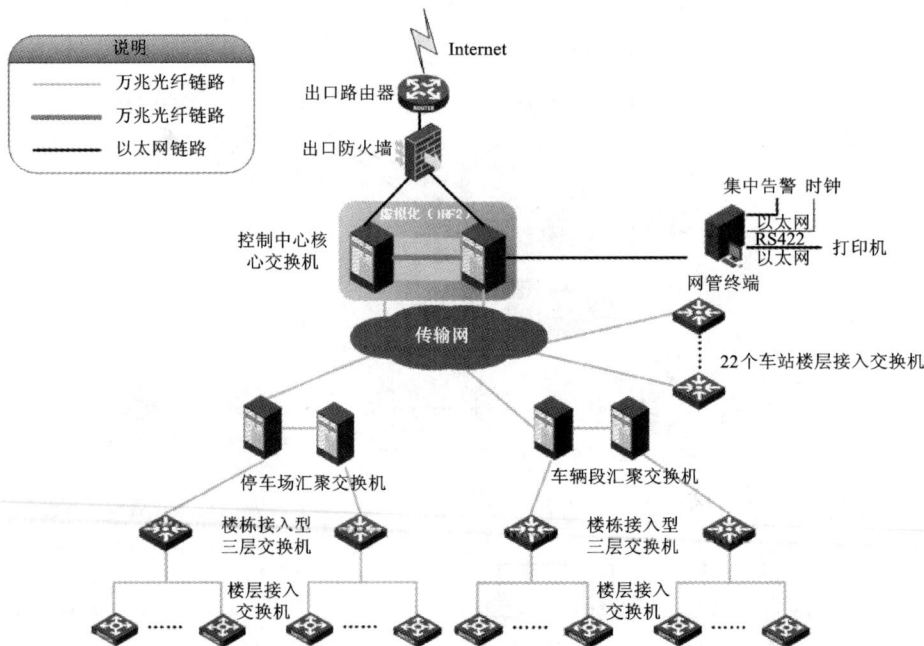

图 11-2　11 号线办公自动化系统图

11.4　岗位技能应知应会

11.4.1　查看 IP 地址、物理地址的方法

①选中桌面上的[网络]图标，右击选择[属性]，点击[本地连接]。没有[网络]图标的，点[开始—控制面板—网络与 Internet—网络共享中心]。进入如图 11-3 所示界面。

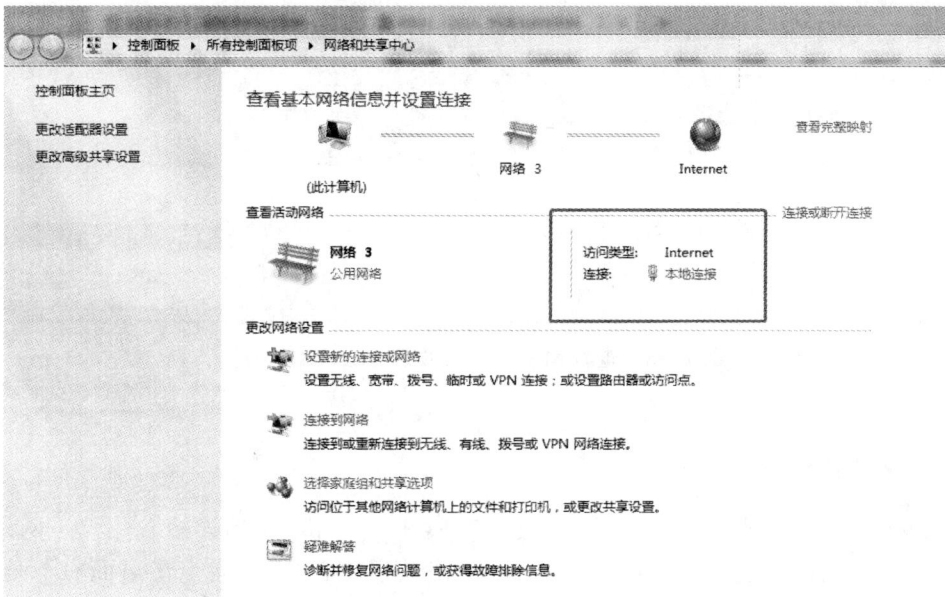

图 11-3　网络共享中心

②点击[属性]，进入 Internet 协议版本对 IP 地址及 DNS 进行查看更改(如图 11-4 所示)。

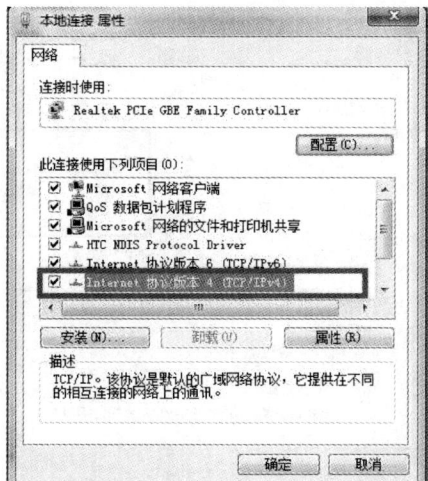

图 11-4　进入 Internet 协议版本对 IP 地址及 DNS 进行查看更改

③点击[详细信息]，查看 MAC 地址(物理地址)、IP 地址(如图 11-5 所示)。

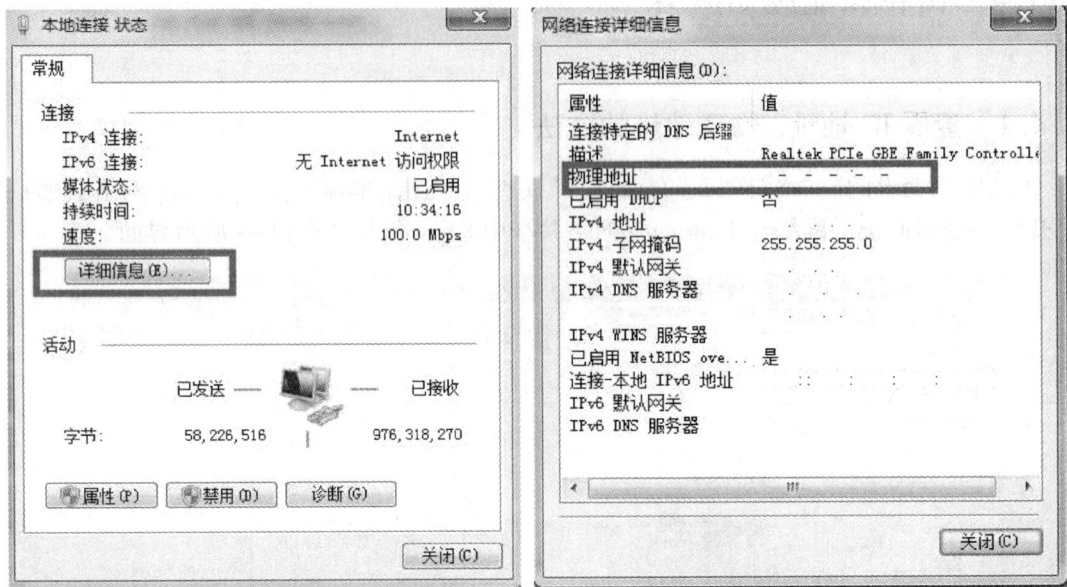

图 11-5　查看 MAC 地址(物理地址)、IP 地址

11.4.2　IP 地址修改步骤

①选中桌面上的[网络]图标，右击并选择[属性]，点击[本地连接]。没有[网络]图标的，点击[开始—控制面板—网络与 Internet—网络共享中心]。或者点击桌面右下角小电脑，点击[打开网络和共享中心]，点击[本地连接](如图 11-6 所示)。

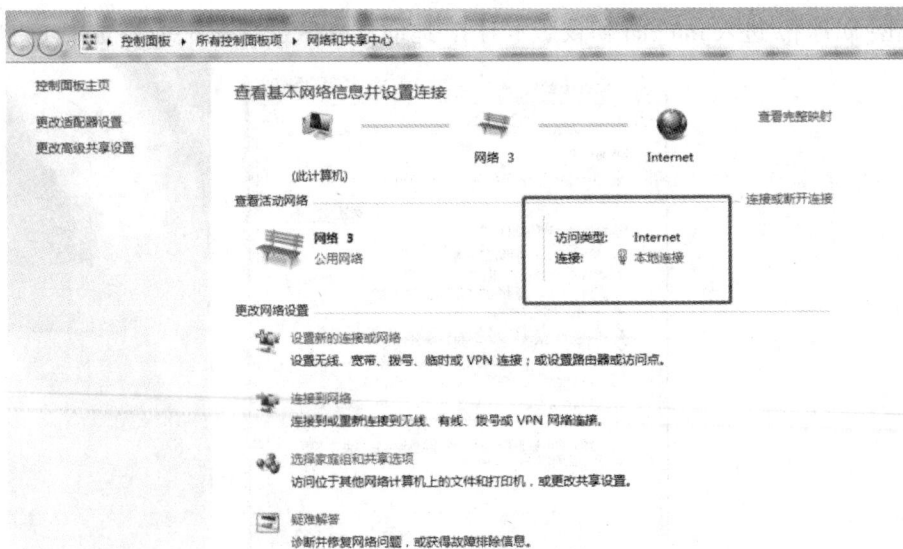

图 11-6　本地连接

②点击[属性]，进入 Internet 协议版本对 IP 地址及 DNS 进行查看更改（如图 11-7 所示）。

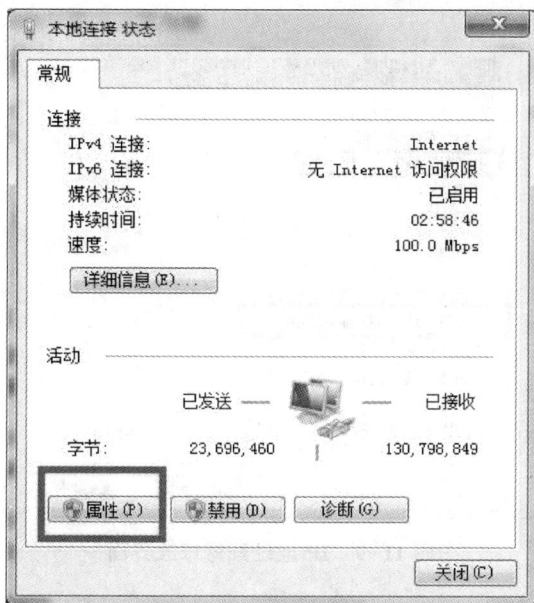

图 11-7　IP 地址及 DNS 进行查看更改

③双击[Internet 协议版本 4]，进入 IP 地址配置修改界面（如图 11-8 所示）。

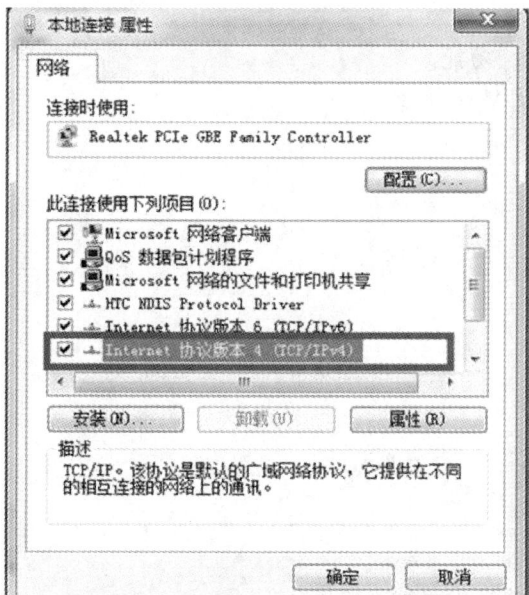

图 11-8　点击 Internet 协议版本

④点击[使用下面的 IP 地址]和[使用下面的 DNS 服务器地址]（如图 11-9 所示）。

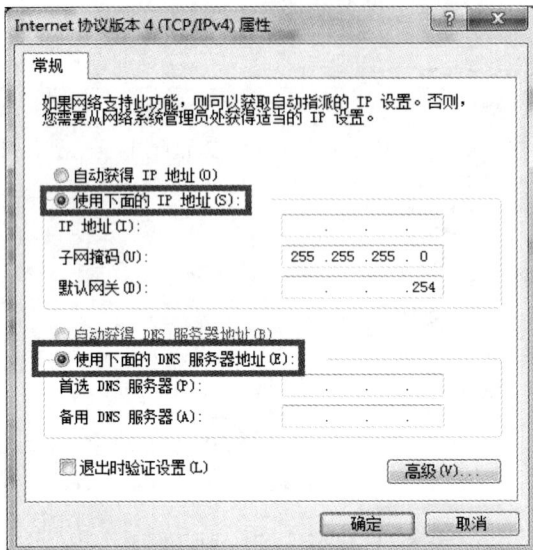

图 11-9　IP 地址配置修改界面

⑤IP 地址栏中填写要绑定的 IP 地址，子网掩码填写如上图所示；网关为 IP 地址前三位+254；DNS 填写如上图所示。填写完成后，点击[确定]，即完成绑定。

思考题

1. 简述办公自动化系统功能。
2. 如何查看 IP 地址及 MAC 地址？
3. 如何配置 IP 地址？

第 12 章　通信系统新线参建

参建是指从设备开始安装至试运行期间，生产部门组织人员进行查线核图、功能验证、设备调试等工作，并对发现的问题及时向建设单位提出整改意见。

12.1　参建基础知识

12.1.1　基本要求

①现场参建人员应按公司规定完成三级安全教育培训和现场参建专项培训，并完成施工现场各项规章制度以及本专业业务知识的学习。

②现场参建人员应严格遵守相关安全管理规定，确保自身安全、他人安全和现场设施设备安全。

③现场参建人员必须服从现场建设管理单位的管理。

④现场参建人员按计划下场并做好记录，不得无故缺席，不得迟到和早退，因故不能参加的需向筹备组负责人请假。

12.1.2　工作内容

参建主要有查线核图、功能验证、运营需求核实、问题反馈及整改推进等工作，将发现的问题按要求填写《运营分公司意见（问题）台账》并反馈给建设单位，然后跟踪落实情况。下一部分内容将对设备安装调试进行重点讲述。

12.2　设备安装调试

设备安装调试是在安装单位进场后，现场调查设备安装情况，对存在的安装质量不合格等问题进行记录跟踪（定义），主要分为通信管线安装阶段、通信光电缆敷设阶段、设备安装配线阶段、设备调试阶段 4 个阶段。

12.2.1　通信管线安装阶段

1. 支架、吊架安装

①支架、吊架安装在区间时，检查是否超出设备限界。

②支架、吊架切口处不应有卷边，表面应光洁、无毛刺、尺寸应准确。支架与吊架的各臂应连接牢固。

③支架、吊架安装时应固定牢固、横平竖直、整齐美观。在同一直线段上的支架、吊架应间距均匀，同层托板应在同一水平面上。

④安装金属线槽及保护管用的支架、吊架间距应符合设计图纸要求。

⑤敷设电缆用的支架、吊架间距应根据图纸要求。

⑥备紧固件应安装到位，紧固件不得有松脱现象，检查紧固件是否有防腐防锈处理。

2. 线槽安装

①核实到达现场线槽的型号、规格、质量是否符合设计要求。

②检查线槽终端封堵情况，线槽终端应已用防火胶泥进行封堵。

③金属线槽采用焊接连接时应牢固、内层平整，不应有明显的变形，埋设时焊接处应做防腐处理。采用螺栓连接或固定时应牢固。

④槽与槽支架之间、槽与设备盘(箱)之间、槽与盖之间的连接处应对合严密。

⑤线槽与机架连接处应垂直、连接牢固。

⑥金属线槽应接地，接缝处应有连接线或跨接线；预埋线槽时，线槽的连接处、出线口、分线盒，均应做防水处理。

⑦当供电电缆与信号电缆在同一路径用线槽敷设时，宜分线槽敷设。若需要敷设在同一线槽内，应采用带金属隔板的金属线槽，分开敷设。

⑧在缆线转弯处，槽道开口的大小应与缆线相适应，切口处应光滑，不应有卷边，内、外壁及盖板表面应光洁、无毛刺，尺寸准确；槽底与盖板均应平整，侧壁应与槽底垂直。

⑨预留线槽的出线口位置应符合设计要求。线槽的出线口宜与地面、墙面平齐。

⑩线槽的直线长度超过 50 m 时，宜采取热膨胀补偿措施。

⑪检查两列线槽拼接偏差不应大于 2 mm。

⑫当直接由线槽内引出电缆时，应采用合适的保护圈保护电缆。

3. 保护管安装

①检查保护管两端，管口应密封。

②检查金属保护管，保护管应设接地。

③预留保护管宜采用整根材料，如必须连接时，在连接处应做防水处理。预留保护管管口应做防护处理。

④检查金属保护管，保护管不应有变形及裂缝，管口应光滑、无锐边，内、外壁应光洁、无毛刺、尺寸准确。

⑤检查预埋箱、盒位置，应正确，并固定牢固。

⑥预留保护管伸入箱、盒内的长度不小于 5 mm，并固定牢固，多根管伸入时应排列整齐。

⑦预埋的保护管伸出表面时，管口宜伸出表面 200 mm；当从地下引入落地式盘(箱)时，宜高出盘(箱)底内面 50 mm。

⑧预埋的金属保护管，管外不应涂漆。

⑨预埋保护管埋入墙或混凝土内时，离表面的净距离不应小于 15 mm。

⑩保护管应排列整齐、固定牢固。用管卡固定时，管卡间距应符合设计要求。

4.通信管道安装

①检查通信管道，并且进行试通。

②人(手)孔四壁及基础表面应平整，铁件安装牢固，管道窗口处理美观。

③人孔应按检修要求安装拉力环。

12.2.2　通信光电缆敷设阶段

1.光电缆敷设

①光、电缆到达现场应检查其型号、规格。

②光、电缆线路的路径、敷设位置应与图纸相符。

③光、电缆线路的埋深应达到 1 米。

④光、电缆外护层(套)不得有破损、变形或扭伤，接头处应密封良好。

⑤光、电缆线路应设置余留，检查预留长度是否与设计图纸相符。

2.隐蔽工程旁站跟踪

①与建设单位获取线缆敷设资料。

②现场检查线缆敷设否符合设计标准，线缆路径是否与设计一致，如有直埋线缆检查直埋深度不小于 70 cm。

③填写隐蔽工程旁站记录表。

12.2.3　设备安装配线阶段

1.各系统设备机柜安装

①现场检查机柜型号高度、规格和质量，高度、规格应统一，质量良好，外观无明显缺陷。

②检查设备安装位置、机架及底座的加固方式应牢固、可靠。

③检查设备安装是否牢固、排列整齐、漆饰完好，铭牌、标记是否清楚正确。

④机架(柜)安装的垂直倾斜度偏差应小于机架(柜)高度的 1%。

⑤设备电源及接地装置的安装应符合规范，接地线缆无破损。

2.传输系统安装及配线

①传输设备的配线光、电缆到达现场应进行检查，其型号、规格、质量应与供货清单一致，配线标识齐全、清晰、不易脱落。

②配线电缆和电线的芯线应无错线或断线、混线，中间不得有接头。

③光纤尾纤应按标定的纤序连接设备。光纤尾纤应单独布放并用垫衬固定，不得挤压、扭曲、捆绑。弯曲半径不应小于 50 mm。

④电源端子配线应正确，配线两端的标志应齐全。

⑤设备接地必须连接良好。

⑥电缆、电线的屏蔽护套应接地可靠，并应与接地线就近连接。

⑦配线电缆、电线的走向、路径应与设计路径相符。

⑧配线电缆在电缆走道上应顺序平直排列；电缆槽道内配线应顺直。配线电缆的弯曲半径不应小于其外径的 5 倍。

⑨电缆芯线的编扎应按色谱顺序分线，余留的芯线长度应符合更换编扎线最长芯线的

要求。

⑩设备配线采用焊接时，焊接后芯线绝缘层应无烫伤、开裂及后缩现象，绝缘层离开端子边缘漏铜不宜大于 1 mm。

⑪设备配线采用绕接时，绕线应严密、紧贴，不应有叠绕。铜线除去绝缘外皮后在绕线柱上的最少匝数：当芯线直径为 0.4~0.5 mm 时，应为 6~8 匝；当芯线直径为 0.6~1.0 mm 时，应为 4~6 匝。不接触绕线柱的芯线部分不宜漏铜。

⑫设备配线采用卡接时，卡接电缆芯线的卡接端子应接触牢固。

⑬高频线、低频线、电源线应分开绑扎；交直流配线应分开布放。

3. 公务电话系统及专用电话系统安装及配线

①区间电话安装严禁超出设备限界。

②区间电话安装位置和方向应与图纸相符。

③程控交换设备的配线电缆到达现场应进行检查，其型号、规格、质量应供货清单一致，配线标识齐全、清晰、不易脱落。

④紧急电话、区间电话进线孔应做防水处理。

4. 无线天线铁塔安装阶段

①天线加挂支柱高度及方位、平台位置及尺寸、爬梯的设置方式应与设计图纸相符。

②铁塔防雷装置、接地引下线和接地电阻应出具检测报告。

③铁塔基础顶面应水平平整，塔靴及基础面应紧密贴合，允许水平误差为 3 mm。

④铁塔构件的镀锌层应均匀光滑、不翘皮，不得出现返锈现象。

⑤铁塔塔靴与基础预埋螺栓的连接必须用双螺母，塔身安装螺栓穿入方向应一致，螺母应拧紧，螺栓外露丝扣不应少于两扣。

5. 天馈线安装阶段

①基站同轴电缆馈线的金属外护套，应在上部、下部和经走线架进机房入口处就近接地，在机房入口处的接地应与就近的接地系统连通。

②馈线不得有接头，天馈线连接处及馈线与室外防雷器的连接处应做防水处理。

③天馈线的性能指标驻波比在工作频段内不应大于 1.5。

④馈线引入机房前，在墙洞入口处应做滴水弯。

⑤天线避雷地线接地体与连接线（如扁钢）等焊接处应做防腐处理。

⑥钢丝绳拉线固定处应装有绝缘子，并应在侧墙上用膨胀螺栓固定牢固，引入馈线的房檐易摩擦部位应采取防护措施。

⑦站厅天线的安装应符合设计要求，并满足无线信号对站厅的覆盖要求。

6. 漏泄同轴电缆安装阶段

①漏泄同轴电缆（以下简称漏缆）到达现场应进行检查，其型号、规格、质量应与供货清单一致。

②隧道内吊挂漏缆，其吊挂位置和距钢轨面的高度应符合设计要求，漏缆的开口方向应面向列车。

③漏缆的连接必须保持原漏缆接口及开槽间距不变，固定接头应接续可靠、连接牢固，装配后接头外部进行防护。

④隧道外区段漏缆吊挂后最大下垂幅度应为 0.15~0.2 m（在 20℃ 时）。

⑤连接器装配后接头外部应进行防护，并固定可靠。

⑥合路器与分路器的安装位置应符合设计要求，并不得修剪合路器原配电缆长度；系统改造时，两个分路器之间的连接电缆长度应符合系统改造设计要求；分路器空余端要求接上相应的终端负载。

7. 无线系统各终端设备安装

①基站和直放站的避雷器安装应串接于天线馈线和室内同轴馈线之间，避雷装置安装应符合防雷设计要求。

②高架及地面区间直放站应设置独立的防护地线。接地电阻不应大于 10 Ω。用接地电阻仪测接地电阻。

③馈线在室内应路径合理，支撑牢固。

④机车台应安装在便于维修的位置，控制盒应安装在便于司机操作的位置。在机车上敷设电缆应固定牢靠，并留有一定余量。

⑤直放站的安装位置除应有必要的供电和照明设备外，还应符合防水、防盗、防寒、散热等要求。

8. 闭路电视监控系统安装及配线

①在室外露天处安装摄像机时，避雷针和摄像装置的安装应牢靠、稳固。

②监视器的安装位置应使屏幕不受外来光直射。当有不可避免的光时，应加遮光罩遮挡。

③监视器装设在固定的机架和柜内时，应采取通风散热措施。

④闭路电视监视系统设备的配线电缆到达现场应进行检查，其型号、规格、质量应与供货清单一致。

⑤从摄像机引出的电缆宜留有 1 m 的余量，并不得影响摄像机的转动。

⑥摄像机的电缆和电源线均应固定，并不得用插头承受电缆的自重。

⑦闭路电视监视系统用同轴电缆敷设的弯曲半径应大于电缆直径的 15 倍。

9. 广播系统安装及配线

①安装扬声器严禁超出设备界限，不得影响与行车有关的信号和标志。

②露天扬声器馈线引入室内时，应装设真空保安器。

③控制中心和车站广播的负载区数量应与设计图纸相符。

④控制中心录音设备规格、型号应与供货清单一致；录音功能应正常。

⑤检查广播系统控制设备、扬声器的安装位置与安装方式是否与图纸一致。

⑥扬声器支撑架安装应牢固，扬声器单元或零部件应安装紧密。

⑦广播设备的配线电缆到达现场应进行检查，其型号、规格、质量应与供货清单一致。

10. PIS 系统安装及配线

①电子显示设备屏幕的安装位置应不受外来光直射，周围没有遮挡物。

②电子显示设备的保护接地端子应有明确标记并接地良好。在熔断器和开关电源处应有警告标志。

③电子显示设备的支撑架应安装牢固，高架站龙门架应安装平稳牢固。

④乘客信息显示设备的配线电缆到达现场应进行检查，其型号、规格、质量应与供货清单一致。

⑤电子显示设备配线成端应有预留。

⑥显示设备的视频显示屏幕应能按照设计要求分区显示。

11. 时钟系统安装及配线

①时钟标准信号接收单元的接收天线头应安装在室外，且周围无明显遮挡物；时间信号接收器应安装在室内。

②时钟设备的配线电缆到达现场应进行检查，其型号、规格、质量应与供货清单一致。

③数字式子钟的时、分、秒或日期的显示应符合设计要求；指针式子钟的机芯应完好无损、运行自如、没有卡滞现象。

④系统故障时的声光报警功能应正常。

⑤中心母钟中断，子钟驱动器(二级母钟)应能正常工作；子钟驱动器(二级母钟)中断，子钟应能正常工作。

12. 电源及接地系统

①蓄电池安装应排列整齐，距离均匀一致，蓄电池连接接触应良好。

②电源设备配线用电源线应采用整段线料，中间禁止有接头。

③连接柜(箱)面板上的电器及控制板等可动部位的电源线应采用多股铜芯软电源线，敷设长度应有适当余留。

④引入或引出交流不间断电源装置的电源线、缆和控制线、缆应分开敷设，在电缆支架上平行敷设时应保持150 mm的距离。

⑤直流电源线必须以线色区别正、负极性，直流电源正负极严禁错接与短路，联结必须牢固；交流电源线必须以线色区别相线、零线、地线，严禁错接与短路，联结必须牢固。电源设备的输出电源线、缆应成束捆扎；不同电压等级，交流、直流线路及计算机控制线路应分别绑扎并有标识。

⑥电源设备的输出电源线、缆应成束绑扎；不同电压等级，交流、直流线路及计算机控制线路应分别绑扎并有标识。

⑦所有电源设备线、缆绑扎固定后不应妨碍手动开关或抽出式部件的拉出或推入。

⑧走线架上布放电源配线的绑扎线在横铁下不应有交叉，在地槽内布放电源配线应平直并拢，地槽应清洁，盖板应严密。

⑨通信电源系统进行人工或自动转换时，对通信设备供电不得中断。

⑩蓄电池组的容量应能符合设计要求。

⑪电源监控系统应具有对全线各站、车辆段、停车场的通信电源设备进行遥控、遥信、遥测的功能。

⑫电源监控系统应能保存各站电源设备故障告警的历史信息。

⑬电源监控系统的系统软件应具有设置权限等功能，并能记录相应的登入登出操作。

⑭关闭控制中心网管的监控主机或断开传输通道，电源监控系统全部车站(场)监控设备及受控电源设备运行应正常。

⑮关闭车站(场)监控设备电源后，车站(场)电源设备应运行正常；重新受电后，车站(场)监控设备应能自动检测电源设备的运行、记录状态并予以恢复。

⑯通信电源设备的基础型钢、金属框架、装有电器的可开启的柜门、通信设备、监控设备的机架、机壳、电缆线路的金属护套和屏蔽层，防护用金属管路、金属桥架、电源装置、防

雷装置的可靠接地。

⑰电源系统接地保护或接零保护应可靠，且有标识。

⑱接地装置的埋设位置应符合设计要求。

⑲接地装置的焊接应采用搭接焊，搭接处应做防腐处理。

⑳地线盘(箱)、接地铜排安装应符合设计及规范要求。

㉑通信设备接地线与交流配电设备的接地线宜分开敷设。

㉒接地排应按要求加装绝缘端子。

12.2.4　设备调试阶段

1. 传输子系统

①确认机房为设备供电的回路开关及电源分配箱的空气开关处于断开状态。

②用万用表测量设备电源输入端正负极无短路，核查端子标识是否正确无误，系统工作地是否接好，证实无误后接通为设备供电的回路开关。

③在设备侧用万用表测量一次电源电压，确认其极性正确，且电压值为-57~ -40 V。

④用万用表测量防雷保护地、系统工作地、-48 V RTN 三者之间的电压差，应小于 1 V。

⑤将子架接口区的所有单板拔出到浮插状态。

⑥接通 ZXCTN 设备电源分配箱中的空气开关，此时应可看到机柜顶部告警灯板上的绿灯长亮，表明一次电源已经接入设备。如果出现绿灯不亮等异常情况，应立即断电，进行故障处理。

⑦确认设备电源分配箱及风扇插箱工作正常后，可以对单板加电。佩戴防静电手环，将单板依次插入指定槽位，观察各单板上的运行指示灯。根据单板指示灯状态判断其工作状态是否正常。

2. 公务电话子系统

①取得 IP 地址规划。

②车辆段、停车场和车站 MSG 5200 单站调试，包括设备软件升级、数据配置。

③控制中心设备单站调试，网管服务器的系统、数据库、网管软件安装、License 申请和导入；计费服务器安装调试；话务台服务器安装调试。

3. 专用电话子系统

①在设备上电之前确保电源线、地线连接正常，用万用表测试输入电压是否在正常范围之内。

②打开一次电源开关，查看设备是否正常启动；打开设备电源卡板开关，查看电源卡板是否正常启动；查看设备运行状态，查看设备指示灯是否正常；安装相关业务卡板，查看业务卡板指示灯是否正常。

③按照分配号码进行数据配置，包括分机号码、功能设置。

④确保中继通道线缆本地自环是否正常；配置中继通道相关数据业务。

⑤配置网管系统相关数据，添加各个站点的信息。

⑥设备调试，启动录音软件，观察是否工作正常；录音功能测试，测试电话和广播录音，是否能够正常录音。

4. 专用无线

①调试内容：添加基站数据，添加调度台数据，打通 E1 链路，把基站和调度台激活并测试。

②配置车载台数据、配置调度台数据库、CAD 数据库配置及网管数据库配置以及调度台配置。

③直放站上电后进行设备开通调试，近端机侧即可完成射频参数设置。根据基站输入功率，设置近端衰减值。远端打开射频和功放开关，衰减值调 0。

5. 视频监控系统

①摄像机加电以及清晰度调试、角度调试、摄像机音频调试。

②摄像机字符、时间叠加。

③前端摄像机故障排查，直至摄像机全部接入平台。

④监控平台部署、摄像机注册加入平台调试。

⑤监控平台以及存储配置。

6. 广播系统

①开关机功能测试插上电源线，打开背面电源开关，等待 2 s 左右，主机自动开机，电源等显示为绿色。

②测试按键及指示灯，检查各个按键按下后，是否能正常弹起；检测按键指示灯亮度是否均匀。

③声卡解码播音测试，要求各个声卡从同一个线路输出接口参数基本一致。

7. 时钟系统

①时钟机柜内设备加电观察设备运行是否正常。

②设置各车站和车辆段二级母钟的地址码。

③设置各车站和车辆段网络接口箱的 IP。

④用笔记本电脑测试各车站和车辆段与控制中心的传输通道是否合格。

⑤设置各站子钟终端的地址码。

⑥用万用表测试各站子钟终端设备信号线是否能收到各站对应的二级母钟发送的标准时间信号。

8. 乘客信息系统

①设备加电能正常启动，设备连接正确且通信正常。

②显示终端均实时显示图像，无停顿、失帧、马赛克和黑屏等现象。

③对车站 LCD 控制器的播出画面进行监看。

④对车站播放内容进行预览观看。

9. 办公自动化系统

①检查电源线、地线连接正确可靠，接触良好，确保电源线、地线、配电开关等标识正确、清晰、整齐。

②检查串口电缆、网线、光纤、用户线，确保电缆连接器无松动、无脱落，电缆护套无破损。

③单板的数量种类与配置要求一致，确保单板的正常安装。

④风扇类型与配置要求一致，确保风扇的正常安装。

⑤确认对接设备的端口所在的物理位置，确认对接设备工作正常。

10. 电源及接地系统

①交流不间断电源设备的输出电压，用电力质量分析仪，对照产品技术条件测试，输出稳压精度：±1%。

②交流不间断电源设备的输出频率，用电力质量分析仪，对照产品技术条件测试检验，频率范围：50 Hz±0.5 Hz。

③交流不间断电源设备的切换时间，用电力质量分析仪检验，市电逆变—电池逆变：0 ms，市电逆变—旁路供电：1 ms。

④液晶屏显示屏电压显示，用万用表测量输入电源线的电压，显示电压和实际电压误差≤±5%。

⑤液晶屏显示屏电流显示，用钳流表测量输入电源线的电流，显示电流和实际电流误差≤±5%。

⑥蓄电池外观，无污渍、变形、裂纹、漏液等缺陷。

⑦UPS 主机测试切换功能。UPS 带载正常工作时，断开市电后，UPS 自动切换到电池逆变模式，应正常工作；市电恢复后，UPS 自动切换到市电逆变模式。

11. 集中告警系统

①设备加电检查，符合加电要求后加电开启设备。

②在网管服务器、网管终端上安装操作系统、数据库、业务软件并进行配置。

③实现与网络交换机、网管服务器等设备之间网络互通。

④通过网管终端进行业务数据配置。

⑤各子系统进行心跳连接测试、告警信息上送、告警信息恢复上送、告警同步功能测试。

⑥进行集中告警信息上送综合监控系统功能测试。

12.3　参建注意事项

①由于施工环境比较恶劣，现场参建人员进入施工现场必须穿戴好安全帽、荧光衣、劳保鞋，并正确使用个人劳动防护用品。

②参建人员应严格按照"三不动""三不离"等安全作业要求开展工作。

③参建过程中出现影响行车安全、人身安全、设备功能及检修、客运服务质量等问题应及时反馈并做好记录。

④针对参建过程中的记录的问题，应及时督促有关单位进行整改，并做好复查工作。

⑤参建过程中应及时按要求完成现场工程进度、问题整改情况、参建日志等现场参建相关材料或信息的记录、总结及归档。

⑥参建人员必须服从现场建设管理单位的管理，禁止与他人发生摩擦或冲突，给公司参建工作造成负面影响。

第 13 章　安全生产管理规定

　　安全生产是国家的一项长期基本国策，是保护劳动者的安全、健康和国家财产，促进社会生产力发展的基本保证，也是保证社会主义经济发展，进一步实行改革开放的基本条件。因此，做好安全生产工作具有重要的意义。

　　安全生产是指在生产经营活动中，为了避免造成人员伤害和财产损失的事故而采取相应的事故预防和控制措施，使生产过程在符合规定的条件下进行，以保证从业人员的人身安全与健康，设备和设施免受损坏，环境免遭破坏，保证生产经营活动得以顺利进行的相关活动。

13.1　安全生产法律法规

　　国家为保障安全生产工作的落实，为保护从业人员的基本权利，同时告知其应尽的义务，特制定了一系列与安全生产相关的法律、法规。其中，最重要的是《中华人民共和国安全生产法》《中华人民共和国消防法》《中华人民共和国职业病防治法》《危险化学品安全管理条例》《生产安全事故信息报告和处置办法》等。

13.1.1　《中华人民共和国安全生产法》摘录

1. 从业人员的"八项权利、四项义务"

①知情权，即有权了解其作业场所和工作岗位存在危险因素、防范措施及事故应急措施。

②建议权，即有权对本单位安全生产工作提出建议。

③批评权、检举权、控告权，即有权对本单位安全生产工作中存在的问题提出批评、检举、控告。

④拒绝权，即有权拒绝违章指挥和强令冒险作业。

⑤紧急避险权，即发现直接危及人身安全的紧急情况时，有权停止作业或者在采取可能的应急措施后撤离作业场所。

⑥依法向本单位提出要求赔偿的权利。

⑦获得符合国家标准或者行业标准劳动防护用品的权利。

⑧获得安全生产教育和培训的权利。

从业人员在安全生产方面的义务：

①作业中必须遵守本单位的安全生产规章制度和操作规程，服从管理，不得违章作业。

②接受安全教育和培训，掌握本职工作所需的安全生产知识。

③发现事故隐患有义务及时报告单位管理人员或主要负责人。

④正确使用和佩戴劳动防护用品。

2. 安全生产工作方针

我国安全生产的方针是"安全第一、预防为主、综合治理"。以法律形式确立了安全的优先地位。

13.1.2　《中华人民共和国消防法》

根据《中华人民共和国消防法》第五条的规定"任何单位和个人都有维护消防安全、保护消防设施、预防火灾、报告火警的义务。任何单位和成年人都有参加有组织的灭火工作的义务"。

根据《中华人民共和国消防法》第二十八条的规定"任何单位、个人不得损坏、挪用或者擅自拆除、停用消防设施、器材，不得埋压、圈占、遮挡消火栓或者占用防火间距，不得占用堵塞、封闭疏散通道、安全出口、消防通道"，第二十九条规定"在修建道路以及停电、停水、截断通信线路时有可能影响消防队灭火救援的，有关单位必须事先通知当地消防救援机构"。

13.1.3　《中华人民共和国职业病防治法》

职业病是指企业、事业单位和个体经济组织等用人单位的劳动者在职业活动中，因接触粉尘、放射性物质和其他有毒、有害因素而引起的疾病。

职业禁忌是指劳动者从事特定职业或者接触特定职业病危害因素时，比一般职业人群更易于遭受职业病危害和罹患职业病或者可能导致原有自身疾病病情加重，或者在从事作业过程中诱发可能导致对他人生命健康构成危险的疾病的个人特殊生理或者病理状态。

职业病危害因素包括职业活动中存在的各种有害的化学、物理、生物因素以及在作业过程中产生的其他职业有害因素。

常见的职业病危害因素：

①粉尘：各类固体粉碎、切割、研磨和粉末状物搬运等均可产生大量粉尘。此外，生产性粉尘沉降后，由于未及时清扫或清扫措施不当引发的二次扬尘，也是粉尘污染的重要来源。

②有毒有害化学物质：一氧化碳、氯气、硫化氢等气体，以及苯、汞等挥发性蒸汽，主要经呼吸道进入人体。另外，许多有毒化学品常温下为液体，直接接触造成皮肤损害或经皮肤吸收进入人体。

③物理因素：噪声(机械碰撞、气体液体流动、电磁等都可能产生噪声)、高温、电离辐射(X 射线等)。

④生物因素：接触动物皮毛等能引起炭疽。

根据《中华人民共和国职业病防治法》第三十九条，劳动者享有下列职业卫生保护权利：

(一)获得职业卫生教育、培训；

(二)获得职业健康检查、职业病诊疗、康复等职业病防治服务；

(三)了解工作场所产生或者可能产生的职业病危害因素、危害后果和应当采取的职业病防护措施；

(四)要求用人单位提供符合防治职业病要求的职业病防护设施和个人使用的职业病防护用品，改善工作条件；

（五）对违反职业病防治法律、法规以及危及生命健康的行为提出批评、检举和控告；

（六）拒绝违章指挥和强令进行没有职业病防护措施的作业；

（七）参与用人单位职业卫生工作的民主管理，对职业病防治工作提出意见和建议。

用人单位应当保障劳动者行使前款所列权利。因劳动者依法行使正当权利而降低其工资、福利等待遇或者解除、终止与其订立的劳动合同的，其行为无效。

13.1.4　《危险化学品安全管理条例》

危险化学品安全管理，应当坚持安全第一、预防为主、综合治理的方针，强化和落实企业的主体责任。生产、储存、使用、经营、运输危险化学品的单位（以下统称危险化学品单位）的主要负责人对本单位的危险化学品安全管理工作全面负责。危险化学品单位应当具备法律、行政法规规定和国家标准、行业标准要求的安全条件，建立、健全安全管理规章制度和岗位安全责任制度，对从业人员进行安全教育、法制教育和岗位技术培训。从业人员应当接受教育和培训，考核合格后上岗作业；对有资格要求的岗位，应当配备依法取得相应资格的人员。

危险化学品生产企业应当提供与其生产的危险化学品相符的化学品安全技术说明书，并在危险化学品包装（包括外包装件）上粘贴或者拴挂与包装内危险化学品相符的化学品安全标签。化学品安全技术说明书和化学品安全标签所载明的内容应当符合国家标准的要求。危险化学品生产企业发现其生产的危险化学品有新的危险特性的，应当立即公告，并及时修订其化学品安全技术说明书和化学品安全标签。

13.1.5　《生产安全事故信息报告和处置办法》

事故信息的报告应当及时、准确和完整，信息的处置应当遵循快速高效、协同配合、分级负责的原则。

报告事故信息，应当包括下列内容：

（一）事故发生单位的名称、地址、性质、产能等基本情况。

（二）事故发生的时间、地点以及事故现场情况。

（三）事故的简要经过（包括应急救援情况）。

（四）事故已经造成或者可能造成的伤亡人数（包括下落不明、涉险的人数）和初步估计的直接经济损失。

（五）已经采取的措施。

（六）其他应当报告的情况。

使用电话快报，应当包括下列内容：

（一）事故发生单位的名称、地址、性质。

（二）事故发生的时间、地点。

（三）事故已经造成或者可能造成的伤亡人数（包括下落不明、涉险的人数）。

13.2　运营公司安全规章制度

13.2.1　《安全生产管理办法》——明确了公司各部门及各级人员在安全生产方面的责任

①运营公司安全生产工作坚持"安全第一、预防为主、综合治理"的方针，树立"以人为本、安全发展"和"全员管理、全过程控制、全方位监督"的理念，鼓励和支持安全生产科学技术研究和安全生产先进技术的推广应用，提高安全生产水平。

②运营公司安全生产工作坚持"安全第一、预防为主、综合治理"方针，树立"以人为本、安全发展"和"全员管理、全过程控制、全方位监督"的理念，坚持"党政同责、一岗双责、齐抓共管、失职追责""管行业必须管安全、管业务必须管安全、管生产经营必须管安全、管技术必须管安全"(四必须)和谁主管、谁负责，谁检查、谁负责，谁签字、谁负责"，实行安全生产责任"监管分离"，建立管理、监管两道防线，严防管理失职、监管失效导致事故发生。

③运营公司实行安全生产一票否决制，凡未完成年度安全生产考核指标或发生责任生产安全事故造成较大社会影响的，取消部门及相关责任人评优评先、岗位晋升、职级上调等资格。

13.2.2　《消防安全管理办法》——明确了消防安全重点场所及部位、员工消防安全职责

1）消防安全重点场所及部位

消防安全重点部位：容易发生火灾或一旦发生火灾可能严重危及人身和财产安全以及对消防安全有重大影响的部位。通信专业消防重点部位为通信设备室。

2）员工消防安全职责

①认真执行运营公司及部门的各项消防安全规定。

②参加消防安全教育、培训及灭火和应急疏散预案演练。

③熟练掌握消防应知应会知识。

④落实消防安全检查制度。

⑤做好工作区域内的消防安全防火巡查和应急处置工作。

⑥发现火灾及时报警并协助火灾事故(事件)调查。

3）防火巡防火检查

①用火、用电有无违章情况。

②安全出口、疏散通道是否畅通。

③常闭式防火门是否处于关闭状态，防火卷帘下是否堆放物品影响使用。

④应急照明、安全疏散指示标志状态是否良好完好、指示方向是否正确。

⑤消防设备设施、器材和消防安全标志是否在位、完整。

⑥消防安全重点部位的人员在岗情况。

⑦其他消防安全情况。

防火巡查人员应当及时纠正违章行为，妥善处置火灾隐患，并做好记录；无法当场处置的，应当立即报告，发现初起火灾应当立即报警并及时扑救。

4）临时动火作业

临时动火作业分为三级：一、二、三级临时动火作业。

一级临时动火作业审批范围：运营期间的车站、区间，杂品库，OCC 大厅，食堂，电客车，工程车(不含非动力车厢)，登高(2 m 及以上)焊割，密闭空间等区域。

二级临时动火作业审批范围：非运营期间的车站、区间，开闭所，变电所，物资总库等区域。

三级临时动火作业审批范围：车厂内运用库、检修主厂房、工程车库、综合维修楼、司机公寓、锅炉房等区域。

5）临时动火作业注意事项

①各部门因生产(工作)需要实施临时动火作业，必须按前款规定办理。

②对危险性特别大的一级临时动火作业，由安全保卫部向地铁公安消防部门提出报告，经分管安全副总经理审批同意，由安全保卫部发放"临时动火作业许可证"并备案，方可进行临时动火作业。

③临时动火作业审批流程中任一环节有未通过的，审批流程终止，由临时动火作业部门按照相应审批意见进行办理。

④动火安全负责人应为相应作业的施工负责人，对执行动火作业安全负责，必须在动火前详细了解作业内容和动火部门及其周围情况，参与动火安全措施的制定，并向作业人员交代任务和防火安全注意事项。

⑤动火作业人员必须持证上岗，要严格遵守安全操作规程，切实履行本岗位的安全防火职责。

⑥临时动火作业部门需指定专人在临时动火作业现场履行监督和防火的职责，注意动火情况，发现安全隐患时，要立即停止作业，确保临时动火作业现场的安全。

⑦动火作业人员必须持证上岗，要严格遵守安全操作规程，切实履行本岗位的安全防火职责。

⑧临时动火作业部门需指定专人在临时动火作业现场履行监督和防火的职责，注意动火情况，发现安全隐患时，要立即停止作业，确保临时动火作业现场的安全。

⑨落实防火、灭火措施，作业区 5 m 范围内要设置至少 2 个状态良好的灭火器。

⑩临时动火作业区周围不得存放易燃杂物。

⑪对临时动火作业区附近难以移动的易燃易爆物体采取有效安全防护措施后方可动火。

⑫对盛装过油类等易燃液体的容器、管道，应使用清洗剂洗刷并冲洗干净，经专业人员确认具备作业条件后方可进行动火作业。

⑬严禁对受热膨胀有爆炸危险的容器和管道动火。

⑭发生火灾事故时，要及时组织扑救和报警。

⑮临时动火作业完毕后，必须经临时动火作业部门指定的专人现场查验，认定确无火灾隐患，并留守 30 分钟后，方可离开现场(属于外部单位动火作业的，必须由运营公司监管部门人员确认无火灾隐患并留守 30 分钟后方可离开现场)。

⑯动火作业时间不得超过 15 天，需要延期作业的，按本办法规定重新办理审批手续。

13.2.3 《有限空间作业管理办法》——明确了有限空间作业安全管控措施及管理要求

1.概念

有限空间是指封闭或者部分封闭,进出口受到限制,未被设计为固定工作场所,通风不良,易造成有毒有害、易燃易爆物质积聚或者氧含量不足的空间,分为密闭设备(管道、锅炉、烟道等)、地下有限空间(电缆夹层、隧道、废井、地下管沟等)和地上有限空间(料仓、垃圾站、污水处理站等)三类。

2.有限空间作业分级和审批范围

一级有限空间作业审批范围:

1)有限空间内需要 3 人(含)以上同时实施作业的。

2)有限空间内同时实施动火作业或登高作业的。

二级有限空间作业审批范围:

1)有限空间内需要 2 人(含)以下同时作业的。

2)其他类型的有限空间作业。

①有限空间作业人员应合理选择佩戴符合国家标准要求的防护用品。防护用品包括呼吸防护用品、应急通信报警器材、快速检测设备、通风设备、照明设备、安全绳、救生索、安全梯等。防护装备以及救援设备设施应当妥善保管,并按规定定期进行检验、维护。

②进入有限空间作业应办理"有限空间作业许可证"。有限空间作业审批流程中任一环节有未通过的,审批流程终止,申报人按照相应审批意见办理。作业许可证需部门负责人或分管安全的负责人签字批准,方能生效。如情况紧急,无法办理审批手续时,由现场负责人审定作业方案及安全措施后,请示部门(车间),由部门与属地管理部门沟通确认,获得双方部门负责人或分管安全经理批准同意后,方可作业,并于事后 2 日内补办手续。一张"有限空间作业许可证"的作业时间不得超过 10 天,需要延期作业的,按本办法规定重新办理审批手续。

③安全技术管理要求:作业前严格遵守"先通风、再检测、后作业"的原则。检测指标包括氧浓度、易燃易爆物质浓度、有毒有害气体浓度,检测不合格的不得进入有限空间。

④通风要求。

在有限空间作业过程中,必须采取通风措施,保持空气流通,禁止采用纯氧通风换气;发现通风设备停止运转、有限空间内氧含量浓度低于或者有毒有害气体浓度高于国家标准或者行业标准规定的限值时,应立即停止有限空间作业,清点作业人员,撤离作业现场;作业中断后,作业人员再次进入有限空间作业前,需重新通风、检测合格后方可进入。

⑤检测要求。

作业前 30 分钟,应对有限空间有害物质浓度采样检测,严格控制可燃气体、有毒气体浓度及含氧量检验结果符合作业要求,并使用有害气体检测仪表、可燃气体测试仪等设备检测危险气体和氧气含量,保证氧气浓度为 18%~23%。由作业人员与施工负责人共同检查,在"有限空间作业卡控单"签字确认后,方可按照正常流程开始作业。

在有限空间作业过程中,必须对作业场所中的危险有害因素进行连续监测,若采用间断性监测,间隔不应超过 1 小时;如监测分析结果有明显变化,则应加大监测频率。连续检测仪器应安装在工作位置附近，且便于监护人、作业人员看见或听见；作业中断超过30分钟应重新进行监测分析，对可能释放有害物质的有限空间或在有限空间涂刷具有挥发性溶剂的涂料时，应连续监测分析，并采取强制通风措施。情况异常时应立即停止作业，撤离人员。经对现场处理，并取样分析合格后方可恢复作业。每次作业至少配备3人，明确各作业人员的安全职责，1人进入有限空间作业，2人在外配合并负责监护。监护人员和作业人员应明确联络方式并始终保持有效的沟通，进入特别狭小空间作业，作业人员应系安全可靠的保护绳，监护人通过系在作业人员身上的保护绳进行沟通联络，监护人员不得离开现场或做与监护无关的事情。

有限空间作业人员不得携带与作业无关的物品进入受限空间，作业中不得抛掷材料、工器具等物品；针对难度大、劳动强度大、时间长的受限空间作业应采取轮换作业；涉及多工种、多层交叉作业应采取互相之间避免伤害的措施；涉及动火、高处作业等其他危险作业时应办理相关审批手续。

有限空间作业时，出入口应保持畅通，为防止无关人员进入有限空间作业场所，在有限空间外醒目处，设置警戒区、警戒线、警戒标志，夜间应设警示红灯。

当作业人员在半封闭设备（如锅炉等）内部作业时，应严密关闭阀门，装好盲板，设置"禁止启动"等警告信息。

涉及有毒有害介质、易燃易爆粉尘或气体、深度超过1.5 m地下有限空间、污水处理系统以及涉两种以上高风险作业的，有限空间作业的监护人员应是运营公司取得施工负责人证的正式员工。

有限空间作业中发生事故后，现场有关人员应当立即报警，禁止盲目施救。应急救援人员实施救援时，应当做好自身防护，佩戴必要的呼吸器具、救援器材。

13.2.4 《生产安全事故隐患排查治理办法》及《危险源辨识及安全生产风险分级管控管理办法》——明确了风险管控及隐患排查制定标准及管理要求

1. 概念

1）双重预防机制

双重预防机制主要包括风险分级管控和隐患排查治理。

2）风险因素（即危险源）

风险因素可能导致人身伤害和（或）健康损害和（或）财产损失的根源、状态或行为，或它们的组合。（在分析生产过程中对人造成伤亡、影响人的身体健康甚至导致疾病的因素时，危险源可称为危险有害因素，分为人的因素、物的因素、环境因素和管理因素四类。）

3）风险

风险是生产安全事故或健康损害事件发生的可能性和严重性的组合。可能性，是指事故（事件）发生的概率。严重性，是指事故（事件）一旦发生后，将造成的人员伤害和经济损失的严重程度。风险=可能性×严重性。

4）风险与危险源的关系

风险与危险源之间既有联系又有本质区别。

首先，危险源是风险的载体，风险是危险源的属性，即讨论风险必然涉及哪类或哪个危险源的风险；没有危险源，风险则无从谈起。

其次，任何危险源都会伴随着风险。只是危险源不同，其伴随的风险大小往往不同。

5）风险分级管控

按照风险不同级别、所需管控资源、管控能力、管控措施复杂及难易程度等因素而确定不同管控层级的风险管控方式。

风险分级管控的基本原则：风险越大，管控级别越高，管控力度越大；上级负责管控的风险，下级必须负责管控，并逐级落实具体措施。

6）危险源辨识及风险评价时机

新线开通运营前，相关的法律、法规、标准和其他要求发生变化时，新建、改建、扩建涉及行车、客运、人身、消防等安全的项目改变时，行车、维修方式改变实施之前，发生事故之后，其他有关安全生产因素变化时。如果没有以上所描述的变化，也应至少每年组织重新开展一次危险源辨识。

7）风险评价方法

LCD 评价法：用与系统风险有关的三种因素指标值的乘积来评价操作人员伤亡风险大小，这三种因素分别是：L（likelihood，事故发生的可能性）和 C（consequence，一旦发生事故可能造成的后果）；风险值 $D = L \times C$，D 值越大，说明该系统危险性大，需要增加安全措施，或改变发生事故的可能性（减小 L 值），或减轻事故损失（减小 C 值），直至调整到允许范围内。

（8）风险、危险源、隐患、事故之间关系（如图 13-1 所示）。

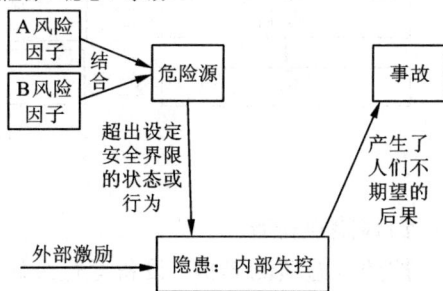

图 13-1　风险、危险源、隐患、事故之间关系

2. 双重预防机制建设工作流程

由各部门牵头车间（室）、班组按照风险分类中业务板块划分对所辖线路进行风险点排查，再对照风险点排查情况，明确风险点位置、危险源、风险描述、可能导致的事故情况等内容。

各部门根据辨识结果，组织专业技术人员对风险的可能性（L）及后果严重程度（C）进行评价。然后根据 $D = L \times C$ 计算风险大小，并参照风险评价表对风险等级进行评价，确定风险等级。

根据风险等级，按照风险管控要求，由管控责任人牵头围绕工程技术、管理、培训教育、个体防护、应急处置五个组织制定风险管控措施，形成风险分级管控清单。

各部门根据已制定的风险管控措施，对各项风险管控措施弱化、失效或缺失情况进行分析，逐级建立隐患排查清单，并明确排查周期、排查标准，再组织部门内各岗位编制《岗位隐患排查手册》。

各级隐患排查工作时发现未列入隐患排查清单的隐患，需组织对发现隐患进行分析，找出隐患发生原因，并进行风险点辨识、评价、制定风险管控等工作，明确风险点、风险描述、风险等级、风险管控措施、管控责任人等信息后更新风险分级管控清单，并逐级反馈，完善相关内容。

总体流程如图 13-2 所示。

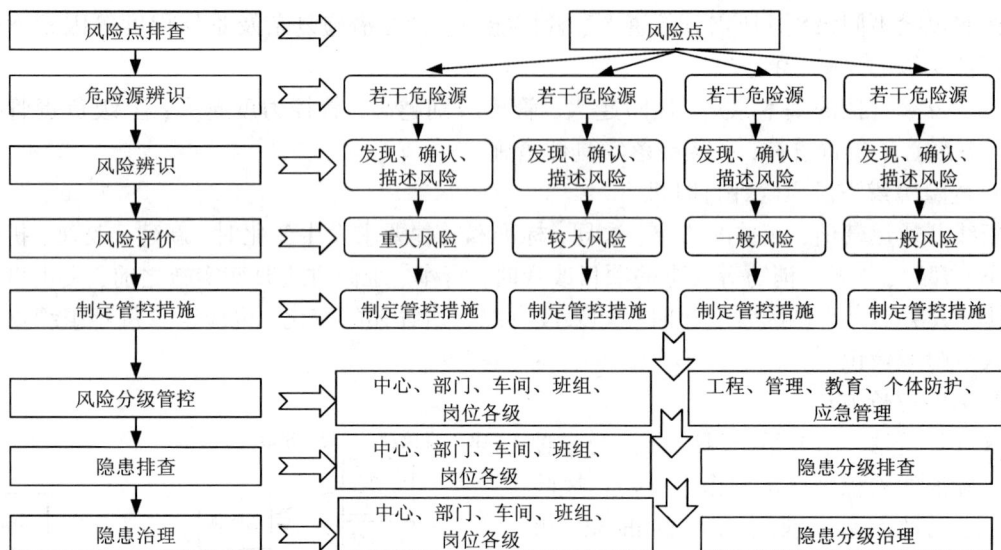

图 13-2　总体流程

1）风险点排查

按照设施监测养护、设备运行维修、行车组织、客运组织、运行环境五类业务板块逐项、逐点进行风险点辨识。设施监测养护和设备运行维修类应细化到各设施设备维护工作单元，行车组织、客运组织、运行环境类应细化到岗位或人员的关键操作步骤。风险点分解流程如图 13-3 所示。

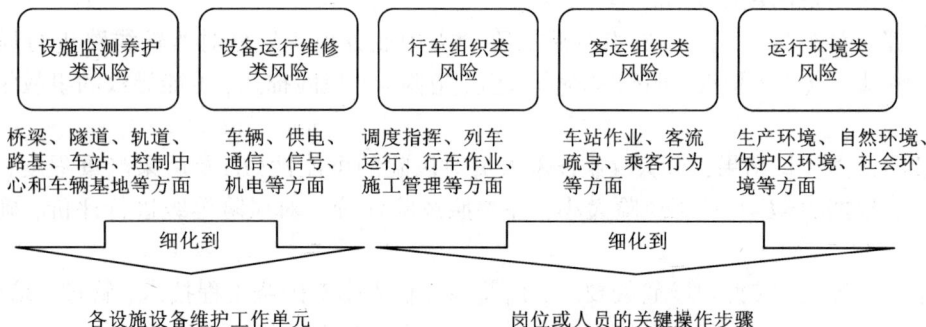

图 13-3　风险点分解流程

2）风险因素辨识

风险因素（即危险源）辨识通常使用工作安全分析法和工作危害分析法。

工作安全分析法是把一项作业分成几个步骤，识别每个步骤中可能发生的问题与危险，进而找到控制危险的措施，从而减少甚至消除事故发生的工具。

工作危害分析方法（job hazard analysis，JHA），是一种比较细致的分析作业过程中存在危害的方法。它将一项工作活动分解为相关联的若干个步骤，识别出每个步骤中的危害，并设法控制事故的发生。这是一种定性与定量相结合的方法，先辨识出工作中的危害，然后根据风险度=风险发生的概率×后果的公式来计算出数值，确定其数值大小来确定风险的大小和分级，然后采取相应的措施。

3）风险评价

根据辨识结果，组织专业技术人员确定可能性（L）；确定后果严重程度（C）；根据$D=L×C$进行计算风险大小，从高到低划分为重大风险、较大风险、一般风险和较小风险，分别用红、橙、黄、蓝四种颜色标示（如表13-1～表13-3所示）。同时，风险等级的取值在不同行业、不同领域的取值不是一定的，会根据实际实行调整。

表13-1　可能性（L）判断标准表

序号	可能性等级	发生的可能性	标准	取值区间
1	极高	极易	每年1次	(9, 10]
2	高	易	每5年1次	(6, 9]
3	中等	可能	公司发生过	(3, 6]
4	低	不大可能	行业中发生过	(1, 3]
5	极低	极不可能	行业中未发生过	(0, 1]

注1：可能性统一划分为极高、高、中等、低、极低五个级别。针对不同作业单元，搜集运营公司近年来突发事件发生情况频次数据，根据最新标识到的危险源，结合行业实践经验，进行风险事件发生可能性评价，并通过可能性判断标准，进行突发事件发生可能性评分。

注2：可能性指标取值为区间内的整数或最多一位小数。

注3：区间符号"[ ]"包括"等于"，"( )"不包括"等于"，如(0, 1]表示0<取值≤1。

表13-2　后果严重程度（C）判断标准和等级取值表

序号	后果严重程度等级	后果严重程度总体判断标准定义	取值
1	特别重大	（1）人员伤亡：可能造成死亡人数≥30人，或重伤（包括急性工业中毒，下同）人数≥100人 （2）经济损失：可能造成直接经济损失≥1亿元 （3）环境污染：可能造成特别重大生态环境灾害或公共卫生事件 （4）社会影响：可能对国家或区域的社会、经济、外交、军事、政治等产生特别重大影响	10
2	重大	（1）人员伤亡：10人≤可能造成死亡人数<30人，或50人≤可能造成重伤人员<100人 （2）经济损失：5000万≤可能造成直接经济损失<1亿元 （3）环境污染：可能造成重大生态环境灾害或公共卫生事件 （4）社会影响：可能对国家或区域的社会、经济、外交、军事、政治等产生重大影响	5

续表13-2

序号	后果严重程度等级	后果严重程度总体判断标准定义	取值
3	较大	(1)人员伤亡：3人≤可能造成死亡人数<10人，或10人≤可能造成重伤人数<50人 (2)经济损失：1000万≤可能造成直接经济损失<5000万 (3)环境污染：可能造成较大生态环境灾害或公共卫生事件 (4)社会影响：可能对国家或区域的社会、经济、外交、军事、政治等产生较大影响	2
4	一般	(1)人员伤亡：可能造成死亡人数<3人，或可能造成重伤人数<10人 (2)经济损失：可能造成直接经济损失<1000万 (3)环境污染：可能造成一般生态环境灾害或公共卫生事件 (4)社会影响：可能对国家或区域的社会、经济、外交、军事、政治等产生较小影响	1

注1：后果严重程度统一划分为特别重大、重大、较大、一般四个级别。针对不同作业单元，分析风险事件发生后，可能造成的最大人员伤亡、经济损失、环境污染、社会影响，综合参考运营公司和行业历史上类似事件后果损失，根据后果严重程度判断标准，进行后果严重程度指标评分。

注2：表中同一等级的不同后果之间为"或"关系，即满足条件之一即可。

注3：表中特别严重、严重、较严重、不严重等级中的"人员伤亡""经济损失"标准分别对应国务院《生产安全事故报告和调查处理条例》中特别重大事故、重大事故、较大事故、一般事故的标准。

表 13-3　风险等级(D)取值区间表

序号	风险等级	风险等级取值区间
1	重大	(55, 100]
2	较大	(20, 55]
3	一般	(5, 20]
4	较小	(0, 5]

注：区间符号"[ ]"包括"等于"，"( )"不包括"等于"，如区间(0, 5]表示0<取值≤5。

对风险点评价过程中，根据《山东省安全生产风险管控办法》第十二条、十三条，风险点有下列情形之一的，应当确定为重大风险：

(一)发生过死亡、重伤、重大财产损失事故，或者3次以上轻伤、一般财产损失事故，且发生事故的条件依然存在的。

(二)涉及重大危险源的。

(三)具有中毒、爆炸、火灾等危险因素的场所，且同一作业时间作业人员在10人以上的。

(四)经评价确定的其他重大风险。

风险点有下列情形之一的，应当确定为较大风险：

(一)发生过1次以上不足3次的轻伤、一般财产损失事故，且发生事故的条件依然存在的。

（二）具有中毒、爆炸、火灾等危险因素的场所，且同一作业时间作业人员在 3 人以上不足 10 人的。

（三）经评价确定的其他较大风险。

4）风险管控

对已辨识出的风险点按照工程技术措施、管理措施、培训教育措施、个体防护措施、应急处置五类措施制定风险管控措施。各类措施需满足以下原则。

工程技术措施原则上有以下几种：

①消除或减弱危害：通过对装置、设备设施、工艺等的设计来消除危险源，如采用定制材料以清除现场打磨、切割物品这一危险行为等。

②替代：使用低危害物质或降低系统能量，如较低的动力、电流、电压、温度等。

③封闭：对产生或导致危害的设施或场所进行密闭。

④隔离：通过隔离带、栅栏、警戒绳等把人与危险区域隔开，采用隔声罩以降低噪声等。

⑤移开或改变方向，如危险及有毒气体的排放口。

管理措施原则上有以下几种：

①制定实施作业程序、安全许可、安全操作规程等。

②减少暴露时间。

③监测监控（尤其是高毒物料的使用）。

④警报和警示信号。

⑤安全互助体系。

培训教育措施原则上有以下几种：

①员工三级培训。

②每年再培训。

③安全管理人员及特种作业人员继续教育。

④其他方面的培训。

个体防护措施原则上有以下几种：

①个体防护用品包括防护服、耳塞、听力防护罩、防护眼镜、防护手套、绝缘鞋、呼吸器等。

②当工程控制措施不能消除或减弱危险有害因素时，均应采取防护措施。

③当处置异常或紧急情况时，应考虑佩戴防护用品。

④当发生变更，但风险控制措施还没有及时到位时，应考虑佩戴防护用品。

应急处置措施原则上有以下几种：

①紧急情况分析、应急预案、现场处置方案的制定、应急物资的准备。

②通过应急演练、培训等措施，确认和提高相关人员的应急能力，以防止和减少不良后果。

对于重大风险的管控，除按照风险管控措施制定基本要求制定管控措施外，还应采取下列措施。

①制定专项管控方案。

②实时进行监控或者实行 24 小时值班制度。

③禁止无关人员进入并严格限制作业人员数量。

④由生产经营单位主要负责人负责管控。

⑤定期进行巡查、排查。

⑥其他必要措施。

对于较大风险的管控，除按照风险管控措施制定基本要求制定管控措施外，还应采取下列措施：

①制定专项管控方案。

②严格限制人员进入并实行登记管理。

③由生产经营单位分管负责人负责管控。

④定期进行检查、排查。

⑤其他必要措施。

因人员、设施设备、作业环境、管理等因素变化，台风、洪涝、冰雪等气象灾害和地震、山体滑坡、地质塌陷等地质灾害，或其他因素引起安全风险上升、管控效果降低、安全问题凸显时，应及时将风险预警和管控要求通知到相关管理和作业人员。

5）事故隐患排查治理

各部门根据已制定的风险管控措施，逐项列出风险管控措施弱化、失效、缺失等情况，确定隐患等级，建立"隐患排查清单"。根据各类风险点的工作单元、排查内容、可能构成隐患等级制定相应的排查周期及方法，按照"一岗一册"的原则分解到各岗位，形成《岗位隐患排查手册》；并采用日常排查或专项排查的形式进行隐患排查，将相关信息记录在"一般隐患等级台账"，于10日（含10日）内完成整改，治理完成后，及时进行回复，避免问题重复发生。隐患排查治理流程如图13-4所示。

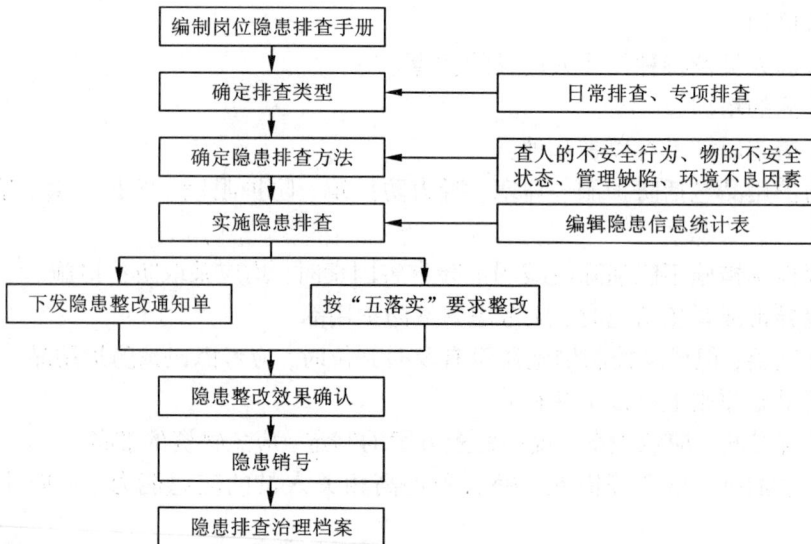

图13-4　隐患排查治理流程

13.2.5　《员工通用安全规则》——明确了员工常用安全要求

1.四不放过

①事故原因未查清不放过。

②事故责任人未受到处理不放过。

③事故责任人和群众没有受到教育不放过。

④事故整改措施没有落实不放过。

2.四不伤害

①不伤害自己。

②不伤害他人。

③不被他人伤害。

④保护他人不受伤害。

3.四懂四会

①懂本岗位的火灾危险性；会报火警。

②懂预防火灾的措施；会使用消防器材。

③懂灭火方法；会扑救初起火灾。

④懂逃生方法；会组织疏散逃生。

4.三不动

①未联系登记好不动。

②对设备性能、状态不清楚不动。

③正在使用中的设备，将未经授权不动。

5.三不离

①检修完不复查试验好不离。

②发现故障不排除不离。

③发现异状、异味、异声不查明原因不离。

6.进入气体灭火系统设备房的安全

①有气体灭火系统保护的设备用房无人时，要求防护区的所有防火门处于关闭状态。

②当人员在进设备房前，将门口的灭火控制盘上的手动/自动旋钮放在隔离位置，并保证通向外部的防火门处于打开状态。

③对有人值班的设备房，将门口的灭火控制盘上的手动/自动旋钮放在隔离位置，并要求值班人员知道通向外部的防火门位置。

④在离开设备房时，确保防护区的所有防火门已经处于关闭状态。

⑤在离开设备房后，将门口的灭火控制盘上的手动/自动旋钮恢复到正常位置。

⑥平时在进出设备房，需要操作气体灭火控制盘（REL）时，应到车控室处借用 REL 钥匙。

⑦在火警需要操作 REL 时，可以直接打碎 REL 的玻璃进行需要的操作。

7. 气灭系统操作指引

如图 13-5 所示为气灭系统操作指引。

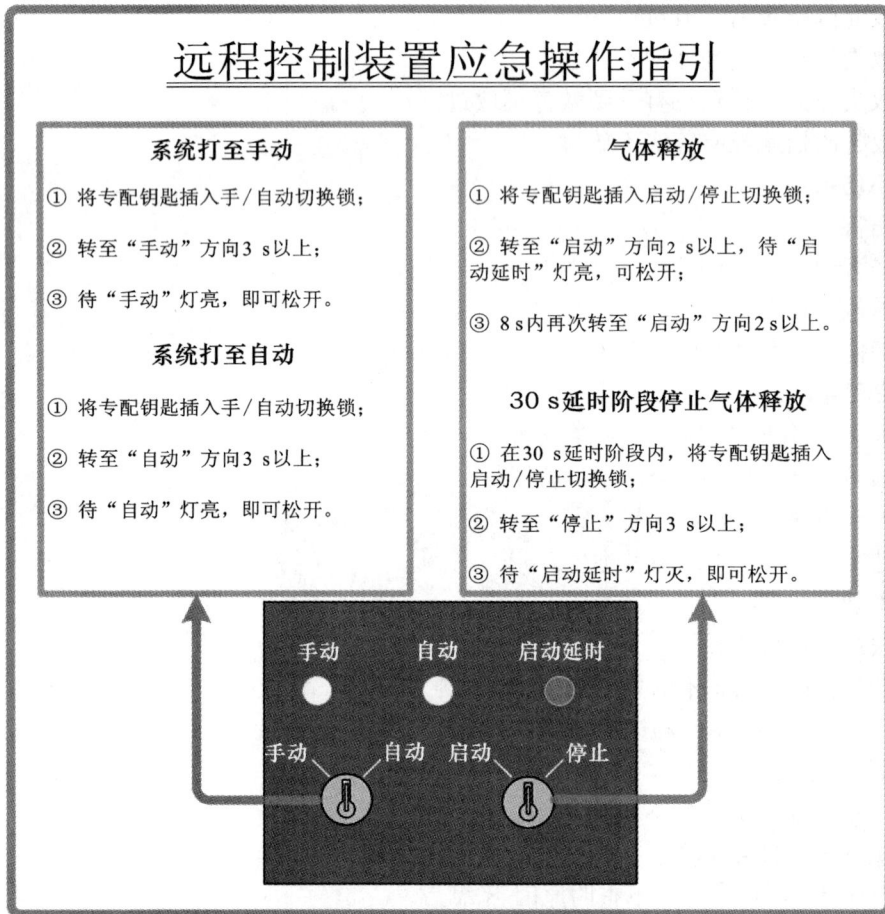

图 13-5　气灭系统操作指引

8. 汛期安全

三注意：注意多看天气预报，密切注视天气变化，了解掌握灾情预报预测，做好防洪防雷自护，要认真学习有关汛期防灾抗灾的知识，提高自我保护能力；注意遇灾害性天气尽量不外出，已出门的要寻找安全地带避灾自护；注意在途中遇险时，不必惊慌失措，应迅速进行避险自救或寻找求助求救的办法，不能冒险行事。

三不准：不准在恶劣天气时进行海边游泳、逗留礁石、乘舟出海等危险性较高的海边活动；不准在易发生山体滑坡、山洪泥石流(河溪边、沙滩，低洼处)等危险区域以及危房里活动逗留；不准在打雷暴雨天气在山顶、山脊、建(构)筑物顶部和大树、电线杆、广告牌、各类铁塔底下等易遭受雷击区域停留避雨，并应避免户外使用电子设备。

9. 高温作业安全

高温防暑期间，应提前做好防暑物资、药品的调查统计、征订和采购工作，集中管理，并做到及时发放；应积极开展防暑降温的宣传活动；员工应了解防范高温中暑的基本知识和方法，通过积极参与培训和演练，增强自救、互救能力。

员工必须在暑期前对所用的降温设备进行检修，保障设备的正常运行，凡未经检修的降温设施不准使用。

根据需要在相关部门配置医疗急救箱，配备防暑降温药品，并落实专人管理，集中使用。

10. 冬季作业安全

冬季低温等恶劣天气下作业的四加强。

①加强低温、大风、暴雪等恶劣天气的预警信号发布，各级部门及员工提前做好防范措施。

②户外作业员工要加强自身的御寒保暖措施。作业人员应当合理调整作息时间，作业时要注意自身的身体状态。

③加强特殊员工户外作业的人身安全管理。在低温时段，对患有心血管、肝、肾等疾病及体质弱、怀孕的员工，应尽量避免安排户外作业及地面、高架车站站台岗等作业。

④设备管理部门及有关岗位人员要加强户外架空线缆的巡视，防止挂冰。

11. 冬季作业安全

1）冬季安全注意七防止

①注意冬季防火。在冬季火灾多发季节，应密切注意火灾易发场所，重点对消防设施、灭火器材、锅炉、用电、取暖设备等进行检查，确保万无一失。

②注意防交通事故。在冬季常有路况不宜行车时，严格做好车辆安全管理工作，雨、雾、雪等恶劣天气尽量不出车或少出车；交通驾驶时注意保持车距以防追尾，尽量避免急刹车急转向，以防发生交通事故。

③注意防煤气中毒。冬季取暖一定要注意安全防范措施，避免用明火炉取暖，以防煤气中毒。

④注意防冻。冬季时刻注意天气变化，注意岗位职工防冻伤，注意车辆、机械设备防冻工作。

⑤注意防滑。应宁踩积雪不走滑冰，尽量穿低跟、防滑鞋，谨防滑倒摔伤；有关人员应组织对路面进行清理，落实防滑措施。

⑥注意防磕。注意积雪掩盖下的道路上各类低洼、井盖、建筑材料朝天钉等陷阱。

⑦注意防砸。在冬季雨雪后注意及时清理厂房上结成的冰坠，员工行经时应注意防止被砸伤，同时注意尽量远离积雪较厚的树木等易坍塌区域。

2）"三不离"案例

2017 年 3 月 23 日，某地铁通信检修工小王在专用通信设备室进行检修作业，在清洁广播系统机柜过程中，在擦拭上行站台广播区对应的功率放大器时，衣袖无意中触碰到功率放大器的音量调节按钮，导致音量参数发生变化，造成上行站台无进站广播。案例中的小王违反"检修完不复查试验好不离"的规定。

12. 交通安全

交通安全两必须：员工在外出办公时必须遵守交通规则，注意交通安全；驾驶机动车必须依法取得机动车驾驶证。

交通安全两不准：车况不良不准出车；身体情况不适不准出车。

交通安全五严禁：严禁超速行驶、酒后驾驶、疲劳驾驶；严禁人货混装、超限装载或驾驶室超员；严禁危险品拉运车辆违章载人、随意行驶及停放等违章作业；严禁铲、叉车在行驶过程中载人；严禁迫使、纵容驾驶员违章开车。

13. 用电安全

安全用电要求：

①在电容器上作业前，要逐个充分放电并接地后，方可开始工作。

②检修电气设备时原则上应先切断电源。必要时，由专人监护，严防他人误合闸。对低压交、直流配电屏和整流器进行带电检修作业时，应使用绝缘良好的工具，防止相间短路，站在绝缘垫上和穿绝缘鞋。

③各种闸刀开关合闸时，应侧身合闸。

④使用电热器具，应与可燃物体保持安全距离，人离开时应断开电源。照明灯具下方禁止堆放可燃物。

⑤手持电动工具（电钻或电镐等），在使用前应采取保护性接地或接零的措施。在带电设备附近工作时，禁止使用可导电的测量工具进行测量。

⑥禁止雷电、暴风、雨、雪、浓雾时在电杆上作业；雷雨天气时，禁止修理避雷器、地线。

触电急救知识：

①发现有人触电，严禁赤手接触触电人。应使触电者迅速脱离电源：把就近电源开关切断或使用绝缘钳、木柄斧切断电源线，或用绝缘物将触电者与带电体分离。

②在切断电源的同时，要考虑触电者脱离电源后防止摔伤的措施。

③触电者脱离电源后，应就地迅速采取急救措施，同时报 120。

13.2.6　通用安全知识

①劳动防护用品是指保护劳动者在生产过程中的人身安全与健康所必备的一种防御性装备，对于减少职业危害起着相当重要的作用。国际上称为 PPE（personal protective equipment），即个人防护器具。按照防护部位不同，分类如下：

头部防护，如安全帽等。

眼面部防护，如护目镜等。

听力防护，如耳塞等。

呼吸防护，如口罩、防毒面罩等。

手部防护，如各种手套等。

足部防护，如防砸安全鞋等。

躯体防护，如各种防护服等。

坠落防护，如安全带等。

皮肤防护，如皮肤防护膜等。

②劳动防护用品配置。

头部防护：佩戴安全帽，适用于环境存在物体坠落的危险，环境存在物体击打的危险。

坠落防护：系好安全带。适用于需要登高时（2 m 以上），有跌落的危险时。

眼睛防护：佩戴防护眼镜、眼罩或面罩。存在粉尘、气体、蒸气、雾、烟或飞屑刺激眼睛或面部时，佩戴安全眼镜、防化学物眼罩或面罩（需整体考虑眼睛和面部同时防护的需求）；焊接作业时，佩戴焊接防护镜和面罩。

手部防护：佩戴防切割、防腐蚀、防渗透、隔热、绝缘、保温、防滑等手套。可能接触尖锐物体或粗糙表面时，防切割；可能接触化学品时，选用防化学腐蚀、防化学渗透的防护用品；可能接触高温或低温表面时，做好隔热、防冻伤防护；可能接触带电体时，选用绝缘防护用品；可能接触油滑或湿滑表面时，选用防滑的防护用品。

足部防护：佩戴防砸，防腐蚀、防渗透、防滑、防火花的保护鞋。可能发生物体砸落的地方要穿防砸保护的鞋；可能接触化学液体的作业环境要防化学液体；注意在特定的环境穿防滑或绝缘或防火花的鞋。

防护服：保温、防水、防化学腐蚀、阻燃、防静电、防射线等。适用于高温或低温作业时体温的保持；潮湿或浸水环境要能防水；可能接触化学液体要具有化学防护作用；在特殊环境注意阻燃、防静电、防射线等。

③安全色是表达安全信息的颜色，表示禁止、警告、指令、提示等意义。应用安全色使人们能够对威胁安全和健康的物体和环境尽快地做出反应，以减少事故的发生。安全色的应用必须以传递安全状态为目的和有规定的颜色范围。

④安全警示标志（如图 13-6 所示）。

安全标志类型：禁止标志、警告标志、指令标志、提示标志
安全色：红、蓝、黄、绿
红色表示禁止、停止的意思。
黄色表示注意、警告的意思。
蓝色表示指令、必须遵守的意思。
绿色表示通行、安全和提供信息的意思。

禁止鸣喇叭　　禁止吸烟　　必须戴安全帽　　注意危险　　紧急疏散方向

图 13-6　安全警示标志

禁止标志：白底黑字图案，红色轮廓线，如禁止吸烟、禁止通行、禁止合闸等。

指令标志：蓝底白色图案，如必须戴防护眼镜、必须戴安全帽等。

警告标志：黄底黑色图案，黑色轮廓线，如当心爆炸、当心坠落、当心触电等。

提示标志：绿底/红底白色图例或文字，如紧急出口、灭火器等。

⑤着火三要素(如图 13-7 所示)。

⑥灭火方法。

冷却法：将水或灭火剂直接喷到燃烧物上，使燃烧物质的温度降低到燃点之下停止燃烧。

隔离法：将火源处及其周围的可燃物质撤离或隔开，使燃烧因与可燃物隔离而停止。

窒息法：阻止空气流入燃烧区或用不燃烧物质隔绝空气，使燃烧物质得不到足够的氧气而熄灭。

化学抑制法：使灭火剂参与到燃烧反应过程中去，使燃烧过程产生的游离基消失，而形成稳定分子或活性的游离基，从而使燃烧的化学反应中断。

图 13-7　着火三要素

⑦正确拨打火警 119 的方法。

告知火灾地点的准确地理位置，包括市(县)、镇、街区(村)、道路(社)、门牌号码及单位名称；同时告知报警人姓名、联系电话、住址、工作单位。

详细说明火场的基本情况，如什么时间发生火灾，烧了什么物质，火势大小，是否有重要物品，周围有什么重要建筑或车站和公园等，消防车从哪个地方驶入比较方便等。

耐心回答"119"接警人员的提问；报警后电话机旁应留人，或者把手机随身携带，注意来电，以便随时和消防部门联系；有新的情况要及时告知"119"火警台。

报警后不要光在起火地点等待，应立即派人到主要路口迎接消防人员，带路引路。

⑧职业病是指企业、事业单位和个体经济组织等用人单位的劳动者在职业活动中，因接触粉尘、放射性物质和其他有毒、有害物质等因素而引起的疾病。

职业危害因素主要包括以下几种：

噪声：主要由机械运转而产生。

粉尘：由固体物质的机械加工或粉碎产生，如金属研磨、切削、钻孔、爆破、破碎、磨粉、农产品加工等。

高温高湿：主要存在于电镀、磷化作业等工序中。

有害化学物质：如铅、汞、锰、镉、钒、磷、苯及其化合物，氯气、二氧化硫、光气、氨、氮氧化合物、一氧化碳、二硫化碳等化学物质。

局部震动：如建筑行业中经常使用振动棒等。

⑨高温中暑的预防方法。

夏季露天作业和通风不良环境中作业容易发生中暑现象，特别是在中午气温高、湿度大、太阳直射强的环境作业更容易发生中暑。

中暑的临床表现分为三种：

a.中暑先兆：在高温环境下作业一段时间后，出现乏力、大量出汗、口渴、头痛、头晕、眼花、耳鸣、恶心、胸闷、体温正常或略高。

b.轻度中暑：除以上症状外，有面色潮红、皮肤灼热、体温升高至38℃以上，也可伴有恶心、呕吐、面色苍白、脉率增快、血压下降、皮肤湿冷等早期周围循环衰竭表现。

c.重症中暑：除轻度中暑表现外，还有热痉挛、腹痛、高热昏厥、昏迷、虚脱或休克表现。

⑩高温中暑的预防方法。

使用隔热材料隔离发热源,以减少热量放出;在热源的上方或适当部位,设置抽气系统;加强通风设施;设置舒适的休息区,并提供充足的食水;某些特殊高温工作,员工须佩戴个人防护用具。工作服应以耐热、通气性能良好、导热系数小的织物制成,宜宽大,但要便于操作;应配备防热面罩、隔热手套、帽、鞋、护腿等个人防护品,特殊情况下可穿冷风衣;加强医疗预防工作。对高温作业人员,应进行就业前体格检查,常备预防和治疗中暑的药物。

13.3 生产管理规定

13.3.1 运营公司生产规章制度

1.《施工管理规定》——明确施工管理架构、施工计划、施工作业令、施工安全、施工时间安排、施工组织等事项

①一级施工:需调整运营服务时间或调整运输组织方式的大型技术改造、运营区域与新线(运营未接管区域)接口作业、旧线改造、连续性成段更换钢轨(100 m以上)、A/B 级设备系统升级、设备调试、大型病害整治等作业内容复杂、安全风险较高的施工作业。

②二级施工:不超出运营线路规定施工时间的大型技术改造、运营区域与新线(运营未接管区域)接口作业、旧线改造、连续性成段更换钢轨(50~100 m)及成组更换道岔、A/B 级设备系统升级、冷/热滑、设备调试、病害整治等作业内容较为复杂、可能影响运营安全、服务的施工作业。

③三级施工:除一级、二级以外,作业内容单一、施工结束后设备能立即恢复正常运营状态的施工作业,如运营设备检修维保、日常更换钢轨(50 m以下)或更换道岔组件、C 级设备系统升级、对运营安全服务影响较小的技术改造、常规车辆/信号调试、广告灯箱维修、广告灯箱上下画、渗漏水处理、商铺装修装饰等施工。

④施工负责人的职责:管理施工作业人员及设备;办理主站请/销点手续;组织及指挥施工作业;及时与行调/厂调/车站值班员/站外设备房属地管理部门调度联系作业相关事项;落实和确认施工作业安全防护措施;调试作业时,按调试方案组织、指挥、监督整个作业过程;出清作业区域;在同一时段内只能负责一项施工的管理工作。

⑤施工责任人的职责:管理辅站作业人员及设备,并配合施工负责人工作;办理辅站请/销点手续;组织及指挥辅站施工作业;及时与行调/厂调/车站值班员/站外设备房属地管理部门调度/变电所值班员联系作业相关事项;落实和确认辅站作业安全防护措施;出清作业区域。

⑥施工监管人的职责:监管外单位施工组织、施工质量及安全防护措施落实情况;协助外单位办理请销点手续;协助督促施工负责人及时与行调/厂调/车站值班员/站外设备房属地管理部门调度/变电所值班员联系作业相关事项;协助施工负责人出清作业区域;在同一时段内只能负责一项施工的监管工作。

⑦凡进入线路施工的作业人员应按要求穿荧光衣、绝缘鞋,并根据作业性质及作业要求使用其他安全防护用品。

⑧各申报部门在申报计划时须注明安全防护要求和配合要求。需停止生产、生活用电的施工作业，在申报计划时须注明停电范围，并由作业部门提前发通知。

⑨运营期间因故障处理、C2 类施工、设备巡视等导致影响行车、安全、客运服务等情况时，由故障处理部门/施工部门/巡视部门承担相应责任。

⑩施工请点前，施工负责人须对作业人员开展施工安全交底，未进行安全交底不准开展施工。A 类/B1 类/B2 类/C1 类施工作业需填写"施工安全技术交底记录表"，B3 类/C2 类施工作业由施工部门自行确定安全交底记录方式。

⑪作业前需报电调、环调的施工作业，作业前由施工负责人通过调度电话/直通电话报相关调度。

⑫作业人员在线路上行走时，不得脚踏岔尖和道岔转动部分；非作业需要，不得将手脚伸入道岔间隙；当听到转辙机转换声或发现道岔转换时，应及时撤离到安全地点。

⑬施工作业防护遵循"谁设置谁撤除"原则。

⑭小站台或小站台设备房的施工作业，施工部门/单位须安排专人进行现场防护，施工人员不得由小站台进入轨行区，防止施工物品、物件落入轨行区。

⑮各施工部门需定期开展施工自查，含外单位及委外单位的施工检查。监管人员/施工负责人及时记录施工存在问题并反馈至部门，施工部门及时制定整改措施，跟进整改落实情况。

⑯动火作业应在申报施工计划前按《消防安全管理办法》办理"临时动火作业许可证"，申报部门应在计划申报单备注栏中注明。

⑰有限空间作业应按照《有限空间作业安全管理办法》的要求开展，申报部门应在计划申报单备注栏中注明。

2.《施工负责人管理办法》——明确施工负责人申报条件及任职条件、施工负责人资格证分类、施工负责人资格证管理规定和考核管理等事项

①施工负责人资格证：运营公司范围内的施工作业凭证，申请人通过参加施工负责人培训并考试合格，可取得由培训归口管理部门/施工归口管理部门发放的证件。施工负责人资格证包含施工负责人证、临时施工负责人证。

②运营公司施工负责人申报条件：a.年满 18 周岁，且不超过国家法定退休年龄；b.具备初中及以上文化程度；c.校招生、委培生应入职工作经验满一年；d.社招员工应通过 6 个月试用期并考核合格；e.取得上岗资格证且为公司正式员工；f.具备必要的施工安全知识，经过安全教育并考试合格。

③外单位施工负责人申报条件：a.年满 18 周岁，且不超过国家法定退休年龄；b.具备初中及以上文化程度；c.具备必要的施工安全知识，经过安全教育并考试合格。

④施工负责人任职条件：a.应经过培训，取得施工负责人资格证，并持证作业；b.熟知线路基本知识及本标准相关规定；c.熟悉作业的性质、内容、方法、步骤、要求等；d.具备作业相关的安全知识和技能。

⑤具体培训内容为《施工管理规定》(Q/QD-YZ-FB-SC-G34)、《行车组织规则第 1 部分：通用规则》(Q/QD-YZ-FT-YZ-J132.1)、线路基本知识及所从事专业应知应会、施工安全要点等。培训课时原则上为 3 个课时，后期将结合规章修订情况确定培训课时，以施工归口管理部门通知为准。

⑥使用要求：所有按《施工管理规定》组织的施工，施工登记、请点须取得施工负责人资格证。施工负责人资格证一人一证，不得借用、涂改、伪造。线路试运营后原则上使用施工负责人资格证原件办理请/销点。

⑦施工负责人每年度原始积分为 12 分，当施工出现违章违纪按照《施工负责人考核项目及标准》相应的分值进行减分，当减至 0 分时按照暂扣进行处理，暂扣期满后恢复至原始分数。一年内出现两次暂扣，则按照吊销进行处理；累计出现两次吊销的，五年内不得参加施工负责人资格证取证考试。

⑧施工负责人资格证暂扣期限为 2 个月，同时实行并罚原则，即运营公司内施工负责人按照绩效考核和暂扣施工负责人资格证并罚；委外单位施工负责人按照委外条款扣款和暂扣施工负责人资格证并罚；外部单位按扣除安全抵押金和暂扣施工负责人资格证并罚。暂扣时间以扣证之日起计算，暂扣期满返还施工负责人资格证。

⑨施工负责人资格证吊销期限为 1 年，同时实行并罚原则，即中心按照绩效考核和吊销施工负责人资格证并罚，外部单位按扣除安全抵押金和吊销施工负责人资格证并罚。吊销期限内被吊销人员不得参加施工负责人资格考试取证，吊销期满后重新取证。

3.《外单位施工管理办法》——明确外单位进行施工所需办理的有关手续、流程、管理要求等事项

①外单位施工：对外单位进入运营区域内开展施工作业的统称，包括不限于试运行尾工整改、新线与既有线路设备接驳、建设工程项目质保、技术改造、地铁商铺装修装饰（撤场）等。

②运营中心负责签发"外单位施工进场许可单"、负责施工安全抵押金的收取和返还、负责签订施工安全协议。

③外单位进入运营公司接管范围内开展施工作业应办理"外单位施工进场许可单"，"外单位施工进场许可单"仅在施工安全协议有效期内有效，超出施工安全协议有效期自动作废。

④民用通信类施工进场，民用通信运营商须通过正式函件，向青岛地铁集团提出施工申请，施工申请内须注明具体施工区域、是否加装设备、施工方案及委托施工单位，集团核准后，由民用通信运营商负责对接运营公司通信专业办理施工进场手续。

⑤外单位与运营公司有直接合同关系、合同内存在安全生产管理协议书或安全协议的，无须签订施工安全协议，相关部门于签订完成 3 个工作日内将合同、协议及安全生产管理协议书或安全协议的扫描件或者原件扫描件电子版报中心安全技术部备案。

⑥施工进场流程包括编制施工方案、施工方案审核、施工安全协议管理和签订、签发施工进场许可单、施工计划申报和执行。

⑦监管部门应在外单位进场施工前组织外单位学习运营公司行车组织、施工管理、消防安全管理等规章制度，相关培训资料应建档留存。监管部门监督外单位的施工作业安全、监管外单位的施工组织过程，包括出清情况、保卫综治问题。

⑧施工前监管部门须开展施工安全技术交底，加强施工过程中安全风险管控，对工器具及劳动防护用品进行严格把控，确保施工安全。

⑨外单位施工组织应符合《施工管理规定》（Q/QD-YYSC-FT-YG-J2）的相关规定，施工过程中须保护运营公司相关专业设备，如发现现场存在安全隐患，应立即停止施工并向施工负责人及监管人员报告，经采取有效措施后，方可继续施工。

⑩外单位施工须运营公司/运营中心配合提供水/电时，施工前外单位须将临时用水/电方案发送至机电专业对口部门及监管部门，机电专业对口部门审核同意后，由监管部门协助外单位与运营公司/运营中心签订临时用水/电协议。

⑪外单位出现违章施工时，运营公司对外单位进行考核，考核分为经济考核、停工整改。外单位与运营公司有安全生产管理协议的，按照合同内安全生产管理协议对外单位进行经济考核。外单位与运营公司签订施工安全协议的，按照施工安全协议条款对外单位进行经济考核。外单位施工违章造成事故事件，监管部门在经济处罚的基础上，对外单位进行停工整改；外单位施工违章未造事故事件，监管部门根据违章次数及影响程度，视情况对外单位进行停工整改。

13.3.2　班组生产知识应知应会

1. 施工作业流程

1）施工作业组织流程（如图13-8所示）

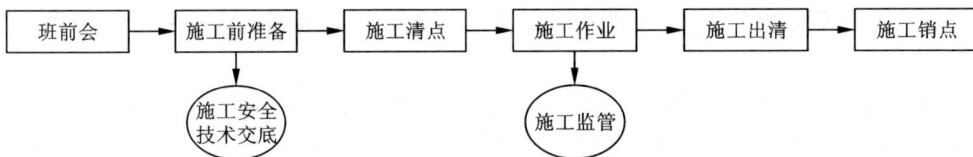

图13-8　施工作业组织流程

2）班前会

①每日9:00前部门调度在施工生产管理群发布当日的施工计划，做好施工前提醒。

②工班根据每日施工计划合理安排当天的工作，做好班前安全预想，根据作业内容提出作业中的注意事项、技术要点及安全注意事项等。

3）施工前准备

①施工负责人提前准备好工器具、材料，携带好施工负责人证原件、作业令及其他施工要求的证件（登高证、临时动火证、密闭空间作业许可证等）。

②A类及C1类施工作业人员应于23:00前到达请点车站，B类施工作业人员应于作业前1小时到达车辆段；到岗后由施工负责人向部门调度报岗，部门调度接到施工负责人报岗后，进行登记。

③外单位施工作业时，由监管人员负责向部门调度报岗。（监管人员提前2小时提醒外单位施工负责人，确保外单位全部施工人员必须在规定时间前到达施工现场。）

④施工负责人请点前做好施工安全技术交底，未进行作业安全技术交底禁止开展施工。施工交底严禁走过场，施工负责人要结合着具体施工，提前预想并告知施工人员作业过程中的可能存在安全隐患，确保所有施工人员熟知当晚的作业内容及各自的职责。交底结束后，参加交底人员在交底单上签字。

⑤施工负责人对携带的工器具、材料进行清点，按部门要求填写"施工安全技术交底表"，并全部签字确认。

⑥施工作业前后需对施工人员及携带工器具拍照（工器具摆放在人前面），并选择在站台

或运用库有摄像头可拍摄到的区域，拍照留存至少 15 天；照片发车间施工管理群。

⑦二级及以上的施工，施工安全技术交底需要录音并存档 60 天。

4）施工请点

①施工负责人在作业开始时间前 15 分钟在请点车站登记请点，并在作业开始时间前 5 分钟完成施工登记。

②施工负责人请点前，应完成施工准备工作，包括穿戴劳保用品、召开安全交底会议、填写施工安全交底表。批准请点后，视为施工作业已开始。

③A 类施工作业请点遵循以下规则：

a. 只有主站无辅站的，施工负责人到主站登记请点。当施工条件满足后，主站向行调请点，行调批准后，车站传达给施工负责人。

b. 既有主站又有辅站的，施工负责人、施工责任人分别到主站、辅站登记请点。当施工条件满足后，辅站向主站请点，主站向行调请点，行调批准后，主站传达给施工负责人及辅站，辅站通知施工责任人。

④B 类施工作业，施工负责人到厂调处登记请点。当施工条件满足后，经厂调批准方可施工。涉及影响正线行车的作业，还须先征得行调同意。

⑤C1 类施工作业，施工负责人到作业区域所属的车站/OCC 登记请点，经批准后开始施工。

5）施工作业

①作业前需报电调、环调的施工作业，作业前由施工负责人通过调度电话/直通电话报相关调度。

②原则上轨行区作业至少 2 人及以上进行，作业中相互监督、提醒。

③施工中需转换道岔时，须做好现场安全防护，加强联系，施工车间需设置现场防护人员，确认人员及设备安全后方可通知车控室操控道岔；施工作业结束前，必须进行测试验证，确认功能正常后方可销点。

④施工作业人员在线路上行走时，严禁脚踏岔尖和道岔转动部分；非作业需要，不得将手脚伸入道岔间隙；当听到转辙机转换声或发现道岔转换时，应及时撤离到安全地点。

⑤涉及动火作业，施工负责人组织作业人员应严格按照动火令要求作业，并做好安全防护。（动火作业是指在禁火区进行焊接与切割作业及在易燃易爆场所使用喷灯、电钻、砂轮等进行可能产生火焰、火花和赤热表面的临时性作业。）

6）施工监管

①配合外单位作业时，监管人员必须认真履行监管职责，对作业请销点、现场作业、安全等进行全面监管。

②在监管期间，监管人员不得离开监管作业点，重点监控作业安全，严禁跨区作业，对违章及违反作业程序的行为及时制止。

③外单位施工作业过程中，施工负责人对施工作业全面管理，严禁不按规定及程序作业，发现有违章、违规行为要及时进行制止。

（常见问题有：不穿戴劳保用品；施工区域过多、脱离监管视线；施工人员中途离开；作业内容与计划令不一致；越区跨区作业；作业区域内抽烟；不按时出清。）

7）施工出清

①施工结束后，施工负责人组织出清，正常情况下需在施工计划结束前 30 分钟，完成现场出清工作。

②正线施工作业须在批准的结束时间内销点，A 类施工因故需延长作业时间时，施工负责人于批准的作业结束时间前 30 分钟，通过车站向行调申请延点行调批准后方可延长，延长作业时间最长不超过 15 分钟，超过 15 分钟按抢修办理。

③外单位施工作业时，监管人员对施工单位人员、工器具、材料及劳保用品出清、设备设施状态情况进行监管及确认。

④出轨行区后须对人员、出清的工器具、材料进行拍照留存，拍照的位置要在摄像头能拍到的位置，即车站端门前摄像头下或车辆段入轨行区摄像头下，核对工器具并填写"施工安全技术交底表"并签字确认。

⑤施工负责人须在作业人员及物料出清后，最后离开作业现场。对现场出清情况进行确认，并对设备设施状态情况进行复检，设施设备未恢复原位的需在施工完毕后应立即报备部门调度，由部门调度汇报车间主任后向行调报备。

8）施工销点

①施工销点后，施工负责人需向部门调度报告作业完成及销点情况。

②外单位施工作业时，由施工监管人员按上述要求向调度报告销点情况。

2. 施工及监管过程中注意事项

1）地线防护

①人员及所持物件与带电接触轨距离小于 700 mm 的施工作业，接触轨必须停电并接地线，接触轨停电挂地线区域不得小于作业区域，作业人员不得超出地线保护范围作业。

②已停电但未挂地线的接触轨视为带电，人员及所持物件与接触轨须保证 700 mm 以上安全距离。

③挂/拆地线为施工作业的一部分，同一区域多项施工需挂地线时不可共用一组地线，外单位施工由监管部门挂/拆地线。

④下列情况接触轨不需停电挂地线：

a. 接触轨区域设备故障或出现其他影响行车情况下，通过疏散平台巡视。

b. 登乘电客车或工程车，通过疏散平台进/出泵房。

c. 使用绝缘工器具处理轨行区异物。

d. 正线人工手摇道岔（与带电接触轨距离大于 700 mm）。

2）其他防护要求

①凡进入线路施工的作业人员须按要求穿荧光衣、绝缘鞋，并根据作业性质及作业要求使用其他安全防护用品。

②动火作业须在申报施工计划前按《消防安全管理办法》办理"临时动火作业许可证"，申报部门须在计划申报单备注栏中注明。

③安全防护要求和配合要求须由各申报部门在"月/双周/周计划申报单""日计划申报单""临时计划申报单"中注明。

④施工作业时，原则上作业人员须从请/销点站进出作业区域，A1、A2 类施工作业区域包含设备房时，施工人员进出设备房须征得车站同意。

⑤施工作业防护遵循"谁设置谁撤除"原则。

⑥工程车在车站装卸物料时,物料必须整齐堆放在站台侧距站台门边缘 0.5 m 以外并加固。车站负责监控,查看是否有物品侵限。

⑦小站台或小站台设备房的施工作业,施工部门/单位须安排专人进行现场防护,严禁施工人员由小站台进入轨行区,防止施工物品、物件落入轨行区。

13.4　技术质量管理

13.4.1　管理规定

①按照部门要求提报月(年)度检修计划并存档,班组处应有所辖各系统检修计划。月(年)度检修均按计划完成,无漏项。

②根据检修计划开展检修作业,并做好相关台账记录,记录格式按照部门《关于规范检修记录的通知》要求执行。现场抽查各设备设施检修质量符合检修标准。

③在"设备故障登记本"中填写无漏项,原因分析及时、到位,未解决问题及时完成处理。部门调度处应有车间所辖各专业故障记录,班组处应有班组所辖各系统故障记录。

④按要求及时提交故障分析报告,故障原因、预防整改措施等项目无漏项,整改措施落实到位。

⑤技术管理规定、安全规程、维修规程、作业指导书、故障处理手册、运行操作规程等技术规章,各车间及班组归档齐全。

⑥建立设备台账及单台(系统)设备履历簿,并按要求及时更新设备履历。

13.4.2　技能要求

1. PIS

服务器类,掌握服务器故障判断、重启服务器、查看服务器系统信息并保存操作系统日志、更换服务器、配置服务器方法。播控器类,掌握播控器故障判断、重启播控器、更换播控器、播控器配置、播放及接口日志分析。显示屏类,掌握显示屏故障判断、更换显示屏方法。

2. 电源系统

掌握 UPS 故障判断及 UPS 告警处理方法,了解蓄电池巡检仪安装方式,掌握通信电源中断的处理方法。

3. 无线系统

掌握车载台写号及升级、手持台写组及写号步骤、固定台写号及升级、基站板卡更换、调度台及音频附件安装调试。

4. 广播系统

掌握广播网管软件基本操作网管日志分析,拓扑结构与系统接线,系统组成及各设备的功能,设备指示灯的含义,系统与其他系统接口及接口类型,广播系统音频接入。

5. 公务电话系统

掌握 IP 电话配置、号码配置及更改、公务电话数据备份方法,会查看板卡及端口状态。

6. 专用电话系统

掌握数据库备份、录音软件安装和维护、CPU 占用率查询、单站告警信息及通话记录查询方法。

7. OA 系统

掌握查看 IP 地址、物理地址的方法，IP 地址修改步骤，识别 OA 系统交换机型号，交换机配置方法。

8. 时钟系统

掌握母钟按键含义、时钟系统故障现象及处理方法、网络接口箱操作、母钟操作。

9. 视频监控系统

掌握单路及多路摄像机故障判断和处理方法、存储设备死机重启方法、文件系统恢复操作步骤，更换新机配置流程，二(四)画面设备安装配置及故障处理，监控终端配置。

10. 传输系统

掌握网管软件告警判断、传输系统各板卡作用及业务、单板及网管维护、故障处理流程。

11. 集中告警系统

网管软件的基本操作，识别各类告警信息，掌握系统与其他系统接口。

12. 综合类

熟练制作网线和电话线；常见光电检测仪表、光功率计、光源、红光笔的使用；掌握光纤熔接方法；熟练制作 2M 头；场强测试仪的使用方法。

13.5　典型事故场景处置

1. "三不动"案例

2017 年 3 月 3 日，某地铁某线路信号检修工张某在某站设备房进行卫生清扫过程中发现 PTR 电缆绑扎不够美观，于是对电缆进行整理。在整理过程中导致 PTR-XA-13 芯线断线，造成××站紧停按钮触发。现场人员发现问题后，立即安排人员按压 IBP 紧停复位按钮消除紧停告警，并联系值班人员携带工具赶往现场处理。此事件虽未影响行车，但带来极坏的影响，违反"正在使用中的设备不动"的规定。

2. "11.11"某施工作业人员越区作业事件

1) 事件概述

2015 年 11 月 11 日通号车间通信综合工班小刘负责在车辆段出入线 CD1/CD2 信号机往正线方向 10 m 处监管某施工单位安防摄像头调试、配线、设备安装作业。在施工作业过程中，工班长王某安排其前往车辆段门卫二值班室拍摄安防广播设备照片，在离开作业现场的时间内，发生某施工单位作业人员越出作业区域事件。越区范围有带电接触轨，存在发生人员伤亡风险，一旦发生事故，后果非常严重。

2) 事件原因

①施工单位小刘作为施工负责人不在施工作业现场，作业期间在综合楼一楼安防设备室，没有对作业人员进行管理，是造成本次事件的直接原因。

②施工监管人员小刘在接到监管任务后，虽进行了简单的安全交底，但是最重要的施工

作业区域没有搞清楚，未能按照要求履行好监管职责，是造成此事件的次要原因。

③综合工班长王某在不明白具体施工作业地点的情况下，在小刘有监管任务期间仍安排其前往非监管区域拍摄照片，而且小刘也未及时将现场情况及时反馈给工班长，两人没有在此事上做好沟通，监管意识薄弱，是造成本次事件的间接原因。

3) 经验教训

此次综合工班对施工单位施工监管不力事件，虽然未造成人员伤亡，但携带铝合金梯子在接触轨带电区域作业，出现人员伤亡的概率非常大。一旦越区作业，就有可能造成人身伤害，此事件性质非常严重。

思考题

日常安全生产活动中，如何降低员工不安全行为发生的概率？

参考文献

[1] 王海. 城市轨道交通维修策略(通信维修分册)[M]. 北京：中国劳动社会保障出版社，2015.

[2] 王征. 通信检修[M]. 昆明：西南交通大学出版社，2015.

[3] 彼得·圣吉. 第五项修炼——学习型组织的艺术与实务[M]. 北京：中信出版社，2009.

图书在版编目(CIP)数据

城市轨道交通通信检修工场景培训研究及实践／青岛地铁集团有限公司运营分公司编. —长沙：中南大学出版社，2021.12

ISBN 978-7-5487-4654-6

Ⅰ．①城… Ⅱ．①青… Ⅲ．①城市铁路－交通通信－检修－岗位培训－教材 Ⅳ．①U239.5

中国版本图书馆 CIP 数据核字（2021）第 191412 号

城市轨道交通通信检修工场景培训研究及实践

CHENGSHI GUIDAO JIAOTONG TONGXIN JIANXIUGONG CHANGJING PEIXUN YANJIU JI SHIJIAN

青岛地铁集团有限公司运营分公司　编

□**责任编辑**	刘颖维
□**封面设计**	李芳丽
□**责任印制**	唐　曦
□**出版发行**	中南大学出版社
	社址：长沙市麓山南路　　　邮编：410083
	发行科电话：0731-88876770　　传真：0731-88710482
□**印　　装**	长沙印通印刷有限公司

□**开　　本**	787 mm×1092 mm 1/16　□**印张** 18.75　□**字数** 475 千字
□**版　　次**	2021 年 12 月第 1 版　□**印次** 2021 年 12 月第 1 次印刷
□**书　　号**	ISBN 978-7-5487-4654-6
□**定　　价**	88.00 元

图书出现印装问题，请与经销商调换